科学思维

关于经济学方法论的对话与碰撞

何全胜　郭泽德◎主编

经济日报 出版社

图书在版编目（CIP）数据

科学思维：关于经济学方法论的对话与碰撞 / 何全

胜，郭泽德主编 . -- 北京：经济日报出版社，2017.4

ISBN 978-7-5196-0084-6

Ⅰ . ①科… Ⅱ . ①何…②郭… Ⅲ . ①经济学 – 方法

论 – 研究 Ⅳ . ① F011

中国版本图书馆 CIP 数据核字（2017）第 015448 号

科学思维：关于经济学方法论的对话与碰撞

作　　者	何全胜　郭泽德
责任编辑	匡卫平
出版发行	经济日报出版社
地　　址	北京市西城区白纸坊东街 2 号 710（邮政编码：100054）
电　　话	010–63567691（编辑部）
	010–63588446　63516959（发行部）
网　　址	www.edpbook.com.cn
E – mail	edpbook@126.com
经　　销	全国新华书店
印　　刷	北京市金星印务有限公司
开　　本	710×1000 毫米　1/16
印　　张	24.25
字　　数	420 千字
版　　次	2017 年 6 月第一版
印　　次	2017 年 6 月第一次印刷
书　　号	ISBN 978-7-5196-0084-6
定　　价	72.00 元

序言
学会用科学的逻辑思维

茅于轼

中国有灿烂的古代文明，可是两百多年前全球进入工业化时代后，中国的文化相比之下大大地落后了。现在能够写上教科书中的几百条科学定理，物理的、化学的、数学的、生物学的等等，没有一条是中国人发现的。诺贝尔科学奖颁布百年来有上千人获得此奖，其中只有一个中国人。而中国人口占全世界的19%。这种现象绝不是偶然的。问题出在哪里？我认为主要是我们的思维方式有问题，和西方人比较不善于用科学所必要的逻辑思维。这个缺点不认识，不纠正，我们的强国梦将永远在梦里。

是什么原因造成这样的结果？当然洗脑式的宣传有一部分责任。但是中西思维方法的区别从两百多年前的满清中叶就开始了。更远可以追溯到先秦春秋百家时代，中国所特有的战国争雄，诸子百家各显其能。这时候能够据胜势的思想方法是辩证逻辑，而非形式逻辑。形式逻辑就是几何学里一环扣一环的严密推理。比如说："A大于B，B大于C，则A必大于C"，又如"A不大于B，也不小于B，则A必等于B"。战争、政治都是极端复杂的事物，形式逻辑对此无能为力，反而显得单纯，幼稚，低能。辩证逻辑的代表可以老子的《道德经》为例。"道可道，非常道"；"祸兮福之所倚，福兮祸之所伏"等都不符合形式逻辑，但是准确地揭露了复杂世界最根本的变化规律。中医的对象也是一个极其复杂的生物系统，辩证逻辑有其用武之地。所以虽然在中医体系中没有形式逻辑，但是用辩证逻辑确实能够见效，能把病治好。

所以自春秋以降，中国人看不起形式逻辑。说理越玄越好，越是互相矛盾，越显得深奥。讲究形式逻辑反而被认为低级，浅薄，庸俗。这种认识主宰中国思想界两千多年，极大地压制了科学所必要的形式逻辑的发展。虽然说，形式逻辑和辩证逻辑都是需要的，但是要知道，形式逻辑是一切逻辑的基础。只是对于某些特别复杂的对象，对某一局部用形式逻辑所得到的看法，和对另一局部得到的看法不同，甚至互相矛盾。此时对整体的认识不得不用辩证逻辑。即使在这种情况下，明显违背形式逻辑的结论也是不可用的。

可以说，至今人类对自然界认识的进步完全得益于形式逻辑。伽利略在16世纪发现了惯性定理，说明物体如果不受外力时，将会动者恒动，静者恒静。这一发现标志着现代物理学的诞生。在此以前，是亚里士多德的学说占主导，以为运动着的物体如果没有外力的帮助将归于静止。伽利略发现亚里士多德的学说在逻辑上有漏洞。因为运动中的物体之所以越走越慢，是因为遇到了阻力。减小阻力物体就可以走得更远。因此从逻辑上推断，如果没有阻力运动就不会改变。这就是"动者恒动"。可是在我们所处的地球上不存在无阻力的运动，一切运动都会遇到阻力。所以光凭在地球上的观察不可能得出惯性定理。惯性定理只可能从逻辑上推导出来。

非欧几何学，更是一个完全从逻辑推导得出的新概念。它完全没有实践的基础。在地球上的实践只能得出欧氏几何的经验。而宇宙的真正几何性质远比欧氏几何复杂。这后来为爱因斯坦的相对论所证实。显然，应用逻辑最成功的是数学，不管是集合论、数论、拓扑学、几何学，都要从公理出发，通过逻辑推理建立庞大的理论构架。而数学是一切科学之母。所以也可以说，逻辑是一切科学之母。中国人的弱点正是缺乏思维的逻辑性。

逻辑又是鉴别真伪的有力工具。凡是假的都经不起逻辑的检验。真的事物有其内在的一致性，无论从哪个角度看都不会有矛盾。而假的事物处处能看出互相矛盾的地方。中国社会充满着假话，其部分的原因就是不用逻辑思维。假话不难被戳穿，只要用逻辑检验，假的事物原形立显。由于逻辑思维的严重缺失，违背最起码的形式逻辑的议论得不到纠正，假话能够横行于世。

至此，我们要问，终究什么是逻辑？

简单说，逻辑就是道理。但是逻辑所指的道理不同于一般的道理，而是"任何人不能否认的道理"。它经得起最严格的检验，它不需要其他理论的帮助，能够独立言之成理。除了前面提到的两个量之间的关系存在着逻辑关系，还有许多显然不可否认的规则。比如：一件事物的原因不可能发生在结果之后（但是可能与结果同时发生）；互相对立的两个命题不可能同时为真（至少有一个是错误的）；部分不可能大于整体等。

上面所说的逻辑也称之为形式逻辑，以区别于辩证逻辑。形式逻辑对于复杂的事物，变化中的事物往往显得苍白无力，所以出现了辩证逻辑，专门用于对复杂事物的认识。政治、战争、人的身体等都是复杂事物。形式逻辑对这些对象的认识很难有所帮助。于是出现了辩证逻辑。

在形式逻辑中，黑与白，对与错，祸与福都是对立的。黑就是黑，不可能变成白。对错、祸福等都是这样。但是在辩证逻辑中认为对立的二者可能互相转换，祸会变成福；福也会变成祸。举一个例子，二战结束时国民党获得胜利（单靠国民党的力量打不过日本人，是靠了共产党、全体中国抗日民众、美国、苏联及全世界反法西斯力量战胜了日本），可说是国民党的大福。可是四年之后国民党把大陆的政权都丢失了，国共政权的交替也印证了老子所说的祸福交替的道理。

所以说，形式逻辑和辩证逻辑都是需要的，依研究的对象不同而各有各的用处。需要防止的是在研究复杂对象时错用了形式逻辑；或者在研究简单对象时错用了辩证逻辑。但是更重要的是学会科学思维。五四运动提出了赛先生和德先生，可是我们后来似乎把赛先生这件事给忘了，片面追求民主，得到的是一个反科学的民主：文化革命的大民主，把中国人害苦了。当今要务之急是讲究逻辑，恢复科学思维。

目　录

范式之争

如何对待经济学不同学派

黄有光

Yew-Kwang Ng,
Winsemius Professor in Economics,
Nanyang Technological University, Singapore.

【摘要】

　　经济学派别林立，尤其是正统与非正统之间差异很大，争论很激烈。本文解释这一现象并论述正统经济学的核心，认为虽然正统理论忽视了许多有关因素，因而给非正统提供可以补充与拓展正统的空间，在非正统分析还没有得到更多发展之前，在教学与应用上，还是应该以正统经济学为主角，但在个别问题上可以用其他派别的研究成果适当补充。正统经济学所强调的市场功能，即使在全球金融危机时，绝大多数商品都取得90分以上的成绩。福祉第一定理（正统经济学的一个主要结论）虽然是基于一些很不现实的假设，但给了我们很重要的启示。在批评与拓展正统经济学的同时，应该避免对其全盘否定。

【关键词】　经济学　正统　市场　派别　理性

　　众所周知，经济学有许多不同学派，而且观点差异很大，尤其是在正统经济学与各种非正统经济学学派之间争论很激烈。本文解释这一现象并讨论如何对待不同学派的论点，以便从中得益更多。

一、为何经济学派别林立

其实，其他社会科学也是学派林立，但根据笔者的有限知识，在其他社会科学，对什么是正统比较不明确，很少共识，因而正统与非正统之间的对立也比较不明确。作为社会科学之冠，经济学的正统，其理论很有系统，结论很多，应用性很大。因此，正统与非正统的差别很明显，它们之间的争论牵涉很大，因而给人们派别差异非常大的印象。

自然科学的规律，放之四海而皆准。但社会现象比自然现象更加复杂，很多事情随时间、地点与条件而转移，很难得出放之四海而皆准的规律，也很难得出概括所有有关因素的分析。因此，对社会现象的分析，好像是瞎子摸象，不同学者看到其不同方面，又可能从不同角度，用不同方法来分析，因此得出各种结论。

二、什么是正统经济学的核心

正统经济学有系统地与严谨地（多用数理方法）分析消费者与生产者在约束条件下极大化的理性（尤其是自利理性）行为，及其相互关系所达致的均衡（尤其是有关资源配置方面）及均衡的变化或比较。这包括下述要点：

1. 约束条件下极大化
2. 自利理性
3. 资源配置（相对于制度、组织）
4. 均衡（相对于非均衡与历史）
5. 多数学者强调市场的效率与政府的无效率

比起其他社会科学，正统经济学可以说是非常成功的，不然不会被认为是社会科学的皇冠。正统经济学不但对分析现实经济很成功，其方法还可以用来分析社会人生的许多问题，因而有所谓的经济学帝国主义之称。在 2008 年全球金融危机之后，以及现在不同学派分立甚至对抗的今天，强调市场经济与正统经济学的成功可能会被认为是匪夷所思，但有如下述，却是正确的。

三、市场经济与正统经济学的成功

市场经济与正统经济学的表现，至少可以打 90 分。这分数不是根据完全没有政府功能的纯粹 100% 的市场经济打的，这种经济在现实世界并不存在。可以说是根据所有基本上采用以市场为主要调节手段的实际社会或国家的平均表现来评分的；也可以说是大致根据正统经济学的教导来决定经济政策的国家的平均表现来评分的。

为什么至少有 90 分呢？回想 2008 年全球金融危机的当时，或危机八年后的现在。不论是在美国、澳大利亚、新加坡、香港、北京、上海或其他主要有采用市场经济的地方，衣食住行医药教育旅游娱乐等，各种物品与服务，99% 以上都可以很方便地随时买到，而且绝大部分的价格都很合理。例如笔者所在的南洋理工大学，校园内有两家中型超市，很多间食堂或食阁。到不远的购物中心，有很多商店、餐馆、食阁，也有大超市、电影院、银行、书局等。在超市不但可以买到东南亚出产的水果蔬菜，也可以买到世界各地的水果蔬菜。以前是皇帝与贵妃才能够吃到数百里快马加急运送的荔枝，现在中下收入的人，也可以吃到比唐明皇更多选择的新鲜百果。股票可以大涨大跌，个别商品的价格也可能有很大的波动，但绝大多数商品的价格是很合理（反映成本）的，也很方便就可以买到。只对问题哭诉，而没有足够评价成绩，这是人之常情。

再看中国。1978 年 12 月开始的改革开放，1992 年邓小平南巡讲话对市场的强调，2001 年的加入世贸，都对中国经济起了重大正面作用，而这些主要都是多利用市场的结果，包括市场的调节与激励机制。经过大跃进与"文革"洗礼的中国人民，应该对市场的正面作用有更好的体会。正统经济学的最重要启示，就是对市场功能的强调。

四、正统经济学的最重要启示

正统经济学的最重要启示，就是解释似乎盲目生产的市场，竟然能够大致有效地调节，在一些条件下达到最高效率。这里的效率是按照帕累托最优来定义的，即已经不能使任何人的境况变好，而不使一些人的境况变坏。这市场效率是司马迁的"如水之向下"（《史记》，〈货殖列传〉），亚当·斯密的"看不见的手"（虽然有人质疑），以及现代正统经济学的福祉第一定理。

现代正统经济学福祉第一定理说，在一定条件下，完全竞争状态下市场经济的全局均衡会对资源、投入或生产要素和最终物品（包括服务）进行最有效的配置。完全竞争要求，所有的买方和卖方都无法影响价格，而把市场价格当成是给定的。完全竞争也隐含，在均衡上不存在报酬递增（关于报酬递增，参见 Ng，2009）。除此之外，主要的条件是相关（不必完全）信息是足够的，且不存在像空气污染等实际的外部效应。（详见黄有光 2016）。

完全竞争与没有空气污染是很不现实的假设，这表示这定理在实际经济中不能100%成立，但不表示这定理没有用。对这定理为何成立的解释（如黄有光 2016），让我们了解市场大致如何调节经济。这定理所用的不现实假设，让我们知道什么情形下可能出现市场失误，而须要政府的干预。例如，在有严重空气污染或温室气体排放的情形，即使教科书上的正统经济学，都是建议对这些重大外部成本征收大量税收的。反对对污染征收庇古税的科斯、张五常、张维迎等，至少在这方面不代表正统经济学。（对科斯等的批评，见 Ng2007 与黄有光 2015）

没有金钱万万不能，但金钱并非万能。同样的，没有市场万万不能，但市场并非万能。至少在维持治安产权与处理市场的重大失误（尤其是环保与危机等）上，必须用政府的功能来补充。

五、对正统经济学的拓展与补充

正统经济学虽然分析了人们经济行为的主要方面，让人们认识到市场的功能，但实际经济复杂无比，有很多因素没有在正统经济学的简化模式内被充分考虑。不论是微观、宏观、全局及其他，都还没有能够做到全面或真正统一的水平。因此，长期以来，尤其是这几十年，对正统经济学的拓展与补充，甚至有学者提出范式改变，也就不太奇怪了。由于还是在瞎子摸象的阶段，只要多摸一些，有新的发现，就算是有贡献。你摸到的象牙与我摸到的尾巴很不同，未必就是矛盾。

对正统经济学的拓展，包括比较接近正统的信息经济学，考虑信息不足与不对称下的机制设置等（详见田国强 2016，第五部分）。超越正统经济学的分析，包括超越利己（包括社会偏好、利他等）与非理性因素（包括行为经济学；见如 Chetty 2015）、非极大化与非均衡分析（如 Simon 1987）、非完全竞争（包括笔者的综观分析；详见黄有光，张定胜 2008，第 9 章）、非报酬恒等（包括 Arthur 1994 的路径依赖、杨小凯的分工理论；详见 Yang & Ng 1993）、制度的重要（如 Ogilvie & Carus 2014）、复杂性研究（包括 Ostrom 2010，Colander & Kupers 2014）与演化经济学（如 Gräbner 等 2016）等。这些因素都在实际经济中起了一定的作用，但各自都不全面，也远远还没有达到可以进行统一的程度。连物理学都还没有看到可以统一的影子，遑论经济学？

六、为何还是应该以正统经济学为主角

虽然正统经济学只是一种简化分析，有很多有关因素没有被考虑，但无论在教学与应用上，至少在现阶段与可以预见的将来，还是应该以正统经济学为主角，但在个别问题上可能可以以其他派别的研究成果适当补充。

这至少有几个原因。

首先，正统经济学所聚焦的虽然不是所有因素，但却是有关经济问题的最主要或最容易分析的因素，是后来的学派所重视的，或比较次要、间接或难以分析的因素。

其次，正统经济学已经累积了几百年的功力，其他学派的历史比较短，加上问题比较困难，得出的有用结论比较少，也比较不可靠。还要等将来多年的发展，才可能会得出比较有用的结论。

例如，关于理性与自利。每个人都有相当程度的理性与自利，但都不是 100% 理性与自利，也有非理性与利他的因素。但理性与自利还是主要的。这一点有生物学基础。人是万物之灵，主要不是靠尖牙利爪来生存，而是靠智力来战胜其他物种的竞争。因此，人是有很高水平的理性的。其次，自然选择主要是以个体为单位（虽然也有 group selection），因此，自利的假设大致是正确的。不过，人也是靠分工合作来生存的，因此，也有社会偏好与利他的因素。两者都考虑当然比较全面，不过如

果要简化而聚焦分析其中之一，当然以自利比较重要。还有，像包括田国强在内的许多经济学者所强调的一样，机制的设置与政策的采取等，如果假定自利而实际上人非自利，问题不大；但如果假定人们大公无私而实际上大体自利，问题很大。

第三，正统理论用的一些假设，虽然不是100%成立，但据之的分析结论，往往有大致的可靠性。例如，理性的假设忽视非理性，但很多（不是全部）情形，各种不同的非理性对理性下的结论的差距是不同方向的，因而往往大致相互抵消。当然，行为经济学也发现，也有很多并没有抵消，因而可能须要作比较大的修正。再如，完全竞争的假设也很不实际，但如果没有人为因素的垄断，不完全竞争的程度大致相差不大，只要依然有充分就业，整体经济的效率依然可以很高。不过，根据笔者的综观分析（Ng 1986），在非完全竞争下，比较可能出现非充分就业的情形。

七、结论：不走极端

从最基本的供需分析到有高度数理水平的全局均衡与机制设置等，正统经济学有很重要的有启示性与可以应用的结论。但正统经济学，尤其是教科书的简化分析，忽略了很多有关因素，因而有很多可以补充与拓展的空间。因此，我们应该同时认识到正统经济学的功能与不足。可以批评正统经济学不足的地方，也可以提出超越正统经济学的研究或分析。然而，许多非正统经济学派的学者，对正统经济学的批评往往失之过度。一个经常的错误是，要求正统经济学分析必须100%成立，只要找到1%不成立的地方，就把正统经济学理论全盘推翻，认为它与实际经济毫无关系。

例如，Kirman（2016）对Colander和Kupers（2014）关于复杂性一书的大块头评论文章（39大页），对正统经济学的批评，比Colander和Kupers还极端很多，认为正统经济学理论只不过是"与实际经济毫无关系的空想情况"（页541，引用Morisima 1984）。他们这样的对正统经济学理论全盘否定，只是根据实际经济的有些情形，要达到全局均衡有些困难。这只说明正统经济学理论非100%成立，或非100%完美，但显然未必就是与实际经济毫无关系。难道其对大多数物品的生产与消费，供需规律完全没有解释力吗？市场经济的效率，如果不是100%，就是0%吗？

再如，何全胜主编《科学思维：关于经济学方法论的对话与碰撞》之时，在2016年8月下旬发稿前与作者通过电子邮件的交流阶段，引发20万言的"百邮大辩"（与抗日时的二十万大军的"百团大战"相呼应）。其中，叶航教授介绍其几十年来的研究，"对新古典经济学理性人假设进行**批判**"，在笔者的建议下，叶航马上接受应该是"对新古典经济学理性人假设进行**拓展**"。笔者希望学者们学习叶航的中庸精神，而不是 Kirman 的全盘否定的极端。

【参考文献】

［1］田国强：《高级微观经济学》（上下册），北京：中国人民大学出版社，2016。

［2］黄有光：《环保理论的谬误？与张维迎商榷》，载《信报财经月刊》，455期，2015：131-133。

［3］黄有光：《福祉经济学》，载《东岳论丛》，第1期，2016：5-14。

［4］黄有光，张定胜：《高级微观经济学》，格致出版社，上海三联书店，上海人民出版社，2008。

［5］ARTHUR, W. Brian（1994）. *Increasing Returns and Path Dependence in the Economy*. Ann Arbor：University of Michigan Press.

［6］CHETTY, Raj（2015）. Behavioral economics and public policy：A pragmatic perspective, *American Economic Review*, 105（5）：pp. 1-33.

［7］COLANDER, David, & Roland KUPERS（2014）. *Complexity and the Art of Public Policy*, Princeton University Press.

［8］GRÄBNER, C., HEINRICH, T., & SCHWARDT, H.（Eds.）.（2016）. *Policy Implications of Recent Advances in Evolutionary and Institutional Economics*. Routledge.

［9］KIRMAN, Alan（2016）. Complexity and economic policy：A paradigm shift or a change in perspective? A review essay on David Colander and Roland Kupers's *Complexity and the Art of Public Policy*, *Journal of Economic Literature*, 54（2）：pp. 534-72.

［10］MORISHIMA, Michio（1984）. The good and bad uses of mathematics, In *Economics in Disarray*, edited by Peter WILES and Guy ROUTH, 68-69. Oxford：Basil Blackwell.

［11］NG, Yew-Kwang（1986），*Mesoeconomics：A Micro-Macro Analysis*, London：Harvester, 1986. Available at https://www.dropbox.com/s/efj78tcqpxajarq/Mesoeconomics.pdf?dl=0

［12］NG, Yew-Kwang（2007）. Eternal Coase and external costs: a case for bilateral taxation and amenity rights. *European Journal of Political Economy* 23, pp. 641-659.

［13］NG, Yew-Kwang（2009）. *Increasing Returns and Economic Efficiency*. Palgrave Macmillan, New York.

［14］NG, Yew-Kwang（2015）. Welfare economics, In: James D. Wright（editor-in-chief）, *International Encyclopedia of the Social & Behavioral Sciences*, 2nd edition, 2015, Vol 25. Oxford: Elsevier. pp. 497-503.

［15］OGILVIE, Sheilagh & CARUS, A. W. （2014）. Institutions and economic growth in historical perspective, In *Handbook of Economic Growth*, vol. 2, edited by Philippe Aghion and Steven N. Durlauf, pp. 403-513

［16］OSTROM, Elinor. 2010. Beyond markets and states: Polycentric governance of complex economic systems, *American Economic Review*, 100（3）: pp. 641-72.

［17］SIMON, H. A. （1987）. Satisficing. In *The New Palgrave Dictionary of Economics*, pp. 243-245.

现代经济学的本质及其发展和创新的中国贡献

田国强

【摘要】

改革开放以降，随着中国市场经济目标的逐渐确立，现代经济学在中国逐步发展成为一门显学，为中国市场化改革提供了重要的理论指导和技术支撑。然而，学术界和思想界对于现代经济学及其意识形态性还存有不少认识误区，亟待厘清。为此，本文主要探讨和阐述了现代经济学的本质，包括现代经济学的基本内涵及其视野下的市场制度，如何正确看待理解现代经济学以及现代经济学的分析框架和研究方法等内容，并探讨了中国对现代经济学发展和创新的潜在贡献。

现代经济学由假设、约束条件、分析框架和模型以及若干结论（解释和/或预测）组成，其中一个核心假设是利己性假设，这些结论从假设、约束条件和分析框架及模型中严格导出，因而是一种具有内在逻辑的分析方法。现代经济学提供两类理论，一是提供基准点、参照系及明道的基准经济理论，二是提供更贴近现实的相对实用经济理论，两者相为促进，并且均可用于内在逻辑的推断和预测。市场经济孕育了经济理论，又得益于经济理论的发展。一个成熟的现代市场制度和好的治理只有在政府、市场、社会三位一体、互动互促的综合治理框架下才能运作有效。这样，唯有正确认识和理解现代经济学的本质及其视野之下的市场制度，才能有利于推进中国深化市场导向的改革，真正确立市场在资源配置中的决定性作用和更好发挥政府作用，实现国家治理体系和治理能力现代化，建立长治久安的包容性制度。

【关键词】　现代经济学的本质　现代市场制度　核心假设和关键要点　国家治理

经济学是一门研究在资源稀缺和/或个体信息不对称的情况下如何决策的社会科学。具体说来，它是一门研究人类经济行为和经济现象及追求自身利益的个体（含个人、家庭、企事业、团体、政府、国家）如何对有限资源进行最佳权衡取舍的学科。正是由于资源的稀缺性与人们欲望（即需要，wants）的无止境性这一对基本矛盾和冲突才产生了经济学。贯穿经济学的整个核心思想就是在资源有限（信息有限、资金有限、时间有限、能力有限、自由有限等）和人们欲望无限这一对基本约束条件下，迫使人们对资源的配置作出权衡取舍的最佳选择，尽可能有效地利用资源，用有限的资源最大限度地满足人们的需求。

在资源配置中，任何经济制度，无论是政府发挥决定性作用的指令性计划经济，让市场发挥决定性作用的自由经济，还是国有经济发挥主导作用的半市场、半统制的混合经济，都离不开以下四个基本问题：（1）生产什么及生产多少？（2）产品如何生产？（3）产品为谁生产、如何分配？（4）谁来作出生产决策？这四个问题是一切经济制度都需要回答的问题，但不同的经济体制却以不同的方式来解决这些问题。判断一个制度体制是否能够较好地解决这些问题，其根本因素就看是否能够较好地解决信息和激励问题。迄今为止，现实世界中有两种基本的经济制度安排：（1）指令性计划经济制度安排。所有四个问题基本上都是由政府来回答，政府决定大多经济活动，垄断经济决策和行业：决定行业准入、产品目录、基建投资分配、人员工作分配、产品价格和职工工资等，风险由政府承担。（2）市场经济制度安排。经济活动大多通过自由交换体系组织起来，生产什么、如何生产和为谁生产的决策由企业和消费者分散作出的，风险由个人承担。

在现实世界中，几乎每一个经济制度都介于这两者之间，关键是以谁为主。由于个体的逐利性，指令性计划经济制度安排的根本弊病，就在于不能解决好信息和激励问题，而市场经济制度安排则可以很好地解决信息和激励的问题。这就是为什么采用指令性计划经济制度安排的国家无不以失败告终，中国要搞市场化改革，要让市场在资源的配置中发挥决定性作用的根本原因。改革开放以降，现代经济学的学术研究与教育传播，对中国经济的市场化改革起到了很积极的推动作用。当前，中国正处于全面深化改革以实现国家治理体系和治理能力现代化的关键历史阶段，市场在资源配置中的决定性作用将得到更充分的发挥，从而现代经济学的一些基本理论也有了更广阔的应用空间。然而，现实中人们对于现代经济学的本质和方法还存有不少认识误区，亟待厘清。对此，尤其是经济学的方法论，笔者在《现代经济学的基本分析框架和研究方法》《经济学的思想与方法》《经济学在中国的发展方向与创新路径》等多篇文章中已有不少论述，本文主要目的是帮助读者回归本源、回归常识，正确认识、理解现代经济学的本质。

一、现代经济学视野下的市场制度

现代经济学主要是在 20 世纪 40 年代后蓬勃发展起来的，**它以个体通常逐利为基本出发点，通过引入和采用严谨推理和论证的科学方法并运用数学分析工具——对现实进行历史和实证的观察，将严谨的内在逻辑分析上升到理论，然后再回到现实进行观察、检验——来系统地探究人类经济行为和社会经济现象，从而它是一门科学，代表了科学的分析框架和研究方法**。这种系统探究，既涉及理论的形式，也为经济数据的考察提供了分析工具。由于研究经济社会问题不能轻易拿现实社会做实验，否则代价太大，因而既需要有内在逻辑推断的理论分析，往往也需要有历史的大视野、大视角来进行纵横向比较，从中汲取经验教训，还需要运用统计和计量经济学等工具手段进行实证量化分析或检验，三者缺一不可。现代经济学在作经济分析或给出政策建议时，往往同时从理论、历史和统计三位一体进行学理性分析，既有内在逻辑的理论分析，也有历史视角的比较分析，还有数据统计的实证计量分析加以检验和考察。的确，在最终的分析中，所有知识皆为历史，所有科学皆为逻辑，所有判断皆为统计。这就是为什么约瑟夫·熊彼特认为，一个经济"科学"家与一般的经济学家的差别在于作经济分析时是否采用了三要素：第一，理论，要有内在逻辑分析；第二，历史，要有历史视野的分析；第三，统计，要有数据，有实证的分析。[①]

经济学，特别是现代经济学是一门看似简单，其实是难以学好、掌握、透彻理解和真正领悟的一门非常艰深学问。经济问题之所以难以解决，除了个体无论是国家层面还是企业、家庭或个人层面，**在通常情况下逐利这一最基本的客观现实外，**

---

① 熊彼特在其 1949 年出任美国经济学会会长所作题为"科学与意识形态"的就职演说中，曾指出，"科学是指经过专门技术加工过的知识。经济分析，亦即科学的经济学，包括了历史、统计和经济理论等技术"。Schumpeter, Joseph A, Danel M. Hausman, eds., The Philosophy of Economics, Cambridge：Cambridge University Press, 1984, pp. 260-275.

另外一个最大的客观现实就是，在绝大多数情形下，经济人之间的信息往往是不对称性的： 一个人说了一番话，也不知道说的是真话还是假话；即使两眼盯着看，好像聚精会神地在听讲，也不知道是否真正听进去了，从而增加了理解和解决问题的难度，弄不好就抵消了所采用的制度安排的作用。这样，**如何应对这两个最大客观现实，应采用什么样的经济制度、激励机制和政策就成了经济学各领域最核心的问题和主题。** 由此，它与自然科学有三大重大差别：（1）经济学往往需要研究人的行为，需要对人的行为进行假设，而自然科学一般不涉及到人的行为（当然，这种划分不是绝对的，比如生物学和医学有时候也涉及到人的行为。不过，这些学科基本不是从功利的角度来考虑问题，而经济学考虑人的行为时则主要从功利的角度来考虑问题）。一旦涉及到人，由于人心隔肚皮，信息极度不对称，处理起来就会变得异常困难和复杂。（2）在讨论和研究经济问题时，不仅要作描述性的实证性分析，也要作价值判断的规范分析，由于人们价值观不同和涉及利益，往往容易引起很大争议，而自然科学一般只做描述性的实证分析，结论可以通过实践来检验。（3）一个经济结论或理论作为政策一旦实施，影响面会很大、很宽，具有巨大的外部性，因而不能轻易地拿社会做实验检验，而自然科学绝大多数领域没有这个问题。这三大差异使得经济学的研究更为复杂和困难。

从而，正确理解、学好和掌握及深刻领悟现代经济学，对现代经济学的理论创新和实际应用都十分重要，不仅可用于研究和分析经济问题，解释经济现象和人的经济行为，确立目标，指明改进方向，更重要的是以历史视角的比较分析和有数据统计的实证计量分析作为辅助，根据成因进行严谨地演绎推理内在逻辑的理论分析，从而得出内在逻辑结论和作出更为准确的预测。现代经济学之所以在社会科学中占首要地位，被称为社会科学的"皇冠"，就是由于它有非常一般性的分析框架和研究方法及其分析工具，其基本思想、分析框架及研究方法威力巨大，可以用来研究不同国家和地区、不同风俗和文化的人类行为下的经济问题和现象，并被应用到几乎所有的社会科学门类及日常生活当中，甚至也有助于当好领导、搞好管理、做好工作，以致被称为"经济学帝国主义"或无所不能的学科。

（一）现代经济学的两类理论及其相互关系

如前所述，现代经济理论是一种公理化的研究经济问题的方法，与数学类似，

是一种从给定前提假设下演绎结果的逻辑推理。它由假设或条件、分析框架和模型以及若干结论（解释和/或预测）组成，这些结论从假设和分析框架及模型中严格导出，因而是一种具有内在逻辑的分析方法。这种逻辑分析方法对清晰地阐述问题非常有帮助，可避免许多不必要的复杂性。现代经济学就是基于经济理论对观察到的经济现象作出解释、进行评估并作出预测。现代经济学理论按照功能可以分为两类：一类是提供基准点或参照系、远离现实、相对理想状态情形下的基准经济理论；而另外一类理论则是旨在解决现实问题的经济理论，其前提假设更为接近现实，是对基准理论的修正。从而这两类理论都异常重要，是一种递进的相辅相成的发展和延拓关系，都可用来得出具有内在逻辑的结论和进行预测。相对现实的第二类理论就是通过不断对第一类基准理论的修正而发展出来的，从而使得现代经济理论体系更加完善和贴近现实。①

第一类理论主要是以成熟市场经济国家的经济环境作为理论背景的，提供的是在相对理想状态下的基础理论。不要小看甚至误解或否认这种基准理论的极端重要性，它们是不可忽视、不可或缺的，至少有两个方面的重要性。一是尽管这些理论结果在现实中无法实现，但是它提供了改进的方向和目标，可以促进现实向理想状态不断逼近，也就是所谓的在现实中做任何事情，没有最好，只有更好。因此，基准理论为判断是否更好、方向是否正确提供不可或缺的必要标准，否则弄不好会南辕北辙，从而谁能说基准理论不重要，以致否定它的至关重要性呢？二是它也为发展出更为接近现实的另外一类理论奠定了必要基础，否则无从发展出来。任何一个理论、任何一个结论、任何一个论断都是相对而言的，否则无从进行分析和评价。自然科学的物理学科如此，社会科学的经济学科也是如此，因而需要提供基准理论。比如，有摩擦的世界是相对无摩擦世界而言的，信息不对称是相对信息对称而言的，垄断是相对竞争而言的，技术进步、制度变迁是相对技术、制度固化而言的，因而我们必须首先发展出相对理想情形下的基准理论。就像物理学里的一些基本定律、原理是在无摩擦的理想状态下成立的，现实中有吗？没有，但是这些定律、原理的重要作用谁能否认？它们为提供解决现实的物理学提供了不可或缺的基准定律。同理，为了更好地研究更为现实、有摩擦的经

---

① 相关讨论亦可参见田国强：《经济学在中国的发展方向与创新路径》，载《经济研究》，第12期，2015。

济行为和经济现象，我们也先要研究清楚无摩擦的理想情况，以此作为基准点和参照系。现代经济学之所以一日千里，发展迅速，没有这些理想状态下的经济理论作为基准点和参照系是不可想象的。

新古典经济学理论作为现代经济学的一个重要组成部分，它假定经济信息完全、交易成本为零、消费偏好和生产集都是凸的等正则性条件，就是第一类基准经济理论，提供基准点和参照系。新古典经济学以理想状态的经济作为基准点，尽管没有人为设置的目标，论证了只要个体逐利，自由竞争市场就自然地导致资源的有效配置（也即亚当·斯密"看不见手"的严谨表述），从而应该以自由竞争市场为参照系，为我们提供改革方向和改革目标，以此改善经济政治社会环境，建立竞争市场制度，让市场在资源配置中发挥决定性作用。有人认为理想参照系离现实经济太远而否定新古典经济学对中国经济改革的指导作用，这是一个经常听到的特大误解。这些人没有意识到，就是由于现实距基准点和参照系太远，这正说明了中国需要进行市场化的改革，不断提高资源的配置效率。

中国要改革、转型，就一定要有目标，有目标就一定要有改革取向的基准点和参照系。的确如此，对于一个国家的社会经济发展，理论探讨、理性思考和理论创新其重要性自不待言，但是改革的走向及其所要实现的目标是首先要明确的，由此决定国家大政方针的基本制度才是根本、关键和决定性的。如果关系到国家的走向和长治久安方面的政治、经济、社会、文化等方面的基本制度没有确定，再好的经济理论也发挥不了多大的作用，说不定还适得其反。所以，不要在改革的走向和目标都不明确的情况下，将经济理论的作用想象得无限大，期望经济理论能解决关键性和根本性的问题。经济学没有放之四海皆准、适合所有发展阶段的最好的经济理论，只有最适合某种制度环境前提的经济理论。

既然中国要进行市场化的改革，将新古典，特别是一般均衡理论等第一类经济理论所论证市场最优经济环境作为基准点，将竞争市场作为参照系，进行这样取向的改革就非常自然和必要了，从而就会不断地得到更好，再更好的不断改进的结果。根据这些基准点界定的经济环境，我们需要进行松绑放权的自由化、民营化、市场化的改革，反对政府垄断资源和控制行业准入。同时，我们知道市场在许多情形下无效或会失灵，一般均衡理论正好严格地界定了市场机制的适用范围，给出了在什么情形下市场可能会失灵，知道哪些地方政府在制定规则、制度或提供公共服务能发挥大的作用，从而起到了界定市场有效边界的巨大作用。所以，研究经济问题，推进改革，特别是改革的大方向问题，都要从经济学的基准点说起，不能违反这些经济学常识，改革只有失败，这些基准点和参照系严格地给出了市场导致有效配置，从而其成为好的市场经济的前提条件，而这些前提条件正好指明了改革方向。

当然，**由于许多基准理论提供的是在理想状态下的基础理论，尽管有指引改进或改革取向的明道作用，但和现实相差较远，不能简单地照搬用来解决具体现实问题。**也就是说，目标不等于过程，一个真正训练有素的经济学家从来不会简单地将第一类经济理论套用到中国情境中。尽管现实中不乏这样的庸经济学家，不会分析过渡动态，只看发达国家不看发展中国家，忽视了特定发展阶段的客观规律，是在搞超英赶美的大跃进。这其实是树错了，甚至是空树靶子，射错了箭。有人反问和回答得好："到底谁要求中国按照西方主流教科书改革发展了？到底谁说中国不要考虑初始条件和发展阶段了？中国改革发展理论现在的撕裂，根本不是要不要考虑国情与阶段的问题，而是改革目标是不是真正的法治的市场经济问题。被诬指为照搬派的大多数人仅仅是因为他们坚持经典教科书的目标体制而已。阶段派、特色派最大的误区是回避目标体制特别是达成目标体制的路线图与时间表，甚至用发展取消改革，从而破坏了知识界推动市场化改革的理论合力，客观上赞助了既得利益集团将过渡状态永久化的阴暗努力。"

第二类理论则主要是旨在解决现实问题的经济理论，其前提假设更为接近现实，是对基准理论的修正，从具体功能看它又可以划分为两种：一是提供解决现实问题的分析框架、方法和工具，如博弈论、机制设计理论、委托代理理论、拍卖理论、匹配理论等；二是针对现实问题给出具体政策建议，如宏观经济学中的凯恩斯主义理论、理性预期理论等。这样，**由这两类理论组成的现代经济学是一个具有极大包容性和开放性的处于动态发展中的学科**，已远远超越新古典经济学的阶段，它通过对各种基准理论前提假设的放松以及对于描述性理论的规范化、公理化的严格表述，不断发展出新的更加贴近现实的第二类经济理论，从而使得现代经济理论作为一个整体的洞察力、解释力、预测力变得越来越强大，而中国的经济实践更可为经济理论的创新发展提供丰富的现实土壤。在笔者看来，**现代经济学可以简单定义如下：只要采用严谨内在逻辑分析（不见得是数学模型），并且采用理性假设（包括有限理性假设），这样的研究就属于现代经济学的范畴。**它起源于由托马斯·马尔萨斯和大卫·李嘉图将斯密的理论整合而成的古典经济学，不仅包括如阿尔弗雷德·马歇尔创立的新古典边际分析经济学和阿罗-德布鲁一般均衡理论这样的基准理论，也包括许多更为现实的经济学理论。比如，诺斯的新制度经济学和赫维茨所开创的机制设计理论都对新古典理论进行了革命性的发展，新古典是将制度作为给定，而诺斯和赫维茨却将制度内生化，视作为可变化、可塑造、可设计的，制定出符合客观环境的各种制度安排，从而它们都成为现代经济学中极其重要的组成部分。又比如，现代政治经济学的发展和创新其实在很大程度上也是借鉴了第二类经济学理论的分析方法和工具，但是同样也存在着需要避免泛用的警示。

值得提醒的是，由于第二类理论旨在为解决现实问题提供分析框架、方法和工具，以及给出具体政策建议，且大多是基于一个成熟的现代市场制度而提出来的，应用起来必须特别小心，简单套用都是大有问题。因此所制定的政策和制度安排适应范围的边界条件在采用之前一定要首先弄清楚，看是否大致合乎中国现实情况，但许多人没有认识到这个重要性，一味地照搬比比皆是。现在简单套用、泛用、误用经济学理论及其经济政策现象严重。比如，现在有人认为依靠政府来推动中国的"工业革命"就可解决问题，更多人呼吁采用更大力度的财政政策和货币政策就可解决当前经济下滑劣势。这些观点都以为不重视长期治理的市场化改革，就可以快速实现工业化，就能扭转经济增长持续大幅下滑困境。这可能吗？又如，许多学者以发展阶段论论证中国还需要经济增长优先，而忽视收入分配、环境保护等，乃至以发达国家历史上由于认识不足和法律缺失而形成的先污染后治理来为中国的环境污染作合理性辩护，不顾现今的国际国内法律约束。这会将中国引向何处？

再如，有学者认为文化上的比较优势是中国经济比绝大部分发展中国家增长更快的原因。这种观点如何解释改革开放前中国经济停歇不前呢？为什么不按照实验物理学的基本方法论来谈差异因素？不从多重因素和综合治理因素的水桶效应来解释中国经济在改革开放时期的高速增长呢？客观而言，中国改革之所以取得巨大成就（当然由于只是遵循了发展的逻辑，没有注重治理的逻辑，问题很多、很严重），就是基本放弃计划经济，实行松绑放权的改革，也就是政府的干预大幅度地减少，民营经济大发展从而使国有经济比重不断下降，再加上文化等其他因素综合作用而取得的。

还有，许多经济学家，包括一些从海外归来的一些经济学家自以为是地根据自己所掌握的经济学中的某个领域某个方面某一点知识，就想给出或解决需要具有可行性、可操作性、多方面的综合治理才能解决的中国实际经济问题的建议，这样给出的建议可能短期有效，但中长期副作用可能更大。问题的关键是这些学者常常以过渡性体制机制安排作为参照，而回避终极性目标体制如法治的市场经济体制，特别是忽略达成目标体制的路线图和时间表，甚至用产业政策消解制度改革、用局部改进代替综合治理，从而破坏了思想界和学术界进一步推动市场化改革的理论合力，客观上对既得利益集团将过渡状态终极化起到了助力作用。所以，这种短期、局部的制度安排即使有一定作用，但从长远和动态来看，弄得不好会造成很大、不可估量的负面作用。

现代经济学中每个严谨的经济理论，无论是原创性理论，还是分析工具的提供；无论是提供基准点或参照系的第一类基准理论，还是想解决现实经济问题的第二类理论，都有其自洽的内在逻辑体系，从而都必须给出或了解适用的边界条件和范畴。这样，通常需要借助大量的数学分析工具，由此招致一个常见的批评就是现代经济学太注重细节，越来越数学化、统计化、模型化，使问题更加晦涩难懂，由此导致现代经济学的严谨性和数学性受到批评。

现代经济学之所以要用到这么多数学和统计，就是因为研究经济社会问题，给出经济政策不能轻易拿现实社会做实验，否则代价太大，也就是理论一旦采用就具有很大的外部性，不认识和理解边界条件而盲目应用，会带来很大问题甚至灾难性的后果。尽管决策者和一般民众不需要了解理论严谨分析的细节或前提条件，但提出政策建议的经济学家必须要了解。如不考虑前提条件就盲目建议，盲目应用，会带来很大问题甚至灾难性的后果，因而为了严谨性需要借用数学来严格地界定其边界条件和适应范围。同时，一个理论的应用或政策的制定也往往需要运用统计和计量经济学等工具手段进行实证量化分析或检验。再加上，在大多数情况下不能轻易拿社会做实验，因而需要有历史的大视野、大视角来进行纵横向比较。

此外，从讨论问题的角度来看，也可以避免大量不必要的争论。如果对现代经济学理论逻辑及其实证量化的训练有限，在讨论问题，表述概念或给出政策建议时就会有很大的随意性，无法进行深入讨论，或盲目照搬到中国问题的研究和应用中去，导致很大问题。早期国外和当前国内许多学术论战就是由于辩论双方对于关键性的经济术语缺乏精确的内涵和外延界定，定义不明或不一致，再加上缺乏科学、规范的定量分析工具来给出形式化的具有严格数理逻辑支撑的明确结论，无法形成针锋相对的辩论，其结果就像是鸡和鸭对谈，谁也说服不了谁。机制设计之父赫维茨就认为，许多传统经济理论的一个最大问题就在于表述概念时的随意性，而公理化方法的最大意义正是在于表达理论时的确定性和清晰化，使得讨论和批评有一个可通约的研究范式、分析框架。

这样，现代经济学作为市场经济制度的基本理论基础，非常注重引入自然科学的研究方法和分析框架来研究社会经济、行为和现象，强调从假设到推理到结论的内在逻辑，强调用数学和数理模型作为基本逻辑分析工具，强调以数理统计和计量经济学为基础的实证研究，具有很强的应用性、实证性和自然科学性。现代经济学与其他具有很强意识形态和价值观念的人文社会科学有很大不同。这也许是经济学能够在改革开放中发挥重要作用，且其作用得到各界公认的主要原因之一。但许多人由于对现代经济学误解和偏见的原因，想当然地认为现代经济学只是为资本主义服务的，具有很大的意识形态性，从以上说明可看出这是一个极大的误区。正如邓小平指出"计划和市场都是经济手段""社会主义也有市场"① 的论断那样，现代经济学主要是为研究现代市场经济制度提供理论支撑和方法，是研究市场制度的工具，从而不是区分社会性质的关键。

（二）现代经济理论的三大作用与市场制度

基于以上分析，现代经济理论至少有三个功能或作用。第一个作用是，提供基准点和参照系，以此给出追赶或打造目标，从而起到明道、指明方向的指导作用。通过理论指导改革、变革及创新来促使现实经济运行不断向理想状态逼近。第二个作用是，用来认识和理解现实经济世界，解释现实中的经济现象和经济行为，以此解决具体现实客观问题，这是现代经济学主要的内容。第三个作用是，作出内在逻辑的推断与预测。实践是检验真理的唯一标准，但不是预测真理的唯一标准，许多时候如果仅用历史检验和已有的数据进行经济预测也可能会出问题，因而需要进行具有内在逻辑的理论分析。

通过现代经济理论的内在逻辑分析，对给定的现实经济环境、经济人行为方式及经济制度安排下所可能导致的结果作出内在逻辑的推断和预测，以此指导解决现实经济问题。只要理论模型中的前提假设条件基本满足，就能得出科学的逻辑结论并据此作出基本正确的预测和推断，而不一定需要用实验，就能知道最终结果。例如，哈耶克关于指令性计划经济不可行的理论推断，就有这样的洞察力。一个好的

① 邓小平在武昌、深圳、珠海、上海等地的谈话要点（1992 年 1 月 18 日—2 月 21 日）。《邓小平文选》第 3 卷，北京：人民出版社，1993：373。

理论不用实验也能推断出最终结果。这在很大的程度上解决了经济学一般不能拿社会做实验的问题。人们需要做的只是检验经济环境和行为方式等方面的假设是否合理（近些年来非常热门的实验经济学主要就是从事检验经济人的行为方式假设等理论基础性方面的研究）。例如，社会不允许为了研究通货膨胀和失业率的关系而乱发货币。像天文学家和生物学家一样，经济学家大多时候只能利用现有的数据和现象来进行理论创新和检验理论。

当然，我们也不要将经济理论的作用想象得无限大，期望经济理论能解决关键性和根本性的问题。对于一个国家的社会经济发展，理论探讨、理性思考和理论创新其重要性自不待言，但是决定国家大政方针的基本制度才是根本、关键和决定性的。如果关系到国家的走向和长治久安方面的政治、经济、社会、文化等方面的基本制度没有确定，再好的经济理论也发挥不了多大的作用，说不定还适得其反。经济学没有放之四海皆准、适合所有发展阶段的最好的经济理论，只有最适合某种制度环境前提的经济理论。

现代经济学的最主要目的就是研究市场的客观规律及个体（如消费者、厂商）在市场中的行为。具体地讲，研究追求自身利益的个体在市场中如何达到和谐；市场通过什么途径配置社会资源；以及如何取得经济稳定、可持续性增长等问题。中国30多年来的经济改革主要就是进行市场化的改革，近年来又将市场在资源配置中所应发挥决定性作用和让政府发挥好（而不是）的作用。从而，研究解决中国经济改革发展中的现实问题，需要对现代市场机制的功能及优越性有一个大致了解①。

市场是买卖双方进行自愿交换的一种交易方式，它不仅指买者和卖者进行交换活动的聚集地，如现场交易和网络线上交易，也包括任何其他形式的交易活动，如拍卖、讨价还价等机制。在学习微观经济学时，需要牢记市场中的任何交易都有买卖双方是重要的。对任何货物的买者而言，都有相应的卖者。市场过程的最终结果则取决于市场中卖者和买者相对力量的较量。这种力量的较量有三种竞争形式：消费者—生产者竞争、消费者—消费者竞争、生产者—生产者竞争。在市场中消费者和生产者讨价还价的地位在经济交易中都受到这三种竞争来源的限制。任何形式的竞争都像一个惩戒机制引导市场过程，对不同的市场影响也不相同。

---

① 笔者在《大众市场经济学》一书中曾对市场制度做了比较通俗易懂的阐释。参见田国强，张帆：《大众市场经济学》，上海：上海人民出版社，1993。

市场机制或价格机制则是以价格作为引导，个体作出分散决策的一种经济制度，它通常是市场制度的一个较为狭隘的定义。市场制度或市场体系则是所有与市场紧密相关的体制、机制（包括市场法规体系）的集合。市场制度是一种分散决策、自愿合作、自愿交换产品和服务的经济组织形式，是人类历史上最伟大的发明之一，是迄今为止人类解决自己的经济问题最成功的手段。市场制度的建立并没有经过人类自觉的、有目的的设计，而是一个自然的发展演化过程。在哈耶克看来，市场秩序是一种自生自发的秩序的经济扩展秩序，"并不是人类的设计或意图造成的结果，而是一个自发的产物"。① 现代经济学主要是研究市场制度而产生、发展，从而不断扩展延拓的。乍看起来，市场的运作是一件令人费解而惊叹的事实。在市场体系中，资源配置的决策是由追求各自利益的生产者和消费者在市场价格的引导下独立作出的，没人指挥和发号施令。市场体系在不知不觉中解决了任何经济体系都逃不掉的四大基本问题：怎么生产、生产什么、为谁生产、谁做决策。

在市场体系下，由企业和个人作出自愿交换与合作的决策。消费者追求最大需求满足，企业追逐利润。为使利润最大化，企业必须精打细算，最有效地利用资源。也就是说，对于效用相近、质量相当的资源，尽量拣便宜的用。企业的物尽其用和社会的物尽其用本不相干，但价格把二者联系起来了，其结果协调了企业利益和全社会的利益，导致了资源的有效配置。价格的高低反映了社会资源的供求状况，反映了资源的稀缺情况。比如，市场缺木料不缺钢材，木料就贵钢材就便宜。企业为了减少开支多赚钱，就得尽量多用钢少用木料。逐利的企业这样做时没有想到社会的利益，但结果却完全符合社会的利益，这中间悄悄发挥作用的正是资源价格。资源价格协调了企业利益和全社会的利益，解决了怎么生产的问题。价格体系还引导企业作出符合社会利益的产出决策。生产什么，谁说了算？消费者说了算！企业只有一个考虑：什么价钱高就生产什么。在市场体系下，价格高低恰恰反映了社会需求，收成不好，粮价上涨，就会激励农民多生产粮食。追逐利润的生产者就这样被引上了"救死扶伤"的正轨，生产什么的问题就解决了。最后，市场体系还解决了哪位消费者得到哪件产品的问题。消费者如果真需要这件衬衫，就会出比别人高的价。只想赚钱的生产者就会只把衬衫卖给出价高的消费者。这样，为谁生产的问题也解决了。所有这些决策都是由生产者和消费者分散地作出的。这样，谁做决策的问题也解决了。

---

① 哈耶克：《致命的自负》，冯克利等译，北京：中国社会科学出版社，2000：1。

市场机制就这样轻松潇洒地把看似水火不容的个人利益和社会利益协调起来了。早在二百多年前，现代经济学之父亚当·斯密就看到了市场机制的和谐和美妙。亚当·斯密把竞争的市场机制比作一只"看不见的手"，在这只手的暗暗指引下，追逐私利的芸芸众生不由自主地走向一个（不是人为设定的）共同目标，实现了社会福利的最大化："由于每个个人都努力把他的资本尽可能用来支持国内产业，都努力管理国内产业，使其生产物的价值能达到最高程度，他就必然竭力使社会的年收入尽量增大起来。确实，他通常既不打算促进公共的利益，也不知道他自己是在什么程度上促进那种利益。""他受着一只看不见的手的指导，去尽力达到一个并非他本意想要达到的目的。也并不因为事非出于本意，就对社会有害。他追求自己的利益，往往使他能比在真正出于本意的情况下更有效地促进社会的利益。"①

亚当·斯密仔细研究了市场体系是如何把个人利己心和社会利益、分工协作结合起来的。他的思想核心是，如果分工和交换是完全自愿的，只有认识到交换的结果会对交换双方彼此互利，交换才有可能发生。否则，就没有人来交换。只要有好处，人们就会在利己心的驱动下自觉地合作。外力的压迫并不是合作的必要条件。即使语言不通，只要互利，交换照样进行。平时市场机制工作得如此之好，使大家都感觉不到它的存在。亚当·斯密以"看不见的手"为喻，指出了自愿合作和自愿交换在市场经济活动中的重要性。然而，市场体系为大家造福的思想，无论在亚当·斯密的时代还是今天，并未被所有人充分认识到。阿罗-德布鲁的一般均衡理论则对亚当·斯密"看不见的手"作了正式表述，严格论证了自由竞争的市场可以导致社会福利的最大化，证明了市场在资源配置方面的最优性。②

（三）价格的三大作用与市场制度的优越性

如上所述，市场体系的正常运转是通过价格机制实现的。价格在组织涉及亿万人的瞬息万变的经济活动时，正如诺贝尔经济学奖获得者米尔顿·弗里德曼所分析的那样，履行了三种功能：（1）传递信息：以最有效的方式传递生产和消费的信息；

---

① 亚当·斯密：《国民财富的性质和原因的研究》（下卷），郭大力、王亚南译，北京：商务印书馆，1974：27。

② Kenneth J. Arrow and Gerard Debreu, "Existence of an Equilibrium for a Competitive Economy", *Econometrica*, Vol. 22, No. 3 (Jul., 1954), pp. 265-290.

（2）提供激励：激励人们以最佳方式进行消费和生产；（3）决定收入分配：资源禀赋、价格及经济活动成效决定收入分配。[①] 其实，早在汉代的司马迁就开始注意并总结了在市场中商品价格起伏的规律，所谓一切商品皆是"贵上极则反贱，贱下极则反贵"，要想致富就要抓住这个规律"与时逐利"。

价格的功能之一：传递信息。价格指导着参与者的决策，传递供求变化的信息。需求增加，销售者就会发现其销量增加了，就向批发商定购更多的商品，向厂商增加订货，价格就会上升，于是厂商就会投入更多生产要素来生产这种商品，使得有关方面都获得了商品需求增加的信息。价格体系传递信息时很讲效率，它只向那些需要了解有关信息的人传递信息。价格体系不但能传递信息，而且能产生某种激励机制保证信息传递的畅通，使信息不会滞留在不要信息的人手中。传递信息的人有内在的动力去寻找需要信息的人；需要信息的人有内在的动力去获得信息。例如，成衣制造商总是希望能够用更低的价格取得更好的布，他们就不停地寻找新的供应者。同时，生产棉布的企业也总是与顾客保持接触，以各种方式宣传产品的物美价廉以吸引更多的顾客。那些与上述活动无关的人当然对棉布的价格和供求毫无兴趣，漠不关心。一般机制设计理论将论证竞争的市场机制在信息利用方面是最有效率的，它所需要的信息量最少，交易成本最低。赫维茨等人在20世纪70年代就证明了在纯交换的新古典经济环境中，没有什么其他经济机制既能够实现资源有效使用，又比竞争性市场机制使用更少的信息。[②]

价格的功能之二：提供激励。价格还能提供激励，使人们对需求和供给的变动作出反应。当某种商品的供给减少时，一个经济社会应当提供某种激励，使生产这种商品的企业愿意增加生产。市场价格体系的优点之一就在于价格在传递信息的同时，也给人们以激励，使人们基于自己的利益自愿地对信息作出反应，激励消费者以最优的方式进行消费，使生产者以最有效的方式进行生产。价格的激励功能与价格决定收入分配的第三个功能密切相关。如果提高产量所增加的所得大于所增加的成本，生产者就会继续提高产量，直到两者相等，达到利润最大化。

价格的功能之三：决定收入分配。在市场经济中，个体收入取决于所拥有的资源禀赋（如资产、劳力等），及其经济活动的成效。在收入分配上，人们往往想把价

---

① ［美］米尔顿·弗里德曼：《价格理论》，蔡继明、苏俊霞译，北京：华夏出版社，2011：10。

② Hurwicz L（1972）．"On informationally decentralized systems,"in C. B. McGuire and R. Radner, eds., Decision and Organization：a Volume in Honor of Jacob Marshak, North-Holland.

格的收入分配功能与传递信息、提供激励的功能分割开来，在保留传递信息和提供激励功能的同时，使人们的收入更加平等。然而，这三个功能是紧密关联、缺一不可。价格对收入的影响一经消失，价格传递信息、提供激励的功能也就不复存在。如果一个人的收入并不取决于他为别人提供劳务或商品的价格，那么他何必费劲去取得关于价格和市场供求的信息，并对这些信息作出反应呢？如果干好干坏收入都一样，有谁愿意好好干？如果发明创造而得不到好处，又何必费时费力去发明创造呢？如果价格不再影响收入分配，价格就失去其他两项功能。

现代市场经济制度是在人类社会的长期演进中产生、逐渐成型并不断完善的复杂而精巧的制度。市场机制在资源配置中发挥基础性和决定性的作用，是市场经济之所以能够最优配置资源的关键。这种最优是帕累托最优（有效）意义下的最优，即在现有资源约束条件下，不存在不让任何参与人受损的情况下让一部分人的福利有所改进的资源配置方案，尽管帕累托最优标准没有考虑到社会公平正义问题，但它却从社会效益的角度对一个经济制度给出了资源是否被浪费的一个基本判断标准，从可行性的角度评价了社会经济效果。它意味着如果一个社会资源配置不是有效的，就存在着改进效益的余地。

一般均衡理论的两个福利经济学基本定理对亚当·斯密论断给出了严谨的表述，它是其"看不见的手"的严谨正式表述，论证了自由竞争的市场可以导致社会福利的最大化，证明了市场在资源配置方面的最优性。福利经济学第一基本定理证明了：当人们追求个人利益时，如果每个经济人对商品需求的欲望是无止境的，局部非饱和（local non-satiation assumption）的，则在一般的经济环境下（私人商品、完全信息、非外部效应、商品可分），竞争的市场制度导致资源的帕累托有效配置。第二福利经济学定理则证明，在新古典经济环境（即利己、连续的凸偏好关系和闭凸生产集）下，任何一个帕累托有效的资源配置都可以通过初始禀赋的再分配和竞争性市场均衡来实现，从而没有必要采用其他经济制度安排来取代市场。

经济核定理和经济核极限定理则从另外的角度论证了市场制度有利于社会的稳定性及在资源配置方面的最优性和唯一性，是人类经济活动中自然选择的客观内在逻辑结果。竞争的市场机制不仅导致了资源的有效配置，现代市场经济制度能较好地解决社会安定有序的问题。经济核的基本含义是，当一个社会的资源配置处于经济核状态时，就不存在任何小集团对该资源配置不满，从而想控制和利用自己的资源来提高他们自身的福利。这样就不存在什么势力或小集团对社会造成威胁，这个社会就比较安定。经济核定理告诉我们，当市场达到竞争均衡后，在一些规范性的条件下，如在偏好的单调性、连续性及凸性（效用的边际替代率递减）假设下，市场均衡所导致的均衡配置就处于经济核状态。而经济核极限定理告诉我们，在个体逐利的最大客观现实下，只要给人们经济自由（即允许个人自愿合作、自愿交换）和充分竞争，不事先给定任何制度安排，所达到的结果与竞争市场均衡的结果就是一样的。

所以，市场机制不是谁发明的，它是一种内在的经济规律和自发秩序，和自然规律一样具有客观性。这个结果的政策含义就是，在竞争市场机制能够解决资源最优配置的情况下，应该让市场来解决。只有在竞争市场无能为力的情况下，才设计其他一些机制来弥补市场机制的失灵。尽管市场机制不能很好地解决贫富差距过大的社会公平问题，但公正定理启示我们，只要政府尽可能给个体提供机会公平和资源平等，让市场正常发挥作用，而不是取代它，就能够导致既有效率也相对公平的资源配置结果。

上面所述的关于现代竞争自由的市场制度在资源配置方面的最优性、唯一性、公正性，以及有利于社会的稳定性严谨描述和证明都是一般均衡理论部分要着重讨论的内容。约瑟夫·熊彼特从竞争和垄断的动态博弈过程所导致的创新驱动角度论述了市场机制的最优性。熊彼特的"创新理论"告诉我们，有价值的竞争不是价格竞争，而是新商品、新技术、新市场、新供应来源、新组合形式的竞争，从而市场经济保持长期活力的根本就在于创新和创造，这源于企业家精神，源于企业家不断地、富于创造性地破坏市场的均衡，也就是他所说的"创造性破坏"①。要形成创新的土壤，鼓励和保护创新，基本要靠逐利的企业家和民营经济。

竞争和垄断就像供给和需求，通过市场的力量，它们可以形成令人惊叹不止的对立统一，从而显示了市场制度的优美和巨大威力。没有竞争，就像政府垄断的国有企业，它不可能有动力去创新。由于企业利润会随着竞争程度的增加而减少，私有、民营企业由于逐利的动机，往往会有很大激励不断进行创新，研发新产品，将新产品的价格定在竞争均衡价格之上而获得高利润。但是，同行业的其他企业很快会开发类似产品来分享利润。这种市场竞争导致企业利润下降，从而迫使企业不得

---

① 关于创新与企业家精神的讨论，参见［美］约瑟夫·熊彼特：《经济发展理论——对于利润、资本、信贷、利息和经济周期的考察》，何畏、易家祥等译，北京：商务印书馆，1991。

不创新，而企业创新导致垄断利润，可观的利润会吸引其他企业涌进来参与竞争。这样，市场竞争导致利润下降，由此企业不得不通过创新导致新的垄断利润，从而形成了竞争—创新—垄断—竞争这样一种反复动态循环，即市场竞争趋向均衡，而创新却打破均衡，市场不断地进行这样的博弈就会激励企业不断追求创新，通过这种博弈过程，市场经济保持长期活力，使社会福利增加和经济发展，从而显示了市场制度的优美和巨大威力。这样，为了鼓励创新，就需要政府制定知识产权保护法，同时为了鼓励竞争及形成技术创新的外部性，就需要制定反垄断法。对知识产权的保护不是永远的，而需要有一定的年限，不能形成固化或永远的寡头和垄断。

创新就意味着打破循规蹈矩，这就必然蕴含高风险，尤其是高科技创新更具有高风险特征，创投成功的比例非常低，但一旦成功，就会有相当可观的盈利回报，从而能吸引更多的资金前仆后继地往里投。不过，对国企而言，由于先天缺乏承担风险的激励机制，是不可能去冒这样的高风险的。而对于民营经济，由于追求自身利益的强烈动机，是最敢于冒风险的，从而最具有创新意识和创新力。因此，从各国经济发展的社会实践来看，企业创新（非基础性科学研究）的主体都是民营企业。实际上，中国思想史上的司马迁也十分肯定竞争、优胜劣汰是自然趋势。他认为，"富无经业，货无常主，能者辐凑，不肖者瓦解。"（《史记·货殖列传》）即，致富并不靠固定的行业，而财货也没有一定的主人，有本领的人能够聚敛财货，没有本领的人则会破败家财。

更进一步，竞争的市场机制不仅有利于社会稳定性及在资源配置方面的最优性和唯一性，资源的有效配置，而且在传递信息时很讲效率。赫维茨等人在20世纪70年代证明：对纯交换的新古典经济环境类，没有什么其他经济机制既能导致资源有效配置而又比竞争市场机制用到了更少的信息。乔丹（Jordan）在1982年更进一步证明了对纯交换经济，市场机制是唯一的利用最少的信息实现了资源的有效配置的机制。田国强（2006）证明了这一结论不仅在纯交换经济中成立，而且在有生产的经济中也成立，同时是唯一的[①]。由此可以得出一个重要推论：无论是指令性计划经济机制、国有经济，还是混合制的经济，实现资源有效配置所需要的信息一定比竞争市场机制需要得多，不是信息有效率的，即需要花费更多的成本来实现资源的最

---

① Guoqiang Tian, "Incentive Mechanism Design for Production Economies with Both Private and Public Ownership," *Games and Economic Behavior*, 2000（33）：pp. 294-320.

优配置。这个结论对中国为什么要搞市场化的经济改革和国有经济民营化，提供了一个重要的理论基础。

需要特别指出的是，随着互联网金融创新的出现，现实经济偏离理想状态的程度将会不断减弱，会促进现实市场经济越来越趋向于亚当·斯密、哈耶克、肯尼思·阿罗和吉拉德·德布鲁及罗纳德·H·科斯等人所描述的市场经济的理想状态。这是由于，无论是按照亚当·斯密所描述的竞争市场"看不见的手"的作用，阿罗、德布鲁关于完全竞争市场的一般均衡理论和科斯关于完全竞争市场交易成本为零的理论，还是熊彼特关于市场竞争有利于创新的理论，都是论证市场是最优的。其基本的结论是，完全竞争的市场导致了帕累托所说的资源有效配置和社会福利最大化。不过，完全竞争市场理论主要只是提供了一个参照系或终极目标，就是市场越竞争越好，信息越对称越好，但完全竞争的市场经济在现实中是不存在的，因为信息沟通成本、交易成本不等于零，这其中包括最主要的金融融资的成本。

但互联网金融作为媒介功能的交易成本将会越来越小。当前，由于互联网金融的创新和发展，从某种意义上说，这就不仅仅是停留在理想状态，而是随着互联网金融颠覆性的创新越来越逼近趋同了，第一类理论将更逼近于现实。互联网金融将会使得现实中信息沟通的成本大大降低，使得市场经济活动更加接近理想中的完全竞争状态，变得越来越有效。中国实在是幸运，其改革开放、市场化的改革让中国及时地搭上信息时代的列车。①

（四）政府与市场、政府与社会的治理边界②

前面关于市场最优性的这些理论结果事实上还依赖于一个关键性隐含假设：制度的重要性和决定性作用，即存在着一个完善的治理结构来规范政府与市场、政府与社会作为前提假设条件，使之所考虑的市场经济是一个统一开放、竞争有序的自由市场经济。

---

① 参见田国强：《互联网金融创新与中国经济发展驱动切换》，载《探索与争鸣》，第 12 期，2014。
② 关于此问题的详细讨论，参见田国强、陈旭东：《中国改革：历史、逻辑和未来》，北京：中信出版社，2014。

国家治理三维度：政府、市场与社会

市场机制也许给人一种错觉：在市场社会中为追求个人利益似乎可以为所欲为。其实不是这样，世界上没有纯粹地独立于政府之外的完全放任自由的市场经济。市场良好运行需要政府、市场与社会各归其位，这样一个国家治理三维结构得以有效地耦合和整合。完全独立于政府之外的放任自由市场不是万能的，市场在许多情景下往往会失灵，如垄断、收入分配不公、贫富两极分化、外部性、失业、公共物品供给不足、信息不对称等，从而导致资源无效率配置和各种社会问题。

这样，转型发展和深化改革需要同时兼顾发展和治理两大逻辑，正确理解它们之间的内在辩证关系。发展的逻辑主要是提升一个国家的硬实力，而治理的逻辑则注重软实力方面的建设，当然是多方面的治理，包括政府和市场的治理制度、社会公平公正、文化、价值观等方面的建设。政府与市场和社会的关系处理如何，往往决定了国家治理效果的好坏。如果不能很好地平衡二者，而偏颇任何一方，都可能会带来包括贫富差距过大、机会不公等一系列严重问题和危机，不能形成包容性的市场经济和包容和谐的社会。从而，从治理的逻辑来说，治理有好的治理和坏的治理之分，由此导致好的市场经济或坏的市场经济，好的社会规范或坏的社会规范。因此，不能简单将其等同于统制、管制或管理，将发展和治理简单地对立起来，顾此失彼。中国当前之所以出现改革成就巨大，同时问题也十分严峻的"两头冒尖"状况，让改革大业面临着极其复杂的局面，就是由于在过去30多年主要只注重经济发展的逻辑，而在很大程度上忽视了治理的逻辑所造成的。

市场有效和社会规范的必要条件是需要一个有限而定位恰当的有效政府，这样政府的合理定位至关重要。在目前半市场、半统制的双重体制下，政府不应有的权力过多，而本应肩负起的维护和服务的职责又做得很不够，使之政府角色过位、缺位和错位大量存在，没有合理界定和理顺政府与市场、政府与社会的治理边界，导致"重政府轻市场、重国富轻民富、重发展轻服务"。

好的国家治理导致好的市场经济

由此，市场经济分为"好的市场经济"和"坏的市场经济"，关键取决于治理制

度，决定政府、市场和社会之间的治理边界是否得到了合理界定和厘清。在好的市场经济中，政府能让市场充分发挥作用，而当市场无效或失灵时，政府又能发挥很好的弥补作用，但这样的弥补作用不是要政府直接干预经济活动，而是制定恰当规则或制度使之市场有效或解决市场失灵的问题，以此形成个体和社会利益一致的激励相容结果（这样制度设计最成功的例子之一是美国建国初期基本宪法的制定，导致了美国在短短一百多年的时间成为世界上最强盛的国家）。

一个好的、包容的及有效的现代市场经济应该是通过制度或法律对个人的私利进行极力保护，而对政府及其公权力则尽可能地限制和制衡，从而它是一种契约经济，是法治经济，受到商品交换契约的约束，受到市场运行规律的约束，受到信誉的约束。一个经济社会由于受到个体逐利的约束、资源的约束、信息非对称的约束，要实现富民强国，首先要赋予个体私权，最核心的是基本生存权、追求幸福的自由选择权及私有产权这三个私权，让他们通过充分竞争、自愿合作和自愿交换的市场机制的作用和对自身利益的追求，最终达到资源的有效配置和社会福利最大化。

这样，现代市场经济是建立在法治基础上的。法治的作用有二：首要的是约束政府对市场经济活动的任意干预，这是最基本的；其次是更进一步对市场起到支持和增进作用，包括产权的界定和保护、合同和法律的执行、维护市场的公平竞争等等，使得市场在资源配置中起到基础和决定性的作用，从而使得价格传递信息、提供激励和决定收入分配的三大基本功能得到充分发挥。此外，好的市场中需要有一个好的社会规范，个体对个人利益的追求是以尊重别人对个人利益的追求为前提的，追求个人利益与参与公平竞争并行不悖。妥协精神，尊重别人的价值判断标准，是交易正常进行的前提。

而在坏的市场经济中，政府缺乏对于经济社会转型的驾驭和治理能力，不仅不能提供必要的、足够的公共产品和服务以弥补市场失灵，反而由于政府的过位导致公权力没有得到有效制衡，国有企业的产权没有得到明晰界定，出现了大量的寻租和腐败现象，使得社会经济的公平正义受到极大减损，出现所谓的"政府俘获（State Capture）"现象，即经济主体通过向政府官员进行私人利益输送来影响法律、法规和规章制度的选择和制定，使得该主体能够不通过公平竞争而将自身的偏好转化成整个市场经济博弈规则的基础，形成大量的能够为特定个体产生高度垄断利益的政策安排，这是以巨大的社会成本和政府的公信力下降作为代价的，使得公共选择中的无效率均衡得以长期延续。① 这种不通过公平竞争的自身努力，而靠非公平的寻租手段和方式来争夺社会、政府资源的行为，不仅会造成市场失灵，更严重的是，长此以往，将会逐渐形成坏的社会规范，造成社会资源配置和价值观扭曲、伦理道德滑坡、诚信缺失、说话做事"假大空"、社会浮躁、不稳定因素增多，结果导致市场活动的显性和隐性交易成本巨大。一些社会学家则将这种社会状态称为"社会溃败"，喻作社会肌体的细胞坏死，机能失效。

这样，在以上提及的三种个体私权中，产权的明晰和保障至关重要。当前贪腐猖獗，一个重要的原因就是由于公有产权没有明晰界定及公权力的大量过位，使得通过公权力进行寻租成为可能，这是造成腐败的根本原因。在防贪、反贪方面，采用《孙子兵法》中的"不战屈人之兵"才是上策，有贪官才去反贪至多是中策，说不定是下策，这是由于即使贪官是少数，也破坏了政府的形象，造成了很坏的社会影响。历史经验早已告诉我们这一点。反腐的根本出路在于进一步推进市场化的改革和民营化，通过制度来合理界定政府治理边界让官员没有机会贪，通过法治让官员不能贪，通过问责和社会监督不敢贪。

因此，在政府、市场和社会这样一个三维框架中，政府作为一种制度安排，有极强的正负外部性，起着最基本的关键性作用。它既可以让市场有效，成为促进经济发展的动力，让社会和谐，实现科学发展，也可以让市场无效，导致社会矛盾重重，成为经济社会和谐发展巨大的阻力，形成坏的社会影响。尽管世界上几乎所有的国家都实行市场经济，但大多数市场经济国家没有实现又好又快地发展。有许多其他原因，但最根本的原因就是没有合理地界定和厘清政府与市场、政府与社会的治理边界，政府的角色出现了过位、缺位或错位。只有政府无所不在的"有形之手"放开了，政府的职能及其治理边界得到了科学合理的界定，合理界定政府、市场和社会之间的治理边界才是可期的。

界定政府与市场和社会治理边界的原则

那么，如何合理界定政府、市场和社会的治理边界？那就是，只要市场能做好

---

① Stigler, G. J., "The Theory of Economic Regulation", Bell Journal of Economics and Management Science, Vol. 2, No. 1, 1971, 3-21; Hellman, J., "Strategies to Combat State Capture and Administrative Corruption in Transition Economies", Conference "Economic Reform and Good Governance: Fighting Corruption in Transition Economies", 11-12 April, 2002, Beijing, China.

的就应该让市场去做，政府不直接参与经济活动（但需要政府维护市场秩序，保证合同及各种法规得到严格执行）；市场不能做的，或者说从国家安全等其他因素考虑，市场不适合做的时候政府才直接参与经济活动。也就是，在考虑和谐社会的构建和经济的和谐发展的时候，在政府职能的转变和管理模式的创新的时候，就应该根据市场、政府和社会各自界定的边界来考虑，比如说，至少在竞争性的行业，政府应该退出，当然即使政府不退出也不可能长久生存下去。只有在市场失灵的时候，政府才发挥作用，单独或者与市场一起去解决市场失灵的问题。然而其基本准则是政府不应直接干预经济活动，而是制定恰当规则或制度来解决市场效率或失灵的问题。这是由于受到个体逐利和信息不完全的限制，直接干预经济活动如（如大量的国有企业和任意限制市场准入及干扰商品价格）往往效果不佳。在这方面，专门研究如何设计规则和制度激励机制设计理论让市场有效和在解决市场失灵问题方面能发挥极大作用。①

　　这样，**在现代市场经济条件下，政府最基本和仅应有的职能、角色和作用可以用两个词来概括，就是"维护"和"服务"**，也就是制定基本的规则及保障国家的安定和社会秩序的稳定，以及供给公共产品和服务。这正如哈耶克所指出的那样，政府的基本职能有二：一是必须承担实施法律和抵御外敌的职能，二是必须提供市场无法提供或无法充分提供的服务。与此同时，必须将这两方面的职能和任务明确地界分开来，当政府承担服务性职能的时候，不能把赋予政府实施法律和抵御外敌时的权威性也同样赋予它。② 这就要求政府除了承担必要的职能外，还要向市场和社会分权。美国历史上最伟大的总统之一林肯对政府职能的界定概括得非常精辟：**政府存在的合法目的，是为人民去做他们所需要做的事，去做人民根本做不到或者以其各自能力不能做好的事；而对于人民自己能够做得很好的事，政府不应当干涉。**③ 同时，一个好的、包容的和有效的现代市场经济和国家治理模式还需要一个具备较强的利益协调能力的独立、自治公民社会作为辅助的非制度安排，否则一个严重后果就是市场经济活动的各类显性和隐性交易成本都非常大，社会最基本的信任关系难以构筑。

---

①　在赫维茨看来，"美国的国会或其他立法机构的立法就相当于设计新机制"（参见利奥尼德·赫维茨、斯坦利·瑞特：《经济机制设计》，田国强等译，格致出版社、上海三联书店、上海人民出版社，2014：2）。

②　[英] 弗里德利希·冯·哈耶克：《法律、立法与自由》（第二、三卷），邓正来等译，北京：中国大百科全书出版社，2000：333。

③　伍天冀，杜红卫主编（译）：《政治的智慧》，北京：警官教育出版社，1992：56。

总之，只有合理界定和厘清了政府与市场、政府与社会的治理边界，才能建立好的、有效的市场经济制度，实现效率、公平与和谐的科学发展。当然，转型到有效的现代市场制度往往要有一个过程，由于各种约束条件，不能一步到位地厘清政府、市场与社会的治理边界，往往需要制定一系列过渡性的制度安排。但是，随着转型的深入，原有的那些过渡性制度安排的效率就会出现衰减，甚至完全退化为无效制度安排或负效制度安排。如果不能适时适度地不断厘清政府、市场与社会的治理边界，反而将一些临时性、过渡性的制度安排（如政府主导经济发展）定型化和终极化，就不可能造就有效市场和构建和谐社会。由于现代经济学的发展，它的分析框架和研究方法，对如何合理的界定和厘清政府、市场与社会治理边界，如何进行综合治理等方面的研究，起到了不可替代的作用。

二、如何正确看待理解现代经济学

正确、准确看待和理解、深刻领悟现代经济学，能帮助人们很好地运用经济学的基本原理和分析方法来研究不同经济情景、不同经济人行为及不同制度安排下的各类经济问题。现代经济学中的不同学派、不同理论本身就说明了现代经济学的分析框架和研究方法的针对性、普适性和一般性。当经济环境不同，当然就需要采用不同的假设和不同的具体模型设定，只有这样，所发展出来的理论才可用来解释不同的经济现象和个体的经济行为，更重要的是能够在接近理论假设的各类经济环境下，进行内在逻辑分析，给出合乎内在逻辑的结论或进行科学的预测与推断。但由于经济环境的错综复杂，为了语义和逻辑清楚，现代经济学又用到了各种严谨的数学工具来发展建立经济模型，从而发展经济理论。严谨的数学工具一般较难以掌握，由此对现代经济学往往容易产生误区，除了前面谈到的许多人对基准经济理论的误区外，还包括下面如何看待现代经济学的几个方面误区。

（一）如何看待现代经济学的利己性假设？

其中最主要的一个误区是对经济学的利己性假设的批评。任何一门社会学科都需对个体的行为作出假设，将个体的行为作为理论体系的逻辑起点。如前所述，社会科学和自然科学最本质的差别就在于：社会科学往往需要研究人的行为，需要对人的行为进行假设，而自然科学不研究人，而是研究自然世界和事物。经济学是一门非常特殊的学科，它不仅要研究和解释经济现象，进行实证分析，同时还要研究人的行为，以便更好地作出预测，并给出价值判断。

自私、自爱与自利

在谈论人的行为时，一般有三个词语来表达：自爱（self-love）、自私（selfish）及自利（self-interest），这三者之间既有联系，也有较大差异。自爱意味着自己看重自己、喜爱自己，从而它既有好的一面，让自己洁身自爱，也可能有负的一面，对自己估计过高，使之有时会导致自我伤害（self-harm），或形成自我欺骗（self-deceit）的空思妄想。自爱还可衍生自利甚至自私。自私则是以损他为前提来利己，从而自私使人贪婪，贪婪使人野心勃勃，野心使人虚荣狂妄，虚荣使人忘乎所以，狂妄使人伤天害理。自利则以利他为代价来利己，从而自利让人理性、理智，而自私孕育恶欲。也就是：为自利而利他，为了逐利、获利，人不得不理性利他，经济学主要采用自利性假设。自爱与自利相辅，人有自知之明；自爱与自私粘连，人会道德沦丧。这样，人受自爱主宰，但并非一定是不顾及别人，也可能是自爱和自利的结合。

自利行为的现实合理性

在现代经济学的讨论中，特别是证明竞争市场经济机制导致最优资源配置的一个关键的根基性假设就是个体行为的自利（利己）性假设。这是经济学中一个最基本、最关键、最核心的假设。这不仅是假设，更是目前社会经济发展阶段中最大的客观现实，是整个现代经济学的基石。

这个假设在处理国家、单位、家庭及个人之间关系的时候也是如此，因而是研究和解决政治社会经济问题时必须考虑的客观现实或约束条件。比如在考虑和处理国与国之间关系的时候，作为一个公民，需要维护本国的利益，站在本国的立场上说话和行事，如果泄露国家机密，就可能受惩罚；在处理企业与企业的关系时，作为本企业的员工，必须维护本单位的利益，如果把企业机密泄露给竞争对手，视后果的严重程度也会被判刑。经常看到或听到有人对利己性假设提出质疑，既然人是理性自利的，追求个人利益，那为什么要有家庭？其实，从家庭层面来分析问题，每个人都是站在本家庭的利益上行事的。也就是在常规情况下，人们关注的是自己的家庭，而不是别人的家庭。在研究个人与个人问题时也是如此。在现实中，不少人对这个假设产生了误区，将它简单狭义地理解为：无论考虑哪个层次的问题，都是针对个人的假设。

对人类的利己行为进行假设十分必要，可以说，利己性是经济学的逻辑起点，因为它符合基本现实，更重要的是：**即使这一自利行为假设有误，将无私的人看成是自私自利的人，也不会造成严重后果；相反，如果采用利他行为假设，一旦假设有误，将实际上追求自身利益的人视作大公无私的人，所造成的后果要比前者严重得多**。事实上，在利己行为假设下所采用的游戏规则多半同时也适用于利他的人，在利他行为假设下的制度安排或游戏规则以及个人的权衡取舍选择问题要简单得多。如果人都是非自利的，总是为他人着想，也就根本不需要涉及人类行为的经济学了，工业工程学或投入产出分析也许就够了。但是，一旦利他行为假设有误，所造成的后果比利己行为假设有误所造成的后果要严重得多，甚至可能是灾难性的。其实，对人的行为作出正确判断在日常生活中也是非常重要的。可想而知，在现实中将一个行事自私、狡猾的人看作是一个行事简单、一心为公的"老实人"来与之行事处世，甚至提拔重用，赋予重责，将会对社会和他人造成什么样的后果，就会明白这种错误假设的严重性。例如，改革开放前所采用的计划经济体制，强调"一大二公"，否认个人利益，在"文革"期间甚至宣称要跑步进入共产主义。到"文革"结束时，中国经济几乎处在崩溃的边缘。之所以出现这种结果，原因之一就是当时的制度安排基于人是利他无私的假设之上的。

现实中，许多人（比如那些贪官）往往唱着高调、口头上总是说一心为公但实际上却非常自私，一旦有机可乘，相对于不具有欺骗性的自利人，危害性更大。如果把人基本上都假定为"雷锋式"的一心为公的大好人，来决定制度安排或游戏规则，给出经济政策建议或制定经济政策，多半不会成功。原有的计划经济体制搞不好，国有企业效益低下，很大的一个原因就是大多数厂长、经理和他们的上级并不是"雷锋式"的人物，他们有着自己的个人利益，他们自利的行为方式往往与这些制度安排激励不相容，即使能做到激励相容，所付出的代价也太大。

这样，承认个体的自利性，是解决人类社会问题的一种现实的、负责的态度。这也正是为什么需要党纪国法，以避免机会主义者钻人们都是大公无私假设下的制度空子的原因。相反，如果把利他性当作前提来解决社会经济问题，例如生产的组织问题，像改革前那样否认个体的自利性，只要强调为国家、为集体就能够调动人们的积极性，其后果可能是灾难性的。其结果就是大家都想钻制度的空子，吃大锅饭，憧憬着别人为自己创造美好的共产主义社会。

利己与利他的适用边界

需要着重指出的是，个体逐利尽管在绝大部分情况下都基本成立，但也有其适用边界。在非常规、异常情况下，比如天灾人祸、战争、地震、他人遇到危机时，人们往往表现出利他、无私性，甘愿抛头颅、洒热血为国战斗，勇于帮助处于危机中的人。这是另外一种理性，即大公无私的一面，甚至愿意付出生命（动物都有的本能，况且人），否则将会走向极端个人主义或利己主义。比如，当日本帝国主义侵略中国，中华民族面临亡国亡族威胁的时候，人们起来抗击日本侵略，抛头颅、洒热血，为民族利益不惜献身。在 2008 年汶川发生大地震后，全国人民也纷纷出钱出力帮助灾区人民。而在安定、正常的和平环境下，在从事经济活动时，个体往往追求自身的利益。这些都说明，利己或大公，都是在不同情境、不同环境下的自然反应，完全不矛盾。

由此可以看出利己性和利他性都是相对的。其实，动物也有这种二重性。比如，野山羊被猎人追到悬崖边，老山羊自愿献身先跳，让年轻或小山羊后跳，踏着它们的身子逃生。亚当·斯密不仅写了奠基性的《国富论》，也写了《道德情操论》，论述人们应具有同情心和正义感。这两部著作形成了亚当·斯密学术思想体系的两个互为补充的有机组成部分。的确如此，在人的自爱和自利这样的客观现实下，道德应该是通过社会分工与合作所达到的一种平衡，是一种均衡判定，约定俗成。在恰当制度的牵引下，让人们自愿分工、自愿合作，从而可形成和谐、文明、安定有序的社会。把自利和道德对立起来是违反人性的，或者说把自利和自私等同起来是片面的，错误的。相反，通过对道德和自利的有机结合，可以促进社会文明与个人尊严。现代市场的最大好处就在于它能够运用自利的力量来抵消仁慈的弱点，这使得那些默默无闻的人也能得到满足。所以，我们不应忽视仁慈和道德在市场制度形成中的作用。社会的进步不能维系于那些总是想损害和伤害他人的人。

总之，自利的人可以是仁慈、利他和道德的。"自利"并不等于"损人"。自利与利他是有限度和边界条件的，而损人利己的自私心理是万恶之源，贪得无厌。理性的自利行为把遵守社会规范作为必要的约束条件。即使同样是利己性，程度也不同。在理想情形下，利己性当然越少越好，但完全不存在也是不可能的。中国之所以进行改革开放，从计划经济体制转向市场经济体制，从根本上就是考虑到个体自利性这一客观现实，在参与经济活动时往往考虑个人利益。事实上，短短三十多年，中国的改革开放就取得了举世无双的巨大成就，这与承认个人利益这一客观现实，从而实行市场制度是分不开的。

（二）如何看待现代经济学的科学性？

另外一个主要误区是认为经济学不是一门科学，看起来像有许多相冲突或矛盾的理论。不时有人批评现代经济学存在着太多不同的经济理论，觉得经济学流派观点各异，不知道孰对孰错。其实，万变不离其宗，是这些人没有弄清楚，这诸多经济理论并没有脱离前面提到的两大基本类别理论。正是由于客观现实错综复杂，各个国家和地区有不同的经济、政治、社会、文化环境，人们的想法和偏好各式各样，再加上追求的经济目标也可能不同，所以才需要有针对性地发展出不同的经济理论模型和经济制度安排。

不同的经济、社会、政治环境应该发展出不同的经济理论或经济模型，这让人比较好理解，但让许多人感到非常费解的是：为什么同样的经济环境要发展出不同的经济理论？于是，就有讽刺经济学的通常说法，100 个经济学家会有 101 个不同的观点和说法，从而否认现代经济学及其科学性。其实，是这些人自己没有意识到，就像地球只有一个，但由于不同用途或目的，因而我们需要交通地图、旅游地图、军事地图等不同的地图一样，尽管只有一个给定的经济环境，但目标不同，我们需要发展不同的经济理论，提供不同的经济制度安排。

经济学家之所以面对一个问题会有不同的观点，恰恰说明现代经济学的严谨和完善，因为前提变了，目标变了，环境变了，针对的人群变了，国情不同，解决的角度不同，或采用的评断标准不同，由此结论自然就要相应地发生变化，特别是旨在解决现实问题的第二类经济理论也是如此。即便如此，不同的人有不同的主观价值判断，从而很少有人人都满意而又可行的放之四海而皆准的一般性的"好"结论，否则就不需要因时、因地制宜，具体情况具体分析，随机应变了。这点和用兵打仗，用药治病的哲学思想相通，和良将用兵、良医治病的道理一样：病万变，药亦万变，在考虑和解决经济问题时，需要因时因地因人因事而异，具体情况具体分析。不同之处，正如前面所提到的，经济学有巨大的外部性，庸医用药不对，治死的只是个别人，而经济政策的药方用错，影响到的却是一大群人，甚至是一个国家。

尽管我们有不同的经济理论或经济模型，但无论是提供基准点或参照系的基准经济理论，还是旨在解决现实问题的第二类经济理论，它们决不是不同的"经济学"。经常听人说，由于中国的国情不一样，需要发展中国的经济学。那么，世界上千千万万的楼房，即使由同一个人设计出来，也都不尽相同，难道需要不同的建筑学吗？当然不是，修建楼房所采用的基本原理和方法基本一样。对研究经济问题而言，也是同样的道理。无论是中国的还是国外的经济问题，都采用基本相同的分析框架与研究方法，但由于中国的经济、政治、社会环境和其他国家有差异，所以只有中国问题、中国路径、中国特色，只有关于中国经济的经济学，但不存在着所谓的"中国的经济学"和"西方的经济学"的不同。

现代经济学的基本分析框架和研究方法，就像数学、物理学、化学、工程学等自然科学及它们的分析框架和研究方法，是无地域和国家界限的，并不存在独立于他国的经济分析框架和研究方法，现代经济学的基本原理、研究方法和分析框架可以用来研究任何经济环境和经济制度安排下的各种经济问题，研究特定地区在特定时间内的经济行为和现象。几乎所有的经济现象和问题都可以通过下面要介绍的基本分析框架和研究方法来进行研究和比较，从而中国现实经济环境下的各种经济问题也可通过现代经济学的分析框架来研究。事实上，这正是现代经济学分析框架的威力和魅力所在：它的精髓及其核心思想是要人们在做研究时必须考虑到并界定清楚某时某地具体的经济、政治和社会环境条件。现代经济学不仅可以用来研究不同国家和地区、不同风俗和文化的人类行为下的经济问题和现象，它的基本分析框架和研究方法甚至也可用于研究其他社会现象和人类行为决策。事实证明：由于现代经济学分析框架和研究方法的一般性和规范性，在过去几十年中，现代经济学的许多分析方法和理论已被延伸到政治学、社会学、人文等学科。

（三）如何正确看待现代经济学理论？

经济学中每一个理论或模型，无论是基准经济理论，还是旨在解决现实问题的第二类经济理论，都是由一组关于经济环境、行为方式、制度安排的前提假设以及由此导出的结论所组成的。由于现实经济环境的复杂性以及个体偏好的多样性，因而一个理论的前提假设越一般化，理论指导意义就越大，发挥的作用也就越大。如果一个理论的前提假设条件太强，它就没有一般性，这样的理论也就没有什么大的现实作用。特别是经济学要为社会和政府提供咨询服务，因此理论要有一定宽度。这样，一个好的经济理论的必要条件是要具有一般性，越具有普遍性、一般性，解释能力就会越强，就越有用。研究竞争市场的一般均衡理论就具有这样的特点，它在非常一般的偏好关系及生产技术条件下，证明了竞争市场均衡存在并且导致了资源的最优配置。

尽管如此，社会科学特别是现代经济学理论，像数学里面的所有定理一样，都有其边界条件。如前所述，在讨论问题和运用某些经济学理论时，由于巨大的外部性，一定要注意到经济理论的前提假设条件和它的适应范围，任何一个经济理论的结论都不是绝对的，只是基于前提假设而相对成立。讨论问题时是否认识到此点是辨别一个经济学家是否训练有素的基本方法。由于经济问题和日常生活密切相关，即使一般老百姓对经济问题也能谈出一些看法，比如通货膨胀、经济是否景气、供需是否平衡、失业、股票、房产市场等，由此很多人说经济学不是科学。那些不考虑约束条件、不以准确数据为依据和不依严谨理论进行内在逻辑分析的"经济学"，当然不是科学，这种人也不是真正的经济学家。而一个训练有素的经济学家在讨论问题时，会以某些经济理论作为背后支撑来讨论问题，会意识到经济变量间关系的成立有其边界条件，由此得出的结论亦有其内在逻辑。充分理解经济理论的边界条件非常重要，否则，就分不清楚理论和现实的差别在什么地方，就会出现两种极端看法：或不顾客观现实约束条件，将理论简单地泛用到现实中去，或笼统地一概否认现代经济学理论的价值。

第一种极端看法就是高估理论的作用，泛用一个理论。比如，不顾中国的客观现实约束条件，盲目地应用或直接套用现有的现代经济学的两类理论解决中国问题，照搬模型来研究中国问题，以为把数学模型加进去就是好文章、好理论。不充分考虑中国实际情况与经济制度环境不同所产生的不同约束条件和边界条件，将一个经济理论或模型，无论是将基准经济理论，还是更接近现实的第二类经济理论泛用到中国现实当中去，如此简单套用而得出的结论和建议，一旦被采纳，往往会出大问题。实际上，一个理论和行为假设无论多么一般化，都有其适应范围、边界以及局限性，不能泛用，特别基于理想状态，离现实较远，主要是为了建立参照系、基准点及努力目标和方向而发展出来的那些基准理论更应是如此，不能直接套用，否则就会得出错误的结论。对第二类理论的简单套用的危害性也是如此，前面已经论及。如果没有社会责任感或本身没有良好的经济学训练，过高估计理论的作用，无限扩大和盲目运用经济理论，简单地将书本上的一些理论套用到现实经济中去，不考虑其前提条件而误用，后果不堪设想，弄不好会严重影响社会经济发展，造成严重的后果和巨大的社会负外部性。第一福利经济学定理所论断的竞争市场导致了资源有效配置这一结论是基于一系列先决条件的，泛用就会导致重大的政策失误和危害到现实经济。

另外一个极端看法是全盘否定现代经济学的作用，低估甚至是否认现代经济学理论的指导意义，包括行为假设、分析框架、基本原理和研究方法，认为现代经济学及其分析框架和研究方法是国外的东西，不合乎中国的国情，是全型西化，解决中国的问题需要通过创新一套中国的分析框架和中国的经济学来解决。事实上，像现代经济学的基准理论一样，世界上没有一门学科的所有假设或原理完全地合乎现实（如没有空气阻力的自由落体，没有摩擦的流体运动等物理概念）。我们不应根据此点来否定一门学科的科学性和有用性。对现代经济学也是如此。我们学习现代经济学，不仅仅是了解它的基本原理、它的有用性，更重要的是学习它思考问题、提出问题和解决问题的方法。如前所述，基准经济理论本身的价值并非直接解释现实，而是为解释现实发展更新的理论提供研究平台和参照系。借鉴这些方法，人们可以对如何解决现实中的问题得到启发。此外，如上节所述，由于环境的不同，一个理论对一个国家或地区适合，不见得对另外一个国家或地区适合，不能机械地生搬硬套，而需要修改或创新原有理论，根据当地的经济环境和人们的行为方式发展新的理论。

经常听到有人宣称他们推翻了某个理论或经济结论。由于理论中的某些条件不符合现实，他们就认为这个理论错了，然后认为他们将这个理论推翻了。一般说来，这种说法不科学，甚至是错误的说法。即使是旨在解决现实问题的第二类理论，所作出的假设条件也不会完全地符合现实或覆盖了所有的情况，一个理论可能符合一个地方的经济环境，但不符合另外一个国家或区域的经济环境。但是，只要没有内在的逻辑错误，我们就不能说这个理论是错的，需要推翻，而只能说这样的理论在这个地方或者在这个时期不能运用。

经济学在中国的创新，不是靠推倒重来，全盘否定，而是应该靠建基于经济学的理论基石之上的边际创新或组合创新，技术和应用创新往往就是在基础研究的基石上对现有技术的重新组合和推广，如同不同的中药组合形成新的药方一样。有生命力的经济学理论一定和自然科学一样，是基于前人的理论成果经过比较、拓展而发展起来的。人们当然可以批评一个理论的局限性，或非现实性，但需要做的是放宽或修改理论的前提假设条件，修改模型，从而改进或推广原有的理论；而不能说新的理论推翻了原有理论。其实更恰当的说法应当是新的理论改进或推广了旧的理论，它可以运用到更一般的经济环境，或不同的经济环境。此外，还有一个容易犯的错误就是通过一些具体的实例就企图得出一个普遍性理论结论，这是犯了方法论上的错误。当然，这里并不否认各国历史、文化、思想等在各自国家经济学话语体系建立过程中的独特作用。

（四）如何看待经济学的实验科学性？

许多人批评经济学不是一门实验科学，从而否定经济学的科学性。这个观点是一种误区。首先，随着实验经济学近些年的迅速发展，经济学越来越成为一门实验科学学科，实验经济学通过实验的手段来检验人的行为，检验人的行为假设是否理性，从而实验经济学成为检验经济理论是否合乎客观现实的重要手段，理论家也从实验中获取了重要信息从而推动了理论向前发展（Al Roth 的网页上有众多经济学家关于如何认识经济学实验的讨论），而且经济学实验已经从实验室走向了社会（见 John List 的有关讨论）。

的确如此，从实证的角度出发，在经济活动的实践中，特别是针对体制转轨的需求，经济实验对政策和制度的验证具有不可替代的优势。经过早期学者的不断探索以及 2002 年诺贝尔经济学奖得主弗农·史密斯（Vernon Smith）对经济实验的方法和工具所进行的系统性归纳，当代的实验经济学作为重要的实证手段在市场机制设计过程中日益受到关注。当外部环境迅速变化、新技术大量涌现时，改革一方面成为必然的选择，但另一方面人们又不得不谨慎考虑各种政策建议和新提案的战略风险及社会成本。因此，能否寻找出一种办法，针对新的体制提案可能出现的问题事前进行相对完整、周密的考察，自然就成了体制改革进程中的难点和关键。我国在改革开放中采用了"特区政策"、"试点先行"、"典型引路"等各种措施。经济实验与这些措施在力求降低改革的风险和成本这一指导思想上是完全一致的。但经济实验与"摸着石头过河"、通过原型试点积累经验的各种做法在方法论上又有着重大的区别：与原型方法相比，首先，经济实验所回答的研究问题更单一，每个经济实验只考察一种政策的效果、一种机制的特征。其次，经济实验所采用的技术工具更规范。在现实生活的经济实践中有多种因素发挥作用的情形下，经济实验方法要求而且能够将与研究人员的问题无关的因素控制起来，集中考查某一特定因素对具体的经济现象的作用。最后，与原型方法相比，经济实验的成本更低廉。

此外，由新加坡国立大学教授及上海财经大学特聘教授周恕弘博士领衔的行为和生物经济学研究团队，正在和复旦大学生命科学院及上海财经大学实验经济学研究团队合作，研究人的基因与其经济行为之间的关系。这样的研究非常有意义，一旦弄清楚了它们之间的关系，就会为经济学成为一门像自然科学一样的科学学科奠定基础。

不过，我们当然也必须承认，不少经济理论，如可作综合分析的一般均衡理论，不能或很难拿社会做实验，弄不好会造成政策失误，导致巨大的经济社会风险，这是与自然科学一个重大不同之处，自然科学能够对自然现象进行实验研究，拿物体做实验，通过实验室可以检验和发展理论。自然科学大致只有天文学不能做实验，但天文学不涉及到个体的行为，一涉及到个体的行为，问题就显得更为复杂。此外，自然科学理论的应用可以做到非常精确，比如盖楼、修桥、造导弹和核武器，可以精确到任意程度，其参数都是可控的，变量之间的关系是可做实验的。但经济学中影响经济现象的许多因素都是不可控的。

经济学家经常因经济预测不准确而受到批评。可用两种原因来解释：一种原因是主观方面的，即有些经济学家由于本身的水平问题，没有经过系统和严格的现代经济学理论训练，在讨论和解决经济问题时，弄不清问题的主要成因，作不出内在逻辑分析和推断，从而开错治理经济问题的药方（如果这样的药方存在的话）；另一种原因是客观方面的，即使受过很好的经济学训练，具有经济学的直觉和洞察力，但影响经济结果的一些经济因素发生了不可控的突变，使其预测变得不确切。一个经济问题除了牵涉到人的行为，使得问题变得复杂之外，还有许多不可控的因素。尽管一个经济学家非常高明，但许多影响经济结果的因素是无法控制的，一旦发生变化就会使预测出现偏差。就像一个国家的领导人，尽管很有威望，能管好本国的事情，但无法控制他国的事情一样。从而，即使一个好的经济学家有准确的判断能力，但一旦经济环境、政治环境、社会环境发生突变，就有可能使得经济预测变得很不准确。有人可能会诘问，不管经济学如何发展，无论什么理由，预测不准是规律，预测准则是运气。从原则上来说，这没有错，由于经济波动是一个随机变量，预测不可能精准，但是，事件发生的概率有大小，并且经济学家的水平有高低，高水平的经济学家，能更好地判断其概率，从而预测的准确性的概率会提高。这就是上面所说的预测不准有主观因素的原因。

那么，经济学一般不能做实验，靠什么来判断经济形势走向或作出比较准确的预测呢？靠的是经济学的内在逻辑分析。如何弥补经济理论在许多情形下难以拿社会做实验的问题呢？其答案是，靠的是内在逻辑分析，并由此得出内在逻辑结论和推断，然后通过历史的大视角和长视角的比较和数据实证的检验。这样，在作经济分析或给出政策建议时，根据前面所述的经济分析三要素，首先要有内在逻辑的理论分析，给出适用的边界条件和范畴。同时，也需要运用统计和计量经济学或实验经济学等工具手段进行实证分析或检验，再加以历史的大视野、大视角来进行纵横向比较的分析。所以，在作经济分析或给出政策建议时，既要有内在逻辑的理论分析，也要有大视野的历史比较分析，及有数据统计的实证计量分析，三者缺一不可。这样的三位一体的研究方法，在很多的程度上弥补了许多经济理论不能或很难拿社会做实验的问题。

所谓经济学的内在逻辑分析方法，就是首先对想要解决问题的有关情景（经济环境、形势和现状）作充分了解和刻画，弄清问题所在和成因，然后有针对性地正确运用恰当的经济理论，得出科学的内在逻辑结论，并据此作出科学、准确的预测和正确的推断。只要现状符合经济理论模型所预设的因（经济环境、行为假设），就能根据经济理论得出具有内在逻辑结论的果，从而对所处的不同情景（因时因地因人因事会不同），给出解决之道（给出某种制度安排加以解决）。经济学的内在逻辑分析方法，可以对给定的现实经济社会环境、经济人行为方式及经济制度安排下所可能导致的结果，根据经济理论，作出符合内在逻辑的科学推断，并指导解决现实经济问题。换言之，只要弄清楚了问题和成因，有针对性地正确运用经济理论（相当于药方），如果这样的理论存在的话，就可对症下药，综合治理，就能得出内在逻辑结论，从而作出准确的预测和正确的推断。否则，则可能会造成严重的后果。

这样，尽管在许多情况下检验一个经济理论的结果不能拿社会做实验，也不能单靠数据说话，实践是检验真理的唯一标准，但不是预测真理的标准，需要靠的就是内在逻辑分析。就像医生给病人看病（或修汽车）一样，最难的是找出病因（或故障），医生医术高低的主要区别就在于能不能准确地找到病因，一旦把病因找到，并且存在着治疗的药方，那么开药方就相对简单多了，除非他是一个十足的庸医。解决经济问题，药方就是经济学理论。只要将经济环境的特征诊断明白，情况调查清楚，将人的行为定位准确，做起事来就会事半功倍。

三、现代经济学的分析框架与研究方法[①]

（一）现代经济学的基本分析框架

做任何事情都有其基本规律。现代经济学所研究的问题和解决问题的方式类似于人们处理个人、家庭、经济、政治、社会各类事务时所采用的基本方式。大家知道，要做好一件事情，与人打交道，首先要了解国情和民风，也就是要知道现实环境及其所要打交道人的品行和性格；在此基础上，决定相应的待人处事规则，从而在权衡利弊后作出激励反应，争取达到尽可能最佳的结果；最后对所选择的结果及所采用的规则进行价值判断和评估比较。现代经济学的基本分析框架和研究方法完全是按照这种方式来研究经济现象、人类行为，以及人们是如何作出权衡取舍选择的。当然，其重大差别就是论证严谨，通过正式规范的模型来严格界定前提假设与结论的内在逻辑关系。这种分析框架具有高度的规范性和一致性。

写一篇规范的文章，首先给出想要研究和解决的问题，或想要解释的某种经济现象，即经济学家首先需要确定研究目标，要阐明所研究的问题的重要性，进行文献回顾，让读者知道所研究问题的概况和进展，并且也要说明文章在技术分析及理论结论上有什么创新。然后，正式讨论如何解决所提出的问题和得出有关结论。

尽管所研究的各类经济问题非常不一样，但研究这些问题的基本分析框架却是相同。现代经济学任何一个规范经济理论的分析框架，基本上由以下五个部分或分析步骤组成：（1）界定经济环境；（2）设定行为假设，（3）给出制度安排；（4）选择均衡结果；（5）进行评估比较。可以这样认为，任何一篇逻辑清楚、层次分明、论证合理的经济学论文，无论结论如何或是否作者意识到，都基本上由这五部分组

---

① 详细讨论，参见田国强：《现代经济学的基本分析框架和研究方法》，载《经济研究》，第 2 期，2005。

成，(6) 特别是前四部分。可以说，写经济学方面的论文，就是按照这些分析步骤进行具有内在逻辑结构和分析的创新写作。掌握了这些组成部分，就掌握了现代经济学论文写作方式的基本规律，更容易学习和研究现代经济学。这五个步骤对于理解经济理论及其论证、选择研究主题以及撰写标准的经济论文极有帮助。

在对这五个部分逐一进行讨论之前，先对制度（institution）这一术语进行界定。制度通常被定义为一组行事规则的集合，这些规则与社会、政治和经济活动有关，支配和约束社会各阶层的行为①。由于人们在考虑问题时，总是把一部分因素作为外生变量或参数给定，另外一部分则作为内生变量或因变量，这些内生变量是由外生变量所导致的，从而是这些外生变量的函数。于是，按照 Davis-North（1971）的划分方法，根据所要研究的问题，又可以将制度划分成两个范畴：制度环境（institutional environment）和制度安排（institutionalarrangement）。制度环境是一系列基本的经济、政治、社会及法律规则的集合，它是制定生产、交换以及分配规则的基础。在这些规则中，支配经济活动、产权和合约权利的基本法则和政策构成了经济制度环境。制度安排是支配经济单位之间可能合作和竞争的规则的集合。制度安排可以理解为人们通常所说的游戏规则，不同的游戏规则导致人们不同的激励反应。尽管从长远看，制度环境和制度安排会互相影响和发生变化，但如 Davis-North 明确指出的那样，在大多数情况下，人们通常将经济制度环境作为外生变量给定，而经济制度安排（如市场制度安排）则根据所要研究或讨论的问题，可以看成外生给定也可内生决定②。

界定经济环境

这是现代经济学分析框架中的首要组成部分，是对所要研究的问题或对象所处的经济环境（economic environment）作出界定。经济环境通常由经济人、经济人的特征、经济社会制度环境以及信息结构等组成，短期不能改变（尽管长期可能会发生

---

① Schultz, T. W., "Institutions and the Rising Economic Value of Man," American Journal of Agricultural Economics, 50（1968），1113-1122；Ruttan, V. W. "Induced Institutional Change," pp. 327-357 in：H. P. Binswanger and V. W. Ruttan（eds），Induced Innovation：technology, Institutions, and development, Johns Hopkins University Press：Baltimore, 1978；North, D., "Institutions, Institutional Change, and Economic Performance," Cambridge University Press：Cambridge, 1990.

② Davis, L., and D. C. North, Institutional Change and American Economic Growth, Cambridge University Press, Cambridge, 1971.

演变)，因而在讨论解决问题时，视作外生变量，作为参数给定，不能改变。是约束条件这一基本思想在这里的具体体现。

怎样界定经济环境呢？主要分为两个层次，一是客观描述经济环境，尽可能逼真；二要精炼刻画最本质的特征，尽可能简明深刻，前者是科学，后者是艺术，但需要综合平衡。即描述经济环境首先要客观，然后要根据目的抓住主要特征，将其有机地结合起来。对经济环境描述的越清楚、准确，理论结论就会越正确。其次，刻画经济环境要精练和深刻，对经济环境刻画得越精练和深刻，论证起来就会越简单，理论结论也越能让人理解和接受。只有既清楚准确地描述经济环境，又能精炼深刻地刻画经济环境的特征，才能抓住所要研究问题的本质，具体论述如下：

描述经济环境：现代经济学中任何一个经济理论，首先需要做的就是，对所要研究的对象或问题所处的经济环境作近似地客观描述。一个合理、有用的经济理论应客观、恰当地描述其研究对象所处的具体经济环境。尽管不同国家和不同地区的经济环境往往存在着差异，从而所得到的理论结论多半会不同，但是所采用的基本分析框架和研究方法却是一样。经济问题研究的一个基本共同点就是要对经济环境进行描述。对经济环境描述地越清楚、准确，理论结论就会越正确。

刻画经济环境：在描述经济环境时，一个同等重要的问题是如何做到既清楚、准确地描述了经济环境，又精练、深刻地刻画了经济环境的特征，使之能抓住所要研究问题的本质。由于现实中大多事实和现象与要分析和解决的经济问题不相干或不是至关重要，这样完全客观地描述现实环境不仅没有什么用，反而会被这些旁枝末叶弄糊涂。如果把所有这些情况都统统描述出来，当然可以说是非常准确而真实地描述了现状或经济环境，但这种简单罗列抓不住重点，无法看清问题的本质，让大量繁杂的事实弄晕了头脑。为了避开细枝末节，把注意力引向最关键、核心的问题，我们需要根据所考虑的问题，对经济环境进行特征化的刻画。比如，在研究消费者行为的时候，不分男女老少、贫富贵贱，我们将消费者简单地刻画为由偏好关系、消费空间、初始禀赋所组成。而在研究厂商理论时，简单地刻画成生产可能性集合。在研究转型经济问题时，如中国经济转型问题时，我们就不能简单地照搬在规范经济环境下所得出的理论结果，而是需要刻画出转型经济的基本特征，但仍然采用的是现代经济学的基本分析框架和研究方法来研究转型经济问题。

经常听人批评现代经济学之所以没有用，就是用几个简单的假设来简单地概括复杂的现状，对此很不理解。其实，这也是物理学的基本研究方法。在研究两个物理变量之间的关系时，无论是理论研究还是实验操作，都是把其余影响所研究对象的变量固定。为了做一件事情，把每一个方面（即使无关）都搞清楚，在很多时候，不仅没有必要，反而会让人抓不住重点。这和前面提到根据不同的目的和用途绘制地图一样，要旅游，需要的是旅游地图；如果开车，需要的是交通地图；如果打仗，需要的是军事地图。尽管这些地图都描述了一个地区的一些特征，但不是真实世界的全貌。为什么需要旅游地图、交通地图、军事地图呢？因为目的不一样。如果将整个现实世界当作地图，尽管这完全地描述了客观现实，但这样的地图又有什么用呢？

所以，经济学既是科学，也是如何抽象、刻画现实经济环境的艺术。经济学完全是用这种对经济环境进行简练刻画，来描述问题的成因，进行内在逻辑分析，从而得出逻辑结论和推断。一个高明的经济学家，关键就看他在研究问题的时候，能不能准确把握经济现状中最本质的特征。只有真正把成因和现状搞清楚，才能对症下药，其对策和药方（所采用的经济理论）就会信手拈来，当然这需要有基本的经济学理论训练。

设定行为假设

现代经济学分析框架中的第二个基本组成部分是对经济人的行为方式做出假设。这是经济学不同于自然科学的关键性差别。这个假设至关重要，是经济学的根基。一个经济理论有没有说服力和实用价值，一个经济制度安排或经济政策能不能让经济持续快速地发展，关键看所假定的个人行为是不是真实地反映了大多数人的行为方式，看制度安排和人们的行为方式是不是能激励相容，即人们对激励是不是作出了对他人或社会也有利的反应。

一般来说，在给定现实环境和游戏规则下，人们将会根据自己的行为方式作出权衡取舍。这样，在决定游戏规则、政策、规章或制度安排时，要考虑到参与者的行为方式并给出正确的判断，就像日常和人打交道一样，看他们是自私自利还是无私利他，是忠厚老实还是老奸巨猾，是讲究诚信还是谎话连篇。面对不同行为方式的参与者，所采用的游戏规则往往也是不同的。如果你面对的是一个做事讲诚信的人，和他处事的方式或者针对他的游戏规则多半会相对简单。如果你所面对的人是一个雷锋式的"傻子"，和他打交道的规则也许会更加简单，不需要什么防备心，不需费什么精力（设计游戏规则）和他处事，游戏规则也许不是那么重要。但如果要打交道的人是一个难缠、狡猾、无诚信可言的人，和他打交道的方式可能会非常不同，与他相处的游戏规则可能会复杂得多，需要小心对付，需要花费很大的精力。这样，为了研究人们是如何作出激励反应和权衡取舍的选择，对涉及人的行为作出正确判断和界定就显得异常重要。在研究经济问题时，例如经济选择、经济变量间的相互作用和它们的变化规律时，确定经济人的行为方式也非常重要。

如前面所提及的那样，在常规情况下，一个比较合理和现实而又通常被经济学家所采用的人类行为假设是自利性假设，或更强的经济人理性假设，即个体追求个人利益最大化。有限理性是根据掌握和了解的情况作出最佳的选择。不过，有限理性仍然是属于理性假设的范畴。在消费者理论中，我们会具体假定消费者的行为是追求效用最大化；在生产者理论中，我们假定生产者追求利润最大化；而在博弈论中，描述经济人行为的均衡解概念有很多种，这些概念是基于不同参与人行为假定所给出的。任何经济人在与其他人进行交往时，都对其他人的行为有一个判断（假设）。

这种假定是有其合理性的。从现实来看，如前所述，存在三种基本制度安排：强制性的法规制度安排（适用于操作成本小、信息较易对称的情景）、激励机制（适用于信息不对称的情景）、社会规范（social norms）（由理念、理想、道德、风俗组成，给予人们自我约束自己行为的规范）。如果所有的人思想境界非常高，都是大公无私的，那么采取刚性的大棒式"晓之以理"法规体系，或柔性的"待之以利"的市场制度，就没有存在的必要了。大家都无欲无纲，那么共产主义的实现就指日可待了，但这往往是非常地不现实。

中国之所以搞市场经济，其本质原因就在于在常规情况下，人是自利的，市场经济是符合人的自利性假设的。这也是我们下面要讨论的制度安排的基础。

给出制度安排

现代经济学分析框架中的第三个基本组成部分是给出经济制度安排，也即人们通常所说的制度或游戏规则。对不同情况、不同环境，面对有着不同目标和不同行为方式的人们，往往需要采取不同的因应对策或游戏规则。当情况及环境发生变化时，所采用的对策或游戏规则也应发生变化。这对经济学的研究同样成立，当经济环境确定后，人们需要决定经济上的游戏规则，在经济学中称之为经济制度安排。制度安排的决定对做任何事情都非常重要。现代经济学根据不同的经济环境和行为假设，研究并给出各式各样的经济制度安排，也即经济机制。依赖于所讨论的问题，一个经济的制度安排可以是外生给定（这时退化为制度环境），也可以是由模型内生决定的。

如上面提到的，引导人的行为有三种基本的制度安排：强制性的法规治理或政府干预、激励机制的制度规范、道德说教的社会规范。这三种方法都有各自不同的作用，但也有各自的适用范围和局限性。道德说教的社会规范依靠对人性的改善，缺乏约束力；强制性的法规治理或政府干预信息成本大，代价高，干预过多会有损个人自由；与其他两种方法相比，激励机制的制度规范是最有效的。这正是经济学家重视制度的原因。

所以，无论法规治理的制度安排的制定，还是激励机制的制度安排的制定，其宗旨并不是要改变人利己的本性，而是要利用人这种无法改变的利己心去引导他客观上做有利于社会的事。制度的设计要顺从人的本性，而不是力图改变这种本性。人的利己无所谓好坏善恶之说，关键在于用什么制度向什么方向引导。不同的制度安排将导致人们不同的激励反应和不同的权衡取舍结果，从而可能导致非常不同的结果。

现代经济学的任何一个理论都要涉及到经济制度安排。标准的现代经济学主要是研究市场制度的。研究在市场制度下人们的权衡取舍选择问题（如消费者理论、厂商理论及一般均衡理论）以及研究在什么样的经济环境下市场均衡存在，并对各种市场结构下的配置结果作出价值判断（判断的标准基于资源配置是否最优、公平等等）。在这些研究中，市场制度通常假定是外生给定的。将制度安排作为外生给定的好处是将问题单一化，以便将注意力集中于研究人们的经济行为及人们是如何作出权衡取舍选择的。

当然，对制度安排的外生性假设在许多情况下不尽合理，应依赖于经济环境和人的行为方式，不同的经济环境和不同的行为方式应给出不同的制度安排。市场制度在许多情况下会失灵（即不能导致资源的有效配置和市场均衡不存在），于是人们需要寻找替代机制，或其他更佳的经济机制，从而我们需要将制度安排看作为内生变量，是由经济环境和人的行为方式决定的。这样，经济学家需要给出各种可供选择的经济制度安排。

当研究具体经济组织或单位的经济行为和选择问题时，经济制度安排更应是内生决定的。新制度经济学、转轨经济学、现代企业理论、特别是最近四十多年发展起来的经济机制设计理论、信息经济学、最优合同理论和拍卖理论等，根据不同的经济环境和行为假设，研究并给出大到整个国家、小到二人经济世界的各式各样的经济制度安排。

确定均衡选择

现代经济学分析框架中的第四个基本组成部分是作出权衡取舍的选择，找出最佳结果。一旦给定经济环境和经济制度安排（游戏规则）及其他必须遵守的约束条件之后，人们将会根据自己的行为方式作出激励反应，在众多的可行结果中通过权衡取舍来选定结果，称之为均衡结果。其实均衡概念不难理解，它表示在有多种可供选择方式的情况下，人们需要选定一个结果，这个最终选定的结果就是均衡结果。对利己的人来说，他将选择一个自认为是最有利的结果；对利他的人来说，他可能选定一个有利于他人的结果。这样，所谓均衡，指的是一种状态，即所有经济个体无激励偏离的一种状态，因而是一种静态概念。

以上所定义的均衡应是经济学中最一般化的均衡定义。它包括了教科书中在自利动机的驱动以及各种技术或预算约束条件下独立决策所达到的均衡。例如，在市场制度下，作为企业所有者，在生产技术约束条件下的利润最大化生产计划称之为均衡生产计划；作为消费者，在预算约束条件下的效用最大化消费组合称之为消费均衡。当生产者和消费者以及彼此之间相互作用达到一种大家都无动力偏离的状态时，又可得出每种商品的市场竞争均衡。

需要指出的是，均衡是一个相对的概念。均衡选择结果依赖于经济环境、自己的行为方式（无论是相对于理性假设，有限理性假设，还是其他行为假设），以及让他作出激励反应的游戏规则，它是相对这些因素的"最优"选择结果。注意，由于有限理性的原因，它也许不是真正客观上的最优，而是根据自己的偏好及掌握的信息和知识所作出的最优结果。

进行评估比较

现代经济学分析框架中的第五个基本组成部分，是对经济制度安排和权衡取舍后所导致的均衡结果进行价值判断和作出评估比较。当经济人作出选择后，人们希望对所导致的均衡结果进行评价，与理想的"最优"状态结果（如，资源有效配置、资源公平配置、激励相容、信息有效等）进行比较，从而进一步对经济制度安排给出评价和作出优劣的价值判断——判断所采用的经济制度安排是否导致了某些"最优"结果；还要检验理论结果是否与经验现实一致，能否给出正确预测，或具有现实指导意义。最后，对所采用的经济制度和规则作出优劣的结论，从而判断是否能给出改进办法。简而言之，就是为了把事情做得更好，在做完一件事情之后，评估这件事情的成效到底如何，值不值得继续做，有没有可改进的空间，就像我们写工作总结报告一样。所以，我们需要对经济制度安排和权衡取舍后所导致的均衡结果进行价值判断和作出评估比较，找出到底哪些制度最适合本国的发展。

在评估一个经济机制或制度安排时，现代经济学的一个最重要的评估标志就是看这个制度安排是否符合效率原则。当然，在现实中，由于经济环境和人的行为方式不断发生变化，科学与生产技术不断改进，精确的帕累托最优也许永远不可能实现，就像牛顿的三大物理定律，自由落体运动，无阻力的流体运动一样，它只是一种理想的状态，但提供了经济效率改进的方向。只要想提高经济效率，人们就应不断地追求，尽量地接近这一目标。有了帕累托最优这一理想标准，我们去比较、衡量和评价现实世界中各式各样经济制度安排的好坏，看它们离这一理想目标还差多远，从而得知改进经济效益的余地，使资源的配置尽可能接近帕累托最优标准。

不过，帕累托最优只是一个标准，还有一种价值判断是平等或公平。市场制度是达到了资源的有效配置，但也出现了很多问题，例如贫富差距大造成社会不公。评估一个经济制度安排好坏的还有一个重要的标准就是看它是否激励相容（incentive compatibility）。

总的来说，以上所讨论的五个组成部分可以说基本上是所有规范经济理论通用的分析框架，无论使用数学多少，无论制度安排是外生给定的还是内生决定的。在研究经济问题时，我们应该首先界定经济环境，然后考察个体自利行为在外生给定的或者内生决定的机制下是如何相互影响的。经济学家通常将"均衡"、"效率"、"信息"和"激励相容"作为着重考虑的方面，考察在不同的机制对个体行为和经济组织的影响，说明个体行为是如何达到均衡的，并对均衡状态进行评估比较。利用这样的基本分析框架分析经济问题不仅在方法论上是相容的，而且可能得到令人惊讶（但逻辑一致）的结论。

（二）现代经济学的基本研究方法

以上讨论了现代经济学分析框架的五个基本组成部分：界定经济环境、设定行为假设、给出制度安排、选择均衡结果以及进行评估比较。任何一个经济理论基本上都是由这五个部分组成的。对这五个部分的讨论自然会引申到如何按科学的研究方法将它们有机地结合起来，并且可以逐步深入地研究各种经济现象，发展出新的经济理论。这就是本节要讨论的现代经济学中通常所采用的一些基本研究方法和注意要点。它包括确定基准点、建立参照系、提供研究平台、发展分析工具、作出实证分析与规范分析，学好现代经济理论的基本要求，经济理论的作用及其注意事项，区分充分条件和必要条件的重要性，以及弄清数学与现代经济学的关系等。

现代经济学的研究方法是，首先提供各种层次和方面的基本研究平台、确定基准点和建立"参照系"，从而给出度量均衡结果和制定安排的优劣度量标尺。提供研究平台和建立参照系对任何学科的建立和发展都极为重要，经济学也不例外。

确定基准点

评价任何一件事情或给出任何一个论断，它都不是绝对的，而是相对而言的，因而应有一个坐标点或基准点，讨论经济问题也不例外。经济学中的基准点（benchmark）指的是相对理想状态下或相对简单经济环境。为了研究和比较现实经济问题和发展新理论，往往需要先考虑无摩擦理想经济环境，发展出相对简单的结果或理论，然后再讨论更接近现实的有摩擦的非理想经济环境下的结果和发展出更为一般的理论，并与原有在基准情形下发展出来的理论进行比较。

因而基准点是相对于非理性经济环境或所要发展更为接近现实的新理论而言的。比如，完全信息假设是研究不完全信息情形下的基准点。在研究信息不对称情况下的经济问题时，我们需要首先弄清楚完全信息的情况（尽管它非常不现实）。只有将完全信息研究清楚之后，才能将信息不完全情况下的经济问题研究弄清楚。做经济理论研究的一般技巧也是这样的，先考虑理想状态或较为简单的情景，然后再考虑更为现实或一般的情景，或者先学习好别人研究的成果，然后才能理论创新。有生命力的经济学理论和自然科学一样，首先考虑无摩擦的理想状态或简单情景，然后考虑更接近现实的有摩擦非理想状态或一般情景。新的理论总是基于前人的理论成果基础上发展起来的，正因为有了牛顿力学，才会有爱因斯坦的相对论，有了相对论，才会有了杨振宁、李政道的宇称不守恒理论。

建立参照系

参照系指的是在理想状态下所导致某种理想下的经济模型和理论，如完全竞争市场能导致资源有效配置的一般均衡理论。建立参照系对任何学科的建立和发展都极为重要，经济学也不例外。尽管作为参照系的经济理论可能有许多假定与现实不符，它至少有三个方面的作用：（1）有利于简化问题，抓住问题的特征；（2）有利于建立评估理论模型和理解现实的标尺，确立改进方向；（3）有利于在此基础上进一步进行理论创新，可用来作为进一步分析的参照系。

尽管作为参照系的经济理论可能有许多假定与现实不符，但是它们却非常有用，是用来作进一步分析的参照系。这跟在生活中树立榜样是一样的道理，这些参照系本身的重要性并不在于它们是否准确无误地描述了现实，而在于建立了一些让人们更好地理解现实的标尺，它像一面镜子，让你看到各种理论模型或现实经济制度与理想状态之间的距离，它的根本重要性在于给出努力和修正的方向，以及修正多少的程度。试想，一个人如果不知道努力的目标是什么，不知道差距，大致努力的方向都没有，如何改进？能有激励做事吗？遑论要把事情做成。

本文要讨论的一般均衡理论就提供了这样一种参照系。我们知道完全竞争市场会导致资源的有效配置，尽管现实生活中没有这种市场，但如果朝着这方面努力，就会增加效率，因而也才有了反垄断法这样的保护市场竞争等方面的制度安排。通过将完全竞争和完全信息经济环境作为基准点所导致的参照系，人们可以研究一般均衡理论中假设不成立（信息不完全，不完全竞争，具有外部性），但更合乎实际的经济制度安排（比如具有垄断性质或转型过程中的经济制度安排），能得出什么样的结果，然后将所得的结果与理想状态下的一般均衡理论进行比较。通过与完全竞争市场这一理想制度安排相比较，人们就可以知道一个（无论是理论或现实采用的）经济制度安排在资源配置和信息利用的效率方面的好坏，以及现实当中所采用的经济制度安排与理想的状态相差多远，并且提供相应的经济政策。这样，一般均衡理论也为衡量现实中所采用的制度安排和给出的经济政策的好坏建立了一个标尺。

这就像，一个人无论怎么聪明，假如没有努力的目标和方向（好比一把刀无论怎样锋利，如不知道砍的方向，就不能发挥作用一样），就可能一事无成。比如将雷锋做人的参照系，作为做人的理想样板。尽管当今的现实中没有雷锋，但学雷锋仍然很重要的，需要提倡，即使只能做到1%，也比什么都不做强。因此做人要有远大的理想，它让你知道努力的方向和奋斗的目标，也许永远也达不到，但是能激励你不断地接近理想。

搭建研究平台

现代经济学中的研究平台是由一些基本的经济理论或方法组成，它们为更深入地分析提供了方便。现代经济学的研究方法类似于物理学的研究方法，即先将问题简化，再抓住问题的核心部分。当有众多因素形成某种经济现象时，我们需要弄清每个因素的影响程度。这可以通过假定其他因素不变，研究其中某个因素对经济现象的影响来做到。现代经济学的理论基础是现代微观经济学，而微观经济学中最基础的理论是个人选择理论—消费者理论和厂商理论，它们是现代经济学中最基本的研究平台或奠基石，这就是为什么所有的现代经济学教科书基本上都是从讨论消费者理论和厂商理论入手的。它们为个人作为消费者和厂商如何作出选择，给出了基本的理论，并且为更深入地研究个人选择问题提供了最基本的研究平台。

一般来说，个人的均衡选择不仅依赖于自己的选择，而且也依赖于其他人的选择。为了研究清楚个人的选择问题，首先要弄清楚个人选择在不受他人影响时是如何作出决策的。消费者理论与厂商理论就是按照这样的研究方法得到的，经济人被假定处于完全竞争的市场制度安排中，由此每人都把价格作为参数给定，个人选择不受他人选择影响，最优选择由主观因素（如追求效用或利润最大）和客观因素（如预算线或生产约束）来决定。

不少人对这种研究方法感到不解，认为这种简单情况离现实太远，理论中的假设和现实太不吻合，从而认为没有什么用处。其实，这样的批评表明这些人对科学的研究方法还没有正确理解。这种将问题简化或理想化的研究方法为更深入地研究建立了一个最基本的研究平台。这就像物理学科一样，为了研究一个问题，先抓住最本质的东西，从最简单的情况研究着手，然后再逐步深入，考虑更一般和更复杂的情况。微观经济学中关于垄断、寡头、垄断竞争等市场结构的理论就是在更一般情况下—厂商间相互影响下—所给出的理论。为了研究经济人相互影响决策这更一般情况下的选择问题，经济学家同时也发展出博弈论这一有力的分析工具。

一般均衡分析是基于消费者理论和厂商理论之上，属于更高一层次的研究平台。如果说消费者理论和厂商理论为研究个人选择问题提供了基本的研究平台，一般均衡理论则为研究在各种情况下所有商品的市场互动，如何达到市场均衡提供了一个基本的研究平台。最近40多年发展起来的机制设计理论则又是更高一层次的研究平台，它为研究、设计、比较各种经济制度安排和经济机制（无论是公有制、私有制，还是混合所有制）提供了一个研究平台，它不仅可以用来研究和证明完全竞争市场机制在配置资源和利用信息方面的最优性及唯一性，更重要的是，在市场失灵时，给出如何设计替补机制。在一些规范性的条件下，没有外部性的完全自由竞争的市场制度安排不仅导致了资源的有效配置，并且从利用信息量（机制运行成本、交易成本）的角度看，它利用的信息量最小，从而它是信息利用最有效。在其他情况下，市场会失灵，我们就需要设计出不同经济环境下的各种不同的替补机制。研究平台也为评估各类经济制度安排提供各种参照系创造了条件，为衡量现实与理想状态的差距制定了标尺。

提供分析工具

对经济现象和经济行为的研究，仅有分析框架、基准点、参照系和研究平台还不够，还需要有分析工具。现代经济学不仅需要定性分析，也需要定量分析，需要界定每个理论成立的边界条件，使得理论不会被泛用或乱用。这样，需要提供一系列强有力的"分析工具"，它们多是数学模型，但也有的是由图解给出。这种工具的力量在于用较为简明的图像和数学结构帮助我们深入分析纷繁错综的经济行为和现象。比如，需求供给图像模型，博弈论，研究信息不对称的委托—代理理论，萨缪尔森（Paul A. Samuelson 1915-2009）的迭代模型，动态最优理论等。当然，也有不用"分析工具"的，如科斯定理，只要语言和基本逻辑推理来建立和论证所给出的经济理论。

构建严谨模型

在解释经济现象或经济行为，并给出结论或作出经济推断时，往往要求具有逻辑严谨的理论分析。如前所述，任何一个理论的成立都是有一定条件的，现代经济学不仅需要定性分析，也需要定量分析，需要界定各种理论结果成立的边界条件，使得理论不会被泛用或滥用，就像药物学和药理学需要弄清药品的适应范围和功能一样。为此，我们需要建立严谨的分析模型，将其理论成立的条件界定得非常清楚。不了解相关的数学知识，就很难准确理解概念的内涵，也就无法对相关的问题进行讨论，更给不出做研究时所需要的边界条件或约束条件。这样以数学和数理统计作为基本的分析工具就毫不奇怪了，而它们也成为现代经济学研究中最重要的研究方法之一。

实证与规范分析

从研究方法的角度看，经济分析可分为两类：一类称为实证性或描述性分析；另一类称为规范性或价值判断分析。经济学与自然科学另外一个重大差别就是，自然科学基本只作实证分析，而经济学对问题的讨论往往不仅要作实证性分析，也要作规范性分析。

实证性分析只解释经济是如何运行的，它只给出客观事实并加以解释（因而是可验证的），而不对经济现象作出价值评价或给出修正办法。例如，现代经济学的重要任务是对生产、消费、失业、价格等现象加以描述、比较、分析，并预测各种不同政策的可能结果。消费者理论、厂商理论及博弈论都是实证性分析的典型例子。

规范性分析则要对经济现象作出评价。经济学不仅要解释经济是如何运行的，而且要找出修正办法。因此，它往往涉及到经济学家个人主观的价值标准和偏好（从而是不能由事实来验证的）。例如，有的经济学家更强调经济效益，而有的经济学家更强调收入的平等或社会公平。讨论经济学问题时，注意到这两种方法差异能避免许多不必要的争论。经济机制设计理论就是规范性分析的典型例子。

实证性分析是规范性分析的基础，规范分析是实证分析的延拓。因而经济学的首要任务是进行实证性分析，然后在进行规范性分析，本文讨论的一般均衡理论就既包括实证性分析（如竞争均衡的存在性、稳定性及唯一性），也包括规范性分析（第一、第二福利经济学定理）。

充分条件与必要条件

在讨论经济问题时，区分必要条件与充分条件也是非常重要的，它能帮助人们清楚地思考问题和避免不必要的争论。必要条件是一个命题成立所必不可少的条件，充分条件是能保证命题一定成立的条件。比如，将一件事情办成或人能活着，需要多种因素都满足才行，这就是充分条件，但将一件事情办砸或人活不成，只要一个因素不满足就可能发生，这是必要条件。这就是为什么失败容易成功难。如果不知道这点，可能就会说，我的车不能运转，怎么可能是传动系统出了问题？明明张三的车是机器出了问题才不能运转的嘛。这个人怎么可能是癌症死的？明明李四是得心脏病死的嘛。由此推论，好多别的国家都不提制度改革，我们为什么要谈制度建设的重要性？中国怎么可能需要市场化制度改革？你看，许多市场经济的国家都搞不好，我们为什么要搞市场化改革？

例如，经常听到有人用印度的例子来否认市场经济，认为印度采用的是市场经济，但还是很贫穷，所以中国不应该走市场经济之路。说这些话的人，就是没有区分出必要条件和充分条件的差别。市场经济是导致一个国家富强的必要条件而不是充分条件。这就是说，要想国家富强，一定要走市场经济的道路。这是由于在世界上找不到任何富裕但不是市场经济的国家。走市场经济之路，只是必要条件，不是充分条件，我们也必须承认市场机制不一定导致繁荣昌盛。如前所述，市场经济分为好的市场经济和坏的市场经济，其原因是，尽管（根据目前观察到的事实）市场机制是使一个国家繁荣昌盛必不可少的，但还有许多因素也能影响一个国家的繁荣富强，比如，政府干预经济的程度、政治制度、法律、宗教、文化、社会结构等，使得有好的市场机制和坏的市场机制之分。

四、现代经济学发展和创新的中国贡献

当今世界的格局正在发生重大变化，国家之间的竞争越来越激烈，国家之间的竞争说穿了就是资源的竞争、人才的竞争、制度的竞争和话语权的竞争，包括学术话语权。中国经济由于持续快速发展及与全球经济的深度融合，已经在经济话语权的竞争中取得一定的进展，但是在经济学的学术话语权竞争方面还很落后，不合乎一个大国和强国的地位，亟待进一步的发展和创新。并且，随着中国进入全面深化改革以实现国家治理现代化的历史新时期，如果没有现代经济学的理论体系、学术体系、话语体系作为学理支撑，中国不可能正确处理好发展的逻辑和治理的逻辑之间的辩证关系，也不可能真正实现又好又快的经济发展。具体而言，中国至少可从三个方面对现代经济学的发展和创新作出新的贡献。

（一）对中国传统经济思想的挖掘和现代阐释

通过对中国传统经济思想的充分挖掘和现代阐释，为世界经济思想发展史补上中国篇章。中国传统经济思想曾经繁荣而富有光辉成就，这些古代经济学思想异常

深邃，许多现代经济学所论及的思想，我们先哲们早已论述到，这不仅为中国古代经济长期领先于世界提供了思想指导，而且也为西方现代经济学的形成与发展提供了一些先行思想要素。然而，长期以来，由于古今中外语言的隔阂、中国经济学术发育的迟滞、话语体系的不兼容，再加上传统经济思想主要是经验总结，没有形成严格的科学体系，没有给出结论成立的范围或边界条件，没有建立严格内在逻辑分析，很少被外人所知，国际上对于中国传统经济思想的认知总体还非常片面。实际上，在新的历史条件下，中国传统经济思想依然有着十分重要的理论和现实价值，其合理内核和积极要素值得进一步挖掘。

许多人认为，市场经济的理念、商品价格由市场决定的理念，完全是从西方灌输过来的，这是西化。其实不然，早在从上古中华文化起，中国就有许多思想家崇尚朴素的自由市场经济和信奉价格由市场决定，包含了许多市场经济的理念，给出了许多激励相容的辩证治国方略，总结得异常深刻。现代经济学的几乎所有重要的基本思想、核心假设及基本结论，如个体自利性假设、经济自由、看不见的手的无为而治、社会分工、国富与民富及发展与稳定的内在关系，政府与市场的关系，中国古代先哲们差不多都论及到了。如早在三千多年前，姜太公姜尚就认为，"避祸趁利"是人之天生本性，"凡人，恶死而乐生，好德而归利"，从而说出了"天下非一人之天下，乃天下人之天下。同天下之利者则得天下"（《六韬·文韬·文师》）的以民为本的民富国定、民富国强的辩证统一思想和治国的根本规律，给出了政府要以天下之利为利、以天下之害为害、以天下之乐为乐、以天下之生为务的根本治国方略，达到使天下人与之共利害的激励相容的结果。这类例子还有很多。

准确认识中国传统经济思想的光辉成就、基本特点、理论贡献与国际影响，进一步推动中国传统经济思想的现代化、规范化和国际化，有助于跳出单向度的"复制"、"借鉴"、"国际接轨"的经济学知识引进和学科发展路径，构建具有中国特色、中国风格的经济学学科体系、学术体系、话语体系，有助于从经济思想的角度丰富中华文明的内涵，基于中国改革开放的新实践推动中国传统经济思想的创造性转化、创新性发展，从而进一步提升中国的国家软实力和国际话语权。因此，基于国际学术规范和语言表达习惯的中西合璧的研究和译著，对于提升中国传统经济思想在西方国家传播的有效性无疑将起到积极地推动作用。

目前，中国经济史学界已有不少这样的尝试，通过与国际知名学者的学术合作来推动中国传统经济思想走向国际。如，上海财经大学程霖教授、王昉副教授与Terry Peach 合作主编的英文版论文集 "The History of Ancient Chinese Economic Thought"，梳理了中国古代经济思想发展的脉络和特征，深入阐述了中国经济思想史的研究对象与研究方法、中国古代经济思想的主要内容、历史发展规律、价值及其在世界经济思想发展中的地位和影响，由国际知名的 Routledge 出版社正式出版发行。又如，北京大学张亚光副教授与 Guo Fan 和 John Whaley 合作撰写的 NBER 工作论文 "Economic Cycles in Ancient China" 基于农业数据与传统思想文化研究了中国封建王朝时期的经济周期。

（二）对原创性理论和方法做出贡献

以原创性理论和方法论研究推动经济学学科本身的发展，尤其是要推动理论经济学的学科建设和发展。目前中国很多经济研究还停留在对策应用研究或对经济政策的解释性成果，纯理论、公理性理论方面的贡献严重不足，这是中国经济学界的一大短板和遗憾。人类社会的发展，离不开基础科学理论的进步。那些基础性的、原创性的，具有共性的经济学理论和工具方法的研究和创新，没有国界，具有一般性，其重要作用在于它们中的一些理论，如消费者选择理论、厂商理论、一般均衡理论等，提供了分析问题的基准点和参照系，而另外一些理论，如博弈论、信息经济学、机制设计理论、委托代理理论、拍卖理论、匹配理论等，则为研究更现实的问题提供了一般分析框架。

实际上，中国高校由于过去十年来大规模地引进世界一流大学经过系统、严格的现代经济学训练的经济学博士，目前已集聚了相当一批这样的经济学者，他们所作的是具有非常一般性的，没有很多国别色彩的纯经济理论研究，尤其是旨在解决现实市场失灵的所谓的市场设计（即拍卖和匹配）的理论与实验研究这个领域，已经涌现了大量国际领先的研究成果。上海财经大学目前正与兄弟高校积极筹划，力争围绕该领域形成经济学科有史以来第一个国家自然科学基金重大项目。与那些短平快的研究相比，这些基础经济理论研究往往需要坐冷板凳许多年才能出成果。但是，这些成果由于其前沿性，常常能够发表于国际顶尖和一流的经济学期刊，并且其中一些成果已具有相当高的被引数，为国际学术共同体所接纳和认可。

（三）基于中国经济改革发展提炼升华具有理论创新价值的研究成果

基于中国经济的改革深化和转型发展，提炼升华具有理论创新价值的研究成果，为现代经济学注入中国元素。经济学理论最重要的就是其内在逻辑体系，经济学者在此体系下对一定约束条件下如何解决现实经济问题给出可行、可操作的方案，同时在对经济现象进行解释、提炼的过程中，寻找一般意义和普适价值，进而又上升到理论层面。经济学的发展和创新，正是在这样一个过程中实现的。中国的经济改革和社会变革实践，为经济学的理论创新和学术繁荣提供强大的动力和广阔的空间。结合中国的经济发展和改革实践经验，中国学者提出了中国改革的各种理论，包括如何成功变革，避免失败让中国能长治久安的综合治理的中国改革理论。

当然，由于2007年以来的这一轮国际经济金融危机，也触发了国内外学术界对主流经济学和传统经济理论的众多争论和所谓的反思，提出了诸如新结构经济学、新供给经济学、新养老经济学等许多新的经济学理论学说。比如，新结构经济学中的"增长甄别与因势利导"框架是林毅夫教授通过其对传统经济发展理论与政策的反思而提出的，这是一个明显融入中国经验色彩、强调所谓后发优势的框架，分为六步：第一步，"发展中国家的政府可以确定一份贸易商品和服务清单。这些商品和服务应满足如下条件：在具有与本国相似的要素禀赋结构，且人均收入高于本国约100%的高速增长国家中，这些商品和服务的生产已超过20年"；第二步，"在该清单的产业中间，政府可以优先考虑那些国内私人企业已自发地进入的产业，并设法确定：（1）这些企业提升其产品质量的障碍；（2）阻止其他私人企业进入该产业的障碍……然后，政府采取措施来消除这些紧约束"；第三步，"对国内企业来说，清单上的某些产业可能是全新的产业。在这种情况下，政府可以采取特定措施，鼓励在第一步中确定的高收入国家的企业来本国投资于这些产业，以利用本国劳动力成本低的优势。政府还可以设立孵化计划，扶持国内私人企业进入这些行业"；第四步，"除了在第一步中的贸易商品和服务清单上确定的产业外，发展中国家的政府还应密切关注本国成功实现自我发现的其他私人企业，并为这些产业扩大规模提供帮助"；第五步，"在基础设施落后、商业环境欠佳的发展中国家中，政府可投资于工业园区和出口加工区，并做出必要的改进，以吸引可能愿意投资于目标产业的国内私人企业或者外国企业"；第六步，政府"可以为在第一步确定的产业清单中的国内先驱企业或国外投资者提供激励，以补偿它们的投资所创造的非竞争性公共知识"。①

这样的具有一定理论雏形和对中国具有可操作性的经济学探索而不是直接照搬前述的现有的国外的第二类经济理论，是值得肯定的，也是有一定的现实意义，但不难发现，新结构经济学中的"增长甄别与因势利导"框架主要还是基于政府主导的发展模式而提出的，注重的政府政策的作用，没有强调到现代市场制度建立的至关重要性，而这种政府主导的发展模式在世界上很难找到长远成功的先例。即便是作为政策举措，要真正成功实施，需要解决看似容易，其实很难做到的一些前置条件：首先政府需要有能力去鉴别自己国家的比较优势是什么，继而决定去推动哪些产业部门的发展。这样政府推动，一拥而上的产业导向是资源配置有效的吗？其次，与前一点相交织的问题是，由于信息和激励的问题，政府官员能否胜任在具体产业方向选择和协调中的作用，以及是否会超出自己的能力行事。恐怕答案也基本是否定的。除非政府官员有很高的市场敏感，或本身即高度嵌入市场发展中，否则他们可能会由于缺乏足够的必要信息和动力而难以作出明智的产业发展抉择。这样就会有向任用亲信和腐败方向发展的倾向。前些年国内高铁建设的发展和政府主导导致产能过剩的问题，从某种意义上印证了这一点，对于那些最贫穷国家更是如此。

这一理论框架背后所定位的政府实质上是有为政府。然而，一个有效的市场的必要条件是有限政府而不是有为政府。虽是一字之差，但是差别重大。有限政府主要指向通过市场化制度改革建立有限政府，解决中长期的发展和治理根本问题，以实现国家治理现代化和长治久安，而有为政府除了没有边界或难于界定适应边界之外（感觉就像实数点的集合一样，是一个无（边）界的概念，比如计划经济制度下政府的行为都可以称之有为），更多的是着眼短期，强调通过政府干预经济活动用政策手段来解决短期发展问题，但是却遗留很多隐患，很可能会由于信息和激励的问题而出现好心办坏事尽管不是坏心办坏事的现象，使之难于导致好的或有效市场经济。也就是，有限政府和有为政府的本质差别在于，是着眼中长期发展还是着眼短期发展，是强调改革还是不强调改革，是落脚于国家治理还是不落脚于国家治理。中国如果不进行进一步的市场化改革，是不可能实现经济持续发展，社会和谐稳定

---

① 林毅夫：《新结构经济学：反思经济发展与政策的理论框架》，北京：北京大学出版社，2012：135-138。

及国家长治久安的。

在笔者看来，许多所谓新的经济学说并非对既有发展经济学及其他成熟经济理论的一种根本意义上的范式转换，其提出的理论见解和政策主张一方面还缺乏实证研究的检验和支持，另一方面往往流于过渡性而缺乏终极和普遍意义，更是缺乏像基准理论那样强调改革方向和让市场发挥决定性作用的方向感，从而揭示了市场化制度性改革的极端重要性。笔者认为，既能让中国改革成功，又能最终提升国家治理能力和体系现代化，让国家长治久安的研究方法和解决之道的经济理论应是那些将指导改革方向和指明发展目标的基准理论与同时又充分了考虑国情，能解决中国现实问题相结合的新的经济理论，并以此给出各种过渡性制度安排，即：这样的理论，如前面所讨论的那样，要既有内在逻辑推断的理论分析，同时也需要有历史的大视野、大视角来进行纵横向比较分析，从中汲取经验教训，以及还需要运用统计和计量经济学等工具手段进行实证量化分析或检验，理论、历史和统计的三维度分析缺一不可。

采用这种研究方法来研究解决中国问题的一个尝试是上海财经大学高等研究院"中国宏观经济形势分析与预测"年度系列报告即注重此三个维度的结合，力求体现三大特点：一是聚焦中国宏观经济中面临的重大热点、难点问题；二是基于扎实的数据采集整理和严谨的计量经济分析；三是给出短期政策对策和针对某个方面或领域给出长期治理建议，实现短期对策与中长期治理互动互补的有机结合。课题组采取了国际前沿、国内较为独特的基于准结构模型的情境分析（counter-factual analyses）和政策模拟（policy simulations）方法，在对统计数据和经济信息充分收集和进行科学鉴别校正的基础上，对中国宏观经济最新形势进行严谨的分析，对未来发展趋势进行客观的预测，并提供各种短期对策的情景模拟分析，既给出短期政策应对，同时也给出中长期改革方向和治理方法。笔者和陈旭东所合著的《中国改革：历史、逻辑和未来——振兴中华变革论》也进行了这样的尝试。

总之，任何经济理论的提炼，都需要有一个漫长的过程。一个经济理论要具备指导意义，就必须要经过反复不断的检验，才能成为可以具有解释力的系统化的经济学说，这不可能是一蹴而就的。中国在这方面还有很长的路要走，但我们还是要有这样的理论雄心，以理论求真、实践务实的态度推动经济学在中国的发展和创新。

五、余论

现代经济学在中国的发展和创新正进入一个新的历史阶段，然而万变不离其宗，对于其本质的更好掌握至关重要。以上本文从基本分类、主要作用及其视野下的市场制度等方面对现代经济学的本质做了介绍，也对一些常见的误区进行了厘清。这些也凝结了过去30年笔者学习、研究、教学和应用现代经济学的基本心得。同时，从完整性的角度出发，要理解和正确应用现代经济学，还必须了解现代经济学的基本分析框架和研究方法。一个规范经济理论的分析框架的五个基本组成部分：（1）界定经济环境；（2）设定行为假设；（3）给出制度安排；（4）选择均衡结果；（5）进行评估比较。基本的研究方法包括提供研究平台、建立参照系、给出度量标尺，及提供分析工具。这种规范性的分析框架和研究方法使得现代经济学在过去70年来发展迅速。总之，正确理解、学好和掌握现代经济学，不仅对现代经济学的理论创新非常重要，对实际应用更重要，一旦用错，制定出错误的经济政策和制度，影响和危及的不仅是个体，甚至是整个国家层面的经济发展。对于现代经济学的本质和方法的更好理解，可以为更好地运用经济理论研究中国经济问题，进而乃至为发展、创新适应研究中国经济问题的经济理论，打下坚实的理论和方法论基础。此外，除了要学好经济学，在提出政策建议时，还特别不能"屁股决定脑袋"，以致过多考虑自身利益，还要具有社会良心和责任感。

经济思维范式的对话和经济学理论的检验

陈 平

一、引言：从理论检验到范式对话

这本文集的缘起是 2013 年 10 月 17 日，《观察者》网发表了我对 2013 年诺贝尔经济学奖的评论"诺贝尔经济学奖的讽刺和希望"，文中提出一个论点："历史实践是检验经济学理论的主要标准"①。两天后，留美经济学会的老友茅于轼在 10 月 19 日给我回了一个电子邮件，提出"逻辑是检验真理的唯一标准"。我们之间的对话在双方同意后，在《观察者》网发表，引发不少经济学人的参与②。今年何全胜发起邀集有关学者著文讨论经济学的思维方法，编成本书《科学思维：关于方法论的对话与碰撞》。我们的目的是希望提升国内经济学研究的眼界和水平。

我和茅于轼最初的对话，源于两个不同的问题。我的问题是实践如何检验真理？为什么被实践否认的错误理论照样有社会上的生存空间？茅于轼认为实践不足以检验真理，倒是逻辑足以检验真理。我和茅于轼在对话中列举的案例，突显自然科学与经济学在真理检验的方法论上有同也有异。

何全胜组织的关于经济学范式和方法论的对话，视野比我和茅于轼的对话更广，不仅涉及如何检验经济学理论，更涉及不同思维范式之间的对话。这是金融危机后大家关心的话题。

---

① http://www.guancha.cn/chen-ping/2013_10_17_179110.shtml
② http://www.guancha.cn/ChenYu/2013_11_04_183272.shtml

二、为什么需要不同经济学范式之间的对话

在改革开放之前，以苏联教科书为蓝本的政治经济学统治了中国的经济学，对市场的运作很不了解。改革开放后，系统引进美国原版的经济学教科书，主导了中国的经济学教学和研究，但是没有同步引进其他非主流经济学派的介绍，对市场经济不稳定的问题缺乏重视。苏联的瓦解和美国的金融危机不但暴露了苏联和美国经济体制的问题，也暴露了苏联和美国经济学体系的局限。后危机时代世界多元化的走向，促使经济学思维范式走向多元竞争的格局。最显著的标志，就是危机前后西方经济学的学生运动，反对"自闭"式的主流经济学①。以经济学多元化为号召的世界经济学会（World Economic Assocaition）迅速崛起，挑战美国经济学会（AEA）的正统地位②。

中国的现代化过程先后经历仿效苏联、美国的赶超之路，如何适应中国的国情，也走过不少弯路，积累了丰富的经验教训。五四时代"德先生，赛先生"和改革初期"现代化，市场化"这样大而化之的口号，已经不足以总结中国道路的经验，指导中国未来发展的方向。大家看到，西方三权分立的议会制民主在金融危机和福利社会危机面前近于瘫痪。科学一方面展现了巨大的物质力量，也带来前所未有的生态和社会危机。美俄拥有的核武器足以毁灭地球几十次。商业化生产的食品和药品制造了大规模的现代病，动摇了发达国家的医疗和社保体系。引入火箭科学的金融衍生品市场是世界 GDP 的 10 倍，美国 GDP 的 50 倍，导致虚拟经济大规模挤出实业，恶化全球的资源配置，加剧全球的地区和贫富差距。对中国的经济学家来说，问题不是什么简单的市场化，而是如何使混合经济的体制能更好地解决中国与世界的发展问题？走出国门的中国人发现，不存在标准化的发达国家模式。德国、北欧的实体经济和中小企业比美国、日本发达的多。德国、法国的城市规划和城乡布局，也比美国、拉美的生态健康得多。新加坡、加拿大的房地产市场比美日香港有序的多。在技术革命加速推进的条件下，亚当·斯密

---

① 贾根良：《经济学改革国际运动研究》，北京：中国人民大学出版社，2009。

② https://www.worldeconomicsassociation.org/wea/manifesto/

手工作坊时代的"看不见的手"，越来越难以处理分工加市场留下的社会协调问题。这是为什么宣称自由进出市场和任何政府干预都是市场扭曲的新古典经济学，在现实问题面前不得不向演化经济学、行为经济学、创新经济学学习，引入信息不对称，机制设计等思路来修正和补救市场失败。但是，至今没有找到避免全球金融危机的方案。我们讨论经济学的范式对话，首先要关注当代的经济和社会问题，才会突破象牙塔里的经济学思维。

应当指出，中国"摸石头过河"的经验主义传统使中国的理论建设远远落后于经济实践。韩愈说："师者，传道授业解惑也"的知识观念在国内教学型的高校影响很大。"问题、观察、假设、检验"的科学文化在中国的研究型大学还没有扎根。金融危机后，西方主流经济学家纷纷反思主流经济学的局限和新自由主义经济政策的误区，国内主流的经济学媒体却对世界潮流的转变反应冷淡。例如，美国诺贝尔奖经济学家克鲁格曼在危机后批评芝加哥卢卡斯学派在过去30年间领导的反凯恩斯革命，是宏观经济学的"黑暗时代"[1]。罗默批评宏观经济学的随机动态一般均衡理论是"燃素"和"以太"模型[2]，诺贝尔奖经济学家斯特格利茨[3]、阿克洛夫和席勒[4]都批评自由市场造成的巨大不平等、商业欺骗的泛滥，以及经济学对政策的误导。世界各国的经济学家都在研究中国崛起的经验，反倒是国内媒体经济学依然打着反凯恩斯的旗号，批评中国政府在危机时期的干预，包括财政刺激和产业政策，似乎中国危机时期的经济表现比西方还糟，对西方主流经济学的信仰比西方经济学家还强。中国经济学界与世界潮流如此巨大的反差，原因何在？我以为西方过时的经济学教科书限制了中国经济学界思维的与时俱进。所以，我们这里开始的不同经济学思维范式的对话，不仅有方法论的意义，也有助于改进国内经济政策辩论的水平。我们必须面对当代社会对经济学的巨大挑战，例如生态危机、金融危机、就业危机的源头，才能评估不同思维范式和研究方法的得失。

我是实验物理学家出身的理论物理学家，对如何用实验检验各领域的科学理论

---

① "The Other Worldly Philosopher," *Economist*, Jul. 16（2009）.

② Romer, Paul. "The Trouble with Macroeconomics," Stern School of Business, New York University, Sept. 14（2016）. https://paulromer.net/wp-content/uploads/2016/09/WP-Trouble.pdf

③ Stiglitz, J. E. *Freefall*: *America*, *Free Markets*, *and the Sinking of the World Economy*, Norton, New York（2010）.

④ Akerlof, George A. and Robert Shiller, *Phishing for Phools*: *The Economics of Manipulation and Deception*, Princeton University Press（2015）.

有长期的关注。我对经济问题的兴趣始于文革期间的社会调查和当铁路工人期间对李约瑟问题的研究。比较中西不同发展道路的启发来自科学史、世界史、普里戈金的演化热力学和文化人类学。在美国读物理博士期间，我发现理论生物学和系统工程对分工起源的研究，远比经济学深刻。1984—1996 年间用非线性动力学和时频分析发现经济混沌，直接挑战了弗里德曼的货币外生论和法玛的有效市场假设，开创经济复杂性的研究。2002 年我应用统计物理的方法分析经济周期的数据，质疑了卢卡斯的微观基础模型，2005 年进一步质疑金融理论的代表者模型，包括随机游走和布朗运动都不可能描写可持续的金融市场。复杂科学在经济学的应用获得非主流经济学（美国又称"异端"经济学），包括系统工程、演化经济学、创新经济学、生物经济学、经济物理、奥地利学派和老制度学派的支持，却遇到计量经济学和新古典经济学的顽强抵制，原因是主流经济学把数学模型意识形态化，否认市场经济内生经济周期存在的可能性。连规模递增效应也不容许出现在一般均衡模型，因为会有市场不稳定的非均衡解。普里戈金自组织理论在经济学的第一个应用，是解释硅谷的集聚现象。① 阿瑟研究规模递增的原创文章被经济学杂志拒绝，只能发在系统工程的刊物上，我的经济混沌文章也是如此。② 1987 年的股市瓦解和 2008 年的金融危机才迫使主流经济学面对新兴的复杂科学、经济物理、行为科学和演化经济学的挑战③。苏联和美国的经济学都具有强烈的意识形态偏见。经济学要走向经验科学还有很长的路要走。

亚当·斯密的古典经济学从西方伦理学出发转为古典政治经济学，马克思政治经济学公开承认自己的意识形态代表阶级利益。新古典经济学的数理形式看来价值中立，但是基本假设具有强烈的自由主义色彩。微观经济学虽然有公理化数学逻辑的包装，却不具有可证伪的量化特征。我认识的美国经济学家中，数理知识最宽广的当数理论经济学家 Duncan Foley，他明确指出新古典经济学是数学包装的"理论神

① Arthur, W. B. *Increasing Returns and Path Dependence in the Economy*, University of Michigan Press, MI: Ann Arbor (1994).

② Chen, P. "Empirical and Theoretical Evidence of Monetary Chaos," System Dynamics Review, 4, 81-108 (1988). In Chen, Ping. *Economic Complexity and Equilibrium Illusion: Essays on Market Instability and Macro Vitality*, Chapter 4, London: Routledge (2010).

③ Chen, P. "Evolutionary Economic Dynamics: Persistent Business Cycles, Disruptive Technology, and the Trade-Off between Stability and Complexity," in Kurt Dopfer ed., *The Evolutionary Foundations of Economics*, Chapter 15, pp. 472-505, Cambridge University Press, Cambridge (2005).

学"①。中华文明的特点是没有宗教战争的历史。我希望中国经济学家之间的对话能摆脱西方经济学的意识形态之争和利益集团的影响，对人类发展做出应有的贡献。

三、经济学的思维范式、逻辑推理和研究方法

因为我不是科班出身的经济学家，所以，研究课题的选择，经验检验的理论目标，都来自我亲身参与的西方不同学派的交锋，我才得以了解经济学流派的多样和思维方法的差异。我看到，不但马克思政治经济学与新古典经济学的基本假设尖锐对立，而且经济学自由主义内部也存在不同学派的激烈竞争。弗里德曼的货币学派和哈耶克的奥地利学派在研究货币政策上，存在不可调和的方法论的冲突。我很欣赏启蒙时代的理想主义者，但是我们所处的世界远比空想资本主义和空想社会主义的理想复杂得多。我找不到任何黑白分明的经济学案例。各派经济学的逻辑矛盾远比相对论和量子力学的论战更为宽广。我尝试先从思维范式的分类开始，来展开经济学方法论的对话。

（一）思维范式和多样逻辑

1. 均衡、失衡、与非均衡的三种思维范式

如果按方法论而非意识形态分类，我认为经济学理论主要可以分为三派。

一是均衡学派，以马歇尔的新古典经济学为代表，认为市场是自稳定的，无需政府干预。均衡的发展观是优化论，和生物学的多线演化不同，优化论相信演化的结果会收敛到一种模式（共产主义或是自由资本主义），结果都是单线或台阶式的轨迹。例如阿尔钦就认为演化淘汰的结果就是优化。②

二是失衡（dis-equilibrium）学派，以凯恩斯为代表，认为市场有时会失衡，例如非自愿失业，政府可以用财政或货币政策恢复均衡。但是他没有给出经济失

---

① Foley, Duncan K. *Adam's Fallacy*: *A Guide to Economic Theology*, Harvard University Press (2008).

② Alchian, Armen A. "Uncertainty, Evolution, and Economic Theory," *Journal of Political Economy*, 58 (3), 211-221 (1950).

衡，如总需求不足或大萧条出现的原因。凯恩斯的特点是不关心长期的问题，他的名言是："长期人都是要死的"。这是凯恩斯同马克思与熊彼特的差别。经济失衡用到的数理模型，包括分形布朗运动、胖尾分布和经济物理的幂律等。他们认为股市的大幅震荡可以是大概率事件，没有历史的规律可言。新古典经济学的改革派，例如信息经济学和机制设计学派，可以看作失衡派新的代表，因为他们试图引入市场机制设计来矫正自发市场的失败，例如信息不对称带来的市场欺诈和污染造成的社会损失。

三是非均衡（non-equilibrium）演化学派，以熊彼特的创新经济学和哈耶克的自发秩序说为代表，强调经济有机体和生物组织的类似之处在有机结构、生命节律和历史进程，但是对政府作用有不同的认识。熊彼特认为技术创新是创造性毁灭的过程，最终资本主义会走向社会主义。哈耶克则质疑社会主义计划的可能性，把经济周期的源头归之于央行的货币政策，他不但怀疑计划经济的可能性，而且主张取消央行。他的自由资本主义的理想比亚当·斯密更复古，哈耶克不仅无视殖民主义和帝国主义争霸的现实，还想回到民族国家出现以前中世纪末期的城邦时代。

现代的演化生物学和非平衡态物理学都接受演化的多线模式和发展的不确定性。德国、日本和北欧的经济学家都承认市场的多种模式，包括英美模式、德日模式、北欧模式、东亚模式和中国模式。马克思也承认亚细亚生产方式和欧洲模式不同。只有新古典经济学否认演化的多样性，强调英美模式的普适价值。

【注】均衡概念的物理学起源和经济学变异

我这里要解释一下："均衡"概念起源于物理的运动学，搬到经济学成为描写市场稳定的哲学概念和数学表象。数理模型描述的均衡，物理学和经济学存在巨大差别。物理学"均衡"的原意是在一个时空点上多种力的作用相互抵消，使运动处于静止或无加速状态。推广到大尺度的时空，均衡指物质结构的均匀状态，例如流体力学各处的温度、密度、压强和流速相等。如果不是处处相等，就是非均衡，但是时空每一点仍然可以测量局部均衡的温度等物理量，天气预报就是求解非平衡的流体力学加热力学状态方程。对局部均衡测量的全球三维网格越细，预报精度才越高。这里，物理学的度量是世界统一的物质度量，没有心理因素在内，才有国际可比性。方程是连续时间的微分方程，方程形式不受测量单位大小的限制。

经济学的均衡，有两种含义，一种就是数学方程的零点解，经济学的意义在不同的理论框架下不同，没有统一客观的测量标准，但是可以用模型讲经济学的寓言故事。常见的一般均衡的经济学解释，就是市场出清（供给＝需求），没有失业、没有存货、没有空缺岗位或无法进口的商品，这在微观经济学最为典型。均衡还可以用供求曲线的交点表示。唯一交点代表市场自稳定，无需政府干预。多交点就是多均衡，市场失败或市场不稳定的问题就来了。

经济学的"一般均衡"，指多种商品的价格同时浮动并同时达到均衡，"局部均衡"只考虑一种商品的价格机制变动如何确定相应的产量。让物理学家惊奇的是，微观经济学家口头说是分权竞争的市场经济，但是描写的却是一个集中交易的市场。因为效用和生产函数只有价格变量，价格却不是时间、空间的变量，因而无法直接和经验数据对比。宏观经济学的动态一般均衡模型，先验地假设宏观经济始终处于优化（光滑）的均衡轨道，观察到的价格波动用外加噪声来拟合数据，这对市场经济和指令经济的描述没有差别。因为只有一个优化的上帝，消费者和企业都是没有竞争者的代表者模型。所以，均衡轨道代表市场是自身稳定的，只有噪声（外来的坏人）捣乱使观察到的时间序列十分紊乱。金融的期权模型借用物理学扩散过程的偏微分方程。均衡的含义又是先验地假设，概率分布函数是随时间不变的高斯分布。我们做的非均衡统计分析不事先假设高斯分布，直接从经验数据中观察随时间变化的统计分布，包括危机时期出现的双峰分布。非均衡的另一特征是考虑均值、方差以外的高阶矩对金融风险的影响。不同科学学派对数学表象的选择，和构建数学表象的哲学理念有密切关系[1]。

在科学应用上，物理学的动力学方程可以计算和测量从非均衡到均衡的弛豫时间。经济学连均衡价格可观测的定义都没有。例如国内最近产能过剩的讨论，完全无视国际大宗商品价格大幅波动对国内市场的冲击。[2] 如果价格几个月到几年的价格，围绕长期趋势形成的均值上下波动5%算可容许的均衡误差，那么50%—120%是否算市场失败？面对如此大的国际市场冲击，中国应当继续推行"国际接轨"，搞期货市场的自由

---

[1] Chen, P. "Mathematical Representation in Economics and Finance: Philosophical Preference, Mathematical Simplicity, and Empirical Relevance," in Emiliano Ippoliti and Ping Chen Eds. *Finance, Mathematics and Philosophy*, in SAPERE Series (Studies in Applied Philosophy, Epistemology and Rational Ethics), Springer, Berlin (2016). 中文译本见本书陈平的专题论文（177 页）。

[2] 陈平，唐毅南：《产能过剩的认识盲区和再诊断》，载《中国社会科学评价》，2016 (6)：1-21。

化，还是应当建设金融的防波堤，阻挡西方量化宽松制造的投机资本冲击中国的金融市场和实体经济？这些既是现实的经济政策问题，也是严肃的方法论问题。

2. 简单和复杂的逻辑推理

从方法论而言，均衡和失衡理论都可以用不可观察的供求曲线来论证经济政策，论据基本上是难以证伪的逻辑推理。所以新古典的微观、宏观和新制度经济学的争论，不难转化为不同利益集团的政策诉求。例如经济衰退期，主张拉动需求的经济学家呼吁增加财政刺激，增加最低工资，这就要求给富人加税，或采取贸易保护主义，这通常是欧洲工党或美国民主党的主张；而主张刺激供给的经济学家呼吁减税和增加劳工市场流动性来刺激投资，这就要求削减国内的福利政策，加大贸易自由化的措施扩大出口，通常得到欧洲保守党或美国共和党的支持。国家的经济政策往往是政治妥协的产物，政策失败也成为党派互相攻击的理由，这对经济学理论的检验带来逻辑上的困难。

新古典的逻辑是否可以检验理论，人的自利性是否足以解释市场行为。新的跨学科研究表明，必须超越经济学的片面思维和简单逻辑，才有可能建立经济学界的共识。

（1）单向和双向思维的矛盾

新古典宏观经济学是片面的单向思维。例如，IS 曲线断言，利率下降必然增加投资，这只是借款方一厢情愿的逻辑。如果是放贷方，如果认为经济前景转好，才会增加贷款；如果认为利率下降是经济下行的信号，反而惜贷，导致投资下降而非增加。新古典微观经济学的逻辑只是消费者或借贷方的"单向思维"或"半边经济学"，因为完全无视生产者或投资者的考虑。

微观经济学的标准模型，认为任何政府干预都会扭曲市场、降低效率、增加交易成本。问题是信息不对称下的机制设计，同样会增加交易成本，刺激游说集团扭曲市场规则的政治经济学。[①] 经济学家的经济效益只考虑经济人和交易对象的利益。政治学和人类学家比经济学家更重视"非市场"的资源配置方法，包括公共产品，社区产品和公益服务等，因为他们考虑的不仅是某些个人或群体的经济效益，更关心降低社会利益冲突形成的社会成本，和增加生态效益[②]。

---

① Hurwicz, Leonid, "But Who Will Guard the Guardians?" Nobel Lecture, Dec. 8 (2007).

② Ostrom, Elinor. "Beyond Markets and States: Polycentric Governance of Complex Economic Systems", Nobel Prize Lecture, Stockholm, Dec. 8, 2009.

（2）封闭和开放思维下决定论与非决定论的因果性

新古典经济学的 IS-LM 曲线，描写的财政—货币政策只对封闭经济体系成立，因为他们无视开放竞争的不确定性。例如，1970 年代的经济衰退，美联储为了刺激经济而降低利率，但是欧洲美元市场的利率高于美国，导致美国的资本外逃，而非扩大投资，使美联储的货币政策失效。这次金融危机的经验，让我们看到西方央行降低利率的后果，有三种而非一种前景。IS 曲线就不一定是向右下方倾斜的直线，而可能是复杂的曲线，或持有现金观望不投资。

（3）线性与非线性的不同机制

线性机制最典型的例子就是新古典经济学的需求定律。新古典经济学假设人的欲望贪得无厌，没有生理或社会的约束，价跌必定导致需求量增，没有边界的限制。

简单的观察就会发现人的行为必然是非线性或多台阶的机制，远比新古典经济学的线性需求定律复杂。原因有三：第一，人是生物，消费行为必受生理学的约束，有生存下限和饱和上限。第二，人是社会动物，需求的商品有多种类别。对投资品和炫耀消费品的反应和生活必需品不同，会受群体气氛的影响追涨杀跌，这会产生 S 形或 Z 形的供求曲线①，使市场产生多稳态和不稳定的均衡。

（4）原子论、系统论和网络论的不同互动关系

科学发展极大地改变了因果律的认识。牛顿决定论的力学观像打克郎球，球杆击球有明确的因果关系。但是统计力学看两个粒子的碰撞，就只有互动关系而无因果关系，多个粒子碰撞就相当于单个粒子和平均场（代表宏观环境）的相互作用，这也是黄有光"综观"基础的概念。系统论有科层结构。网络模型重视节点和集团的连接关系。它们的结构关系远比原子论的一般均衡模型复杂。林毅夫提出新结构经济学是基于中国经验的观察②。问题是新古典经济学是没有结构的理论。经济学对经济结构的认识，不但落后于自然科学和医学，而且落后于人类学、心理学。

（5）状态和组织的有序概念

自然科学和医学的有序概念早就从状态发展到组织。只有 17 世纪的静力学把稳定和不稳定作为研究的出发点。天文学研究的轨道从圆周运动发展到椭圆，才有牛顿的动力学。化学早在 17 世纪就开始研究分子结构，物理学从 19 世纪的原子结构，

① 陈平：《中国道路的争议和新古典经济学的迷思》，载《政治经济学评论》，第 3 卷，第 2 期，2012：39-75。

② 林毅夫：《新结构经济学》，北京：北京大学出版社，2014。

进入到 20 世纪的基本粒子。生物学的研究从外表形态，到生理结构、细胞和 DNA。人类学研究家庭、社区、城市、国家的结构。令人惊奇的是 20 世纪中叶发展的新古典经济学，进入 21 世纪了，微观经济学的个人和企业还都是点状结构，经济有序的概念只有自由进出的个体，家庭、企业、政府都没有内部结构。微观、宏观、金融关心的只是点状原子的稳态或非稳态，历史轨迹和相互关联都不关心，才会把组织程度越来越高的经济活动，看成一群无关联例子的随机游走和布朗运动。

新古典经济学的理想世界是无摩擦力的真空加无拘无束的自由粒子。难以想象任何细胞、家庭、企业、军队，如何能由自由进出的个体组成？自称观察"真实世界"的科斯和弗里德曼，似乎对企业经理或军队指挥官面对的组织问题不感兴趣。马尔萨斯对生态约束的洞察，马克思对大历史的远见，凯恩斯对市场非理性的观察，熊彼特对生命节律的把握，哈耶克的迂回生产和自发秩序，明斯基的金融不稳定性，至今没有融入西方经济学的主流教科书。

（二）数理模型的简单性、复杂性、合理性和适用性

现代经济学越来越多地用数理逻辑来取代形式逻辑。所以，应当关注假设的合理性和现实性问题，包括数理模型的类型和选择。

对新古典经济学数理模型的批评来自两个方向：一些人认为经济学的数学用的太多了，另一些人却认为经济学的数学用的太浅了。问题是什么样的数学模型适用于经济学？

1. 经济数理模型的简单性和复杂性

从直觉上讲，人的经济行为应当比生物复杂，生物学又应当比物理学复杂。但经济学的研究实践恰恰和我们的直觉相反。如果把经济学模型和物理学、人口学、生态学、社会学的数学模型相比，经济学的模型要简单得多。经济数学和科学、工程与生物学比，不是太多了，而是太浅了。经济学的数学模型多数属于高等数学的初级阶段。凯恩斯批评古典经济学是欧氏几何，他主张非均衡的经济学理论要学习爱因斯坦广义相对论的非欧几何。

经济学占统治地位的是线性差分方程，物理学、生态学、社会学都是线性和非线性的微分方程。经济学的数理统计依据的是静态的高斯分布，人口学、生态学、

社会学用到稳态的非高斯分布，物理的统计力学已经在研究非稳态和非均衡（多峰）的分布函数。微观效用函数常用的 Cobb-Douglas 函数，表面是非线性的幂函数，取对数后变为线性函数，目的是简化计量经济学的回归分析，这是伪装的非线性而实质是线性的数学模型。

为什么经济学偏爱线性和稳态的数学模型？可能有两个理由。第一，线性模型有解析解，使回归分析有简单的结果，容易发表论文。如果是非线性微分方程，就可能只有数值解，没有解析解，模型的解释容易引起争议。第二，线性方程的解可以加总。复杂的宏观模型才可以简化为微观的代表者模型。非线性方程如果导出没有唯一解的供求曲线，自稳定市场的乌托邦就不复存在。

数学简单和复杂模型之间的误差是巨大的。我们从观察货币指数中发现的货币运动方程是非线性的差分—微分方程（数学上首先用于生态学和神经元的描写）。如果数值解的允许误差为 1%，解 1 维的差分—微分方程，要展开为 100 维的常微分方程；每个微分方程再展开为 100 维的差分方程，结果是解 10000 个差分方程组。如果用宏观计量经济学的惯例，把 1 万个非线性差分方程组，简化为 1 维的非线性差分方程，再简化为 1 维的线性差分方程。这样巨大的计算误差如何能分辨货币政策的内生性和复杂性？

经济学中简单和复杂的数学问题的定性差别，可以比较力学中单体、双体、多体和群体之间的差异。新古典所谓的资源优化分配，只对单体问题成立。陶永谊引入双体模型，就把个人的自私行为，转化为两者的互利行为。要讨论领袖或不平等分工的起源，就必须研究三体和多体的问题。微观经济学虚构的市场和政府之间的对立，只是"方法论个人主义"的产物。面对三体和多体问题，结果的多样性、复杂性和不确定性，就超出新古典经济学"市场与政府"两元对立的范畴。

和经济模型坚守简单性的传统相反，自然科学数学模型从简单到复杂的演化，有两个驱动力。第一，对自然现象的认识从简单到复杂的演化过程，促使数学模型的相应演化，才能理解观察到的现象。第二，高速计算机的发展，使过去难以处理的不可积系统，可以用计算机给出数值解，然后做计算机模拟实验，把计算结果和实验观察的数据比较。经济学早晚要融入科学复杂化的历史潮流。

2. 经济数理模型的合理性和适用性

不同的经济学流派和学刊，对经济数学复杂程度，有不同的选择标准。即使研究经济史的杂志，有的只用简单图表，有的会用计量模型。奥地利学派一度强调哲学和历史的分析，不相信数学在经济学的应用。在发现经济混沌之后，奥地利学派新一代的经济学家，意识到哈耶克的自发秩序和内生货币可以用非线性数学描写，转而成为研究经济混沌的积极支持者，反过来批评新古典的数学模型简单落后。

我们的经验，选择什么样的数学模型，第一取决于数据的来源。第二取决于问题的需要。中国的老话是：看菜吃饭，量体裁衣。不能一刀切，具体问题要具体分析。

如果只有不多的历史数据，就只能列个表格观察历史量级和趋势的变化，用不到数学模型。如果有年度和季度数据，就可以用计量经济学的差分方程和回归分析。如果宏观与金融指数有月度或每周、每天的数据，点数在几百到几万的量级，就有可能应用连续时间的非线性微分方程，计算非稳态含时的分布函数。计量经济学的崛起来源于定量分析的需求，大萧条之后，各国政府都投入巨资来收集大量的经济数据，这就把定性分析的传统经济学边缘化。金融衍生品市场的发展，引入更先进的"火箭科学"来处理海量的金融数据。大数据的进展，必将改变微观经济学和营销学的面貌。

四、经济学理论的检验方法

我们重点要讨论经济学不同流派互相冲突的理论如何检验。我们从前面的讨论中可以看到，光是用逻辑方法或数理模型，可以鉴别理论是否自洽，但是难以判断理论是否真伪。因为不同的逻辑或数学模型，在理论上可以共存，但在实践中哪个较好，要有其他的比较判据。我们下面讨论三种经济学理论的检验方法，包括：实验室检验，历史检验，和其他学科的经验规律对经济学理论的约束。

（一）经济实验室和计算实验室对经济学理论的检验

实验经济学、计算经济学和经济物理等交叉边缘学科的进展，研究了不少"反常"经济现象，不断用新的证据挑战新古典经济学的理论假设。

1. 实验经济学的发展和局限

行为经济学的发展在很大程度上得到实验经济学的支持。行为经济学研究的许多反常现象，都在挑战和修正新古典微观经济学的基本假设。

实验经济学有两个局限。一是实验室只能控制少量因素的变化，而实际问题涉及的变量个数和变化范围要复杂得多。二是实验室模拟经济动机的程度取决于实验的研究经费。比如研究激励机制，奖励 10 元和奖励 10 万元的结果，可能大不相同。所以，目前实验经济学的规模，还局限于检验某些简单的假设，不足以回答更实际的问题。这就激发了其他的实验方法。

2. 计算经济学与经济物理的计算机模拟实验

如果把一般均衡模型看作一种静态的计算机模拟实验，则计算经济学与经济物理发展了规模和复杂程度大得多的计算机实验，来模拟真实的市场行为。这方面的典型是圣塔菲研究所的异质经济人（heterogeneous agents）的计算机模拟市场[1]。对圣塔菲的批评也很中肯，即计算机模拟只是改变了观察市场的视角，但是没能变革经济学的规范，使经济政策的辩论和新古典供求曲线的"艺术"一样[2]，还未达到类似天体物理的"科学"的阶段。国内人大、浙大、科大、复旦等校均有很好的工作。去年新成立的经济复杂性跨学科研究会，正在整合国内这方面的研究。

3. 非稳态时间序列分析和非线性计量经济学的突破

弗里德曼提议实证经济学可以用预测是否正确的方法来检验经济学理论，并不可行，因为经济运动不是稳态的时间序列。预测错误不一定源于计量模型的错误，而可能源于计量模型参数随时间的变化。

1980 年代起，计量经济学认识到线性模型的局限，开始引入非线性模型。问题是非线性的回归分析的前提是经济运动是可积系统，也就是系统的解可以表达为已知的解析函数，且不随时间变化，即稳态的时间序列分析。经济混沌存在的广泛证据显示，经济运动是随时间变化的不可积系统，必须发展非稳态的时间序列分析方法。

我们在 1994 年从量子光学和信号处理工程引入的二维时频分析，可以分离经济

---

① Colander, David & Roland Kupers, *Complexity and the Art of Public Policy*, Princeton University Press (2014).

② Kirman, Alan. "Complexity and Economic Policy, a Paradigm Shift or a Change in Perspective? A Review Essay on David Colander and Roland Kupers's Complexity and the Arts of Public Policy," *Journal of Economic Literature*, 54（2）, 534-572（2016）.

指数中存在的大幅噪声和混沌信号，为非线性动力学研究和非稳态时间序列分析提供了新的计算机实验方法，可以用经验数据的分析来检验新古典动态模型的基本假设是否成立。因为动态均衡模型的基础用均衡态加白噪声来描写宏观与金融的时间序列，和非线性的色混沌模型有可以观察的显著差别。

应当说明，发现经济混沌的经验和理论证据始自 1988 年，至今已有二十多年的历史。但是西方主流经济学一直不愿面对复杂经济学提出的一系列挑战。直到 2008 年的金融危机才动摇了主流经济学对均衡理论的信仰，开始讨论经济的复杂性和系统风险。

（二）历史作为检验理论的自然实验

历史可以检验经济学理论，我们观察到三个例子明显否定新古典的均衡论，包括英美的持续贸易逆差、苏东转型的休克疗法、和美国经济的演化趋势。

1. 历史上英、美的外贸持续逆差和亚当·斯密的贸易自平衡理论

亚当·斯密《国富论》仅有一次提到"看不见的手"，是在第四篇第二章讨论"限制进口国内可生产的货物"时，目的是用来论证国际贸易会自动平衡①。新古典经济学的均衡模型以为单靠汇率调整就能解决国际贸易的平衡问题，只是亚当·斯密理论的变种。

亚当·斯密为了证明自己的猜想，给了一个具体的例子。他假设有个荷兰商人用船做国际贸易，从柯尼斯堡（当年属普鲁士，现在变成俄国的加里宁格勒）买了玉米运到葡萄牙的里斯本。船空着回去不合算，他们会装了葡萄牙产的水果和葡萄酒运回去。如此一个简单的外贸例子，亚当·斯密来了个逻辑跳跃，断言说国际贸易一定会自动平衡。亚当·斯密的推理其实有大的漏洞。因为来回船里装的东西，重量不一样，体积不一样，总的价值会一样吗？一船粮食和一船水果或葡萄酒的总价值怎么会一样呢？这是贸易结构复杂性产生贸易不平衡的常识。

历史上有大量案例可以证明亚当·斯密"看不见的手"的理论在国际贸易问题

---

① Smith, A. *The Wealth of Nations*, *Liberty Classics*, Indianapolis (1776, 1981). 亚当·斯密：《国富论》，北京：中央编译出版社，第 4 篇，第 2 章，2011。

上是不成立的。美国贸易逆差，从 1970 年代开始持续到现在几十年了，打了各种各样的热战、贸易战和汇率战，压日元、人民币升值等等非经济手段，美国实现贸易平衡了吗？没有。

历史上最著名的"看不见的手"失败的案例，当属贸易逆差引发的鸦片战争。19 世纪英国进口中国茶叶造成的贸易逆差持续了 170 年①。英国先是从 1729 年开始在印度种植鸦片贩运到中国，1839 年发动鸦片战争迫使中国实行毒品贸易的自由化，即使大幅增加对华的鸦片出口，还是解决不了贸易逆差问题；英国接着从 1854 年起在印度西北部的阿萨姆地区驱逐原住民强迫种茶，为了运出茶叶，英国政府还补贴私营公司修铁路，这全都是"看得见的手"用改变经济结构的办法来干预外贸的持续逆差，直到 1900 年才扭转了逆差。古典经济学幻想靠市场交易就能协调国际分工，这是一个经济学理论的乌托邦。

贸易难以自动平衡的原因是，贸易平衡涉及的是多种商品，而非只有两种商品。多种商品的贸易平衡涉及复杂的结构问题。亚当·斯密幻想破灭的教训是：分工加市场不等于协作。这是西方经济学迷信"看不见的手"至今没有搞懂的道理。

2. 阿罗-德布日的"一般均衡理论"和东欧的转型实验

新古典微观经济学把亚当·斯密"看不见的手"发展成阿罗-德布日的"一般均衡"模型，声称在完全市场的条件下，自由浮动的价格体系有稳定的唯一解。历史上唯一一次自觉应用一般均衡理论的经济决策，就是 1980 年代末到 1990 年代，以哈佛教授萨克斯为代表的西方经济学家在东欧和俄国推行的休克疗法，导致比两次大战还要严重的经济损失，其结果和中国"摸石头过河"的"价格双轨制"采取的渐进实验，大相径庭②。

值得注意的是，在柏林墙垮台和苏东转型之初，包括世界银行、国际货币基金组织在内，美国和西欧的主流经济学家几乎无例外地赞成，一次性地放开价格管制，质疑中国渐进的价格开放。他们对市场自稳定的信仰来自阿罗-德布日模型，他们用似乎高深的拓扑学证明市场经济的均衡解是唯一和稳定的。只是静态数学模型无法

---

① Pomeranz, Kenneth, and Steven Topik, *The World That Trade Created: Society, Culture, and the World Economy*, 1400 *to the Present*, 2nd Ed., M. E. Sharpe, New York (2006). [中译本] [美] 彭慕兰，史蒂夫·托皮克：《贸易打造的世界——社会、文化与世界经济》，陕西：陕西师范大学出版社，2008。

② 陈平：《新古典经济学在中国转型实验中的作用有限》，载《经济研究》，2006 (10)。

算出价格收敛的速度，便借助于哲学寓言的力量。诺贝尔奖经济学家弗里德曼在中国推销休克疗法的比喻是：一刀砍掉蛇的尾巴蛇还能活，几刀砍蛇尾蛇就死了。萨克斯的说法是：深渊只能一步跳过去。可是没有人知道蛇有几条尾巴，也没有人知道深渊有多宽。中国刚开始宣传价格改革，就引起全国的抢购风，使中国的"价格闯关"立刻刹车，此后转入"双轨制"的渐进价格并轨，至今国内能源、粮食、教育、医疗的价格还没有完全放开。东欧和俄国的价格自由化却导致高通胀和长期的萧条。

东欧转型的最初十年，匈牙利和波兰的GDP下降18%，俄国下降43%，乌克兰下降61%；通胀率上，波兰高达400%—580%，乌克兰达3400%，俄国4000%，高通胀持续时间分别为5—8年；货币贬值上，匈牙利和波兰贬值到1/4，俄国卢布贬为1/5500，乌克兰贬为1/76000。东欧转型衰退持续的时间差别极大，波兰持续7年，俄国持续16年，乌克兰持续15年，至今还不到1990年的65%。和1990年相比，东欧国家增长最快的是波兰，只有1990年的2倍，俄国仅1.2倍，而在亚洲的中国却近10倍。①

休克疗法的历史先例是战后西德出现过的"艾哈德奇迹"。二战结束后美军占领下的西德，一度实行战时经济的价格管制，结果物物交易，经济萧条。时任经济部长的德国经济学家艾哈德不和美军总部商量，在1948年6月借引入新西德马克之机，突然解除价格管制，很快恢复了市场的繁荣。这使西方经济学家一致认为，东欧转型可以重复艾哈德奇迹。然而东欧各国在快速实行价格、外贸和汇率的自由化之后，带来的不是经济繁荣，而是巨额的贸易逆差、通货膨胀、货币贬值、企业倒闭，和大量失业。求助西方援助的苛刻条件，要求东欧国家提高利率、紧缩预算、出售国有资产，经济更是至今没有恢复自主发展的元气。

为什么1948年的艾哈德奇迹在1990年代的东欧转型没有重演？② 因为西德战后一片废墟，分工回到原始的原子经济，这才是阿罗-德布日模型成立的前提。东欧转型之初，前苏联和东欧已经形成复杂的国际分工网络，价格体系是分工结构的结果。解散经互会条约，东欧片面对西方开放，当即打碎东欧原有的分工协作，企业的零部件供应普遍中断。东欧国家间约一半以上的贸易在社会主义国家间进行。市场自

---

① 真实 GDP 数据来源于联合国统计局：http://unstats.un.org/unsd/snaama/selbasicFast.asp

② 陈平：《资本主义战胜社会主义了吗？科尔奈自由主义的逆转和东欧转型神话的破灭》，载《政治经济学评论》，第6卷，第6期，2015：102-128。

由化的西方标准要求一切外贸以西方的硬通货结算，社会主义国家间原来通行的物物交换或以卢布结算的分工体系立即瓦解。贸易自由化系东欧片面对西方开放，而西方并没有同时对东欧开放市场。这导致西方低端的日用品连手纸也大量涌入东欧，而东欧原来有价格优势的农产品和工业品，因为不熟悉西方的营销网络和质量标准而被挡在门外，导致东欧企业大批倒闭。私有化过程中东欧普遍缺乏货币资本，东欧的私有化进程使西方跨国公司得以廉价收购东欧的核心企业。相比之下，中国开放之初的高关税保护了民族企业的生存空间，选择性的特区开放又使国有和民营企业逐步学会和外国企业竞争，所以技术和人才远比东欧落后的中国企业，在转型过程中能快速成长，民族企业逐步学会和跨国公司竞争。

经济学的问题出在新古典经济学的价格理论忽视了工业化经济下的"迂回生产"和"产品周期"。不同产品有不同的生产周期。蔬菜和肉类的生产周期只有几个月，电站的投资周期是几年。大学和医院的建设成长要几十年时间，由于产业结构大不相同，转型过程中不同产业价格趋稳的速度也大不相同。

问题不只是边界条件，而是一般均衡模型本身抽象掉了工业经济的本质。阿罗-德布日的模型的商品有无穷长的生命，否认熊彼特的基本发现，即技术革新和产品周期的密切联系。微观经济学的一般均衡模型至多能描写工业革命以前的手工作坊，无法理解市场经济普遍存在的经济周期和技术的新陈代谢。

3. 美国经济演变的历史趋势否定资本主义的乌托邦理论

科斯的交易成本理论暗示市场竞争会降低交易成本。新古典微观经济学假设任何政府干预都是对市场的扭曲，预言市场优化应当趋向政府角色的最小化。两个经验数据否定了均衡论的优化方向。

诺斯定量研究美国当代经济史的时候，发现美国的交易成本占 GDP 的比例，从 1870 年的 25% 上升到 1970 年的 50%[①]，他发现经济发展的动力不可能由交易成本的减少来解释，必须研究文化、风俗等其他的因素。

美国政府运作的基础是税收。美国税法的长度可以作为美国政府从小到大的成长指标。美国联邦税法的页数在百年间增长到 187 倍，从 1913 年的 400 页，增加到

---

① J. J. Wallis and D. C. North, "Measuring the transaction sector in the American economy, 1870-1970," In S. L. Engerman and R. E. Gallman eds., Long-Term factors in American Economic Growth, pp. 95-161, University of Chicago Press, Chicago (1986).

2014 年 74608 页①。有趣的是，大萧条时期的新政税法增加也不到 1000 页，二战使税法增加到 8200 页，冷战期间税法增到 1984 年的 26000 页。里根推行"小政府"的结果，税法长度反而急剧增加，2004 年超过 60000 页。同期，美国 GDP 只增加约 20 倍，美国人口只增加 3 倍。美国税法增长的速度比人口和经济增长的速度，分别高 1 和 2 个量级。这和新古典经济学的理想背道而驰。

历史经验显示，社会总的交易成本（或张五常建议的社会成本）与政府的规模和复杂性，随着技术革命和国际分工的复杂程度增加。下面我们会进一步指出，复杂系统的演化有熵增加的趋势，这和非平衡态热力学的分析一致。

（三）学科金字塔的现实性约束和理论的构造空间

心理学的马斯洛金字塔，指出人的心理活动的基础在生理需求的满足之上。② 我们可以构造一个类似的学科金字塔，说明学科之间的互动和约束关系（图 1）。

经济学＆政治学
人类学＆社会学
生理学、医学、心理学
生物学＆生态学
化学
物理学

图 1　学科关系金字塔。下层科学是上层科学的基础

图 1 给出的学科关系，相当于引入新的逻辑自洽的理论约束，给理论假设的"现实性"提供了具体的参照系。我们把基础学科对经济学理论的约束，视为实验检验的方式之一，因为物理、化学、生物、心理学的基本规律，都以大量的实验为依据，这和经济学的公理化假设有本质的不同。

---

① Russell, Jason. "Look at how many pages are in the federal tax code?" *Washington Exammer*, April 15, 2016. http://www.washingtonexaminer.com/look-at-how-many-pages-are-in-the-federal-tax-code/article/2563032

② Maslow, Abraham. "*A Theory of Human Motivation*," (1943).

举例言之，化学反应必须服从物理学的能量守恒定律和热力学原理。生命现象必须以化学反应为基础。这一视角可以直接得到如下的推论：

1. 违背物理学的定律的经济学假设

如果我们接受学科金字塔关系的约束，我们就可以给经济理论的现实性以具体的规范。下面我们给出经济学最不合理的假设，使经济学模型属于"前科学"而非科学的范畴。

（1）经济学中的永动机模型违背热力学第二定律

我们批评新古典经济学是"前科学"性质，因为宏观计量经济学的基本模型弗里希噪声驱动经济周期模型①和科斯的零交易成本世界②，都相当于热力学中的第二类永动机，即单热源的热机可以把热涨落转化为机械功，而不产生废热。这不可能是科学的理论。因为我们知道热机必须高温下燃烧燃料做功，在室温下放出废热（即熵）。而主流宏观经济学的弗里德曼货币模型、卢卡斯的理性预期模型、真实经济周期、和伯南克的金融加速器模型，都把市场价格的波动归之为外来噪声的驱动而非内生的振荡。地球上哪来如此大的噪声源可以持续推动美国如此大的经济周期。科斯理论隐含一个假设，即市场组织演化的方向是降低交易成本（即物理学的废热或熵），同样违背开放系统的热力学，因为生命演化的趋势是从简单到复杂。复杂程度增加的代价就是增加能量和信息的消耗，这是工业革命的基本趋势。科斯理想的零交易成本世界是没有分工进化的热寂世界，而非有创新的生命世界。

（2）有效市场、理性预期和完全信息的概念违背测不准关系和能量守恒定律

经济学有效市场假设和理想预期理论的核心是完全信息，似乎市场经济获取信息的成本为零。这违背物理学的测不准关系。因为获取任何信息都要消耗能量。获取完全信息要求市场经济消耗无穷大的能量，市场运作等价于具有无穷大容量的记忆库加上运算无穷快的计算机。这违背能量守恒定律，相当于第三类热力学永动机，是不可能实现的。物理学定律的推论，人的行为只可能是"有界理性"，不可能有完

---

① 陈平：《经济周期理论的弗里希模型之谜：均衡经济学和永动机模型》，载《清华政治经济学报》，第4卷，第1期，2015（6）。

② 陈平：《科斯问题和普里戈金视角：来自工业和科学的实践经验》，载《学术界》，第1期，2014：29-37。

全理性。任何个人和组织的行为都是试错的性质，也就只可能有局域的优化，不可能有全局的优化。

（3）新古典经济学的优化体系，违背生命遵循的开放系统热力学

由于生命系统是耗散能量的开放系统，就必须满足非平衡态物理学的规律。经济活动属于生命现象，必然属于开放的耗散系统。新古典经济学假设经济模型是摩擦力为零的保守系统，违背开放系统的热力学定律，选择的就是错误的物理模型。生命系统和非生命系统比有个最大的差别，就是非生命系统是可逆的，或时间对称的。生命系统是不可逆的，时间是不对称的。换言之，非生命系统没有历史，才会趋向均衡。生命系统有历史，靠非均衡维持。如果生命系统趋于均衡，就意味着生命的终结。保守系统中，物理学能量守恒的含义就是时间的对称性，动量守恒的含义就是空间的对称性。而生命的产生在物理学的含义就是打破时间空间的对称性。这是为什么我在1984年开始研究经济问题时，就没有从新古典经济学的微观经济模型开始，而是直接从分析宏观和金融的指数开始。因为我们发现新古典经济学的优化框架等价于能量守恒的封闭系统，不适合描写经济的动态行为。

张五常一个革命性的贡献就是他发现了新古典经济学的边界。他注意到科斯的交易成本理论意味着消费和投资的对称性[1]，新古典微观经济学的供求曲线意味着需求和供给的对称性。一般均衡模型里的消费者和生产者都是对称的，每个人同时是消费者和生产者。这只对工业革命前自给自足的小农经济成立。工业革命一个最显著的特征，就是迂回生产。人的消费周期以日和年计，投资生产的周期从几个月到几年甚至十几年。消费以个人或家庭为单位是分散的，生产以企业和产业为单位，聚集程度越来越高。才使宏观消费和GDP的波动远比投资为小。卢卡斯微观基础论的错误之一，就是不懂得微观活动加总之后，宏观结构对称性的破缺。

2. 违背生物学原理的经济学理论

我们这里依据的生物学，包括演化生物学、生态学、生理学和心理学。

（1）生态约束是经济学的基础，新古典经济学从古典经济学倒退

历史上，古典经济学一开始亚当·斯密就认识到分工和市场规模的关系。马尔

---

[1] Cheung, Steven, N. S. "The Transaction Costs Paradigm," *Economic Inquiry*, 36, 514-521 (1998).

萨斯人口论最早认识经济的生态约束。马尔萨斯启发了达尔文的物种演化论。达尔文又启发了马克思的历史唯物主义。然而新古典经济学马歇尔开创的供求均衡论，完全抽象掉了分工和资源约束，是从古典经济学的倒退。瓦尔拉斯的一般均衡论是静态均衡模型，抽象掉了时间，是从牛顿力学的倒退。

我们要指出的是，微观经济学的效用函数、生产函数，宏观的 AK 函数，基本形式都是无界的幂函数，例如流行的 Cobb-Douglas 函数，意味着经济行为不容许生态学的资源限制。这使微观经济学所谓的经济效率，直接违背生态效率，是工业化造成环境生态危机的根源。

（2）人的自私假设违背演化生物学和演化心理学的基本规律

演化生物学早就发现[1]，从猿到直立人的进化，促使人的大脑容积增加，使女性生育困难。所以人类婴儿是早产儿，发育过程远比其他哺乳动物长，存活风险极大。这造成了人类是天生的社会动物，没有家庭、族群的合作，幼小的儿童难以生存。演化生物学的基本发现也奠定演化心理学的基础[2]。

英国动物行为学家道经斯极具争议的生物学通俗读物《自私基因》的四个版本，充分显示生物和社会演化机制的复杂性[3]。动物和人类行为的复杂性最典型的现象就是利己和利他行为的共存，这对资本主义和社会主义的两极化理论是明显的挑战。为资本主义辩护的一种说法，就是利他在个体意义上对己不利，但是在集体（种族）意义上有利，所以个体利他等于集体利己，这是对达尔文物种演化理论的一种哲学解读。问题是分子遗传学的发现挑战了达尔文的宏观生物演化论。分子生物学家难以找到自然选择的单位，究竟是有机体、物种、染色体、还是生态系统，也难以定义"自私"的含义。因为即使在基因层次，某些生存频率长的染色体没有生存频率短的其他染色体的配合，也是无法繁殖的。道经斯不得不在后面的版本中不断修改"自私"的含义，他承认不如改称"不朽基因""成功基因"更为确切。利己或利他的行为是否属于生物学规律可以遗传目前还在争议之中，后天社会文化习俗的影响也非常显著。

新古典经济学的基本假设是人性是自私的，理性人的假设抽象掉社会合作的背

① Lieberman, Daniel. *The Story of the Human Body: Evolution, Health, and Disease*, Vintage (2014).

② Buss, David. (2014), *Evolutionary Psychology: the New Science of the Mind*, 5th Ed. Psychology Press.

③ Dawkins, Richard, *Selfish Gene*, (1976); 40th anniversary edition, Oxford University (2016). 中文版：[英] 道经斯：《自私的基因》（三十周年纪念版），北京：中信出版社，2012。

景，不仅违背演化生物学和演化心理学的规律，也不符合社会生物学和文化人类学的观察[1]。

经济学的理性人模型类似于生物学的无性生殖，才有无穷长的生命周期。有性生殖大大增加了遗传基因变异的可能以及对自然变化的适应能力，这必然导致两性之间和家庭之内同时存在竞争和合作的关系，纯粹的自私没有吸引伴侣和繁殖后代的可能。即使我们分析宏观和金融指数的运动，我们也发现个体的代表者模型，如随机游走和布朗运动模型，不可能解释经历多次危机后依然持续的金融市场，只能由群体的生灭过程才能同时描述市场的大幅波动和金融危机。新古典经济学用鲁滨逊经济或代表者模型的不合理假设，并不能比群体模型更好地解释观察到的金融市场和宏观指数的增长与波动。[2] 新古典经济学的理性人概念，从微观、宏观、金融到生物学和心理学，都不能给出人类行为自洽的统一理论。

（3）边际分析没有生理学和心理学的基础

边际革命试图用心理学来替代生物学作为经济行为的基础，是本末倒置。因为新古典微观经济学的边际分析，违背生理学的常识。例如需求曲线，怎么可能消费多多益善，只是边际效用递减？人的任何物质需求，一定有下限和上限，否则不是饿死，就是撑死。需求集合的凸性要求只能在需求函数的线性或准线性区域内成立，目的是排除规模报酬递增的可能，以确保唯一的均衡解。要解释贫困、非自愿失业[3]和社会风潮的群体效应[4]，就要突破凸性限制和静态的优化模型[5]，超越信息不对称和摩擦力等静态模型的局限，在动态行为上理解市场不稳定性的源头。

行为心理学观察到的许多"反常"经济行为，"损失厌恶"和"框架效应"，都可

---

[1]　Gowdy，John. Limited Wants，Unlimited Means：A Reader on Hunter-Gather Economics and the Environment，Island Press（1997）.

[2]　Chen，P. "Evolutionary Economic Dynamics：Persistent Business Cycles，Disruptive Technology，and the Trade-Off between Stability and Complexity," in Kurt Dopfer ed.，*The Evolutionary Foundations of Economics*，Chapter 15，pp. 472-505，Cambridge University Press，Cambridge（2005）. In Chen，Ping. *Economic Complexity and Equilibrium Illusion：Essays on Market Instability and Macro Vitality*，Chapter 3，London：Routledge（2010）.

[3]　Stiglitz，J. E. "The Efficient Wage Hypothesis，Surplus Labor，and the Distribution of Income in L. D. C. s," *Oxford Economic Papers*，28（2），185-207（1976）.

[4]　Becker，G. "A Note on Restaurant Pricing and Other Examples of Social Influences on Price," *Journal of Political Economy*，99，1106-1116（1991）.

[5]　唐毅南、陈平：《S形需求曲线的动态起源：消费者社会相互作用下时尚商品的群体模型》，载《经济学（季刊）》，第8卷，第3期，2009（4）：1013-1028。

以从认知心理学找到背后的生理机制。因为生物行为受演化机制的选择，会出现对称破缺。合作行为可以得到演化生物学和演化心理学的支持。反而是新古典的经济人，不存在相应的心理学和生物学的基础。现实中不可能找到满足供求曲线单均衡交点的人或企业，因为有生命的有机体一定有生命节律，也就是多均衡态，才能适应环境的变化。新古典经济学流行的边际理论和预期理论，只是用貌似心理学的语言讲经济学的乌托邦故事，和真实的心理学研究相距甚远。

笔者也请教过美国营销学的专家，企业是否有边际成本定价的案例？回答是否定的。因为边际定价等于勾销企业的初始投资和债务负担，这在企业竞争中不可能生存。观察到的企业行为只有两种：成本加成定价和策略定价，目的都是获得生存和发展的市场份额，而非满足于利润为零的边缘状态。

3. 经济学对物理学的误解

值得注意的是，经济学流行的物理学概念，其实缺乏物理学的基本知识。

（1）真空和无摩擦力的物理世界

科斯喜欢用无摩擦力的真空来比喻经济学的自由世界。其实两者有天渊之别。科斯以为无摩擦力的世界可以瞬间加速物体，他不懂得即使铁路钢轨的摩擦力较小，让火车头启动或减速也需要消耗巨大的能量。

经济学家用摩擦力来解释不完美的市场。问题是，摩擦力只会降低物体趋于平衡的速度，不可能使减速运动转为加速运动。因为摩擦力的本质是负反馈，本质是消耗系统能量。市场的追涨杀跌是正反馈，需要输入能量才能放大市场震荡。新古典经济学幻想用摩擦力来解释均衡市场的偏离，是否定市场的投机和套利行为，可能放大而非降低市场的不稳定性，这是自由资本主义的幻想。

用物理学的真空理论来为均衡论辩护的人，不明白真空下可存在保守和耗散系统的不同机制。两个粒子碰撞，如果不损失能量，物理学叫弹性碰撞，属于能量守恒的保守系统。两个粒子的碰撞，如果损失能量，物理学叫非弹性碰撞，属于能量耗散的开放系统。地球大气层外的粒子碰撞，可以用空间里的牛顿力学描写粒子（如行星和流星的轨道）。但是细胞内的粒子碰撞，就需要能量转换，需要输入能量和信息。请问微观经济学的一般均衡体系，究竟是无生命的保守系统，还是有生命的耗散系统。宇宙星体间的真空，经济组织间的"真空"，和细胞内部的"真空"，是不同的分类和建模。

（2）经济学和物理学测量的基本差别

新古典经济学虽然大量使用数学模型，但是经济数学的模型和数学物理有三大基本差别。

第一，物理学有普遍的客观的度量标准，包括时间、长度和能量。但是，经济学的度量有很大的主观性和局域性。根源在经济活动的价格，变化的幅度很大。天气变化的幅度也很大，但是各地温度、压强、风速的测量方法是统一的。但是，商品价格、股市价格和实体经济的关系非常复杂。同一商品不同的营销方式，不同市场的管理模式，不同时期的大众心理与快乐尺度，和不同时期的宏观政策，都会在不同程度上影响市场的价格和利润水平，这使"经济效率"的测量，包括GDP 等宏观的统计数据，没有客观统一的基础。目前卫生经济学的研究表明，许多现代病如肥胖病、糖尿病、心血管病和癌症，在很大程度上由西方消费主义主导的生活方式引起。福利经济学追求快乐如果引入可操作的定义，例如不同文化下快乐的不同度量，必然打破一维的偏好排序，向多维的系统思维靠拢。社会福利的追求究竟如何权衡短期和长期的利益？长期和短期计算的权重必然打破静态的高斯分布。大地主和赤贫的贫民之间的帕累托最优如何实现？目前的生态环保运动，是否应当把生态资源约束纳入经济学竞争均衡的研究框架？这些问题的解决必将拓展经济学的框架。

第二，物理学、生物学对多样的物质世界有系统的分类。例如固体、液体、气体的运动规律完全不同。爬行类、哺乳类动物的结构功能也有显著不同。经济学的分类，要么依据意识形态，例如所有制的分类，要么依据雇工人数或产值的多少分大中小企业，但是没有按结构功能的合理分类。西方经济学所谓的服务业，把传统的餐饮业、旅馆业、和需要大量高知识人才的科研、教育、医疗，以及金融、传媒、司法等部门放在一起，就无法识别西方"现代病"的原因，包括：过度医疗导致福利制度的债务危机，过度金融投机导致的金融危机，过度诉讼导致的信任危机和产业出走。决策层反而被世界银行和华盛顿共识忽悠，在发展高端服务业的旗号下去工业化，导致经济的持续下行和社会问题的恶化。

第三，所有的物理学定律都使用连续时间的数学表象，所以物理学定律的形式和时间单位无关。缩小测量的时间单位会提高测量精度，更好地观测应用物理学原理。经济学的测量单位是任意的离散时间。选择不同的经济模型很大程度上取决于时间单位的选择。同样的宏观或金融指数，如果用年度数据，你会观测到互不关联的白噪声或单位根；用季度数据就成为短期关联的色噪声；用月度或每日的高频数据，就会观测到非线性的色混沌或生灭过程。

经济学要从哲学、前科学，过渡到经验科学，还有大量的基础工作要做。

（四）历史定量比较的方法论问题

经济史如何检验经济学理论，必然涉及定性和定量分析的两个方面。中国和西方学术界对是否存在中国模式或中国道路的争论，往往抓住中国历史上的若干重大事件，来得出整体性的判断，例如东方专制、西方民主等结论。在中国改革开放之后，我们重新注意人类历史的比较研究，对质疑西方中心论提出新的历史依据。

历史比较研究的方法有三点值得注意。第一，国家的规模差距极大。世界银行的"中等收入国家陷阱论"，拿几十万和几百万人口的国家来和中国比较，实属荒谬。至少拿几千万到一亿以上的人口大国和中国的比较才有意义。第二，比较的标准应当是人口比例，而非绝对数。第三，不同国家的比较，要注意相应的历史阶段。例如政治事件对经济发展的影响，秦始皇焚书坑儒可以和天主教消灭异端文献的后果比较。美国的南北战争可以和中国的内战比较。欧洲的宗教战争可以和中国的文化革命比较。同理，可以把发展中国家的现状和发达国家的早期阶段而非现状比较，才能理解不同生命周期发展的不同规律。我们发现，只有采用这三种客观的比较方法，就不难澄清历史的疑团。①

否定中国模式的主要依据有两个，就是中国三年困难时期和文革付出的经济代价。我们就以资本主义、社会主义和经济转型的不同时期为例，来比较经济制度试验和确立的代价。为了避免对中国统计数据的争议，我们的数据比较都采用西方权威的数据库。

1. 三年困难时期与苏东转型的人口下降幅度

应当指出，目前国内外关于中国困难时期"非正常死亡"数千万人的说法只是猜测，并无统计数据的依据。即使美国的大萧条时期有大量饥荒的新闻报道，但是美国官方从未收集和发表"非正常死亡"的数据，因为"营养不良"和"非正常死

---

① 陈平：《历史作为检验经济学理论的自然实验》，载《政治经济学评论》，第 5 期，2016。

亡"之间没有可操作的定义。但是，我们可以用已知的统计数据，比较中国发展和苏东转型的代价。

按照麦迪森《千年经济史》中的人口数据①，中国1960年是6亿6707万人，1961年是6亿6033万人，下降了1.0%，1962年恢复增长，达6亿6577万人，1963年为6亿8234万人，超过1960年的水平，恢复期为3年。中国人口下降的原因有多个因素。包括严重的自然灾害，1958年粮食丰收期没有建立粮食储备，公社食堂制度对粮食消费的管理不善，通讯系统的落后和地方官僚对灾情的瞒报等因素。

相比之下，东欧和苏联经济转型造成的人口下降，幅度和时间都比中国大得多。依据联合国统计局的数据，东欧人口在1989年达到峰值3.83亿人，此后持续下降，2014年为2.93亿人，25年间下降了23.4%，至今没有逆转。俄国人口的峰值在1993年达到峰值，为1.48亿人，2008年为1.43亿人，15年间下降了3.6%。俄国转型人口的恢复期为15年。2008年后缓慢增加，至今低于2004年的水平。东欧、苏联人口下降的主要原因包括：经济衰退和社会主义的福利瓦解导致老人的预期寿命急剧下降，大量失业使年轻人不敢结婚和生育子女，以及国内经济前景黯淡导致大批有技术的中青年移民国外，社会不稳定导致的酗酒吸毒也使中青年的死亡率增加。苏东经济的持续下行是人口持续下降的主要原因。

如果考虑到中国1959—1961年间有大面积的灾荒，而东欧与俄国的转型期并无战争与灾荒，则中国的调整速度远大于俄国和东欧。笔者亲历大跃进和困难时期，1958年粮食大丰收，助长了不切实际的浮夸风，人民公社推行的大食堂导致粮食浪费严重。外加中国的通讯落后，地方政府瞒报灾情，使中央政府未能及时发现缺粮的严重性。但是，中国政府派出工作组调查研究之后，立即解散了公共食堂，人民公社核算单位退回到生产队，重新提倡农业为基础，让新增城市人口回乡，才能在三年内度过危机。1964年起重新恢复经济增长。而苏联瓦解之后的东欧、前苏联国家，一旦陷入议会制的利益集团斗争，就无法对经济调整的方向达成共识。党派轮流执政不一定能转变经济发展的轨道。

我们发现美国中央情报局的人口预期寿命的数据②，可以间接估计"非正常死亡"的后果，因为营养不良会降低人口的平均寿命。2015年中国的预期寿命是75.41

---

① https://www.google.com/?gws_rd = ssl#q = angus + maddison + population + data

② https://www.cia.gov/library/publications/the-world-factbook/rankorder/2102rank.html#ch

岁（世界排序第 99 位），远高于世界平均寿命的 68.7 岁。① 大国中，中国低于日本 84.74（2），欧盟 80.20 岁（38），美国 79.68（43），但是高于土耳其 74.57（115），巴西 73.53（129），印尼 72.45（140），俄国 70.47（153），印度 68.13（163），南非 62.34（191）。显然中国的预期寿命接近发达国家，处于中等收入国家的上限，而中国的人口规模远大于发达国家之和。

中国解放前 1949 年的人均寿命只有 35 岁，远低于同期世界平均寿命 47 岁。解放后提高了 40 岁，显著增加的原因是中国解放后在公共卫生上的改善远超多数发展中国家，极大地降低传染病的死亡率。三年自然灾害让中国政府意识到粮食储备的重要性。加上大量水利工程和通讯工程的建设，使中国控制自然灾害和疾病的能力在世界上也达到先进水平。

2. 革命、战争和资本主义的人口代价

中国的现代化无疑付出巨大的代价，包括解放战争，朝鲜战争，三年困难时期，和十年文革。问题是，中国革命和建设的代价是否比西方模式的现代化更大？我们来比较目前已知的历史数据②。要说明的是，原始数据给出的是死亡数的绝对数，我们计算当时的人口比例时，参照的是麦迪森的人口数据。③

（1）欧洲殖民美洲（1492—1691）消灭的原住民人口约 20%—90%。

欧洲殖民美洲造成的原住民死亡数估计在 840 万—1.38 亿之间，几何平均为 3400 万。1500 年西班牙人口为 680 万，葡萄牙 100 万，英国 390 万，法国 1500 万，西欧 29 国人口总和也就 5700 万，美国当时人口约 2000 万，200 年后人口下降了一半。估计西方殖民者消灭的土著人口高达 20%—90%。欧洲殖民者系统毁灭古老的美洲文明，包括印加文明、玛雅文明和阿兹特克文明的文字记载。美国独立战争和南北战争的真实动机是掠夺印第安人的土地。美国印第安原住民的人口目前仅 300 万人，占美国人口的 1%。

（2）美洲黑奴的死亡率在 13% 以上。

1440—19 世纪末的 450 年间，共约 1100 万非洲黑奴贩卖到美洲。④ 其中葡萄牙贩卖 40%（450 万），英国 250 万。途中死亡 150 万，死亡率为 13%。1820 年平均每

---

① https://www.cia.gov/library/publications/the-world-factbook/geos/xx.html

② https://en.wikipedia.org/wiki/List_of_wars_and_anthropogenic_disasters_by_death_toll

③ www.ggdc.net/maddison/Historical_Statistics/horizontal-file_03-2007.xls

④ https://en.wikipedia.org/wiki/Atlantic_slave_trade

个欧洲移民拥有 4 个黑奴。① 而目前美国黑人的人口比例只有 13%，为白人人口的五分之一。美国黑人至今还是美国现代化的主要牺牲者。

（3）欧洲三十年宗教战争（1618—1648），德国死亡率在三分之一以上。

欧洲宗教战争的代价可能远超两次大战，死亡数约 300 万—1150 万。其中德国各邦的人口减少了三分之一到三分之二。

（4）法国拿破仑战争（1803—1815），法国死亡率 6%—12%。

死亡数 350—700 万，1820 年的法国人口为 3100 万。假如死亡人数法军占一半，1800 年的法国人口为 2800 万，则死亡人数为法国人口的 6%—12%。

（5）一次大战（1914—1918），死亡 1500 万—2100 万，约为欧洲人口的 7%。

（6）二次大战（1939—1945），死亡 6500 万—8500 万。②

其中中国死亡 2000 万，占人口的 4%；苏联死亡 2700 万，占人口的 14%。

（7）中国近代内战。

明末清初战争（1618—1683），死亡 2500 万，1600 年中国人口约 1.6 亿，死亡率为 16%。太平天国起义（1851—1864），死亡 2000 万—1 亿，几何平均为 4400 万，中国人口当时为 4 亿，死亡率约 10%。

大家可以比较这些数据，研究历史上封建主义、殖民主义、资本主义和中国试验社会主义现代化的代价，孰高孰低。

3. 麦迪森千年经济史的人均 GDP 增长历史比较

目前国际比较最系统的数荷兰经济史家麦迪森利用 OECD 数据库编制的世界千年史。麦迪森采用国际美元的人均 GDP 的历史数据③，提供了各国历史发展路径的比较依据。

中国在公元 1 年的人均 GDP 为 450 美元，公元 1500—1850 年保持为 600 美元，高于 1700 年的日本（570 美元）和 1820 年的印度（533 美元），但是只相当于公元 1 年的英国（600 美元），低于公元 1 年的意大利（800 美元），拜占庭（土耳其）、伊朗、伊拉克、埃及、突尼斯的 700 美元。显然，意大利和中东国家比中国富裕的原因

---

① http://www.gilderlehrman.org/history-by-era/slavery-and-anti-slavery/resources/facts-about-slave-trade-and-slavery

② https://en.wikipedia.org/wiki/World_War_II_casualties#endnote_USSRtable

③ www.ggdc.net/maddison/Historical_Statistics/horizontal-file_03-2007.xls

在商业而不只是农业。中国从鸦片战争开始，经济不断下滑，1870 年降到 530 美元，1932 年曾达 583 美元。

新中国在 1950 年的人均 GDP 仅为 448 美元，不仅远低于美国 9561 美元、英国 6939 美元、苏联 2841 美元、日本 1921 美元，而且低于菲律宾 1070 美元、印尼 840 美元、巴基斯坦 643 美元、和印度 619 美元。

到 1978 年，中国的人均 GDP 为 978 美元。这相当于英国的公元 1600 年、法国、德国的 1700 年、美国 1820 年、日本 1890 年的水平。换言之，新中国成立后的 28 年间按人均 GDP 测算的经济发展，相当于法德 700 年、英国 600 年、俄国 400 年、日本 390 年、美国 220 年间获得的进步。更重要的是，中国仅用 28 年建成独立的科技教育和工业体系，研制出两弹一星，成为世界上第五个核大国，打破了美苏的军事霸权。

到 2010 年，中国的人均 GDP 为 8032 美元，超过了前苏联的 7733 美元，接近俄国同期水平（8660 美元）。这相当于日本 1969 年、德法 1962 年、英国 1958 年、美国 1941 年的水平。换言之，中国改革开放 32 年间的发展，等于英国的 400 年、德法的 260 年、苏俄 140 年、美国 120 年、日本 80 年、韩国的 37 年。

加起来，中国 1950—2010 年，60 年的经济发展，相当于英法德 1000 年、日本 470 年、俄国 430 年，美国 340 年的发展。从国际比较的角度看，中国前 28 年跨越的历史阶段，大于后 32 年。因为科技教育卫生的基础建设，社会主义的体制显然比自由资本主义更能集中资源于有限的目标。

我要提醒大家，中国的人口超越欧洲、北美和澳洲等西方国家之和，是日本的 11 倍，但是人均资源却在世界平均水平之下。如何理解中国和其他文明的现代化道路，应当是经济学的不同思维范式可以比较的问题。经济学的数据比个人的口述史更能提供历史和整体的视角。如何理解这些经济数据的国际比较意义，应当是未来比较经济研究的课题。如何比较不同经济模式在不同时期的表现和机制，现在的研究还刚刚开始，下结论还为时过早。

五、经济学未来的发展方向

如果我们同意，经济学应当是一门经验科学，那么目前经济学的历史定位如何呢？

（一）现代经济学正从炼金术走向经验科学

我个人用复杂科学和非平衡态物理学方法研究经济学基本问题三十余年，我们的研究成果支持牛津大学著名计量经济学家 David Hendry 的判断：计量经济学还不是科学，而是炼金术。[①]

要说明的是，我并未低估科学史上炼金术的地位。炼金术发展了实验和定量分析的方法，但是并未建立统一的经得起大量实验检验的理论，属于"前科学"的历史阶段。新古典经济学的主要贡献，是从方法论上系统引入数理模型和经济的定量研究，这可以作为经济学学生的基础训练，就如初等数学为高等数学打下的基础一样。但是，必须让经济学的学生理解，新古典经济学作为政策指导的严重局限。必须用中国和世界的经济实践，来检验经济学教科书的理论，否则会犯本本主义的错误。

1. 宏观经济学已经解决了经济学的哥白尼和开普勒问题，有希望发现真实的宏观经济动力学

宏观经济学的核心是经济周期理论，我们从 1984 年起直接分析大量的宏观与金融指数，发现宏观计量经济学的分析框架还相当于天文学地心说的时代，没有解决经济学的哥白尼问题和开普勒问题，即经济观察是否存在相对优越参照系（如哥白尼的日心系），是否存在合理的基函数（如开普勒的椭圆而非托勒密—哥白尼使用的圆周运动）可以大大简化对宏观动态的描述，并建立统一理论（牛顿的动力学方程）。我们发现真实经济周期学派（RBC）的 HP 滤波器相当于经济学的日心系，借用量子力学的小波表象可以解决经济动力学的开普勒和牛顿问题。代价是放弃芝加哥学派的有效市场假设、货币中性理论，理性预期和微观基础模型。[②] 经济学要建成凯恩斯梦想的"一般"理论（注意：中国人误译为"通论"，凯恩斯的原意是仿效爱因斯坦的统一理论，即广义相对论），可以考虑用小波表象作为不同生命周期产业新陈代谢的统一度量。[③]

---

① Hendry, David F. *Econometrics: Alchemy or Science?* 2nd ed. Oxford University Press, Oxford (2001).

② 陈平：《文明分岔、经济混沌、和演化经济动力学》，北京：北京大学出版社，2004。

③ Chen, Ping. "Metabolic Growth Theory: Market-Share Competition, Learning Uncertainty, and Technology Wavelets" *Journal of Evolutionary Economics*, 24 (2), 239-262 (2014)；陈平，"代谢增长论：市场份额竞争，学习不确定性和技术小波"，《清华政治经济学报》，第 2 卷，第 1 期，2014：26-52。

2. 金融理论可以融入复杂经济学框架

我们发现金融理论的变量都是可观察的金融指数。金融学已经发现金融内生不稳定性的来源是采取正反馈策略（追涨杀跌）的噪声交易者。[1] 金融理论只需引入群体的生灭过程取代个体的布朗运动模型，就足以诊断金融危机。[2] 异质[3]和同质的交易者都可以引入群体的期权定价模型[4]，把现有理论作为特殊的简化模型。描述股市运动不需要理性和有界理性的假设，但需要高阶矩来预警金融危机。[5]

3. 微观经济学可能需要基本的变革

我们发现，新古典微观经济学的框架理论上自成体系，但是离现实经济最远。如何变革，有待进一步探索。最简单的供求曲线不难扩展为非线性的供求曲线，来做定性的供求分析。困难的是一般均衡模型的几个基本假设远离现实，误导经济政策。市场经济的核心是市场份额竞争，价格只是竞争市场份额的工具之一，不可能完全决定资源分配的优化。现实经济和产业的市场和资源有限，不存在完全竞争要求的无数竞争者。企业提高利润和扩大市场的主要方法是产品创新，这为封闭系统的完全市场假设所不容。企业降低平均成本的有效办法是利用规模经济，这又被竞争均衡的凸性假设排除在外。科学技术的发展越来越复杂，对市场监管和协调的社会需求越来越大。新古典理论却断言一切政府干预都是扭曲市场、降低效率，和工业化国家规范市场的经验相矛盾。微观经济学能否建立可观察可证伪的数理模型，还有待于未来的探索。

---

[1] Shleifer, A. and L. H. Summers. "The Noise Trader Approach in Finance," *Journal of Economic Perspectives*, 4 (2), 19-33, (1990).

[2] Tang, Yinan, Ping Chen. "Transition Probability, Dynamic Regimes, and the Critical Point of Financial Crisis," *Physica A*, 430, 11-20 (2015).

[3] 曾伟，陈平：《波动率微笑、相对偏差和交易策略——基于非线性生灭过程的股票价格一般扩散模型》，载《经济学（季刊）》，第7卷，第4期，2008：1415-1436。

[4] 唐毅南，陈平：《趋势与波动相关下的期权定价模型》，载《金融评论》，第2期，2010：1-11。

[5] Tang, Yinan, Ping Chen. "Time Varying Moments, Regime Switch, and Crisis Warning: The Birth-Death Process with Changing Transition Probability," Physica A, 404, 56-64 (2014).

（二）加强不同学派和不同学科的对话交流，发展经济学研究的共同平台和统一理论

历史上，跨学科的研究和对话会产生革命性的成果，例如控制论和量子生物学，对系统工程和分子遗传学有重大的影响。经济学辩论政府与市场的关系问题，可以从生物学研究神经系统和血液循环系统之间的关系得到启发。抽象讨论政府与市场的边界不如研究多层复杂网络之间的关系。想象自由进出的企业和组织，不如借鉴生物的细胞学研究细胞壁的渗透和选择功能，如何吸收养料，排出废料，新陈代谢。产业经济学、生态经济学、城市和区域经济学都可以大量吸收相关科学和工程领域的丰富知识。

中国的理论研究，要避免简单地用中国数据来拟合西方模型。我们要重视现实经济的研究，包括田野调查、历史案例、和经验数据的收集分析，并和实验研究相比较，才能用中国实践检验和发展西方经济学的理论。

更基础的工作，是要改造经济统计的分类和计量方法。目前三次产业的分类是不合理的，第三产业应当把传统的低端服务业（如餐饮、旅馆）、公利性的高端服务业（如科研、教育、医疗）、和双刃剑性质的复杂服务业（如金融、媒体、司法）分开，并区分健康和有害的 GDP，才能指导经济政策和分配体制，协调产业和区域的发展。

（三）正视当代社会的重大问题，总结中国实验的普遍经验

即使西方发达国家的成熟市场经济，目前也面临三大危机：包括生态危机、金融危机和治理危机，值得中国和发展中国家警惕。高收入国家的发展模式绝非我们盲目仿效的榜样。西方节省劳力—消耗资源的分工模式，导致全球暖化、资源战争和生态危机，西方社会的高消费和现代病不可能持续。人口老化、虚拟经济和债务危机是金融危机频繁发作的根源。面对贫富差距的扩大和国际竞争力的衰退，西方的政治、司法、经济体制面临前面的治理危机，利益集团的冲突使政府应对危机的调整能力陷于瘫痪。这对以西方中心论为核心的西方经济学，提出严重挑战。

当代社会突显民主和科学的矛盾。民主的含义是多数人决策，西方民主政治的

多数人选择的高福利政策导致妇女不愿生孩子，发达国家人口老化，不得不依靠外劳移民，造成目前西欧和美国严重的民族矛盾、文化冲突和债务危机。民粹主义的兴起加大而非减低国内国际的社会冲突。新古典经济学的均衡论预言资本流动应当从发达国家向不发达国家扩散，现在的资本流向恰好相反。人口的流动也是加剧地区和城乡之间的不平衡，从而恶化生态危机。科学的含义是实验的检验支持少数人的远见。自然科学的发展确实如此，但是社会科学的许多乱象却更像是科斯主张的思想市场，靠资本或人群的力量来左右社会科学的导向，被社会实验否定的错误思潮可以在利益集团的支持下占领学术和媒体阵地，成为阻碍而非推进社会改革的力量。

中国经济目前的持续下行，反映的正是处于十字路口的中国经济。对于沿海居高不下的房地产泡沫，是继续推行土地和住房的市场化，还是参照新加坡、北欧和英国的经验，扩大非盈利的住房、教育和医疗系统，研究混合经济的共生关系，以兼顾经济效益、社会公平和生态和谐？中国巨大的人口规模和高度不平衡的自然资源，未来的发展是走向马克思、毛泽东提倡的缩小三大差别，还是推行英美模式的圈地运动，把大量内地农民赶近沿海大城市，把沿海郊区农民变成食利的寻租者，并容忍拉美模式的城市贫民窟？制度经济学的产权理论，如何区分产权保护的是创新收入、寻租收入、还是投机收入？其后果是增加全社会的福利和维护生态和谐，还是保护少数利益集团的短期利益？与其空泛批评中国要素市场的扭曲，不如研究发达国家和发展中国家不同时期的典型案例，研究不同的土地管理体制、金融监管政策，和劳工市场的规则，如何影响不同时期的国际竞争力。哪些不必要的行政审批需要精简，哪些必要的技术、金融、生态监督需要加强，都要具体问题具体分析。不能在借口降低交易成本的同时，增加社会受损带来的更大成本。正因为世界的发展是非均衡的，重视历史、自然和社会的约束，对发现适合本国国情的经济体制和经济政策至关重要。

（四）参与反思和更新经济学的世界潮流

宏观经济学的均衡理论完全否认内生市场不稳定性的可能机制，才会使卢卡斯领导的反凯恩斯革命完全解除经济学主流对经济危机的警惕，才得以推行长达三十年的经济自由化政策，导致大萧条以来最严重的经济危机。黄有光对经济学的批评，勇于挑战萨缪尔逊、卢卡斯和科斯等名家①，给中国经济学家树立了一个和经济学名家平等对话的榜样。即使像克鲁格曼那样坚定的新古典经济学家都在呼吁反思经济学理论②。我希望中国经济学家能超越西方经济学的局限，对经济学的新思维做出应有的贡献。

最后，我感谢何全胜和本书的所有作者，诚挚地参与和改进经济学方法论的对话。我也感谢和林毅夫、张五常、史正富、盛洪、李维森、黄有光、田国强、陶永谊和叶航等对经济学和方法论的讨论。期待不同学派的对话能激发国内经济学界对方法论研究的兴趣。

2016 年 8 月 23 日初稿，9 月 29 日修改。

---

① 黄有光：《从诺贝尔奖得主到凡夫俗子的经济学谬误》，上海：复旦大学出版社，2011。
② Krugman, P. "How Did Economists Get It So Wrong?" *The New York Times*, Sept. 2, (2009).

研究方法

经济学的哲学性质

张五常

哲学应该是人类在思想上最艰深的学问。20 世纪 60 年代初期在洛杉矶加大作研究生时，我认识几位读哲学的，知道当时的哲学系分伦理（ethics）与逻辑（logic）两部分。伦理牵涉到价值观，是深是浅很难说；逻辑学是无底深潭，可幸有简化的阐释。

逻辑哲学是科学方法（methodology of science）的重心，验证假说是实证科学的主旨，当年在洛杉矶加大的经济系研究院是个热门话题。正规的经济课程没有教，但哲学系那边有卡尔纳普（R. Carnap）教本科，同学们都嚷着去听，而经济系本身的布鲁纳（K. Brunner）是个动不动以逻辑为先的人。是的，当年在加大的经济研究院内，科学方法是我和几位同学经常讨论的话题，主要当然是研讨验证含意的规格。离开加大之后我自己的发展，是重视"看不到则验不着"这个原则，认为经济学用上的无数术语皆空中楼阁，没有什么实际用场。

从论文《佃农理论》开始，我的推理习惯是每走一步必以验证为大前提——那刚好是在科学方法上跟同学们吵了几年的时候。在该论文分析合约的选择时我提出"卸责"这个无从观察的理念，耿耿于怀久之，终于放弃。后来凡属变量我皆着重于观察，着重于真有其"量"。今天，在实证上，我对世事的看法跟当年的师友是有着颇大的分离了。在本卷的第一章《科学的方法》里我详尽地把自己的验证方法写了下来。

一、经济学格外重视方法逻辑

经济学者着重于科学方法起自李嘉图，后来的马歇尔执着于验证。可惜这些大师们没有认真地执行过。近代经济学者的方法争议的导火线，源于老师阿尔钦1950年发表的关于自然淘汰与经济理论的文章。那是阿师的旷世杰作，当年我读后有好几晚睡不着。行内的科学方法大辩论源自弗里德曼1953发表的《实证经济学的方法》。弗老在文中提到阿师给他的启发，写得不是那么好，可以商榷的地方多。一石激起千重浪，这大辩论持续了二十多年。70年代后期开始平息，但没有大家统一的结论。是不幸的，因为博弈理论80年代初期在经济学卷土重来。博弈理论违反了"看不到则验不着"这个实证科学的基础原则，也漠视了经济学的基础概念，从解释世事那方面看一律拿零分。

这就带到本节关注的一个问题：在所有验证科学中，只有经济学重视探讨科学的方法。那是为什么？虽然今天的经济学者对科学方法似乎失却了兴趣，但曾经有很长的时日他们对科学方法的讨论远超其他需要验证的科学。科学方法是哲学逻辑那方面的学问。专于此道的人一般对实证科学没有染指。他们的兴趣是解释为什么自然科学（natural 或 physical sciences）例如物理、化学、生物等能有那么强的解释或推断功能。尤其是经过维也纳学派的耕耘，可以被推翻的假说（falsifiable hypothesis）就成为实证科学（empirical science）的核心哲理。可以被推翻是指可以被事实推翻——假说不以事实为凭是无从验证的。

另一方面，物理、化学、生物等自然科学的从事者很少涉及科学方法这个哲学逻辑上的话题。我曾经拜读过爱因斯坦与哲学大师波普尔在科学方法上的辩论的来往信件，获益良多，但自然科学家中对方法逻辑有兴趣的，爱氏是个少见的例子。我认识不少在自然科学有点成就的朋友，皆对科学方法一无所知。他们天天在实验室操作，是成是败用不着问苍天。

二、经济是社会科学中唯一走自然科学的路

经济属社会科学（social sciences）。社会科学中还有政治、历史、人类学、社会学等。除了经济，其他社会科学很少涉及科学方法的讨论或争议。这些社会科学当然着重事实的考查，也重视解释，但这些其他社会科学不是公理性质（axiomatic）的，即是不以一些公理或定律或武断的假设作为分析的出发点，绝少用上"可以被事实推翻的假说"从事，验证的科学方法因而少受注意。

萨缪尔森曾经说经济是社会科学中的皇后。这是言过其实了。我不懂政治与社会学，但从历史与人类学中学得不少，很佩服这些学问的好些论著。不是公理性，因而不搞假说验证，但往往有令人拜服的学问，其解释力可以自成一家。解释不一定要通过假说的验证。经济学呢？有令人尴尬的一面。就说萨缪尔森吧。他是经济大师，2009 年谢世时举世颂扬，但也有两位行内专家算出，萨氏生平对重要经济发展的推断没有中过一次！萨缪尔森无疑是个创造模型的天才，但他对需求定律、成本概念、竞争约束等的掌握一律不到家。

在所有社会科学中，只有经济学是公理性的。公理性是指有武断性的假设与有一般性的定义或定律，从而推出可以验证的假说。验证是求错或求证伪，要以可以观察到的事实或现象从事。没有被事实推翻就算是过了关，即是通过假说的验证而作了解释。社会科学中只有经济学以公理性的原则从事解释，但所有自然科学皆属公理性，解释的方法跟经济学用的相同。然而，前文指出，自然科学的从事者很少问津哲学逻辑的科学方法，但经济学却频频涉及。为什么会是这样呢？

三、没有人造实验室却要解释自己

我认为有三个原因。首两个是浅的，只需略说。第三个原因不浅，但有意思，由我自己想出来，要多花一点笔墨了。

第一个原因，是经济学要解释的是人类的行为，也即是经济学者要解释自己。这使不少经济学者喜欢把自己的价值观带到自己认为是理想的世界，不容易置身事外地看问题。然而，置身事外地客观是科学的一个起码要求，经济学者不容易做到。为了约束自己的价值观左右着真理的追求，一些认为需要客观判断的就引进哲学逻辑的方法来约束自己。话虽如此，那毫无解释或推断功能的福利经济学到今天还是驱之不去，问津者大不乏人。当然，加进自己的切身利益，或为利益团体服务，经济学者往往把自己的灵魂贱价出售。

第二个经济学重视科学方法的原因，是作为一门实证科学，经济学的实验室是真实的世界，没有自然科学必有的人造的实验或化验室的支持、协助着假说或理论的验证。自然科学的从事者天天坐在实验室操作。原则上，经济学者应该天天到真实世界的街头巷尾跑。但他们没有：要不是坐在办公室推出一些不着边际的模型，就是拿着一些没有多少真实细节的数据研究回归统计。任何题材，实情究竟如何，经济学者一般没有足够的掌握。因为这项大不足，科学的方法逻辑就变得重要，好叫经济学者能约束一下胡乱推理的倾向。

四、漠视变化细节带来失误

这些年有些经济学者尝试"建造"自己的实验室，称"实验经济学"（其中两位主要人物我认识）。他们炮制一些实际的情况，让不知情的外人进入这情况中，然后观察行为。这种"实验"显然是源于考查真实世界过于复杂，无法像自然科学那样在实验室内操控，所以要设计一些特殊或指定的情况来试验那些不知就里的被验者。原则上当然可以，但谈何容易？真实世界非常复杂，以人工调控的简化容易搞出笑话。更为头痛的问题是：经济学的公理或定律是从人类的行为反推过来而成立，有着多而复杂的变化。以炮制情况来做实验，充其量只能验证一些没有什么变化的行为。

不论炮制情况这项玩意，我可举一个所有经济学者相信、所有学生必读的理论，但因为不知世事而错得离谱。那是以需求弹性系数不同来解释价格分歧。这理论逻辑井然，但因为弹性系数近于无从观察，没有谁见过有说服力的验证。为此我观察了多年，发觉该传统的价格分歧理论推出来的间接含意一般与真实世界的现象有出入。最后我想出资源空置是价格分歧的原因，跟着的考查验证百发百中。其他例子如捆绑销售、全线逼销等，也因为在街头巷尾跑得多，我找到足以跟任何人打赌的解释，皆与书本或他家说的相去甚远。很明显，真实世界的现象细节非常重要，争取这些细节，经济学者别无选择，要到真实世界的街头巷尾跑。

五、空中楼阁的处理需要另一种天赋

最后一个经济学重视科学方法的原因，比以上两个多了不少新意，说起来有点冒险，但重要，是本节要说的经济学的哲学性质的重心所在。上文提及，所有自然科学皆属公理性，但社会科学中只有经济学属公理性，而公理性的科学皆着重于假说验证。

这里我观察到的要点，是作为一门属公理性的科学，经济学的公理，除了边际产量下降定律，从局限下个人争取利益极大化的武断假设到需求定律到成本定义等，一律是空中楼阁，不加进些什么这些公理的本身难以触摸。自然科学的公理，虽然有时也属空中楼阁，但出发点近于一律是原则上真有其物，有可以观察到的物体的支持。例如物理学讲什么原子，化学有元素，生物学有 DNA 及基因等。对我这个门外汉来说，自然科学十分神奇。好比在发现 DNA 的双螺旋结构之前，生物学家已经肯定有 DNA 这东西。

让我说清楚一点吧。自然科学的公理的起点，一般是基于真有其物，或从事者相信真有其物。这是神奇的学问，因为先前无从观察但认为是有之"物"，若干年后往往被证实为有。爱因斯坦几次推理中，其天才近乎神话了。经济学呢？公理的起点一般不是基于真有其物——例如功用、需求量、均衡、极大化等不仅全属虚构，有道的经济学者知道是空中楼阁，不会愚蠢地试行证实其存在。我不怀疑经济学从来没有出现过像爱因斯坦、门德尔、达尔文那个水平的天才；但我怀疑这些自然科学的天才可以把空中楼阁处理得像一小撮经济学者那么好。半个世纪前老师赫舒拉发对我说：弗里德曼攻物理不会是另一个爱因斯坦。我回应：爱因斯坦攻经济不会是另一个弗里德曼。

六、回头再看自私的假设或公理

我在本卷第二章提到①，经济学用上的自私假设或公理有三种阐释。其一是亚当·斯密提出的自然淘汰观，认为人类的自私是适者生存的行为。这个重要的观点影响了后来的生物学家达尔文。问题是，从解释行为那方面看，适者生存的自私难以解释人类的互相残杀。其二是道金斯 1976 年指出，自私是天生的基因使然。道氏之作很有说服力。其三是把自私处理为一个武断的假设。后二者皆容许人类互相残杀。我选武断的自私，从解释人类行为那方面看与自私基因没有什么不同。互爱互助与互相残杀皆可从局限的转变处理。

另一方面，自然淘汰可不是没有真理的。作本科生选修某科时，老师教：长颈

---

① 张五常：《经济解释》第二章，北京：中信出版社，2015。

鹿之所以有长颈，因为该鹿以吃树上的叶为生。该鹿原来也有短颈的，其基因分长颈与短颈两种。基因属短颈的吃不到树上的叶，死得早，一代一代地传下去，有短颈基因的遭淘汰，余下来的只有长颈鹿。这例子当年被引用来证明达尔文的自然淘汰观是错，因为他提出自然淘汰时不知道有基因这回事。但达尔文真的是错了吗？要看我们怎样算。只看短颈鹿吃不到树上的叶而遭淘汰他没有错，看长颈鹿的生存与吃叶的行为达氏不需要引进基因——只引进自然淘汰足够。由此引申，我认为自然淘汰这个理念用于经济解释依然重要，问题是用于哪方面的行为。我会频频用于解释竞争的行为与效果。

七、从人类行为与自然淘汰反推过来的公理

这就带来本节要说的核心话题——即是问：经济学的哲学性质究竟是什么？我的答案是：作为一门以武断假设或公理为起点的科学，除了边际产量下降定律，这些公理不是基于一些可以观察到的或真有其物的生理细胞或基因的运作，而是从人类的行为引申回头而获得的定义或规律。不同的公理或武断假设之间没有矛盾，推得出可以用事实验证的假说，就成为一门实证科学了。因为经济学的公理的非真实性比自然科学的来得普及，科学的方法逻辑就比其他自然科学有较大的监管用场了。

这解释了为什么多年以来我坚持要多到真实世界观察，重视市场与非市场的现象细节，然后反推过来与经济学的公理、定律或定义印证，看看这些概念或理念在细节上的变化是否需要修改，或在阐释上是否需要补充。换言之，经济学的公理一般并非真有其物，而是从人类的行为，经过竞争与自然淘汰的左右，然后让使用这些公理的人能在细节上作补充或修改才可以发挥这些公理的解释功能。

八、考查细节重要的两个实例

好比需求定律，真实世界没有那条需求曲线，需求量不是真有其物，课本上的解释拖泥带水，说不上有广泛的用场。是我之幸，当年在研究院三位老师教这曲线各个不同，都教得非常好。然而，当我拿着该定律的曲线在香港跑工厂跑市

场时，竟然发觉该定律与观察到的现象或行为有点格格不入。我要经过好些时日，以观察到的细节对价与量的阐释作了大量的补充，保留着该定律的基本原则，才感到该定律的解释威力无穷。换言之，我是从适者生存的市场与非市场的竞争行为来给需求定律的阐释加上变化，对价与量作了多方面的补充，使用该定律时才感到得心应手。

好比成本的定义或概念，也属空中楼阁。1776 年亚当·斯密在《国富论》中用得对，显然是源于他的自然淘汰的思维。1848 年密尔出版他的巨著时也用得对，但1890 年马歇尔在他的《原理》中却弄得一团糟。说来尴尬，"成本是最高的代价"这个不可或缺的定义，要到我作研究生时才算是一般地被经济学者接受了。然而，只背得出这个定义，不懂得引进真实世界的细节与变化，这定义的用途不多。也难怪今天研究博弈理论的众君子对成本概念的掌握令人尴尬。

在成本的理念上我也在真实世界观察了多年，重视细节，提出了上头成本、挤迫效应、租值消散、合约结构、竞争约束等皆与成本有关的理念。这些变化让我们大幅地增加了对世事的理解，于今回顾，这些补充一律是经过自然淘汰的人类行为而获得的。另一方面，认为没有大用场的经济学公理或概念，我不管也不用，因为以自然淘汰作补充是很麻烦的工作。

九、结语

人类的行为有规律。要不然我们不会有社会科学这回事。在社会科学中只有经济学是公理性的，后者与自然科学相同。自然科学的公理一般是以真有其物为起点，然后推断行为或现象。经济学的公理一般是空中楼阁，本身无从观察。自然淘汰是伟大的思想，源自亚当·斯密，发扬于达尔文，以天才之笔引进现代经济学是阿尔钦。我是阿尔钦的入室弟子，寻寻觅觅五十年，终于明白：自然淘汰的思维，用于经济学，不仅是竞争下的适者生存可以挽救一些非真实的公理，远为重要的是经济学的公理或定义的细节调校与补充，引进自然淘汰会有令人惊喜的好去处。然而，我用的自私假设却是一个武断的公理。

同样是公理性的科学，自然淘汰的思维，用于自然科学要从公理含意着的微小现象的变化入手，但用于经济学则要倒转过来，以人类行为的规律细节把公理或定义做修改或补充，是对还是错，最终的衡量是看这些公理约束着的人类的行为能否经得起自然淘汰的蹂躏。从哲学逻辑的角度看，二者的解释或推断能力一样。世界多么有趣！

（编者注：本文原为张五常《经济解释》第九章第二节，作者供稿时略有修订。）

不现实的假设是否可以接受

——理论创新中的一个方法论问题

黄有光

主讲：黄有光

主持：林毅夫

评议：陈平

讨论：盛洪、高王凌、陈钊、孙涤、张维迎、沈华嵩。

林毅夫：非常高兴天则研究所跟几个合作单位举办这次研讨会，让我个人有机会见到很多多年不见的老朋友。当然，更重要的就是听大家这几年新的研究成果。我作为第一个单元的主持人，具体的工作就是介绍我们的演讲者，并且按照时间把这个讨论进行下去。第一个工作对于我来讲是很容易的，黄有光教授，我想国内经济学界每个人都非常熟悉，他是最有名、最有影响的华人经济学家之一，主要领域是在理论经济学。包括福利经济学、包括经济增长，今天他讲的一个基本的主题就是关于方法论的问题《不现实的假设是否可以接受？——理论创新中的一个方法论问题》，我们欢迎黄有光教授，你有 40 分钟的时间。

黄有光：很高兴有机会参加这次会议，见到很多老朋友。尤其高兴的是昨天听到说茅于轼老师获得全球十大思想家之一，而且是唯一的华人，全球十个人，这是比诺贝尔奖还稀缺的，很少。

我今天要讲的是《不现实的假设是否可以接受？》的这个方法论问题。刚才的幻灯介绍我是 Monash 大学的教授，我 2012 年底已经离开 Monash 大学了，成为他们的荣休教授（Emeritus Professor。）我现在在新加坡南洋理工大学经济系任 Winsemius 讲座教授。

宇宙是怎样来的

根据第一次议程，我的演讲题目是《宇宙是怎样来的？》。我很奇怪，我没有提供这个题目给会议组织者，为什么出现这个题目？这个题目是我两三年前由复旦大学出版社出版的一本书的题目，但是为什么会出现在这个会议里面，我一直不知道为什么。一直到昨天高岩副所长到机场接我，在车上，我问起他，原来是他们曾经开会决定用这个题目，说黄有光讲过的，尤其是盛洪院长认为这本书讲得很好。所以，开会决定让我讲这个题目，不过我没有得到通知，我以为是安排议程的人弄错了，所以就叫他们修改过来了。

这个题目是讲宇宙是怎样来的？答案是宇宙是被创造的，创世者是进化而来的，而且是从五个非接受不可的公理证明的，回答了科学界不能回答的，科学的答案是宇宙是大爆炸来的，但是不能回答大爆炸从何而来？宗教界说宇宙是上帝创造的，但是不能回答上帝从何而来？这本书是 2011 年出版的，英文文章也是 2011 年在美国 Journal of Cosmology 发表；这是美国 Harvard-Smithsonian Institute 的 Center of Astrophysics 的科学家们所主编的期刊。

因为我们是讲理论创新，所以我还是回去讲方法论的问题。盛洪院长说明天可以有挂牌，我现在讲的是：不现实的假设是否可以接受的问题，这不是讲我自己的创新，明天专门介绍我的创新，挂牌的时间很长，所以有可能两个都可以讲，一个是讲宇宙是怎样来的，一个是讲综合微观、宏观与全局均衡的综观经济分析。

如何进行理论创新

在讲不现实的假设之前先讲一般的，我现在讲如何进行理论创新这个会议主题。有几个要点我想强调，一个是为什么进行理论创新？我认为我们不应该是为了创新而创新，而是原有的理论有些不足够的地方，我们想要改进，想要加强经济分析，而才去创新，我认为这点是非常重要的，最基本的。第二，为什么要改进这个理论的不足？就是使这个经济理论，即使它可能由于经济理论主要是在西方社会发展起来的，所以可能他对西方社会相当适用，但是不见得适用于中国的情形。所以我们中国有中国的国情，而且中国从中央计划转型到市场经济，有它的特殊的情况，所以我们原来的经济理论在解释这个转型的过程中有不足，所以需要去创新。

创新的一个重要的要求，就是要在解释实际经济上能够提供一些洞见，使我们更好地认识实际经济的运作，或者能够对经济政策有一些指导性，而这两个通常是相互有关的。第二，由于要解释实际经济，就要有一定的实际性。理论有很高的实际性，就考虑很多复杂的因素，就很难进行分析。这就跟可操控性有冲突，这就是现实性（Realism）和可操控性（Manageability）之间的冲突。我只针对其中一点，就是你为了使它能够操控，通常就采用一些不很现实的，不实际的假设，这些假设是否可以接受。

不现实的假设是否可以接受

针对这个问题，经济学诺贝尔奖得主弗里德曼，早在60几年前就在他的一篇文章与书 The Methodology of Positive Economics（1953）里面，提出他的观点，他说实证经济学不需要考虑它的假设是否现实，只要它的结论是被证实的就可以了，这篇文章10年后（1963）引起很强烈的争论，直到今年将要出版的文章都还在讨论。2013年科斯在9月去世，10月张五常教授在深圳开了一个会，我们在座的有几个人参加了，会议上发了纪念科斯的文集，包括旧的和新的。这里面提到科斯对经济方法的一些观点，所以就使得我对这个问题产生兴趣，我在几个月来写了一篇文章，就在这个会议资料里面。

我的看法，我本人认为我是折中主义者，我对很多不同学派和对经济学方法论不同的看法的文章，都认为他们的说法有正确的地方，还有最近的一篇2014年的文章是强调实际的重要。对于这个问题"不现实的假设是否可以接受？"的答案，要看情形，有些情形可以接受，有些情形不可以接受，要看你这个实际的假设是否使你得出误导性的结论，如果是有误导性的就不可接受，如果没有，只是简化分析，结论如果是对的，就可以接受。而且同一个假设，在分析某些问题上，可能是可以接受的，但是完全一样的假设，在分析另外一个问题，可能就是不可接受的。

同一个假设，有些情形可以接受，有些情形不可接受

举一个非常简单的例子，你驾车从北京到上海，你算北京到上海有几公里，开车平均速度几公里，除一下就可以知道几个小时到上海。假定你的车是一个点，不考虑车的长度，只是一个点，从北京这个点到上海这个点需要走多少时间？假定你的车子是没有长度，这是简化的假设，对于这个问题完全可以接受，不影响你得出几小时可以到上海。同样的假设，假设你车的长度只是一个点，没有长度，在另外下面的问题就是不可接受的。假定你要过一个交叉路口，没有红绿灯的交叉路口，两边都有车过去，你要说我闭着眼睛开过去，不看旁边有没有车；另外一边的路每小时有多少车过，你要说我不看，我就开过去，会与另外一辆车相撞的或然率有多少，你要算这个或然率；如果你知道车的次数等信息，就可以计算出这个或然率。但是，如果你假定你的车没有长度的话，你不管是多么多车的交叉路口，你的或然率就是零。所以，你就得出结论，我闭眼开车过去，相撞的或然率都是微不足道的。所以，同样的假设，你回答这个相撞的或然率，这个假设（车没有长度）是不可以接受的，实际上或然率是相当高的，你开过去可能就死掉了。所以，完全同样的假设，在一个问题是完全可以接受的，在另外一个问题是完全不可接受的，因此，要看你分析问题的性质。

经济学内可以接受的不现实假设

刚才是驾车的例子，现在我们看经济学里面实际上被应用的例子，在经济学里面，实际上的经济分析里面用的假设。第一个是简化的不现实的假设，但是是可以接受的一些例子。

极限定理

在全局均衡，国内 99.99% 都叫做一般均衡，这显然是错误的译法，"一般"是

相对于"特殊",或者"具体",而 general 是相对于 partial,应该是全局相对于局部均衡,相对于局部均衡,不是一般均衡,一般是相对于特殊的。所以,你们以后不要再用'一般均衡',这是错误的译法,是不懂得经济学的人的译法,你继续用'一般均衡',就表示你对什么是一般均衡不是很理解,应该是用"全局均衡"。

在全局均衡里面有一个极限定理,就是当交易人数增加的时候,这个经济的核(核就是没有被排除的可行的分配)会缩小,当交易人数增加到无穷大的时候,这个核(core)随着交易人数增加而缩小,证明这个极限定理,用了一个非常简化的假设,非常不现实的假设,要假定增加的人是完全一样的。两个人交易,这两个人可以是不一样的,但是增加人数的时候,是跟原来这两个人一样的。如原来是 A 和 B,从一个 A 和一个 B,增加到两个完全一样的 A1、A2 和 B1、B2 也是完全一样的。如至少在偏好和禀赋上是完全一样的。这显然是不现实的,我跟你有不一样的偏好,不同的禀赋。但是,当我们已经证明出来这个极限定理的时候,当人数增加时,核缩小,当人数增到无穷大的时候核缩小到只剩下一点,这个点就是完全竞争的均衡。当我们证明出这个定理的时候,我们就知道为什么人数增加这个核会减少,是因为人数增加,增加了交易可能性;我们就知道即使增加的人数偏好不同、物品也不同,只要不是不同到他们用的东西我们吃了就会死,这样就不能交易。只要有一定共同的偏好和禀赋的话,交易的可能性还是增加了。因此这个假设大致不影响理论的结论,因此是可以接受的。

杨小凯的分工理论

另外一个例子也是类似的,杨小凯对分工的分析,假设分工之前每个人是完全一样的,这是抽象掉不同人之间的不同的复杂性,简化了分析。而且让我们集中在分析这个分工造成的结果,而不是人际差异造成的结果,所以让我们更加针对问题的核心,所以这个假设也是可以接受的。杨小凯的分析得出很重要的结论,得出亚当·斯密以前没有得出的更多的结论,而且是用数理的分析,严格推导出来的。因此,在杨小凯没有去世的时候,他是 2004 年去世,2014 年我们在 7 月 5—6 日于上海复旦大学举行纪念杨小凯去世 10 周年的会,7 月 7—8 日在 Monash 大学也会举办纪念杨小凯的纪念会。杨小凯去世之后,我们让诺贝尔奖得主布坎南写了一篇纪念杨小凯的文章,布坎南在这篇文章里面讲他在 2002 年和 2003 年分别向诺贝尔奖委员会提名杨小凯,很可惜他去世了,不然我们可能已经不必再等华人经济学家什么时候拿到诺贝尔奖，可能已经拿到了。

从这个人人相同的假设可以得出，即使没有外生给定的比较优势，分工也能够造成内生比较优势，即使两个没有不同的人或国家，也能够由于规模经济，分工而造成专业化的经济，通过贸易而双方得利。当然，实际经济中也有外生的比较优势，所以在杨小凯的分析之下做这个假设是可以接受的，但是不能因此得出结论说实际经济没有外生比较优势。所以，实际上林毅夫也对，杨小凯也对，各有对的地方。这个"林-杨"争论在这个意义上，可以说是有一点误导性了。

综观经济学用的典型厂商

我再举一个类似的例子，（这是我自己用的，在明天挂牌的时间里面可以进一步解释怎样进行。）我这里只是讲它的结论，而没有分析怎样进行这个理论创新，（明天我可以介绍怎样进行这个理论创新）。

我在 1986 这本书（Mesoeconomics：A Micro-Macro Analysis）里面（附录3I），用完全传统的全局均衡分析，证明出给定任何一个外生的变化，无论是在成本上或者需求上的变化。理论上存在一个典型的，或者代表性的厂商，而这个厂商在产量和价格上的变动是能 100% 的反映整个经济在总产量和平均价格上的变动。所以，这个论证是支持可以用这个简化的典型厂商的简化的。而且还另外证明，用简单的加权平均的方法来定义典型厂商的特性是怎样的，然后根据这个简单定义出来的厂商，他对给定一个外生变化的反应，即在价格上和产量上的反应，是能够近似的代表整个经济在总产量和平均价格上的反应的。所以，这两个结论就给用典型厂商的方法提供了理论上的支持，而且是用传统全局均衡的方法得出的。我们只看一个典型厂商代表整个经济，这个结论是否可接受？这个证明就是说它是可以接受的。但是，我们这个分析方法，不能用它分析相对价格的变化，这是不能的，所以它有局限性。

经济学内不可以接受的假设

接下来，我们要讲那些不现实的假设是不能接受的例子，而且是实际上在经济学上被使用的。

第一与第二价格拍卖

经济学上有一个重要的拍卖机制的设计问题，就是你用怎样的拍卖方式能够确保你要拍卖出去的东西到了对它评价最高的人的手上，而不是给评价低的人得到，因为那就有效率上的损失。还有是否能够让拍卖者得到相当高的价格。有各种拍卖方式，我们如果看那种不是"口叫"的，可以看到对方出多少钱；而写在信封上的，就是你出多少价钱，对方不知道，交给拍卖者。这个拍卖方式主要有两个，一个是"第一价格"，一个是"第二价格"，也就是威克利拍卖，由诺贝尔奖得主威克利（Vickrey）提出来的。所谓的"第一价格"，就是每个人写出他要买的价格，最后全部开起来，提出最高价格的人得到买这个东西的权利，而且就花他所提出的价格。根据那个最高的价格卖出这个物品，所以叫做"第一价格"。你用"第一价格"，每个拍卖者都要隐藏自己的最高愿意付多少的钱数。例如，你认为这件东西最高值100块，比100块更高，就损失了，所以用100块买的话，完全没有消费者剩余，你何苦买呢？因此，如果你最高评价是100块，你拍的时候可能只是出价95块，你要有一些消费者剩余，所以每个人压低自己的价格。而这个压低的程度，可能各人压低不同的程度，所以这个物品不一定是由评价最高的人拍得。

如果用"第二价格"拍卖，同样是每个人出价，写出价格最高的人，物品卖给他，但是，不是根据最高价格，而是根据第二高的价格卖给他。假定最高价格是100，向国成出价100，其他人是100以下，这个物品就卖给向国成，但是出价第二高的是林毅夫，他出98块，所以向国成只要花98块就可以买到，是以第二高的价格出售。这时候每个人不需要隐藏自己真实最高评价，因为向国成认为100块刚好值得，如果他把出价压低到99块，没有影响，他依然是以98块卖到，要是压低到97块，这个物品就给林毅夫拿去了，向国成就没有得到这两块钱消费者剩余。所以，压低价格对你只有损害，不能得利。所以，在第二价格拍卖之下，每个人不需要压低价格，这是很好的方法。

有一个证明说，第一价格和第二价格，这两个拍卖方式是等价的。（证明是在世界最好的期刊里面发表的，而且更加惊奇的是，这个有误导性的结论，写入全世界微观经济学最高级的书，在微观经济学博士生水平的最有名的书[①]，里面，介绍这个

---

① Mas-Colell et al. 1995。

结论并是按照正确结论介绍的）。为什么得出第一价格和第二价格的拍卖是等价的？刚才我们解释应该是不一样的，第一价格之下只能是压低价格，压低价格之后，这个物品就不一定是被最高评价者拿去，这和第二价格拍卖的结果是不一样的。为什么得出一样的结论？得出一样的结论是基于两个简单的假设。第一，假设只有两个拍卖者，彼此不知道对方的出价的情形，但是彼此假定对方最低可能出的价格是多少，假定最低价格是一样的。假定我认为这个物品最高是 200 块，如果对方超过 200 块，对我来讲就无所谓了，让对方买好了，因为超过 200 块对我不利。所以，我有兴趣是 0—200 之间的价格，对方也可能是在 0—200 之间出价。但是对方的最高评价如果是 220，他的兴趣就是 0—220 之间出价。更重要的是假定我最高愿意付 200，我假定对方在 0—200 之间的出价，任何一个价格的可能性都是一样的。我觉得这个假设不合理，如果这个东西值 200 万、190 万、180 万的可能性远远高过 1 万和 2 万的可能性，怎么会是完全一样的？这个假设不但很不现实，而且还得出误导性结论。因为你假定完全一样的话，你的预期就是当对方有可能 0—200 出价，我应该出什么价格？对方从 0 到超过 200 都可能出价，但是 200 以上我不管了。从 0—200 的对方可能出价里面，如果可能性是完全一样的话，我要最大化的就是我得到这个物品的可能性，乘以我的消费者剩余，即预期价值最大化。这样我应该就是出中间价，在 0—200，我就出 100。对方是 0—220，出价的可能性是一样，他就出 110 的中间价。我们彼此出中间价，那个物品依然由最高评价者得到。所以，证明的结论说第一价格和第二价格拍卖的方法是等价的，是基于假定从 0—200 之间这个出价的可能性是完全一样的，因此彼此出中间价，彼此出中间价的话，物品依然由这个最高评价的人得到。第二，实际上我想对方出价，如果我想买这个物品的价格是 200 万，我一定假设是 190 万、180 万的可能是远远高于 1 万和 2 万的。而且各人的假定不同。在各自假设不同的情况下，你就不会出中间价，你出的价格比如愿意付 220 块买的人，可能出 180，我愿意付 200 买的人可能出 190，那样就由我拿去了，那个愿意出 220 的人就没有拿到。所以，这个简单的假设是不可接受的，是有误导性的。所以，这个文章是不应该发表的，不应该用在教科书上面的。

第三个例子，完全可分性。我们假定物品是完全可分的，我们就可以简单画图。我们可以把经济学的结论用简单的，例如边际替代率等于边际转换率这个简单的方式来表达。这是可以接受的。如果你把完全可分的假设，用在所有的生产要素上，你就可以得出规模报酬一定是恒等的，所有生产要素增加一倍，产量一定增加一倍，不能超过，也不能低于。假定每个有关要素都考虑进去，每个有关要素都是完全可分的，弗里德曼证明过规模报酬就会是恒等的。弗里德曼本身知道实际经济中是有不完全可分的情形存在的，所以不能说实际经济中没有报酬递增或者报酬递减的情形。但是，我们中国有经济学家，他说弗里德曼证明报酬肯定是恒等的，甚至说教科书说规模报酬可以递增或递减是错误的，这样的结论是有误导性的，这样的简化假设的应用是不可接受的。

科斯的"全有全无"的比较

接下来的例子是科斯——诺贝尔奖得主。科斯得奖主要是两篇文章，一篇是关于厂商的，一篇是 1960 年关于社会成本问题的。去年张五常介绍 1960 年科斯跟其他经济学家的辩论，说：**"这是经济学历史上最有名的辩论聚会……科斯问，'假若一家工厂，因生产而污染了邻居，政府应不应该对工厂加以约束，以抽税或其他办法使工厂减少污染呢？'所有在座的人**（包括 M. Friedman，G. Stigler，A. Harberger，M. Bailey，R. Kessel，J. McGee，G. Lewis，L. Mints；很多后来是诺贝尔奖得主）**都同意政府要干预——正如今天香港的环保言论一样。但科斯说："错了！"跟着而来的争论长达 3 个小时，结果是科斯屹立不倒。"**

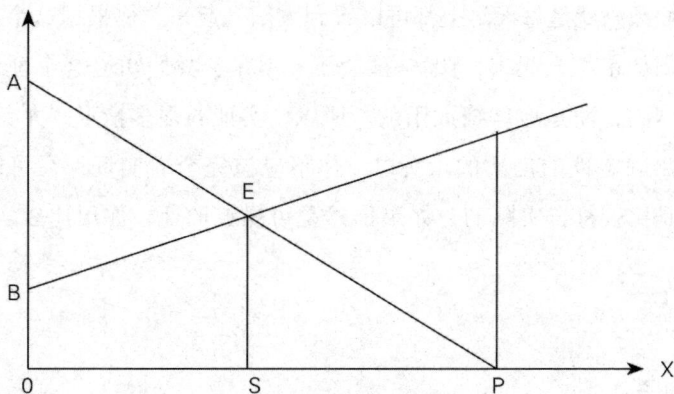

图 1　科斯的误导

科斯反对污染收税的结论是基于"全有全无"的比较。图 1X 是污染的量，向下的线是污染者从进行污染得到的边际利益，向上的线是受害者从污染受到的边际成本（损害），社会最优点是在这两条线的交点。如果污染者是过度污染（例如到 P

点），就应该向污染者征税，使污染者的税后边际利益线跌下来，通过 S 点，这才是社会最优点。但是科斯不仅不用数学，他连图形都不用，他只用例子，他的例子是针对自由污染、完全污染（即 P 点和零点）。这样哪一种是比较好的就是不确定的，要看 ABE 与 EPC 这两个三角形哪一个比较大。有可能是完全自由污染比较有效，也可能是完全禁止污染比较有效。因此，用"全有全无"这样的比较，可以看到要看个别情形，来决定是否禁止污染。但是，对污染收税不是要完全禁止污染，而是要使污染从 P 点减到社会最优点 S。所以科斯用这个比较，来反对庇古（Pigou）向污染收税的看法是错的。

类似的错误，有如拙作《从诺贝尔奖得主到凡夫俗子的经济学谬误》上的论述，关于经济学上的错误多的是。所以，经济学上并不像孙涤昨天吃饭的时候讲的，经济学上很难证误的，这本书上可以看到很多证误，而且可以看到每个被证明错误的都是错误的。

实证的局限

弗里德曼就是用"你的理论得出的结论是否被证实"为最重要，我认为实证当然重要，但是不能单单看实证。例如我们考虑这个理论，这个理论说太阳是围绕地球旋转的，它的预测就是每天早上都可以看到太阳升起来，你根据这个结果去实证，真的是每天太阳从东方升起来，100% 证明了。但是，我们知道这个理论是错误的，太阳不是绕地球的，而是地球绕太阳的。所以，实证的很多情形，尤其经济学很多情形是很难得出确定性的证实的。所以，你不应该完全看实证，在可能的范围内，如果你的假设是比较符合实际的，如果依然是可操控的话，你用比较实际的模式是比较好的。

综观分析的例子

例如弗里德曼说假定完全竞争得出的结论并没有问题，但是可能以前没有发现有问题，但是金融危机我认为就是有问题了。根据完全竞争的结论，就可以得出货币是中性的，货币供应量的增减不影响实际产量或者就业，只影响价格。如果厂商是完全竞争的，对厂商物品的需求是水平的，那需求上升了，如果没有时滞，边际

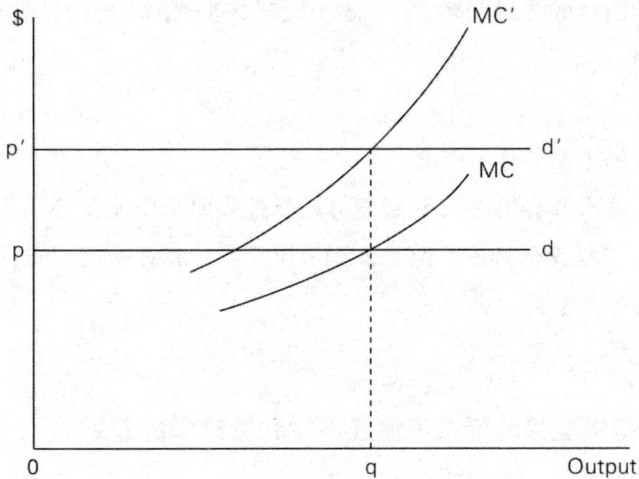

图2　完全竞争的情形

成本也上升，产量是不变的（图2）。如果厂商不是完全竞争的话，需求线是向下的，需求的增加造成价格增加的可能性依然存在，但是也可能会有产量变化而价格不变化的情形，这也是可能的。为什么有这样大的不同？因为在需求上，如果需求线是水平的话，水平的需求线不能左右移动，只能上下移动，上下移动就是价格的变动。向下的需求线不但可以上下移动，也可以左右移动，左右移动就可以造成产量变动。而且从成本方面来看，如果需求线是水平的，边际成本线一定是向上的，你多生产的话，边际成本增加，边际成本增加了，你就要增加价格。当需求线向下的时候，边际收益线通常是更加向下的，边际成本线可以是向上，水平，甚至向下。所以，你多生产，边际成本不见得增加，多生产，价格不一定增加。

我这是用综观分析，把微观、宏观和全局均衡综合起来了。（怎么进行这个综观分析？我明天挂牌的时候会介绍。）

结　论

简单的结论要用常理和直观来看它是否有误导性，不能受思想意识的影响。刚才讨论的科斯反对对污染征税，我认为是受到反对政府干预的影响，关于环保问题，市场是有失灵的，必须政府做，政府做不见得更好，可能更糟，如果更糟就设法改进。环保的问题已经威胁到人类生存，这个问题是非解决不可的。谢谢大家！

林毅夫：我们下面请陈平评论。

陈平：我是这次开会第一次见到黄有光教授，原来听小凯说了很多次，今天相见恨晚，你说的东西我全赞成。但是，作为讨论者，我还是要提点问题，实际上我提的问题是补充你前面的内容。

弗里德曼的计量模型检验标准不懂经济学和物理学的差别

我非常不欣赏弗里德曼那本《实证经济学》，他有一个非常大的误解是什么呢？他没有区分经济学和自然科学的差别，他有一个说法是说"如果你的预言可以被验证的话，什么样不现实的假设都可以接受"。但是，你知道做计量经济学最大的困难是什么呢？就是怎么做 out of sample test。例如我有一个样本的数据，属于过去一个时段，例如 1950—1980 年。假设经济结构不变，做了回归把参数定下来。你对 1980 年以后的事件往外推测的时候，你怎么知道外面时段（例如 1980—2000 年）的经济结构没有变化呢？所以弗里德曼的实证经济学检验看起来很好，但是操作起来计量经济学是无能为力的。这就是我说的经济时间序列不是稳态，而是非稳态（non-stationary）。

抽象是否现实要看研究对象

今天黄有光教授提出来的新的判断的标准我是接受的。当然还有一个小的原因，因为我的老师之一 Robert Herman，也是大爆炸理论创始人之一。所以讨论宇宙起源问题，我们也有共同语言。

对物理学来讲，比如行星运动，可以用一个质点描写，抽象掉地球的体积，这是高度抽象的东西，为什么可以接受？因为他可以解释行星运动。但是你想解释地球的地震，你用质点描写就不行，地球必须画成有层次的球层。

经济学中误导政策的案例之一：代表者模型和 IS 曲线

黄有光教授的标准就是，假设可以看起来不现实，但是结论不能有误导，这是很好的标准，经济学有很多理论的误导，特别是意识形态和利益的误导。

我举两个例子补充黄有光老师，结论不能有误导的判断标准是可操作的。

第一，我认为经济学最误导的模型就是代表者模型。黄有光教授刚才讲的厂商的例子就是个代表者模型。最误导的代表者模型就是宏观经济学的 IS 曲线（利率和投资的反向关联曲线）。它意味着降低利率就能增加投资，也就增加产出。我们这次经济危机最大的教训就是发现 IS 曲线不灵。标准经济学就要一袋子土豆用一个点代表，政府降低利率，就可以增加投资，增加投资就可以增加产出，美联储的利率降那么多，有什么结果，结果很可能是负的，为什么没有刺激投资？你可以假设降低利率在正常的健康的经济形势下可以刺激投资，但是宏观经济学从来没有人定义什么是健康的经济。我的观察很简单，在美国经济独霸世界的时候，你可以把他当作封闭经济考虑，可以不考虑国际竞争。在 1950—1970 年，美联储降低利率，美国的投资确实增加。1970 年以后，石油危机，欧洲美元市场诞生，美联储的货币政策就不行了。蒙代尔告诉我，肯尼迪当总统时，萨谬尔森和托宾的建议就不灵了。为什么？美国降低利率，资本就外逃到欧洲美元市场。换言之，降低利率的后果不是一种可能，而是三种可能。哪三种可能？第一，伯南克降利率证实了市场的负面预期，对美国经济前景非常不看好，投资不确定性非常大，资本家拿钱干什么？后来钱拿在手上观望局势，等到大企业垮台了我再抄底，现在我不投资。第二，投资不但不增加还减少，减少到哪了？资本外逃，跑到中国和亚洲，经济增长率更高的地方，70 年代是跑到欧洲美元市场。第三，才是 IS 曲线预言的增加投资，增加产出。到目前为止，只有油页岩的投资在增加，原因不是货币政策，而是技术突破。美国整体危机 6 年了，至今投资起不来，改革也搞不下去，基础投资又没有钱。我们一大批人在学宏观经济学，拿一个 IS 曲线讨论货币政策，认为半部"论语"可以治天下。这次金融危机证明完全是错了，因为什么？因为我们是开放经济，不是封闭经济，利率和投资不是一个单向线性的简单直线。从这点来说，我大力支持黄有光先生的标准，误导性的简化假设是极其危险的。

误导案例之二：拍卖的次优价格

我也非常欣赏刚才黄有光举的拍卖的例子，我也认识威克利（Vickery），他没有得诺贝尔奖的时候，开美国经济学会年会的时候没有人理他，我对这个老头很感兴趣，就去和他聊天。他提出一个"次优价格"。就是拍卖时，中签的不是出最高价的人，而是出第二高价的人，来制约过度投机。

新古典经济学一个非常大的问题是什么呢？我管它叫"半边经济学"，什么是半边？就是只讲消费者的视角，不讲生产者的视角；或者只讲借贷成本，不讲放贷的利润，片面的说事，什么消费者剩余等等。比如，你凭什么说降低利率就可以促进投资，是从借钱方的角度说的，你降低利率，我借钱的成本降低了，但是对放债的人不是好事，你降低利率，我回报减少了，银行就惜贷。所以，我们教的宏观经济学、微观经济学都是半边经济学。这是意识形态的问题，假装社会公平，只讲消费者主导，只讲消费方，不讲供给方。你现在发现凯恩斯讲就业不足，如何拉动消费？老百姓得先有稳定就业，然后才有消费。美国现在稳定就业都没有，发钱叫老百姓拉动消费，可能吗？根本不可能。老百姓拿钱先还债，后者留着应急。半边经济学的另一个例子就是现在中国的房地产市场。卖土地是供给方。中国地方政府行为是供给方经济学。地方政府要创造政绩，又没有钱，怎么办？卖地。地价越高，财政收入越高，短期政绩越好，那就是"第一价格"。如果我引进黄有光介绍的这个"次优价格"，是不是解决问题呢？也不解决问题，"次优价格"，地价还是太高。受损的是实体经济，制造业跑了，上海变空了，年轻人就业怎么解决？广东也面临这个问题。

我就问一个问题，为什么要最优价格、次优价格？为什么不是平均价格？黄老师给的答案非常精彩。他的理论模型就只有两个交易者。如果我求均值，要求多个交易者。我作为一个物理学家来看经济学，就觉得经济学很奇怪：经济现象远比物理现象复杂，任何一个生物学家都明白人的本性是社会人。但是经济学的模型比物理学和生物学都简单。经济学里只讲鲁宾森经济，只有一个人，自己对自己优化。最多两人交易，或两人博弈，"多"人交易就没有。

误导案例之三：Lucas 的微观基础论和干预无用论

当年我和黄有光关心同样的问题，就是中观经济怎么算？

卢卡斯讲货币中性论的时候，有什么微观基础，就是家庭的消费和工作。微观基础是无穷多家庭，无穷多家庭怎么做理性预期的决策会是一样的呢？卢卡斯混淆一和多的差别，说代表者的行为等价于一个家庭。这是一个极端简化的假设。做科学的人明白单体问题和二体问题是等价的。做一个质心变换，二体问题就变成一体问题了。所以两人交易这等价于单人交易的优化解是可以的。但三体问题就不行了，混沌怎么出来的？三体问题不可积分，所以任何问题从三到多，你从一体、二体得到的结论马上改变。我们研究的结论和卢卡斯相反，决定经济波动的是中观基础，中观在金融、在产业结构，不是微观基础几千万的家庭消费者。从这点来说，我非常欣赏黄有光老师的发言。

历史实践可以检验经济学的主要流派

黄有光的书我还没有读，回去拜读你的书：《从诺贝尔奖得主到常人的经济错误》。我个人认为经济学不是应用数学，也不是人文。经济学不能像人文那样兼容并包。经济学应当是经验科学，实验可以检验。但是经济实验和自然科学不一样，自然科学可以创造一个稳态的实验室，经济学检验主要靠历史的实践，尤其是大萧条、金融危机，可以检验，互相竞争的理论，包括货币学派、凯恩斯派、奥地利学派在哪些理论和政策上有对有错，能清楚发现和否定令人误导的理论。

谢谢黄老师。

林毅夫：下面我们可以自由评论，我们有 20 分钟的时间。

盛洪：非常感谢黄老师的演讲，我很受启发。同时我觉得可不可以做一个更一般的思考，我感觉凡是假设都是不现实的，其实一旦到了理论，到了人类的思考，就必然要简化，如果完全按照现实所有信息思考就没法思考了，就过于复杂。所以，假设实际上是为了简化思考。关键在于黄老师后面这些条件我觉得非常重要，我想能不能再进一步简化，就是说你要检验这个不现实的假设是否与问题相关，刚才第一个例子就是假设车是一个点还是有长度的，我觉得和问题相关，你是讨论从北京到上海的时间问题，还是讨论过十字路口被撞的概率问题，这是和问题相关。再一个想法，就是是否和结论相关，假如和结论不相关，我觉得也可以，如果和结论相关，就要去考虑这个假设到底怎么样。我觉得这样一般的思考，我等于是发展了黄老师的理论。

关于您提到的科斯的例子，我有不同的看法。您讲科斯反对征税，主张市场解决，是零和一，或者是全有和全无的选择。恰恰不是这样。我们知道征税没有边际概念，征税才是零和一的方法，就是征税或者不征税，当然可以考虑税率的多少，但公共选择很难找到边际。而科斯讲的市场交易，就是非强制的分散的交易，他的例子是牛吃草的例子，就是有边际概念，就是因为有了非强制的分散的交易，所以交易双方就可以去发现边际，所以他这个方法能够找到均衡，而征税是没法找到均衡的。这是我不同意的方面。

黄有光： 我不同意你说的第二点。我认为科斯全有或者全无的误导性，我并不是反对科斯定理，科斯定理是假定没有交易费用，污染者和受害者之间，双方可以通过协议达到最优化，这点我没有争论，我不是针对这个科斯定理。如果能够通过协议，即使有少量的交易成本的话，能够通过双方同意达到最优点，这个问题就不存在了，污染的问题已经被协议解决了。评估需要征税的情形是当受害者很多，尤其是污染的问题，包括将来几百年以后的人受害，这个协议的交易成本太高了，因而没有得到解决。这时候才需要政府征税，因为税率是可以控制的，我完全不同意说税率是全有或者全无，而科斯的方法是边际的。科斯的文章也不是完全没有边际的概念，他有些例子是考虑到边际的。但是，他反对对污染征税这一点上是根据全有或者全无的比较，这是错误的。

高王凌： 我是外行，是历史学家，如果我在去年看到这个题目，我一定拍下来。但是，现在我的思想变了，我在清华讲课，讲农村的例子，讲土地改革，我就写了第一个讲稿，完全是假设的。完全是假设了一个北方地区的和平土改，地主、富农没有杀，移到东北，然后到苏联，十九大苏联说把粮食问题解决了我们后面引起一系列问题，我们中国还出口什么？统供统销还搞什么？没有必要了。所以，我过去决不会写这种文章，现在是作为我讲课的第一课，我第一回感觉到一个瞎编的故事可能特别有用，它让我们从一个完全不同的角度重新又回到统供统销，做出一番新的解释。（未经本人修订）

陈钊：我觉得黄老师讲的一个例子，我稍微有一点不太同意。就是你讲的拍卖，拍卖可以从两个角度区分，就是私人价值拍卖和共同价值拍卖，其实刚才的例子是针对私人价值拍卖。就是说这个拍卖的标的物不是一个市场可交易的，对大家来讲具有同样价值的东西，比如说房产或者人民币一百块钱，它是指私人价值。这个拍卖比如说一幅画，这个画家还没有出名，你很有眼光，觉得这个画特别值钱，但是我这个人没有艺术细胞，我觉得这个画不值钱。所以，每个人的艺术细胞含量不一样，是随机分布的，因此每个人对拍卖这个画的价值也是随机分布的，从这个角度讲我是可以接受的。

孙涤：今天是 5 月 6 号，失联的马航飞机两个月了还没有找到，追索飞机的去向，我们是不是可以做一个大胆的假设，到现在为止没人做过的大胆假设，譬如说外星人把马航的飞机劫走了，说是天意把飞机上的伊斯兰教徒接到天堂里面了。这样一个大胆的假设，功能性的效率就很高，我们就不用再找了。所有的家属的精神也没这么多的折磨，哪怕就是死了，亲人也上天堂了，我觉得这个的假定是很有经济效率的，可有人会说你这个假设很误导人，其实不然，因为即使现在不救，已经不会减少生还的可能。而从经济上来讲，现在拼命去救成本非常大。所以，我们觉得这个假设是有用的。

对经济方法论的研究一直有这样一个困扰，我们现在这些研究，精细化的研究，数学的分析，到底是不是对我们人类的福祉，或说是经济学的效率，或者逻辑上的自圆其说，能有所促进呢。我们经常用一个比喻，说一个醉汉，表丢在哪里不知道，于是就只在路灯下面找。警察问他为什么在这个地方找？他说表是丢在哪里，我不知道，但这里有路灯，有光。经济学的很多研究就是把光变得越来越强，找的方法也精而又精，但问题的症结是在有光照射的地方，还是在某些黑暗的地方？我们不知道。所以这个边际上的投入，有时效用是负的。而且现在有很多的证据，人不是那么理性的，在有重大利益出入的选择，比如经济利益，你会发现很多人的选择，其偏好是演化中产生的，是由脑神经的固有结构决定的，因此，并不是用理性这样一个完美假设就可以把你这个表丢在黑暗这个地区这个可能性排除掉。我的想法，是世界上大部分都在黑暗里面，有亮光照的地方很小也很少，我们经济学大部分都是把这个光变强的努力，把有光亮的地方搜索得淋漓尽致，但是否对于 90% 的黑暗地方的搜索有所促进呢？

黄有光：这个需要理论创新。

张维迎：首先，黄老师讲的原则上我都同意。孙涤讲的我觉得可以进一步扩展，有光的地方和黑暗的地方，还依赖于光多强，很多地方黑暗了是由于另外一个地方光太强了。这是我担心的，经济学上对很多美的地方吸引力特别大，这样很多重要的问题我们就不考虑了。我的意思就是黑暗和光不是固定的，这是我特别担心的一个问题。

第二，还有一些假设，其实它是有助于我们问题搞清楚，比如说最简单的，刚才听到科斯的理论，假定没有交易成本，如果逻辑上有证据的话，问题就归结到交易成本本身了。还有就是经济学上的 MM 定理，资本结构和微观定理，或者资本成本和债务融资，还是股票融资，没有关系。他们是由一系列假设推出来的。这个结论本身是没有错的。问题是它和现实不一样，我们肯定从他的假设当中寻找。所以，我的意思是说这个假设有时候是让我们找到问题的根源，所以从这个意义上来讲不能完全否定因为假设不现实就没有意义。（未经本人修订）

沈华嵩：

关于假设的边缘问题，黄老师讲的非常好，对这个问题我比较同意爱因斯坦的观点，对于任何科学来说，必须从经验事实抽象出一些最基础的概念，而这些基础概念和基本假定，一定最后达到一个逻辑的简单性，就是不需要定义的概念达到最少。同时，这个概念体系必须和经验观察相融。但是如果我们的假定已经和经验事实不相融的时候，我们就要考虑这个假定是否正确了。所以经济人的假定是可以的，但是理性经济人这个问题可能需要考虑一下了。所以，我们遵循爱因斯坦这个建议是比较好的。

林毅夫：现在黄有光教授有 5 分钟时间进一步阐述或者回答其他人的评论。

黄有光：刚才我已经大致回答了，没有具体问题要回答了，补充一下刚才没有解释清楚的地方，关于科斯对庇古的批评。科斯 1960 年关于社会成本的文章，一开始就把庇古大名写上，就是批评庇古。庇古就是说外部性的问题，庇古的方法就是，政府应该对污染的外部成本征税，减少过度的污染。科斯定理是假定完全没有交易成本，我们看上面那个图，就是污染到 P 点，如果没有交易成本，受害者就跟污染者谈判来减少污染。如果你原来是不允许污染，但是污染一些是有利的，如果完全不污染，就不能生产了，所以也是可以通过谈判达到最优点。后来有人说没有交易成本的世界是科斯世界，科斯说这个说法是最大的错误，因为科斯说，"没有交易成本的世界是我要劝经济学家离开的世界。"科斯之所以讲没有交易成本的情形只是一个导论而已，他想分析的就是有交易成本的事情。关于污染的问题，交易成本是非常高的。只要你付出交易成本，它远远大于得利。科斯的文章很长，在后面几节里面的题目都有讲到庇古。他批判庇古税，科斯用完全污染或者完全禁止污染，哪一个更好不一定，但是对污染征税，对社会来看，如果税率不是过量的，这肯定是好的，是改进的。因此，根据张五常的介绍，而且这个介绍是被另外一个诺贝尔奖得主史地格勒（Stigler）证实的。科斯和另外几个人争论，科斯问是不是应该对污染征税，20对1支持征税，辩论几个小时后，是21对0，都被科斯说服了。他们完全就是坐在那里，科斯用完全污染和完全不污染的例子辩论，完全没有画图形。如果你允许中间情形，对污染征税应该是可以考虑的。当然你让政府征税，可能又有其他问题，例如贪污、行政成本等问题，所以让政府征税不见得更好。所以，有些右派经济学者否定外部性存在，他们怕政府搞得更糟。外部性当然是存在的，但是他们否定外部性存在，可能是基于让政府做可能更糟，但是污染的问题已经严重威胁到人类生存，因此必须做，政府做如果更糟的话，就应该再改进，不然我们全人类就死了。

林毅夫：我们非常高兴我们把黄有光教授关于方法问题的演讲放在第一讲，因为中国发展和改革开放取得的成绩应该是经济学研究的金矿，但是你能不能去挖这个金矿而不是挖煤矿，决定于两条。第一，你能不能认识什么是金子，什么不是金子。第二，即使你认识到它是金子，你有没有办法把它挖出来。这两个都牵涉到方法论的问题，黄教授的演讲今天非常有启发，他讲的我完全接受。同时我在这宣传一下，我也出过一本书关于方法论的，原来叫做《经济学方法论的对话》，后来改成《本体和常理》，里面讨论的问题和黄教授的问题是一样的，得出的结论也是一样，所以大家看黄教授的书之外，我也愿意你们看看我的书。

（编者注：本文为"中国经济学跨学科理论创新研讨会"的部分演讲与评论，研讨会发起的缘由是陈平与茅于轼关于2013年诺贝尔经济学奖评选标准与真理标准的讨论，本书也是延续此次讨论的后续作品。本文原摘于《理论创新：中国经济学的道路与未来》，暨南大学出版社。）

关于经济学方法论的对话

林毅夫

林老师：今天早上我们来进行方法论的对话，这个学期我花了不少时间和大家谈方法论，有必要在学期末系统性地回顾一下我们讨论过的问题，一方面比较系统地阐述我在方法论上的想法，另一方面加深同学对方法论重要性的认识，让大家对经济学学习、研究、运用的方法论有更好的理解，以免差之毫厘、失之千里。我很感谢盛柳刚、邢兆鹏、李莉、王海琛、崔成儿、刘秋霞等同学所做的准备，现在我们开始讨论。

盛柳刚：谢谢林老师。我的第一个问题是何谓经济学方法论？现在我们谈经济学方法论时，往往有狭义和广义之分：狭义上是指论证经济学理论正确的某种原则，如现代经济学广泛流行的实证主义，广义上则包含着什么是科学的经济学理论，经济学的分析方法和理论创新的方法论。为了方便大家更好地理解和掌握，林老师您能否先介绍一下您所谈的方法论包括哪些方面？

林老师：应该是你谈的几个方面都包括，但我自己最侧重的是怎么样进行经济学的理论运用和理论创新的方法。理论是用来解释现象的一套简单逻辑体系，学经济学和研究经济学理论的目的是为了了解社会、推动社会的进步。作为后来者，我们需要站在巨人的肩膀上面，要多读前人的理论研究的成果。但是，任何理论都不是真理本身，而且，对于一个现象经常会有好几个似乎都可以解释这个现象，但可能是相互矛盾的理论存在。所以，在了解我们的社会存在的问题和现象时，我们必须知道怎样对待现有的理论，知道如何取舍，才不会成为现有理论的奴隶。同时，当现有理论不能解释我们社会上存在的现象时，我们还应该有能力进行理论创新，提出新的解释。只有这样，我们才能成为对社会进步、对经济学科的理论发展有贡献的经济学家。所以，我在方法论上侧重于经济学理论的接受、摒弃和创新方法与原则的探讨。

盛柳刚：在我成为您的学生的这一年之内，今天是您第三次跟我们详谈方法论，为什么您觉得方法论那么重要？尤其是对于研究中国这样一个转型国家的经济现象，超越一些理论上的争议，强调方法论是否有类似康有为作《新学伪经考》的意义？林老师是否想借方法论来反对中国直接照搬西方经济学，同时来证明自己理论的正确性？

林老师：我强调方法论有三个方面的原因。一个原因是我经常看到不少学者，明明他所用的理论不能解释我国的现象，但他还是坚持以这个理论来说明这些问题为什么会存在于我国。就像弗里德曼主张的那样，我个人认为理论的目的是解释现象，如果一个理论不能解释我们观察到的现象时，这个理论就应该按一定的原则或标准来被修正、甚至摒弃，这样才不会理论学得越多，思想越僵化。同时，当一个现象不能用现有理论来解释，这是对理论工作者的挑战，也是一个大好的机会，如果能够有比较好的方法，来深入研究现象，提出新的理论，那么我们还可以对理论发展做出贡献。我所以和各位一再谈方法论的问题，是希望各位成为会运用理论，会进行理论创新的经济学家。

第二方面的原因，经济学本该是经世济民之学，是实用科学。在这个时代里我们有机会接受比较好的教育，我们对这个时代的发展和进步，对中国的重新崛起有着不可推卸的责任，但是我们怎样让中国重新崛起呢？学好运用理论和创新理论的方法是根本的。大部分学经济学的人可以接受后发优势的概念，从一个国家经济长期发展的角度来讲，技术的不断创新是主要的动力。作为一个后发国家，跟发达国家有技术差距，利用技术差距来加速国家的经济发展是一个机会。但是从二战之后，那么多发展中国家，只有少数几个东亚的经济体，日本、亚洲四小龙真正利用了这个技术差距，缩小了和发达国家的收入差距，其他大部分发展中国家并没有利用了后发优势。如果我们回顾一下五六十年代主流的发展经济学，日本和亚洲四小龙所采取的经济政策被认为是不对的，但是它们的经济发展成功了，那些按主流的发展经济学理论来制定政策的国家，经济发展的绩效却很差。另一个现象是苏联、东欧和中国从计划经济体制向市场体制的转型，90 年代初整个国际主流经济学术界的看法是苏联和东欧的休克疗法会比较成功，而中国采取的渐进式的双轨制改革是最糟糕的，多数经济学家认为计划体制不如市场体制，而双轨制的体制不如计划体制。10 多年的时间过去了，回过头来看，按照当时认为比较正确的方法来改革的国家，经济绩效很差，而被认为采用了最差的方式来改革的中国，经济却取得了持续的增长，这说明现有的主流经济学理论有相当大的问题。我在课堂上也常讲我的导师舒尔茨教授，1979 年诺贝尔奖获得者，曾经对欧洲从工业革命后到现在近 3 个世纪的主要社会变革进行考察，他发现重要的社会变革都会受当时的主流思想的影响，可是事后证明这些主流思想经常是错的。我觉得我们作为知识分子，尤其是中国的知识分子，应该以天下为己任，而且我们确实是非常幸运的一群少数人，对社会的进步和发展负有无可旁贷的责任，如果我们用错了理论，对社会可能会产生很大的祸害。从历史经验来看，我们对主流社会思潮的接受不能是无条件的，只有从我国的实际问题出发，能够真正解释我国的现象的理论我们才能接受，不能简单拿一些看起来非常有影响的理论，就相信它是对的，然后强加在我们这个社会头上，这是知识分子对国家和社会的责任。另一方面，现在有很多现象不能用现有的理论来解释，这是给我们从事理论创新的最好机会，我们有责任分析清楚其背后的因果关系，提出新的理论，这样才能既对理论发展做出贡献，又推动社会进步。

第三方面，我之所以强调方法论，也是抱着一种野人献曝的心理，因为从我在芝加哥大学开始写毕业论文到现在，我经常提出一些新的看法，这些看法与主流观点不一致，常引起争论，将近二十年过去了，回顾起来，即使开始时极少数的人能够理解或者接受我的观点，我发现还是我提出的理论比较经得起时间的考验，而且，时间越长，越证明我的观点是正确的。由于我个人提出的大部分看法与主流看法不一样，所以我在接受或摒弃现有的理论以及怎样提出新的理论上有些体会，我作为老师，抱着野人献曝的心理，我走过来了，也实践了，觉得这些方法是可行的，希望我的学生可以学会这些方法，少走弯路。我对各位同学寄予很大的希望，我相信 21 世纪是中国经济学家的世纪，21 世纪会是中国经济学大师辈出的世纪，我希望各位掌握好方法，利用时代给予各位的机会，在 21 世纪成为领导经济学思潮发展的大师。中国有句话，厨师要做好菜，要有好的素材，也必须掌握好的烹调方法。我们这个时代有许多提出新理论、大理论的素材，我希望各位能够掌握好烹调的方法，做出好菜来。

盛柳刚：刚才您谈到前苏联和东欧的经济转型，我个人觉得萨克斯他们在倡导休克疗法的时候，有个潜在的理念是"阳光下没有新的东西"，每个人都是理性的，全世界的人都是没有什么差异的，所以在西方产生的这套基于个人理性的理论，应该可以适合发展中国家和转型国家，您怎么看这种观点？

林老师： 我觉得每个人都是理性的这一点是可以接受的。根据我的研究体会，在任何时代、任何社会的人都是理性的。比如，上课时我常讲的一个小故事，根据许多人类学的研究报告，在原始社会人跟人交换经常是把要交换的东西放在路边，人躲在树林里面，这种看似原始的交换方式，在当时的条件下也是理性的，因为原始社会剩余少，要交换的东西很少，人也很少，可能要等很长的时间才有人来交换，如果需要人站在东西旁边等的话，就把一个劳动力绑在那里了，如果躲在树林后，跟你交换的人不知道你是否躲在那里，这样就可以把劳动力释放出来。但是，这种方式很可能东西被拿走，人家不留下等价的东西，所以，原始社会里通常还有一项制度安排，也就是如果东西被拿走而没有留下等价的东西，就会千里追杀去报仇，由于有了这种很重的惩罚，东西被白白拿走的概率就会大量减少，所以，这种千里追杀的制度安排也是理性的。

不管在什么社会里，人都是理性的，所谓理性指的是一个决策者在做决策时，在他可做的选择中，总会选择他认为是最好的选择。按我的体会，"理性"是经济学的本体，任何经济学的理论都是建立在这个本体论的基础上，不以这个出发点来解释社会现象的理论就不是经济学的理论，反过来，如果以理性为出发点来观察解释社会经济现象，即使所观察、解释的现象和金钱与物资利益无关，也是经济学的理论。理性是任何经济学理论的共同本体，但是每个决策者所面对的约束条件、选择范围和机会成本是不同的，同样是理性人的选择，现在的交换方式就不是古代那样了，现在社会的生产水平高，高度分工，要交换的东西多，频率高，就可以在一个地方开店，店主看着店，一手交钱一手交货，如果买者不给钱，顶多不卖东西给他，或者东西被偷了，店主可以去报警，要警察惩罚他，不用像过去那样费时费力冒着千难万险去千里追杀。所以理性是相同的，但理性在不同的约束条件下的表现方式是不一样的。作为经济学家在这点上必须非常的清醒，理性本身是不变的，但是单说人是理性的并不说明任何东西，任何一个经济理论，必须包含决策者，在什么限制条件下，选择有多少，各种选择的机会成本是什么，然后才能知道什么是理性的决策者的最佳选择。一个理论是否能用来解释某种社会的现象，决定于这个理论成立的限制条件和相关选择的机会成本和要解释的现象所在的社会是否一致。发达的市场经济国家的人和社会主义国家、转型中国家以及发展中国家的人同样是理性的，但是决策者在这些国家面临的限制条件和机会成本是不同的，所以，简单套用适用于发达国家的理论，并作为转型中国家或发展中国家的政策依据，经常会出问题。

前苏联和东欧国家休克疗法的改革所以出现许多意想不到的困难，原因就在于把适用于发达国家的理论简单地套用于转型中国家。

盛柳刚：我问一些最基本的问题，何谓理论？何谓经济学理论？我们应该根据概念、对象范畴还是经济学的分析方法上来界定经济学理论？还有既然理论的最重要的目的是解释现实，那么一个科学的经济学理论必须具备哪些特征？

林老师：理论，不管经济学的理论还是其他社会科学的理论或自然科学的理论，都是一个所要解释的现象背后的各种变量之间的因果关系的一个简单逻辑体系，理论是用来解释现象的，是对现象的一种抽象，并不是现象本身。所谓解释现象，指的是理论所揭示的因，经过怎样的机制，产生了果，这个果就是我们观察到的现象。经济学的理论是用来解释经济现象的。什么是经济现象呢？从广义的定义来说，凡是牵涉到"选择"的现象，为什么选择这个，不选那个？都是经济现象。经济学理论以决策者是"理性的"作为其理论体系的基础，考察一切现象的出发点，用中国的哲学概念来说就是本体。但一个理论要成为一个科学的理论，必须具备两个一致性。既然任何理论都是几个特定变量之间的因果关系的逻辑体系，理论的内部逻辑必须是一致的或者说是自洽的，也就是理论模型中所揭示的因，经过某种机制导致理论所要解释的果，一个理论只有内部逻辑是一致的，才能说明理论模型中的几个变量是有因果关系的。其次，经济理论不是简单的逻辑游戏，经济理论是要解释经济现象的，因此经济理论的逻辑推论必须和所要解释的现象是一致的，也就是理论推论和经验现象的外洽。这是必须具备的两个条件。

盛柳刚：您提到的关于内部逻辑一致性，让我想到经济学中数学的应用，数学的使用保证了经济学理论的内部逻辑性，但隐隐然有喧宾夺主之势，林老师如何看待经济学中数学的应用以及经济学数学化的观点？

林老师：逻辑有很多种表现方式，应该讲大部分经济现象即使不用数学也能讲清楚它的因果关系，但是数学有它的好处，因为数学是最严谨的一种形式逻辑，尤其有不少人在运用语言时逻辑容易不严谨。但是数学是手段不是目的，它能帮助我们把逻辑关系一步步推演下来，但是它并不是唯一的方式。而且经济学应用数学也付出了一定的代价，比如说某个企业在从事生产时，在不同的产量区段，投入和产出之间的关系有不同的特性，我们在解释某一特定经济现象时，可能只是和其中的一个区段有关，如果用某一特定的数学函数将投入和产出的关系写出来，是比较严谨的（rigorous），但是，很难找到函数的每个区段都和实际生产的每一个区段的特性都一致的函数，结果有可能本来有明确因果关系的，用了数学后，得不到明确的关系，另外也经常必须用非常特殊形式的效用函数或生产函数才能得到所要的结果。就是在数学的严谨性和有用性（relevance）之间有一定的替代（trade off），为了严谨性可能失去一些有用性。

自 50 年代以后，数学在经济学中的应用特别多，有不少学生、甚至学者经常搞不清楚为什么经济学中数学应用那么多，我想最早在应用数学时无非是希望使经济学的理论更严谨一些，但是现在确实出现了不用数学就很难在好的经济学杂志上发表文章，就很难进入主流经济学界的情形，产生这种现象，我认为有这几方面的原因：一方面是经济研究主要集中在最发达的市场经济国家，这些国家社会经济相对成熟、稳定，新的经济现象不多，但是作经济研究的人很多，在美国各行各业的经济学家有 5 万多，单单在大学教书的就有 1 万多，尤其是在大学教书的教授必须不断写论文，可是又没有多少新的问题可以研究，因此大部分的人会倾向于比技巧。这有点类似于中国古典的文学发展，比如说唐诗宋词，早期唐诗宋词非常有生命力，有一定的格式，然而不是特别重视对仗和音律，但是人类社会可以描述的感情是有限的，早期的大诗人、大词家把可以描述的感情大多已经表达出来了，后来的人没有那么多感情可以表述，慢慢开始讲技巧，而缺乏了作为诗词生命的情感。我觉得经济学中数学的应用也有这个情形。早期的亚当·斯密、李嘉图、詹姆斯穆勒等大经济学家，用语言论述已经把西方社会主要的经济现象讨论得很清楚，可以讨论的新的现象越来越少，现在如果只把亚当·斯密等过去的大经济学家讨论过的问题，用语言重说一遍，不会成为亚当·斯密，那么，怎么比较哪个学者比较好呢，只好比数学技巧，去做从数学来看越复杂、越漂亮的模型。第二方面，数学也是一个门槛。要想成为美国一所著名大学的教授，必须在最好的杂志上发表文章，好的杂志必须有个挑选文章的标准，一般在没有很多新的问题可以讨论时，就只能用数学的严谨和艰难作为挑选的标准，所以数学就变成一个经济学家俱乐部的门槛。但是实际上真正好的经济学家内心明白，数学是工具不是目的，你用足够的工具来表述你要讲的问题就可以了。我以前讲过，80 年代 10 个最有名的经济学家到 90 年代还在用数学的唯一一个就是泰勒尔，最近我的一个朋友黄海洲跟我讲现在泰勒尔也开始不用数学了，他最近发表的论文都用很简单的数学，不像在 80 年代和 90 年代初用很深的数学。这个例子说明数学的地位，数学确实可以把用语言逻辑不容易说严谨的问题说得很严谨，但是，有时候用数学本身也变成一个负担，因为要描述的现象是几个主要变量在某一点上的关系，如果用数学不见得正好能表示出来，所以用数学也要付出一定代价。

但对于同学们来说，我认为数学是加入经济学家俱乐部的门票，各位在当学生时要尽力学好数学工具，拿到进入经济学家俱乐部的门票，但是各位也不要把手段误认为目的，要有能力运用数学，但不要成为数学的奴隶。经济学家还是经济学家，任务是解释经济现象、预测经济现象，以便更好地了解社会、促进社会的进步，如果为了数学而做些和社会经济现象无关的模型，那么不如去研究数学，这也是为何在80年代数理经济学达到最高峰时，当时10个数理模型用得最好、最闪耀的年轻经济学家，到了90年代发表的文章都只用很简单的数学的原因。当然一位经济学家要用很简单的数学来构建理论模型，并能够在好的杂志上发表文章，对经济学的发展有影响，必须有能力发现重要的经济现象以及直接了解现象背后的最主要变量之间的因果关系的能力，这样才能在错综复杂的社会经济变量中去芜存精，构建能解释现象而且简单易懂的模型。所以各位同学在学好数学工具的同时，也要学会以理性人作为出发点来观察现象，直接抓住现象背后的主要变量来构建新的理论模型的能力。尤其，只有学会了这种能力才能面对中国的改革和发展给中国经济学家提出的挑战，以及这种挑战给中国经济学家带来的机会。

史晓霞：有一种观点认为，经济学用数学不是太多了，而是太少了，比较自然科学而言。

林老师：这个我不同意，从物理学来看，经济学所用数学是很简单的，但是从数学家的角度来看，物理学中的数学也是比较简单的。经济理论无非是揭示几个重要的社会、经济变量之间的因果关系以说明我们所观察到的现象所以会产生的逻辑。数学不是经济学，数学只是一种逻辑工具，其实逻辑性强的人不用数学，只用语言也能把这种因果关系讲清楚的。而且，一方面，社会现象比自然现象复杂，比如说物理现象，其影响因素容易控制，因此物理现象的规律性比较明显，用数学比较好表示，但是，社会经济现象的产生经常有人的主观能动因素在内，是不是真正能用数学模型来把这些复杂多变的因素都包括在内是有问题的，至少现有的数学工具还不够使用。另一方面，理论模型无非是帮助我们了解社会经济现象的工具，既然是工具，只要能达到目的应该是越简单越好。虽然对于一个社会经济现象可能产生影响的因素很多，但是有的变量的影响很大，有的变量的影响较小，省略掉不重要的因素，不影响我们对所观察到的现象产生的前因后果的解释和预测，如果把不重要的因素省略掉，只保留最重要的变量，所需要的数学就相当简单。这在物理学也是一样，例如重力加速度的公式，如果在真空条件下，公式很简单，但如果要把空气阻力加进去，就需要知道空气的密度、湿度、温度等的影响，这样的公式就会非常复杂，但是，对我们要预测铅球从比萨斜塔掉下来的速度来说，前者就够了，所以，在物理学中也不是数学越复杂越好，在经济学中也是这样。当然，要用简单的数学模型来解释复杂的社会经济现象，就要求经济学家有从成千上万可能有影响的社会经济变量中直接认识出最重要的变量的直觉能力，好的经济学家和一般的经济学家的差别就在这种能力上，这也使得经济学的理论创新和运用带有艺术的成分。

李远芳：既然现在主流经济学不能解释很多发生在中国的现象，那么为什么它还是主流呢？这是不是体现了某种学术潜规则？

林老师：我想应该是这样，这些主流理论可以解释这些理论产生的国家的经济现象，因为现在的主流理论大部分是在发达国家产生的，那么它确实可以解释发达国家的现象，但是因为发达国家和发展中国家的发展阶段、要素禀赋、制度安排不完全一样，因此，决策者所面临的限制条件和选择的机会成本是不一样的，所以，在发达国家的最优选择，在转型中国家或发展中国家不见得是最优，也就是现有的主流理论并不是放之四海而皆准的。可是主流的经济学家对发展中国家不了解，没有深入研究发展中国家，这方面他们有先天劣势，容易认为发达国家适用的理论，发展中国家也就适用。而且这不只是主流的经济学家会有这种态度，其实发展中国家的经济学家经常也有这种态度，当发展中国家出现问题的时候，他们就去看现有的主流经济学怎么解释，如果一个理论不能解释，那就从书上去找另外一个现有的理论来解释。这就是我为何要在这堂课上一再强调方法论的问题的原因。产生这种现象是大部分人把理论当成真理，常常认为在一个地方适用的理论会放之四海而皆准。要克服这一点中国古代哲人的智慧是值得重视的，《道德经》第一章就讲"道可道，非常道"，任何一个已经讲出来的、写在纸上的理论都不是真理本身，它只是真理在一定环境条件下的表现形式。第三十八章讲"前识者，道之华，而愚之始"，任何已经写出来的理论都是对"道"在先前一定条件下的表现形式的认识，如果把这个理论当成真理本身，就会开始变成愚笨的人，所以《老子》讲，要成为一个好的学者或者一个悟道的人必须是"常无，欲以观其妙"，心里不能执著于任何现有的理论，必须以"常无"的心态来观察现象，但是任何现象都是"道"在一定条件下的表现形式。换句话说，任何经济现象都是决策者在一定条件下理性的选择的结果，背后都一定有经济学的道理，所以我们作为一个经济学家，要不断从经验现象中总结出理论模型来，要做到"常有，欲以观其徼"，这个"有"指的是对"道"的表现形式的把握、认识，"徼"是"道"的表现形式的边界。要成为一个好的经济学家，必须以常"无"的心态来观察变动不居的社会、经济现象，然后从现象的观察中实现常"有"，也就是做到把握经济逻辑在这个现象是如何表现的。由于"道生一、一生二、二生三"，"道"本身是生生不息的，同样的，经济理性本身就会导致社会经济的变动不居。例如，我常讲的，在一个社会中任何决策者的选择都要受到这个社会的要素禀赋的约束，如果一个社会中的生产决策者都按要素禀赋所决定的比较优势来选择产业、产品、技术，资本就会得到最快速的积累，那么在上一期的最佳选择到了下一期就不再是最佳的，所以，任何现象都是"道"的作用都可以认识所以是"有"，而认识了以后，由于"道"运动，不能把过去的认识直接套用所以又变成"无"，"有"和"无"都是"道"的作用，一般人不容易认识，所以，"同谓之玄"，而真正把握"道"的方法是做到"玄之又玄"，也就是要从"常无"做到"常有"，从"常有"再做到"常无"这样才能真正认识、把握住生生不息的"道"的作用，所以《老子》讲，"玄之又玄，众妙之门"。我一再讲方法论的目的，就是希望各位不要受主流经济学理论的"前识"的束缚，让大家学会直接认识经济现象，一方面不断推动理论创新，一方面提出真正能够指导我国的转型和发展的理论和政策建议的经济学家。

史晓霞： Heckman 上次来做演讲的时候说，"问题的产生在于现在和过去不一样，而问题的解决在于现在和过去的相似性"，他认为这句话体现了西方经济学方法论上的一个矛盾，林老师您怎么看这句话中体现的西方经济学的方法论？

林老师： Heckman 所说的"相似性"指的是什么？"不一样"指的是什么？他说的"相似性"指的是"理性"，不管在任何社会、任何时代的经济现象都是决策者在一定的限制条件下所作的理性的选择的结果，"理性"是经济学理论框架的"本体"，在过去和现在都是相似的。"不一样"指的是条件的不同，所以，理性的选择在不同的条件下的表现形式是不同，现有的理论不能直接运用，必须根据这些新的条件来构建新的理论，问题的最终解决则在于改变限制条件让决策者在新的限制条件下自己做出理性的选择，这又是一样的。所以理论的产生是来自于"不相似性"，不相似性是讲条件的不相似，但问题的解决是相似的，只有按理性的原则来解决问题才能使社会向前进，

Heckman 的这个说法跟禅宗和心学很多说法是一样的。任何成为理论体系的知识都有"本体"的部分和本体在一定条件下的"运用"的部分，"本体"是不变的，"运用"是常变的。要成为一个学科的好的学者对于这个学科的"本体"必须常"有"、常"知"，对于"运用"不能停留在过去的"有"和过去的"知"上。用禅宗和王阳明心学的话来讲，就是"有而不有谓之真有，知而不知谓之真知"，这两句话中的第一个"有"和"知"是对本体的认识，第二个"有"和"知"则是"本体"的道理在特定条件下的运用，其实 Heckman 讲的是同一个道理。

李荻：在应用数学还是语言研究的问题上，我们存在一个困境，即如果用语言，容易不精确，但如果应用数学，则受到数学发展的限制，一般只有在良好性质的假设下才可以得到自己需要的结论（甚至只有在特定的条件下才有确定的结论），所以容易为了得到结论而设定假设，而这样的假设很可能与现实相差很大，因此我想问，如何平衡"不精确的准确性"和"有偏差的精确性"的问题？

林老师：首先我认为语言也可以很严谨，只是大部分人用的不严谨。第二，标准都是一样的，无论用语言还是数学，要求内部逻辑一致，一环扣一环，而且推论必须和所要解释的现象一致。用数学必须把所有条件说清楚，推导一步紧接一步，自己比较不会不严谨，别人也容易检查是否不严谨，有它的优点。但是确实像你说的，用数学也有一定的代价，例如，预算固定，价格下跌，那么对某一商品的需求会产生两个效应，一个相对价格效应、一个收入效用，相对价格效应必然是正的，但是，收入效应可以是正的（一般商品），也可以是负的（Giffen 商品），所以，除非经济学家自己对这种商品的收入效应的特性做了事先的规定，单从数学模型来说，价格下跌对这个商品需求的影响是正是负是无法确定的，如果经济学家能做这样的事先规定，代表不用数学经济学家也已经知道价格下跌对商品的需求的影响，那么使用数学和不使用数学其实没有什么差异，因为两者靠的都是经济学家的直觉判断。而且，经济学家如果能够对现象产生的主要原因能够

有很好的直觉判断，那么经济理论无非讲有关的决策者在一定的条件下做了决策者自己认为最好的选择，要考虑的主要是所得效应（所得效应决定决策者的选择范围）和相对价格效应（相对价格效应决定不同选择的机会成本），在大多数情况下，应该用语言也能把这个选择的逻辑讲得很清楚、很严谨的。其实在经济学杂志上发表的数理模型的论文，在前言或是结语都必须把数理推导的逻辑用语言重复说明一遍的。我认为不管用语言或用数学都不能有"不精确的准确性"和"有偏差的精确性"。如果像你说的，为了得到结论而设定和现实相差很大的假设，那么，这样的理论模型即使主要的结论和要解释的经验现象是一致的，模型的其他推论则会被其他经验现象所证伪，一个理论模型只有在各种推论都不被已知的现象证伪时，才是可以暂时接受的理论。

李远芳：社会科学和自然科学在方法论上有没有根本的区别？

林老师：不管社会科学的理论还是自然科学的理论，它们的相同性在于因果性。因果关系必须非常严谨，我觉得在这点上，自然科学和社会科学没有差别，经济学或者说任何社会科学也没有差别，都在讲因果关系，但是不同的地方在于，自然科学解释自然现象，社会科学解释社会现象，自然现象中各个变量本身没有自发的意识，而社会现象要解释的是人，是决策者，而人会受很多主观意志的影响，所以比自然科学的现象更复杂。但是任何理论都不是现象本身，都只是解释现象的工具，只要求能够解释现象的主要特征，所以只是在阐述几个很简单的主要变量之间的关系，如果把理论模型中的变量限定到几个主要变量的话，它的因果关系也就容易说清楚，而且也容易用数学模型来表示，如果包含很多变量时，数学就会很复杂，在物理学的理论模型中如果把所有可能有关的变量都包括进去的话，也会变得很复杂，以至于没有办法用数学来表示。经济学也是这样，把变量放多了，变量的影响有正的有负的，正的影响和负的影响同时存在的话，到最后可能得出都是不确定的结果，但是我们观察到的任何实际的现象都是确定的。这里难以把握的是，在什么条件下，正的因素影响比较大，以至可以把负的因素舍掉，反之亦然。举例说，最近我跟杨小凯争论关于国际贸易现象和理论，在国际贸易理论中有几种解释不同的贸易为什么产生的理论，开始时李嘉图是从技术的不同来解释，俄林是从要素禀赋的不同来解释，克鲁格曼用规模经济和专业分工来解释，这几种理论都可以用来解释贸易的产生。通常在以技术不同来解释贸易的模型中，一般假设要素禀赋相同；用要素禀赋解释贸易时一般假定技术相同，不存在规模经济；用规模经济和专业分工时，一般假定要素禀赋相同。这种情形下，真实的贸易现象到底是哪个原因比较重要？可能都有影响，但最重要的是哪个呢？如果是一个发展中国家和发达国家之间的贸易，那可能要素禀赋的作用比较重要，因为如果发展中国家是资金稀缺的国家，发达国家是资金密集的国家，发展中国家有没有办法靠专业分工和规模报酬在资本很密集的产品上比发达国家的生产成本低，基本不可能，因为资本很稀缺的情形下，除非政府干预，资本价格肯定比较贵，发展中国家能达到的规模报酬发达国家一定能达到，同样达到最优的规模报酬和专业分工，发达国家的资本比较便宜，那它的产品在国际市场上也会比较便宜。在这种状况下，发展中国家和发达国家的贸易主要靠要素禀赋结构不同来解释的。但是如果要解释发达国家之间的贸易，同样的发展程度，要素禀赋结构相似，当然要素禀赋结构的影响就小了；而任何国家的资本不是无限多的，因此它不可能在每种产品上都达到最优的规模，那么同一发展程度的不同的国家可以在不同的产品上达到最优规模经济，从而就会有不同的专业分工，因此可以靠专业分工的不同来进行贸易。所以在要解释的现象的模型中应该放入什么变量，可以说是成为一个好的经济学家的一个基本要求。尤其一个经济学家希望提出的理论能够解释所观察到的现象，希望能够推动社会的进步，就必须掌握在模型中应该放什么变量的能力。当然运用之妙，存乎一心，只有具有这个能力，才能以理论来推动社会和国家进步。当然发展中国家都想成为发达国家，发达国家一般有资本很密集的产业，但是发展中国家如果想去发展资本密集的产业就只能靠政府的保护、补贴，那么，市场的作用就要受到干预，我跟杨小凯的争论，不仅是理论的争论，其实是有现实意义的。贸易现象并非不能用专业分工来解释，在发达国家间的贸易这是重要的原因，但是他认为发展中国家可以靠专业分工违背比较优势来和发达国竞争则是不正确的。

盛柳刚：林老师，刚才我们探讨的是经济学和数学的关系，现在我想问的是中国与主流经济学中的数学的应用，是不是中国和世界还有相当的差距？

林老师：数学是一种人力资本，目前国内经济学家基本上不掌握数学，包括我自己。我到芝加哥大学去的时候，只知道微分，即使微分也只知道一阶微分，二阶微分就经常搞错。国内经济学界在数学上的运用和国际经济学界确实还有差距，所以，你们应该把数学学好。但是数学只是一个工具，而不是目的。你们要掌握数学工具，这样才较容易在一流的经济学刊物上发表文章，被国外一流的经济学家接受。不过，当你们过了门槛，成了一位有影响的经济学家的时候，就不能让数学来限制你们的思维，要不断地发掘新的现象，到那时能够用一般均衡，就用一般均衡，不容易用一般均衡表达的时候，就用局部均衡。现在 Shleifer 的文章，就经常只用一两个等式把最重要的关系表示出来，连解也不解了，但是这样的文章仍然可以在很重要的杂志上发表，为什么？固然是因为他有名，更主要的是他的研究是重要的别人尚未解释、或解释得不到位的现象。所以，你们要掌握数学，但不要为了数学而数学。

罗宏：鉴于国内经济学科发展颇不规范的现状，林老师您在国内与他人讨论的过程中，会不会有感到比较无奈的情形？您对中国经济学科规范性的建设有何设想和建议？

林老师：这里我讲一个故事，英国到印度殖民的时候，有一个鞋厂派了两个推销员去推销鞋子，一个回来说，印度那里的人都不穿鞋子，如果每个人都买一双，那该是多大的市场，另一个说，印度那里的人都不穿鞋子，所以一点希望都没有。你说的也就是这种现象。我一向是很乐观的。比如说，我和很多人争论，其实他们要是有比较好的经济学的方法论的训练的话，很多问题只要稍加讨论就很清楚的，如果继续讨论，可以在现在的基础上更深入，但是现在的讨论基本上是在同一水平上重复进行。因此我很强调经济学理论的接受、摒弃和创新的方法，对于不同的理论观点应该如何争论，而不是以意识形态方式来讲喜欢或是不喜欢一个理论。但是从另外的角度讲，目前这种情况也是一个很好的机会，中国改革开放中出现了许多新的现象，由于多数人在方法论上的局限，无法进行理论上的创新，这样你们如果掌握好方法论对理论发展做出贡献的机会就很多。所以一方面看起来很无奈，另一个方面这是很好的机会。

对于中国经济学科的建设，老一辈的经济学家，他们过去的工作主要是解释政府的政策。政府出台一个政策，他们就去马列主义的经典著作中找出论据来支持，所以，马克思说过的话，列宁说过的话，他们的脑筋中必须像百科全书一样记住，才是一位好经济学家，对他们来讲，严谨的含义是很准确的引用马克思列宁的话来解释政府的政策。随着改革开放的发展，新的经济现象不断出现，很多就不是马列的原话可以解释的了，但是，我不希望年轻的这一代学生虽然不再从马列主义的经典中找根据，却反过来从西方的经济学著作里找根据。如果从国外的经济理论里找根据，就失去对理论发展做贡献的大好机会。我相信好的方法到最后大家还是会接受的，我也相信越来越多的人会接受这种比较严谨，能够依据新现象，进行理论创新的方法。

李远芳：我想问两个问题：您讲经济学的方法论，是讲一个理性的人，在一定的约束条件下，选择他认为最好的，我们根据这个"体"做出理论来解释现象，然后放到现实中去检验，我们可以说如果这个理论与现实相符，那么就是被证实了，也可以说如果与现实不符，就是证伪了，您觉得理论是被证实还是被证伪？第二个问题是关于经济学研究的范围问题，如果根据经济学的方法，我们可以将犯罪看作最大化的结果，您认为呢？

林老师：第一点是说证实好还是证伪好？我接受波普的说法，理论不能被证实，只能不被证伪。一个理论的推论和被解释的现象一致，只能说暂时可以接受这个理论来解释这个现象，而不能说这个理论被证实了，认为理论被证实容易把理论当作真理，以为可以放诸四海而皆准。不被证伪这种态度和"道可道非常道"的态度接近，理论不是真理，在决策者是理性的本体论下，每一个决策都会改变下个决策的条件，所以有可能到下个阶段，或是在另外一个环境下就不能用它来解释了。以国际贸易为例，中国是发展中国家，跟发达国家的贸易，我觉得用要素禀赋解释会比较好；但是如果是和发展中国家的贸易，是否可以用要素禀赋来解释，如果进口自然资源，因为我国的自然资源比较稀缺，还可以用要素禀赋来解释，但是如果我们是跟一个自然资源同样稀缺的发展中国家贸易，更可能的是必须用专业分工、规模报酬来解释。所以这里就不是证实，而是不被证伪，也就是用"常无"的心态来对待现有的理论。

关于第二个问题，我是接受贝克尔的看法的，经济学研究的是人的选择的科学，以决策者是理性为出发点来观察社会经济现象，我认为这是经济学的本体，任何经济理论都建立在这个基础上。理性的决策者所要最大化的目标可以各式各样，可以收益最大化、可以选择风险规避，可以选择内心的满足，也可以选择社会责任等。根据这样的理解，罪犯的行为同样可以用经济学的方法来分析，如果监督比较严、或是惩罚比较严重，犯罪的概率就会降低，这同样是理性的选择的结果。所以凡是涉及决策者的选择的问题，都可以用经济学的方法来分析。

颜建晔： 弗里德曼提出的实证经济学中最著名的一条准则就是"假设的不相关性"，他认为只要理论的预测与现实一致，那么理论的基础假设是否真实就不是重要的，然而科斯的方法论（至少在一些人看来）却是主张找一个"易于处理但却真实的假设"，这里面是否有矛盾之处？

林老师： 首先，理论肯定不是真实的世界本身，因为理论只是分析几个变量的关系而已，而真实世界的变量是成千上万的。弗里德曼讲不能从假设的真实性来检验理论本身，主要原因是理论是帮助我们理解经济现象的产生原因、变动趋势的工具。由于是工具，理论必须相对简单，而且，在能达到同样功能的理论中是越简单越好。所谓不能用理论假设的真实性来检验理论的真实性，主要是指经济学中有许多标准的简单化假设，例如信息是充分的，竞争是完全的，他所说的是这一类经济学的假设，而不是寻常的假设，弗里德曼也举了几个例子，例如我们知道没有一个真的完全竞争的市场，每个厂商都有一定的特殊性，对价格都有一定的影响。到底要不要接受完全竞争的假设？剑桥学派在三四十年代认为没有一个完全竞争的市场，就致力于不完全竞争理论的研究。引入不完全竞争之后，模型变得非常复杂，但是在多数情况下，例如供需变动对价格的影响，和完全竞争的结论基本一致。既然完全竞争的理论结论和不完全竞争的理论结论没有什么差异，那在理论模型里引入不完全竞争这种和现实较接近但是理论模型大为复杂的假设有什么意义？可是，是不是不完全竞争这个概念就一定要被抛弃呢？那就要看要解释的现象是什么，如果完全竞争的假设不能够解释、预测所观察到的现象时，就要把不完全竞争的因素放在理论模型里。在理论模型中的假设越接近现实就越复杂，要复杂到什么程度取决于理论模型是否能够解释、预测所观察到的现象。弗里德曼举的一个物理学的例子能帮我们理解他的这个命题的意义：我们知道海平面的气压每一英寸是 15 磅，如果把 1 个铅球从 20 层楼上往下丢，基本可以假设这个铅球在真空中运动没有空气阻力，以的公式就可以预测它往下掉的每一点的速度。如果把羽毛从 20 层楼往下丢，那么，假设是真空就有问题。即使是铅球，从 2 万英尺的高空往下丢，也同样不能假设是真空，没有空气的阻力。也就是说，不能够从约束条件是不是真实本身来说这个理论是不是对现象有解释力。在能解释现象时，理论越简单越好，就像一个地图，不需要那么复杂，如果那么复杂，可能跟地球一样重了，所以必须简化，但是简化到什么程度？简化到你能够解释现象为止，这就要求我们做理论工作时不能在书斋里面做，必须对真实世界有一定了解。其实我觉得弗里德曼讲的跟科斯讲的是同一个道理，科斯讲假设必须具有真实性又易于处理。大气是真空的假定是易于处理的，但是是否具有真实性，则决定于要解释的问题，而不决定于这个假定本身，如果解释铅球从 20 层楼掉下来，这个假定就是真实的，如果解释羽毛，或是铅球从 2 万英尺的高空掉下来，这个假设就不是真实的。由于理论的假设要易于处理，因此，就不要求越真实越好，例如解释铅球从 20 层楼的高空往下掉，就不要求把空气的阻力放在铅球往下掉的计算公式中，这样做虽然较真实但就不易于处理。

盛柳刚：现实很复杂，我们如何判断理论与现实一致呢？对于竞争性的理论，我们如何判断优劣？比如通货紧缩的例子，您强调投资过度导致生产能力过剩是主要原因，宋国青老师认为是债务链条的加速作用。

林老师：有时候一个经济现象是可以有好几个理论来解释的，这些理论有些是互补性的，两个理论都是正确地，这是经常有的，当然一个理论所强调的因的贡献可能会比另外的一个理论所强调的因大一点。有些理论则是竞争性的，所谓竞争性就是这两个理论的推论跟要解释的现象都是一致的，比如在通货紧缩的理论里面，不论是投资过度导致供大于求造成物价下降，还是债务链条造成需求下降，导致供大于求造成物价下降，两者的机制都导致物价下降，但是这两个不见得是互补的理论，因为一个是需求不变，供给增加造成供给过剩，一个是供给不变，需求下降，造成供给过剩。当有竞争性的理论时，怎么办？这里要求理论的每一个推论跟要解释的相关现象都一致。如果是需求突然下降造成供大于求的话，那么，国民经济的增长速度就应该是负的，因为我们知道，不计政府支出，国民生产总值等于消费加投资加净出口，如果是债务链条造成的通货紧缩，投资需求和消费需求都会下降，增长速度就会是负的，或是接近为零。但是我们没有看到消费需求的下降，也没有看到经济增长的速度大幅下降，相反每年有 7%－8%的增长。如果是债务链条的原因，消费需求也应该下降。一个好的理论的每一个推论都应该跟我们已经知道的现象一致，这样的理论才是比较好的理论，因为第一，理论是信息节约的工具，一个理论应该用越少的假设解释越多的现象。第二，一个理论所提出的是这个现象的主要原因的话，那么这个理论的所有推论跟这个现象相关的现象都应该是一致的。

盛柳刚：科斯主张找一个"易于处理但却 realistic 的假设"，这里的 realistic 是不是逼真而不是事实本身？

林老师：没错，理论模型不是真实社会，真实社会里有成千上万的变量，每个理论模型都只保留几个变量而已。所以理论本身决不是真实的社会，这一点要清楚。理论是信息节约的工具，在这里要加入多少变量，复杂到什么程度？并不是越复杂越好，其实越简单的理论越好，但是又不能简单到不能解释我们要解释的现象。在理论模型中要包含哪些变量，你必须对要解释的现象有深入的了解。同样是贸易，要解释发达国家跟发达国家的贸易，还是要解释发展中国家跟发达国家的贸易，或是发展中国家跟发展中国家的贸易，所要保留在模型中的变量是不一样的。比如交易成本，你要解释不同的制度安排就必须把交易成本放进去，然后交易成本的变动会导致不同的制度安排的出现，但是要解释价格变动对需求的影响，交易费用在多数情况下是不用放进去的。

盛柳刚：林老师刚才您也提到经济学的范畴，我想问的就是经济学的分析方法，也就是您经常提到的经济学的"体"。第一个问题是经济学的分析方法是什么？还有经济学的分析方法与其他学科的分析方法之间最大的差别是什么？第三个就是您怎么看待其他社会科学称经济学搞帝国主义的看法？

林老师：我想经济学的"体"的本身就是把各种社会经济理论抽象掉之后，它们之间剩下的共同的点，这个共同点是一个人在做决策的时候，在他所知的可能选择方案中，总是会做出他所认为是最佳的选择，也就是理性人的假设，这就是经济学的"体"。也就是因为经济学有这个"体"，它才能跟其他社会学科相区别。比如说社会学或是政治学，研究方式跟一个人在有选择的时候，他做最好的选择这一点不同。社会学它讲的是不同的社会群体之间的关系，他们会从另外一方面看这一问题。但如果他们研究不同群体中的个人如何做选择，或是群体怎么形成的话，这时经济学有相当大的作用，所以加里·贝克尔在芝大既是经济系的教授也是社会系的教授。其次，政治学一开始就是研究国家与国家之间的关系，如果只研究国家与国家之间的关系，它当然会有一套理论体系，可是如果研究决策者怎样做选择，怎样决定国家与国家之间的关系的时候，经济学的研究方式也对他们有相当大的解释力。我想因为社会现象的产生，经常有人的主观能动的因素在内，所以，经济学家使用的这种研究出发点，同样可以用来解释传统上不同社会科学研究范畴里的许多和人的选择有关的现象。因为只要牵涉到人，都会牵涉到人的选择，经济学家能够使用比较系统的、比较深入的、发展比较完善的逻辑体系来解释这些现象，而且也确实能够比较好的提出可以证伪的理论假说，所以它的应用范围也就越来越广，"侵犯"到传统上其他社会科学研究的领域。我想这就是经济学被认为是经济学帝国主义的原因。

盛柳刚：我看加里·贝克和乔治·斯蒂格勒那篇文章有一个很重要的假设，就是假设偏好的稳定性，为什么要加这个假设？现在行为经济学和试验经济学对偏好进行深入研究，发现个人的偏好有时候是不稳定的，您觉得这会动摇经济学的基础吗？

林老师：我看这主要是如何理解人追求的是什么，在效用函数中所要最大化的是什么。如果从人的最基本的需求出发来看问题，那么偏好是稳定的。比如加里·贝克在他的那篇文章里提到的冬天人们希望有暖气，夏天人们希望有冷气，如果认为人追求的是暖气或冷气来看，偏好肯定是要变的，你不会在冬天开暖气，在夏天也开暖气，偏好是改变了。但如果我们追求是舒适，那么偏好没改变，冬天的时候需要暖气才舒适，夏天的时候需要冷气才舒适。贝克的例子让我想起了在《传习录》里王阳明和他的学生的一段对话，他的一位得意门生学生徐爱问到："孝有那么多不同的表现方式。"比如说"冬温夏清"标准是什么。王阳明回答这是孝的不同表现形式，都是为了让父母舒适，冬天的时候，就要先跑到床铺里面，把床被睡暖了以后，才请父母亲进来睡，这是冬温，夏天的时候，先把席擦得凉凉的，擦得干干净净的，才请父母亲进来睡，这是夏清。这不是夏天和冬天的孝的偏好不同，这是在夏天和冬天让父母舒适的方式不一样，目标是相同的，都是为了孝。我同意贝克的看法，偏好是否改变相当大程度上决定于进入到效用函数里面的变量是具体的东西，还是属于人的最基本的需求的因素，如果是后者，偏好是不变的。人类最基本的需求经常不容易直接观察到，而最基本需求的满足经常需要有一些具体的手段，这些具体手段会因为一些外在的因素，如上述所举的气候的变化，或是个人自己的财富、年龄等的变化，而必须有所变动，才能最好地满足最基本的需求。而且，人的最基本需求也不只一项，在各项最基本需求之间也有替代，如财富和社会尊重，一个人的财富多了，财富的边际效用会下降，而社会尊重的边际效用会提高，或是社会的情况发生外生变化，例如天灾人祸，使在这一个时点上，从事社会公益带来的社会尊重提高，那么，一个理性的人也会在那个时点舍财行善，所以，一个理性的人不会只最大化财富而已。但是在经济学的教科书中和一般理论模型中，为了易于操作、易于衡量，通常把中间的手段变量作为最大化的目标，而且，只最大化一个目标，例如，利润最大化。那么，就会发现有些现象你不能解释，例如在某种情况下，有些人会为了社会公益而放弃利润，于是，就让人认为这是偏好变了。经济学中的任何理论模型，其实任何社会科学中的理论模型，都只是人类行为本身的某一侧面的一个剪影，而不是人类行为本身，在佛经里，如来经常告诫他的弟子，佛所说法，如指月的手，帮助大家看到月，但是不要把手指当作月，经济学、社会科学的理论也一样是帮助我们了解人类的经济社会行为的手指。现在行为经济学中所发现的偏好的不稳定是把满足人类最基本需求的中间手段变量作为人类需求的最基本因素的结果。

宛圆渊：这一点我有点疑问，如果假设偏好是稳定的，但同时可以假设和偏好相关的"生产函数"是不稳定的，还有就是直接假设偏好在变，这两种变化是不是相互替代的？

林老师：这是一个很好的问题，首先，经济学是人的选择的行为的科学，那么，从人的选择的最基本的动机出发来建立的理论体系，对人的行为会有最大的解释力，贝克的贡献就在这一点上。传统上，经济学把利润、收入、消费等"经济变量"作为效用最大化的目标，这样经济学的研究就只局限在生产、消费等领域，贝克把人的最基本需求的满足作为效用最大化的目标，这样经济学的研究范畴就扩大到社会、政治范畴。其次，任何一个理论体系，都必须有一个不变的东西，才能建立起一个内部逻辑自洽的理论体系。如果，一个理论体系中没有不变的东西，那么，这个理论体系的各个子理论之间的内部逻辑就经常会不自洽。其实，任何大的理论体系都是以一个不变的终极行为动机为目标，而其他达成这个终极目标的手段则是可变的。例如孔子的儒家哲学体系是建立在"仁"上，仁是不变的，所以，"仁者乐山"。合乎仁的行为就是"义"，知道那些行为是合乎义的、是可以实现"仁"的目标的，就是"智"。由于情况条件不同，达到"仁"的行为方式也就不同，所以，智者的行为像水一样，是要经常变化的，所以，"智者乐水"，水是绕着山转的，因此，"仁者静，智者动"。斯蒂格勒和贝克在他们 1977 年讨论偏好不变的那篇著名文章的德文标题 "De Gustibus Non Est Disputandum" 的中文正是"不动如山"。最后，到底是假设偏好是稳定不变的，而偏好的"生产函数"是可变的好呢，还是直接假定偏好是可变的好？应该从构建经济学理论体系的目标为何来断定，经济理论是用来帮助我们了解社会、经济现象，以推动社会发展、增进人类福利的一个工具，从这个目标来看，哪一种假设方式比较好？如果直接假定人的偏好是可变的话，很多现象用偏好变了一句话就解释了，由于偏好不可直接观察，用这样的方式来解释人的行为的变化，并没有增加多少我们对人的行为改变的原因的了解，也不能增加我们预测人的行为、或改变人的行为的能力。例如，如果我们假设人追求舒适的偏好不变，摄氏20度是最舒适的，在这种情况下，在一个决策者有暖气和冷气两种选择时，我们可以做出正确的预测，如果是低于20度，我知道他要暖气，如果是高于20度，他会开冷气。如果偏好本身是可变的，没有一个不变的目标，手段的变化就难于预测。所以，从工具理性的角度出发，假定人的最基本的行为动机，也就是偏好是不变的，而达到行为目标的手段是随内外在的环境、条件的不同而变动的，这样的假设方式比较好。

盛柳刚：林老师刚才您提到经济学假设人是理性的，我想问的是经济学理性是指什么呢？西蒙提出有限理性的概念，最近罗伯特·希勒出版了《非理性繁荣》，您对这些对人类理性假设的修正有何看法？

林老师：我个人所认为的经济学的理性是指"一个人在做决策的时候，在他所知的可能选择方案中，总是会做出他所认为是最佳的选择"。在了解这个定义时，有必要对"最佳选择"前的几个关键限定词给予特别的说明：第一，"一个人"说明"理性"与否是从做出选择的当事人的角度来衡量的，而非从他人或社会的角度来看的，而且，即使所做的选择是关系到群体的公共事务，是否理性是就决策者"自己"而非群体的角度来做判断的。第二，"决策的时候"说明理性指的是决策当时的情况而言，情况变了，最佳的选择也可能改变，但并不能因此而否认当时的决策是理性的。当然，一个决策者考虑的不只是即期的利益，也会根据当时的各种条件、状况、过去的经验等，对未来有所预期，而把对未来的可能影响也放在当时的考虑之中。第三，"所知的可能选择方案"说明理性与否是就决策者当时的认知而定，而且，仅就当事人可以选择的各种可能方案的比较而言，选择范围以外的方案不是决策者可以有的选择，所以，并不在考虑或比较之内。每个决策者的选择范围会受他自己的认知的影响，认知一方面决定于决策者所拥有的信息，一方面决定于决策者处理信息的能力；选择的范围还会受决策者的预算、时间、能力，以及外在的相关群体、制度的条件、政府的政策、社会的价值标准和意识形态的不同而有差异。第四，"所认为"说明理性是根据当事人自己对各个可选方案的长短期相对成本和收益的比较而言，这个比较可能会因为个人的知识、信息、经验的积累，或是内外在条件的变化而改变。

上述对理性的理解是比较接近西蒙所主张的有界理性的，因为，我所谓的最佳选择是就决策当事人所认知的可能选择方案中，他所认为的最佳方案而言，而非客观存在的所有可能方案中的最佳方案。但是，在实际构建经济学的理论模型时，到底是假定有界理性好，还是假定无界理性好？一般说来无界理性的模型较简单，就像在物理学中，假定落体是在真空中运动一样，如果用无界理性就能很好地解释、预测现象，那么，就无需引进有界理性的假定。如果用无界理性的假定无法解释、预测现象，那么，在构建理论模型时有两种策略：首先，可以假定信息是不完全的，信息的收集需要成本，而信息的处理能力是无限的；如果这个策略不成功，再放松信息处理能力是无限的假定。中国有句俗语"杀鸡焉用牛刀"，理论模型只是说明现象的一种工具，只要能达到目的，越简单的工具越好。

至于《非理性繁荣》一书所讨论的美国股市的现象，主要是由于决策当时的情况和事后的情况，以及个人理性与集体理性之间有差异而引起的。就股票市场上的每个人而言，在决策"当时"的选择是最佳的。也就是因为个人在某一时点上的最佳选择，事后可能不是最佳的，以及对个人来讲是最佳的，对社会来讲可能不是最佳的，才使社会经济现象的研究如此有趣、如此充满挑战。同时，我们学习经济学的最主要目的之一就是希望能够找到一条途径去创造一个能使个人理性的选择和社会理性相一致的社会制度环境。

盛柳刚：有一个比较具体的问题，我们在做经济研究时，如果只看经济现象，往往会犯盲人摸象的毛病，只见一斑而不见全豹，而陷入"支离"的倾向，但如果先看理论的话，往往把理论绝对化，而陷入"空疏"的困境，我们如何防范这两种倾向呢？

林老师：我先来谈如何避免"空疏"，再来谈如何避免"支离"。从前面的讨论中我们知道，经济学的任何理论，实际上都是在说明，人们如何做选择，而选择又会受到决策者的认知、内外在条件的制约，所以，在某一种情况下的最佳选择，在另外，一种情况下，就不是最佳的。用老子的话来说，"理性"是经济学的本体之道，但这个道的表现形式是会随着决策者的内外在条件的变化而改变，因此，任何一个现有的理论虽然是理性的本体的一种表现，但不是理性本身，因此，不是"常道"。如果误把现有的理论当作"常道"，那么，就会犯了不讲条件的空疏的弊病。《老子》中有一段话，对此有非常精彩的批评："前识者，道之华，而愚之始"，所谓"前识"就是对"道"在先前的条件下所表现的形式的认识，也就是现有的理论，它反映了"道"，但不是"道"本身，所以是"道之华"，如果把"道之华"绝对化作为道本身，就是愚笨的开始。所以，我们在学习现有理论时，必须把任何现有的理论都作为一种前识来对待，它"都对都不对"，"都对"因为它是理性在一定的条件下的表现，"都不对"因为决策者所面临的条件是不断在变动的，它不是"理性"本身。如果能这样来理解理论，在观察一个现象、解释一个现象时，就会以"常无"的心态，直接去了解现象，从现象揭示它背后产生的原因，就能达到《老子》里所讲的"以观其妙"的境界。可是，我们多数人，包括许多经济学家，在考虑解释现象时，经常从现有的理论出发，结果就犯了前识者的弊病。

"常无"是每一位开创理论新思潮的大师所共有的思维特性，不仅老子强调这点，孔子也同样强调这点，在《论语》中，孔子和他的学生有一段精彩的对话，"吾有知乎哉？无知也。有鄙夫问于我，空空如也。"以这种常无的心态，如何来了解现象？孔子接下来说"我叩其两端而竭焉。"也就是要善于发问、善于比较、善于归纳，就作为一位经济学家来说，第一，要很快认识到在这个现象中谁是主要的决策者，政府、企业、或是消费者？第二，这个主要决策者所要达到的目标是什么？达到这个目标所面临的限制条件是什么？有那些可能的选择方案？第三，每个可选择的方案的特性、相对的成本和效益是什么。如果能这样，应该就不难直接认识到现象背后的形成原因、机制是什么。在认识到现象背后的原因、机制之后，再跟现有的理论做比较，这样才能不被现有的理论所束缚，也才能对理论的发展做贡献。

其次，谈如何避免"支离"。既然，经济学的理论是决策者在一定的内外在条件的前提下，做出的最佳选择，那么，这样的最优都是局部最优的，而不是全体最优的，这些局部最优的理论的共同点是都是"理性"在一定条件下的表现形式，了解到任何现有理论的局限性和共同性，那么，就不至于有盲人摸象，无法从局部去认识本体的"支离"的弊病。在学习经济学时，如果对"理性"已经有了很好的把握，能够自如地从决策者的最佳选择的角度出发观察社会、经济现象，那么，下工夫的着力点应该是去了解各种可能成为决策的限制条件的各种外在社会、经济变量和各种选择方案的本质、特性。在分析、解释新的现象时，只要了解了决策者所面对的限制条件和选择方案的本质、特性，也就了解决策者在那些条件下的最佳选择是什么了。但是，在对从决策者的理性选择为出发点来观察社会经济现象还不能运用自如时，则应该从学现有的理论为入手点来理解"理性"的运用之妙。就像要成为一位好的画家，必须掌握线条、结构、比例、色彩，这些基本理论讲起来不难，就只有那几点，但是，运用之妙存乎一心，一位初学绘画的人，在这些基本原则还没有运用自如前，通常要经过一段临摹大师的绘画的阶段，临摹是为了更好地理解如何掌握、运用那些绘画的基本原则，而不是为了学会画大师画过的画。同样，经济学家学习现有的理论是为了更好地理解经济学的大师们是如何从理性人的角度出发来观察社会经济现象，从而学会运用这种分析来观察社会和经济现象的方法，而不是为了学会运用过去的大师所提出来的理论。如果能以这样的出发点来学习现有的理论，虽然每个现有的理论都是"树"，都是《老子》所说的"前识"，但会从树见到林，而不会"只见树，不见林"，会由"前识"认识到"道"的本体。

盛柳刚：林老师，您在《经济研究》上提出的"一分析，三归纳"方法，下面您能否就把握现象这个方面，给我们举个例子。

林毅夫：这个我以前谈过很多。"一分析"指的是要了解谁是决策者，决策者的限制条件、选择范围是什么，选择范围里面每个可选方案的特性是什么，它的相对机会成本是多少。一般经济学教科书里的限制条件，简单的讲是收入约束，但是除了收入之外，还可能有许多其他限制条件，例如，和发展阶段有关的要素禀赋结构也会影响到这个国家可动用的资源总量和每种要素的相对价格。一个发展中国家的政府可以选择鼓励轻工业发展，也可以选择支持重工业发展，轻工业的特性是什么，重工业的特性是什么，一个发展中国家政府发展战略的最优选择，跟她在每一个决策点上可动用的资源总量有关，也跟每种要素的相对价格，以及轻、重工业技术的本质特性有关。

在找到谁是决策者以后，怎样来理解一个决策者所面对的限制条件和各种选择的本质特性呢？根据我自己的心得体会，主要依赖的是归纳方法。就是说，你看同一个时代里面，就同一问题的不同决策者做选择，他们的共同点是什么，不同点是什么。比如说，解释计划体制的产生。大部分人是从社会主义的意识形态来解释。当然所有的社会主义国家都采用计划体制，从社会主义国家的意识形态确实也可以推出社会主义国家必须有计划，但是很多非社会主义国家也采用这种体制。比如说印度，他们也有国家计委，它的功能跟我们的国家计委差不多，另外，拉丁美洲国家，他们不是社会主义国家，他们甚至是反对社会主义的国家，但是他们对银行贷款，对外汇的使用也有很多计划和行政干预。所以，计划经济的产生应该有此意识形态更基本的东西。这就是我提出的当代横向归纳法，以探讨不同国家、地点的相同现象背后的共同原因。

另外，要解释计划经济体制的产生的原因，也可以从时间的先后顺序，即从历史纵向的角度来考察，苏联的计划体制，也就是所谓的斯大林模式，是从 1929 年开始的，1929 年之前是没有这种体制的。那么 1929 年开始安排这种体制的原因是什么，为了优先发展重工业，以建立坚强的国防体系。社会主义的意识形态在 1929 年前后是不变的，但是追求的目标变了，因此，这种体制的产生跟目标追求是相关的。再举一个例子，中国的公社化、集体化、农业合作化运动，国内很多经济学家都是从意识形态的角度来解释。如果是因为意识形态，那么在土改时为什么不直接把地主的土地没收后就直接合作化？而是先把土地分给农民，到 1952 年土改才完成，1953 年就开始搞合作化运动，自建党以来中国共产党的意识形态没有变，但是从土改到合作化运动是多么大的转变。从时间顺序来看是从 1953 年我们开始重工业优先发展，因此合作化运动可能和重工业优先发展有关。这就是历史纵向归纳法，从同一个国家、社会的重要现象的变化的先后次序去探索现象发生的原因。《大学》上讲的"物有本末，事有终始，知所先后，则近道矣"说的就是这个道理。

第三个方法是"多现象综合归纳法"也就是将一时一地同时发生的多个现象综合分析，归纳出这些现象背后共同的原因，而不是孤立地分析各个同时发生的现象。同样以计划经济为例，在计划经济体制下有对金融、外贸、劳动力市场等等多方面的扭曲。国外有很多理论解释金融扭曲会产生什么结果，也有很多理论解释外贸扭曲会产生什么结果。他们通常把这些扭曲当作外生给定，但是我们发现很多扭曲现象是同时存在的。我们需要进一步来思考为什么这些扭曲会同时存在，背后是不是有更基本的共同的原因。仔细分析在社会主义国家和许多发展中国家存在的各种扭曲是和在资金稀缺的条件下去优先发展资金密集的重工业的企图有关，因为要优先发展的产业中的企业在开放竞争的市场中没有自生能力，因此，就只能靠对资金、外汇等市场的扭曲和干预来保护、支持这些企业的发展，所以，经由这些同时存在的扭曲的分析归纳，可以更好地找到造成这些扭曲背后的共同外因。

在这里我跟各位交流一下我观察、思考问题的心得，我有一个习惯，当我看见别人把几个变量并列的时候，我绝对不会停留在那里，我一定会进一步思考这几个并列的变量当中是不是等价的，有没有更为根本的外生变量，而其他变量则是这个外生变量的内生变量。我们知道一个外生变量的内生变量肯定会和这个外生变量同时存在，但是外生变量是因，内生变量则是果，理论研究的目的是揭示现象背后真正的原因。而且不仅在发展中国家有很多扭曲现象同时存在。以我最近讨论的比较优势和竞争优势理论的关系为例，主张竞争优势的学者认为比较优势理论现在已经过时，认为现在应该强调竞争优势。竞争优势理论的内容有四点：第一按照这个国家相对比较丰富的要素来选择产业；第二个是发展国内有大市场规模的产业；第三个是发展能产生群聚的产业；第四个发展有市场竞争力的产业。但是在这四个条件中，除了市场规模外，其他三个条件决定于是否按照第一个条件，也就是是否按照比较优势来发展产业。因为如果不按照比较优势的话，企业就没有自生能力，当企业没有自生能力的时候，就不会形成群聚。比如说在中国发展资本过度密集的产业，那么企业没有自生能力，而且由于资金稀缺，可以发展起来的资本密集型的企业肯定数量有限，所以不可能形成群聚。企业没有自生能力，需要国家保护，国家保护就没有竞争了。所以，产业发展形不形成群聚，有没有竞争优势，决定于是否按照比较优势来发展。因此，不能把竞争优势中的四个条件并列，等价对待，也不能说竞争优势取代了比较优势，竞争优势其实是内含于比较优势，顶多是比较优势的补充。

再举一个例子，比如我最近经常讲的最优金融结构理论。目前没有最优金融结构理论，因为目前的金融学理论中把金融体系的动员资金、配置资金、分散风险的功能并列。当三个功能并列，这些功能不可得兼时就不会有最优金融结构理论。比如要最大规避风险，就可能要牺牲动员能力等等。我的习惯则是碰到几个因素并列的时候，总是要想想这些因素是不是同一个层次的。仔细想一下，金融体系的这三个功能当中哪一个是最基本的，应该配置资金的功能是最基本的，因为给定现在的金融资源总量，如果配置是最优的，那么，产生的剩余就最多，而且，有了最优的配置，资金的回报率最高，在剩余中会用来作为积累的就最多，因此，下一期可以动员的资金就最多，所以，动员的功能是从属于配置的功能。如果做了最佳的配置，失败的概率应该最低，风险应该最小。所以，在一般讲的金融体系的三个基本功能中，配置的功能是最基本的功能，其他两个功能是从属的功能，有了最优的配置，其他两个功能自然能达到。当只有一个变量要考虑时，就可能有最优金融结构理论。最优的配置是什么？就是把资金配置到经济中最有竞争力的产业中的最有效的企业。在不同发展阶段最有竞争力的产业是不一样的。比如说在发达国家，它最有竞争力的产业应该是资金密集、技术密集，企业的资金需求量大；而且，主要是在新技术、新产品研发的 R&D 区段，新技术、新产品研发成功与否不知道，研发成功了，市场是否接受不知道，所以要面临有很大的技术风险和市场风险。发展中国家有后发优势，资金相对稀缺，所以最有比较优势的、最有竞争力的是劳动力密集型产业，其中的企业以中小型为主，对资金的需求规模比较小，而且，生产的是成熟的产品，应用的是成熟的技术，基本上是没有市场风险、技术风险的。所以，不管在发达国家还是在发展中国家，金融市场都要面对资金使用者也就是企业家的经营能力和道德风险，但是相对来说发达的国家要面对更多的技术风险和市场风险，而对发展中国家来说，因为市场风险和技术风险相对小，企业家经营能力的风险和道德风险就变成主要风险。一个国家的金融结构包括直接融资和间接融资，间接融资中包括大银行、小银行，各种金融安排在单位资金的交易成本和风险承担的能力不一样，所以从上面的推论就可以得出在不同发展阶段最优的金融结构是不一样的。比如像中国这种发展阶段的国家，要承担的风险主要是企业家经营能力和道德的风险。那么哪一种金融安排最容易解决企业家经营能力和道德风险。当然就是面对面的金融方式，也就是说非正规的金融借贷和地区性的中小银行，资金的贷方可以较好的了解当地的企业家，所以，任何国家在发展阶段早期都侧重于非正规金融和以中小银行为基础的金融。等到经济发展，产业提升，资金需求量大，而且，技术和市场风险成为主要矛盾，这时候大银行、股票市场，甚至二板市场就必须成为一个国家金融结构中的主要安排。

我再次强调，当碰到几个同时并列的因素的时候，一定要仔细想想看，这几个并列的变量的特性是什么，内生变量和外生变量一定是同时出现的，但是它们不是等价的。抓住外生变量才能把问题分析得更透彻一点。实际上我对计划经济体制产生的认识也就是这样的。别人看到了共生的内生现象，从内生的现象切入来分析，比如从预算软约束切入，或者从金融扭曲切入，或者从外贸扭曲切入，但是我去看这些共生现象背后更根本的外生因素。我发现这些干预、扭曲背后的共同原因是要发展的重工业的特性与发展中国家资金稀缺的特性之间的矛盾。从这个矛盾可以把整套的扭曲都推论出来。可是一般学者只是看到这些扭曲，没有看到背后更根本的外生动因，只是从内生现象出发构建理论。如果从内生现象出发构建理论，第一，这样的理论不彻底，第二个根据这样的理论推论所得到的政策建议基本不可行。因为，如果不改变外生的原因，而直接区改变内生的现象，就会出现我们经济学中常说的从 second best 到 third best，可能造成的经济结果比原来预期的结果还差，例如国有企业的预算软约束，是内生于国有企业的政策性负担，如果不消除政策性负担，即使把国有企业私有化了，政策性负担的情形可能会更严重。

盛柳刚： 在转型经济研讨课上，您提到休克疗法在玻利维亚的成功和在俄罗斯的失败，主要的原因在于玻利维亚没有自生能力的企业数量少比重小，因此转型相对容易，而俄罗斯追求重工业优先发展已经有几十年，大部分的企业是没有自生能力的，当然私有化以后情况会更糟糕，这里面就需要把握质和量的关系，您能谈谈您自己在这方面的心得体会吗？

林老师： 赶超战略是一个靠大量动员资源来投资于没有自生能力的产业的战略，这个战略推行的深度和时间的长度和实行这个战略的国家能动员的资源总量成正比。玻利维亚是中美洲的一个小国，能动员的资源少，建立起来的没自生能力的企业的数量也就少。实行休克疗法后，这些没有自生能力的企业破产，因为数量少，对社会的影响不大，而政府的干预、扭曲消除后，有自生能力的中小企业就发展起来了，创造了很多就业，社会发展很快，所以，休克疗法在玻利维亚取得了成功。可是苏联东欧，国家大，自然资源多，靠国家动员政策建立起来的赶超产业规模非常大，没有自生能力的企业数量和就业人数非常多，真要取消政府的所有扭曲和补贴就会造成社会动乱，所以，即使政府实行了休克疗法，为了避免社会动乱，还是必须给那些没有自生能力的企业补贴、保护，而且，企业私有化以后，用各种政策性负担为理由向政府要保护、补贴的积极性会比国有时更高，但是，在休克疗法后，国家的税收能力低，所以，只能用发行货币的方式来补贴私有化以后的企业，造成了高通货膨胀和经济的崩溃。所以，同样是要解决政府赶超所带来的扭曲和低效率，问题的性质是相同的，解决的方法也是相同的，但是，因为问题的量的不同，在玻利维亚休克疗法是成功的，在苏联和东欧是失败的。同样的情形，到现在为止，我国改革中最成功的是农村推行的家庭联产承包责任制。推行了家庭联产承包责任制以后，农民交足了国家，留够了集体的，剩下都是自己的，成为剩余的所有者，积极性很高，农业发展很快。中国一开始承包期是每年签订一个承包合同，后来变成 3 年到 5 年，然后逐渐延长到 15 年，而苏联一开始实施家庭联产承包责任制时就签了 50 年的承包合同，所以应该讲他们的家庭联产承包责任制更彻底，可是在苏联的农民不接受家庭联产承包责任制。问题是苏联的具体条件与中国不一样，农场规模大必须机械化生产，设备投入多，单个家庭买不起，而且，机械用的油料、零部件需要到市场买，生产出来的产品也要卖到市场，可是农场和市场距离很远，必须有交通运输工具，交通运输工具很贵，不是单个家庭可以拥有，因此在这种状况之下，个体农户的积极性再高也克服不了这些困难，所以在苏联家庭联产承包责任制的条件虽然比在中国优厚，农民并不欢迎，结果不了了之。相反的，越南也学习了中国的家庭联产责任制，越南和中国同样人口密度高，农场规模小和市场接近，家庭联产责任制的推行在越南也很成功。

在这儿我要特别提醒各位，一个理论只能告诉我们，理论模型的特定假设条件下"因"如果变动，对"果"会产生"正"的或"负"的影响，但是理论模型本身不能告诉我们影响的"量"有多大，这个"量"要多长的时间才能完全实现，以及除了理论模型中所导致的果之外，这个因的变动是否还会有其他附带的果，这些果的量有多大等。在运用理论于现实世界时，量的大小、时间的快慢以及是否有其他作用等却是至关重要的，"淮南为橘、淮北为枳"的情形经常有，对量、时间快慢、是否有其他作用的判断只能依靠经济学家的直觉，这种直觉又来自于经济学家对经济环境的整体把握，所以，要作为一位好的经济学家必须关心人、关心社会、关心历史。

盛柳刚：我提一个有关理论创新的问题。我们应该如何对待现有的经济学理论？如何对待历史经验，这个根本上是关于如何处理现象和理论之间的关系的问题，您怎么看待这个问题？

林老师：我个人主张把任何现有的理论都当作一种《老子》里所说的"前识"。任何现有的经济学理论都是经济学本体，也就是一个理性的人，在一定的前提条件之下所做选择的一种因果关系的描述。但是现有的经济理论并不是真理本身，它们是经济学的"体"在一定条件下的表现形式。我们现在想要解释的现象的限制条件以及可选择的范围和现有经济理论模型中的限制条件、选择范围可能不同，因此经济现象产生的机制也可能不同。所以，对于任何现有的理论，都应该将其视为可能对、可能不对的"前识"，要解释一个现象的时候，要以"常无"的心态，从现象本身出发，去发现谁是决策者，他面临的限制条件和可能有的选择是什么，说明他为何在这些条件下，做了我们观察到的选择。

如果抱着"常无"的心态，那么学习现有的理论有什么作用呢？我想，学习现有的理论，最重要的是要学习其他有成就的经济学家是如何构建理论的，学习著名的经济学家的思维方式，以及从经济现象中抽象出关键限制条件的能力。我们可以将对现有理论的学习当作在方法论上的训练。当我们在面对真实的经济现象时，是按照从现有理论的学习中领悟到的分析方法而不是按照现有的理论本身进行分析和解释，这样，学习现有的理论就会对我们理解真实的经济社会现象有所帮助，而不会成为现有理论的奴隶。

对于历史经验，我个人的看法是，现有的理论是由过去的历史经验提出来的，需要通过历史经验来检验，才能知道哪些理论是可以暂时接受的，哪些理论是可以被暂时舍弃的，所以，我们必须给予历史经验足够的重视。在面对未来的时候，同样必须以"常无"的心态来对待历史经验，才不会受到历史经验的束缚。比如，最近我在上海经济学年会上讲到，中国经济的高速增长至少还可以持续30年，这也是目前大家讨论的很热门的一个问题。但有不少经济学家认为这是不可能的，因为历史上从来没有过这种先例，他们发现到目前为止，历史上维持40年高速度增长的经济只有3个，而且，他们只是前20年维持将近10%的增长，后20年只能维持3%到5%的增长。从历史经验来看，确实没有一个国家曾经维持超过40年接近10%的高速增长，可是我们可以从另一个角度来看这个问题，比如说，工业革命之前，一个国家的经济规模要翻一番，可能要花200到300年的时间，工业革命以后，英国是第一个用50多年时间实现经济规模翻一番的国家，如果在工业革命刚开始时问大家，英国需要多长时间能够实现经济规模翻一番，从历史经验来看，可能需要好几百年，但英国只用了50多年；在英国之后，当美国开始发展时，美国的经济学家如果单从历史经验来看，会认为美国不可能在少于50年的时间内实现经济规模翻一番，可是，美国经济只用了40几年就翻了一番；当美国实现了40几年翻一番后，日本经济开始发展，如果日本经济学家考虑日本经济最快多少年可以翻一番，他们一定会说，不能短于40年，但日本只用了二十几年；后来亚洲四小龙开始发展，如果根据历史经验来预测，他们不可能在短于20年内翻一番，可事实上他们在十几年内就翻了一番；再来看中国，不到10年就实现了翻一番。所以，历史经验可以给我们一定启发，但我们不能完全被历史经验束缚，应该从历史经验中得到有用的信息，提出自己的看法，比如说，我的分析方式是，一个国家维持经济高速增长最重要的因素是技术的变迁，如果技术变迁的速度加快，则经济增长的速度也会加快。当后发展的国家在开始发展的时候，同以前的国家一样，也会进行技术变迁，同时它会发现引进技术比自己发明技术成本更小，风险更低，因此它的经济发展能比以前的国家更快。所以，在预测中国未来的发展时，我有信心中国有潜力再维持30年的快速发展，而且这只是保守的估计，因为历史经验给我们提供了最起码、最低的界限。比如，当日本的经济学家在考虑日本经济多长时间可以翻一番时，他们可以参考美国的经验，美国40年翻一番，日本则可能比美国快，他们可以认为至少40年就可以翻一番。再来考虑中国的情况，我相信中国经济至少还可以维持30年的快速增长，因为中国现在的发展阶段与日本在1960年的发展阶段相同，到1988年日本的人均收入就赶上了美国。日本当时依靠的是引进技术，如果中国也是靠引进技术，现在中国能够引进的技术比日本当时能够引进的技术更多、更便宜，因此中国至少可以和1960年的日本一样，再维持30年的快速增长。日本从1960年到1988年人均收入赶上美国，我可以保守一点，认为中国在30年以后人均收入至少达到美国的一半。我也可以用理论分析的方式推论我的观点：上面已经说明中国至少可以维持30年的高速增长——维持每年8%到10%的增长率，平均起来每年9%，美国属于技术最前沿的国家，它的经济增长率平均起来大概只能每年为2%，中国的经济增长率每年能比美国高出7%，中国现在的人均收入按照美元计算是美国的3%，按照这样计算，30年以后，中国的人均收入将约是美国的24%，同时，人民币会升值，因为所有高速发展的国家的货币一定会升值。在1960年，日元对美元的汇率约是360日元兑1美元，到80年代变为150日元左右兑1美元，这是日本的人均收入在1988年赶上美国的一个原因。现在人民币对美元的汇率是8.27元人民币兑1美元，我相信中国再维持30年强劲增长以后，汇率很可能是4元人民币兑1美元，这样，我国的人均收入就会是美国的一半左右了。我以上的分析有理论分析，也有历史经验，但历史经验只是一个参考系，并不是说历史经验一定会重复发生。

我想，用禅宗或者理学的一句话来讲，对待理论，必须"有而不有"，对于历史经验，必须"知而不知"。"有而不有，知而不知"，好像非常抽象。禅宗的学习有所谓"口头"，学习者经常通过理解"口头"来体悟禅理。经济学也是这样，当体悟到经济学的本体以后，也可以提出像"口头"一样的东西。在经济学中所谓"有而不有"，第一个"有"，就是必须有对经济学本体的把握。一个决策者在面临选择的时候，总会选择对于他来说是最好的——而且要将其作为分析一切社会、经济现象的出发点和归宿，这就是"有"；所谓"不有"，即要对任何理论持"常无"的心态，不能将理论当作真理本身。所谓"知而不知"，第一个"知"即是要知道经济学的本体是什么，"不知"，即对于任何新的经济现象都要有"不知"的态度，这样才能用所"知"的经济学的本体方法来揭示所要解释的经济现象的产生的原因。只有这样，才是真正的知道了经济学的本体，也是真正的掌握了经济学的精髓，才能真正解释所看到的每一个经济现象。

盛柳刚：林老师，这是邢兆鹏同学曾经提到过的一个问题，在讲经济学的方法论时借用东方哲学语言如"体一用殊"等，会不会导致这种哲学语言的原意与引用意的差别？那些原来学习东方哲学的学者会不会认为您是一种误用，或者是一种不适当的引用？比如说对于您所讲的经济学的"体"与"用"，是不是用"理一分殊"这样的说法更好，因为熊十力讲"体用不二"而不是"体一用殊"。

林老师：语言本身是活的。比如"理一分殊"被提出时，其内涵也是有几次变化的。"理一分殊"最初被提出是说明儒、释、道三家之间的关系，宋明理学的不少创立者最初都受到佛学、道家很大的影响，后来又转归到儒学。例如，朱熹刚开始用"理一分殊"的时候是指，儒、释、道三家所追求的道是相同的，但他们各有侧重点。但后来比较常用的说法是，"理"是相同的——比如在儒家的理学里，有"五伦"之说，作为君要仁，臣要忠，父要慈，子要孝，朋友之间要有信，但随着身份的不同，究竟是"仁"，是"忠"，是"慈"，是"孝"，还是"信"，其表现又各不相同，也就是说对于"道"的表现方式会因为身份的不同而有不同的侧重点。从这里可以看出，最初所讲的"理一分殊"和后来所讲的"理一分殊"的含义是不一样的。同样的一个词在不同的情况下，可以有不同的涵义，重要的在用这个词的前后文的情境下，内涵是否清楚。

再者，关于"体一用殊"和"体用不二"，"体一用殊"是指一个体在不同的状况下会有不同的表现形式；"体用不二"则是指一个悟了道的人的境界，把握了本体，在任何状况下，他的行为都是合乎道的。比如"仁义礼智信"，仁是体，"义理智信"其实是"仁"在不同情形下的用；所谓"义者宜也"，"义"与否的根据是"仁"，合乎"仁"的行为就是"义"；所谓"礼"，是说仁者以万物为一体，在一体中，还有君、臣、父、子、夫、妇、兄、弟、朋友的亲疏远近的差别，根据这个差别的要求所表现的行为准则就是"礼"，所以，"礼"的依据是"仁"；所谓"智"，是指每一行为的选择都符合"仁"的要求，如果不符合"仁"的要求，就是"不智"；"信"，《论语》里讲，"信近于义，言可复也"，就是说，承诺是否符合"仁"的基本要求，如果违背"仁"的要求，行为不合乎"礼义"，"信"就不可能实现。所以说，"义理智信"本体是相同的，都是"仁"，但有不同的表现形式——"义礼智信"，所以，"体一用殊"。而"体用不二，"是指真正掌握了体的人，也就知道该怎么行为。在六祖惠能的《坛经》里，也有"定慧一体，体用不二"之说，如果真正掌握了"慧"，就一定是"定"的；如果是"定"的，就一定有"慧"。在讲"慧"的时候，"慧"为体，"定"为用；在讲"定"的时候，"定"为体，"慧"为用，"定即慧故，体不离用"，"体用不二"。我在讲"体一用殊"时，也可以说是"体用不二"，对于一个读通经济学的经济学家来说是"体用不二"的，但是，任何写出来、表述出来的理论是"体一用殊"。因为如果真正掌握了经济学的"体"，每一次分析经济现象都是经济学的"体"在这种状况下的表现形式，所以是"体用不二"的；但当将这个"体"在一定条件下的表现形式表示出来以后，它就变成一个特定的东西，就是"体一用殊"。就像《道德经》所讲的"道可道，非常道，名可名，非常名"，这个"名"和另一个"名"是"殊"的，因为其条件不同。但作为一个真正好的经济学家，是"体用不二"的，因为"体"都是相同的，"用"的时候也是"体"的表现形式，亦即"体用不二"。

至于使用中国传统的智慧的语言来表示究竟好不好，我自己是思想很解放的，我认为好的东西都可以用，包括外国的东西。现在的情形是，我们在使用外国的东西比如亚里士多德、柏拉图的语言时，人们不会觉得有什么不好，但如果用到老子、庄子、禅宗以及理学的东西，就会被认为思想很顽固，我认为这还是思想不够解放的体现，真正的思想解放应该是不管它是我们传统的东西还是外国的东西，只要它是好的东西，就应该接受，这才是真正的思想解放。

邢兆鹏：我们看50年来发展经济学的发展，一个最突出的特点就是过去有很多发展经济学家提出各种发展理论来指导发展中国家的发展，但是，这些按发展理论来发展经济的发展中国家，经济发展的绩效都很差，80年代开始，发展经济学开始消亡，有的人说发展经济学的衰败恰恰是发展中国家的幸运，因为没有理论的束缚，他们可以更加准确的根据自己的实践经验选择适合自己的发展道路，我认为在发展经济学理论指导下发展经济实际上是"知"在"行"之前，才导致了这种结果。我想问林老师，我们现在都在强调"行"在"知"之前，实践在前，理论只能是解释现象，那么您对理论对实践的指导作用有什么看法？

林老师：关于这一点，我刚才在讨论怎样对待现有的理论和历史经验的时候已经部分回答了你的问题。我同意现有的经济学理论包括发展理论对于现在发展中国家的指导作用是很有限的，而且，就像你刚才所讲的，基本上按照50年代发展经济学理论的主流思想来制定经济发展政策的国家都不成功。转型也是一样，按照主流的华盛顿共识来制定转型政策的国家，虽然发展经济学中认为重要的变量，经过转型以后，已经得到了改善，但这些国家的经济发展绩效同样不好。这是因为当前的经济理论包括发展经济学的理论，是由发达国家的经济学家发展出来的，他们的理论来源根据的是发达国家的经验。发达国家自工业革命以来，一直处于技术、产业的最前沿，他们经济的进一步发展有赖于新技术的不断发明，而发展中国家的经济发展所需要的技术创新却可以利用引进的方式取得，在引进技术时必须考虑哪种类型的技术较合适，所以，发达国家和发展中国家所要解决的问题在特性上是不同的，我们不能被现有的在发达国家发展出来的理论牵着鼻子走。但是，任何经济现象背后一定有经济逻辑，经济现象都应该能够用经济学的方法来分析，任何经济问题也应该可以从问题的特性的分析中得到对问题的解决有指导意义的政策建议，对于真正掌握了经济学本质的经济学家，体用是不二的，由体就会知道怎么用。当信息产业、互联网非常热的时候，我一直持有保留的意见，后来事实证明果然如此。在北京，有一个亦庄开发区，有一个中关村高科技园区，刚开始时，中关村高科技园区非常热，但现在亦庄开发区非常热，中关村高科技园区则非常冷，为什么呢？因为亦庄开发区发展的是传统产业，符合我国的比较优势，中关村高科技园区发展高科技产业，不符合我国的比较优势。所以说，经济现象并不是不能够被预测，只要真正对经济学的本体有认识，体用是不二的，知是可以在行前的，只不过这里指的"知"是对经济学本体的认识，而不是对现有的由发达国家的经济学家发展出来的理论的了解。我们必须有信心，要成为一位有真知灼见的经济学家并不难，同时，发展中国家的经济学家不要把自己对经济学的理解局限在发达国家的经济学家所提出的理论上。上次在上海开经济学年会时，有位教授呼吁经济学家要多看书，我并不反对经济学家要看书，但我反对经济学家只看书，书上的理论也许可以帮助我们理解现有的经济现象，但不一定可以，作为一个经济学家最重要的是自己按照经济学的基本方法来分析经济问题，解释经济现象，预测经济现象。

邢兆鹏： 您现在提出很多想法，在外人看来是可怪之论，但我们认为是非常有道理的。因为您是从一以贯之的逻辑出发的，但是我们想知道的是，您在 80 年代初次提出按照比较优势的原则来发展经济的理论时，让您产生这种想法的源泉究竟在哪里？

林老师： 扣其两端而竭焉，是从分析、归纳改革前中国经济为何发展不好，改革后却快速发展，亚洲四小龙为何发展迅速，而其他发展中国家的经济发展却困难重重的比较、归纳得来得。

邢兆鹏： 您是一开始就有这种想法，还是在这种方法论的指导下一步一步地分析才得到的？

林老师： 借用禅宗里"顿悟"和"渐修"的区别来说明，这是一个从"渐修"到"顿悟"，从"顿悟"再到"渐修"的过程。对一个现象真正的理解首先需要对这个现象感兴趣，开始去关注这个现象，但是提出一个新的理论，是需要有一个"顿悟"的"飞跃"，单单有对现象的关注、资料的收集、分析、归纳的"渐修"，如果没有"顿悟"的飞跃，并不一定能够直指人心见性成佛，在成千上万的各种可能的社会、经济变量中，认识出造成这个现象发生的最重要的外生变量，提出对现象背后形成的逻辑真正有解释力的理论；然而，在提出了一个理论后，还要有一个"渐修"的过程，也就是需要将这个理论做各种推论，然后看这些推论是否和各种已知的和新收集的经验事实一致，如果都一致才能说是提出了一个新的理论，如果不一致就代表提出的理论有问题，必须再去寻找其他可能的外生变量和解释。1988 年我初次提出比较优势战略的理论体系，固然有先前对改革前后发展绩效差异，以及亚洲四小龙发展迅速其他发展中国家困难重重的多年思考，但是，这个理论体系的提出并不是靠理论模型一步、一步的推导得来的，而是在那年秋天应邀在一个新的时事杂志的出版发布会上做讲话，当时国内经济一放救活，出现过热，在准备会上的讲话时，为了解释这个现象，灵机一动，突然悟到要素禀赋结构、产业与技术选择和各种制度扭曲之间的关系。其实一位经济学家提出一个能够解释新的经验现象的新理论时，通常是在这位经济学家"悟"到了这个现象背后的决定性外生变量，然后才根据这个变量来构建和其他给定的外生变量以及内生变量之间的逻辑关系，而不是靠某些模型一步一步推导出来的，如果没有这种见性成佛的"顿悟"，一个理论模型中可以有各种不同的变量，只要保留在模型中的变量或某些假设的条件不同，理论模型是可以有任何不同的结论的，那么，是难于提出有意义的新理论的。

至于需要由多少的"渐修"才能产生"顿悟"的飞跃，可能因人而异，《中庸》里把知分为"生而知之、学而知之、困而知之"。"生而知之"的人不需要靠大量的数据收集、归纳的渐修，一见到现象就能够明心见性，直接产生这种认识的飞跃。我在芝加哥大学学习时，那里的训练特别强调对问题的直觉（Intuition），直觉也就是从现象中直接认识背后的重要外生变量和因果关系的顿悟的能力，我有幸直接观察、学习那些知名教授怎样提出问题、思考问题。在直接认识现象的能力上也许我比你们"先知"，"先知觉后知"嘛，为什么要一而再、再而三的和各位谈方法论的问题就是希望你从"学而知之，困而知之"逐渐培养"生而知之"的能力。《中庸》里又说，"及其知之一也"，不管是通过什么方式得到的"知"，只要你"知"了以后，就能真的做到"应用之妙，存乎于一心"。用经济学的方法来认识、分析问题不是很难的，哪里还有比经济学的方法更简单的东西呢？（同学笑声）。构建数学模型是有一定难度，但是，要将现象背后的逻辑讲清楚是很简单的。

盛柳刚：我们学生进行经济研究的时候，一般需要阅读文献、观察经济现象，写出内部逻辑一致的模型，但是我们的着力点应该在哪里？

林老师：在不同的阶段，着力点应该不一样。在目前阶段，你们作为学生，首要的着力点应该在于做好经济学和数学的基本训练，将各种基本训练做好，各种理论、文献尽量多学、多看一点，我想学生阶段相当程度是做这些工作。通过日积月累，就像朱熹在讲"格物致知"时谈到的，"用力日久而一旦豁然贯通"，我希望你们有一天能够达到豁然贯通。要达到豁然贯通必须在心里有一定的追求，要去了解经济学到底是什么，经济学所学为何，这些问题必须时常放在心里。如果内心没有这种追求，没有像孟子所说的"必有事焉"，时常将这些问题萦绕在心里，很可能就难于有豁然贯通的一天。

到了毕业了，应该在什么地方用功？一位好的经济学家，对于任何一个经济现象，应该有能力很快认识到谁是决策者，决策者的选择对象是什么，选择对象的特性是什么，要认识到几种选择之间的机会成本，相对效益等。所以，要成为一位好的经济学家，必须在认识各种社会、各种群体、各种选择对象的特性上多下工夫。比如说农业生产有不同于工业生产的特性，农业生产散布的空间大，受自然因素的影响较大，生产周期长，而工业生产是在工厂里，时间短，随时有产出。我们在读各种理论时要特别注意这些特性的描述，在日常生活工作中也要特别注意周遭的各种事、物的特性。如果平常对各种条件、环境、选择对象的特性非常注意，在观察新的现象的时候，就可以从已知之理去推测未知之理，从已知的现象去推测未知的现象，这样就会比较容易构建一个可能能够解释现象的理论模型。

一位好的经济学家必须具备四种能力和一种心态：这四种能力，首先是知道经济学的本体是什么；其次，观察一个现象时要有能力很快掌握住和这个现象相关的决策者是谁以及决策者所面对的各种约束条件、各种选择的特性；第三，要有能力构建内部逻辑一致的理论模型，最好是简洁的数学模型；第四，要有用计量方法来检验理论模型的推论的能力。如果具备了以上四种能力，就可以写出很好的，可以解释经济现象的经济学论文，而且是可以推动社会进步的经济学论文。我想，构建模型和计量检验的能力是你们现在学的最多的，但是，能不能从构建模型中体味出千变万化的模型背后共同的东西，能不能将这一部分认识转化为真正存于心里的东西，这也就是所谓"知道"和"悟道"的差别所在。"悟道"和"知道"之间有什么差别？"知道"就是说你把经济学理论作为一种知识，"悟道"则是把经济学的本体变成为思维的方式。"知"是放在口里面的，你会说；"悟"是放在心里面的，"悟"是"吾心"。也就是说真的"悟"了以后你自然就这么样思维了。我希望你们能够真的悟了，学现有的有关经济学的文献，从有关经济学的文献中悟经济学的本体，学理论模型时留意各种事物的特性，每种选择的风险、机会成本等。等到能够把经济学的思维方式运用自如时，真正需要用功的地方是了解各种现象的特性，而不是学经济学的理论。

除了上述四种能力之外，要成为一位好的经济学家还必须有一种"常无"的心态，这是一位学者所需要具备的最重要的素质，作为学者，我们不能不学习现有的理论，也不能不从观察到的现象中不断总结出理论，但是，一个学者在学习现有的理论时要有批判的态度，去观察一个现象时，要不被现有的理论，包括自己过去提出的理论的束缚，才能真正的了解事实，提出真正可以解释现象的理论，这个道理在《老子》中讲得最好。《老子》开宗明义讲"无"（尚未认识的现象）和"有"（可以解释现象的理论）"同出而异名，同谓之玄，玄之又玄，众妙之门"。意思就是说，"有"和"无"同样是"道"的表现形式，都可以称之为"玄"，了解一切现象的法门（众妙之门），就是不断从"无"中去发现"有"，但是"道"是生生不息的，不断变动的，所以，需要"玄之又玄"，也就是要"有了又无，无了又有"，换句话说，就是不断地以"无"的心态去观察世界以认识世界已达到"有"的境界，但是又要不断的放弃现在的"有"的认识，重新抱着"无"的心态去观察世界，才能不受"前识"的束缚，而真正认识到"道"的奥妙。我发现在经济学的学习中，这是一种非常重要的态度，同样一个选择在一个国家是最佳的选择，但是在另外一个国家却是很糟的，以发展战略的选择为例，日本在60年代中选择汽车产业优先发展是一项符合其要素禀赋结构所决定的比较优势的决策，因此取得很大的成功，但是印度和中国在50年代选择同样的汽车产业优先发展政策却是失败的，因为印度和中国当时的要素禀赋结构水平低，这样的战略是赶超的，所以是失败。同样，在一个国家里，在一定约束条件下，做了一个最佳的选择，而到了下一期约束条件可能变化，同样是最佳选择，下期的选择和上期的选择很可能不同，例如，同样是乡镇企业，在我国刚开始改革开放的80年代取得了很大的成功，农村地区有"无工则不富"之说，但是到了90年代末，乡镇企业越多的村镇则负债越重，原因在于80年代我国还是一个短缺经济，乡镇企业虽然在公司治理、技术水平、产品质量上有许多问题，但是皇帝的女儿不愁嫁，取得很大成功，但是到了90年代末，我国出现了生产能力普遍过剩，市场竞争激烈，乡镇企业的产品难于和新建立的三资企业、民营企业竞争，因而纷纷破产。所以，一位好的经济学家必须把过去所知的各种现象以及根据这些现象提出的理论都视为"前识"，永远以常无的心态来观察现象，才能真正掌握"理性"的奥妙。

盛柳刚：我们观察经济现象时，可以获得的直接经验，比如通过考察国企，也可以通过间接资料获得对事实的了解，这个主要是靠阅读文献，那么我们如何从文献中获得无偏的事实性资料？举例说，关于中国1959 – 1961年的农业危机，我们对于当时现实的了解很大程度上是基于您对农业危机的理解，也就是说我们对农业危机的"事实"在一定程度上是经过您加工了的，我们如何区分这种经过加工的"事实"与事实本身？

林老师：任何理论都属于"瞎子摸象"，每位经济学家所提出的理论都是建立在他所摸到的事实，但是，经济学家所摸到的事实不一定是事实的全貌，所以，做学问要常无，要在不疑处有疑，如何才能在不疑处有疑？当你看到一个理论时，首先要根据理论的逻辑做一些推论，除了主要的推论，还要看次要的第一层、第二层、第三层……的推论是否和作者提供的以及你自己所知的事实相符合，如果有不符合的地方，那么，就不应该接受这个理论，而应该根据自己的理解提出可以和这些事实都相符合的新的解释。而且，即使现有的理论的各种推论都和已知的事实相符合，也应该想想看有没有其他可能的竞争性假说，然后，进一步收集资料来检验现有的和新提出来的假说。

不仅学习现有的理论要有常无的心态，直接去考察事实时也必须有不受现有理论束缚的常无之心。例如，有许多企业理论讲一个企业如果有预算软约束或是有公司治理的问题就会没有效率，去考察国有企业时，不难发现许多国有企业确实有预算软约束也有公司治理的问题，因此，许多学者就认为国企的问题在于预算软约束和公司治理，但是，国企的预算软约束和公司治理问题是内生于国有企业的政策性负担的，要是在考察国有企业的问题时如果不能有"常无"的心态，而是从现有的企业理论出发来考察，那么，就很难看到更深层的政策性负担的问题。所以，直接去观察事实时，也要从谁是决策者，决策者面临的约束和选择出发来考察问题，而不是从现有的理论出发对号入座来考察。

邢兆鹏：我认为把握经济学的本质之后去观察事实的话，是主体在一定限制条件下的提炼，如果我们提炼的限制条件和所做的假设能够解释这种现象的时候，就说明我们的知识是正确的，如果我们过一段时间再去提炼它的限制条件，就有变化，可能完全不同。

林老师：对，一个理论在一种状况下可能是正确的，在另外一种状况下可能就不正确。随着时间的变动，条件约束和目标选择可能发生变化，我们就应改根据新的状况重新做分析，提出新解释。这就是我前面所说的"玄之又玄""常无、常有"的态度。

盛柳刚：做经济学研究，不仅仅需要方法论的指导，也需要一种发现问题的目光，我们看林老师写的好多文章，不仅文章写得好，而且选题也非常好，比如说三年农业危机，我们在做研究时，有时候发现问题不错，可是觉得没有能力把握，但自己有能力把握的问题，有时候却显得很没有意义。你觉得如何才能达到两者比较完美的结合？

林老师： 首先，这跟眼光和胸襟有关，王阳明在还是小孩时写了一首诗"山高月远觉月小，便道此山大于月，若人有眼大如天，还道山高月更阔"，如果没有大如天的法眼，即使看到了月亮，也发觉不到月亮比山大，只有关心国家、社会、人类命运的人，才能把握住大的历史、时代的机遇。其次，能力决定于个人的先天禀赋和后天的努力，如果从小就有直接观察现象、从现象中自己找答案的训练，那么把握现象的能力就高，如果从小都是从书里面去找答案，遇到问题就去查书，那么，碰到实际问题肯定是束手无策。不过，只要有心去学，任何时间开始都不迟，从"困而知之"变成"学而知之"嘛，等到一旦豁然贯通以后对现象的骨骼和枝节一览无余了，就可以掌握全局，变成和"生而知之"一样了。孔子自己说是到 70 岁才"随心所欲，不逾矩"达到"生而知之"的境界，有人说孔子这是谦虚，他应该是生而知之。但至少他自己讲"三十而立，四十而不惑，五十而知天命，六十而耳顺，七十而从心所欲，不逾矩"，是逐渐在生活实践中不断提高才达到"生而知之"的境界。你们现在就有直接从现象的观察中提出理论的能力最好，如果没有也不用着急，只要有心，可以从"困而知之"开始，到"学而知之"，到"生而知之"，"及其知之一也"，不过，必须要有心学习才可以，孔子说"不愤不启，不悱不发"，如果你们不是有心学习，那么，老师再怎么努力也无法帮助你们达到豁然贯通的境界。

盛柳刚： 关于经济学家的良心，也就是实证经济学和规范经济学。目前国内经济学界尊称吴敬琏为"中国经济学的良心"，因为他比较关心福利问题。那我们前面的讨论是从实证经济学理论方面的创新和贡献来讲的，但对于现实来讲规范经济学也非常重要，您能不能谈谈经济学家的良心问题？

林老师： 我们作为社会中极端幸运的少数人之一应该有张载所说的"民胞物与"的胸怀，关心社会的弱势群体、社会的公正、社会的收入分配等等问题。作为有社会责任的经济学家，我们对于社会不公的现象不能只停留在口头的批评，也不能像有些社会活动家那样有"反富"的心态，主张用劫富济贫的方法去帮助穷人，那会牺牲效率，最后，穷人也得不到好处，因为如果富人的钱得不到保障，谁会去努力工作，没人努力工作，经济就不会发展，那么，即使把富人的钱都分配给穷人，穷人花光了钱后还是穷人。我认为有社会责任感的经济学家，应该透过对人的理性的掌握和现实问题的实证研究来倡导一个制度环境使每一个人的理性选择也同时达到社会理性的目标。我们知道穷人可以用来赚钱的只有他自己的劳动力，而富人除了劳动力之外还有资本，在像中国目前这样劳动力相对多、资本相对稀缺的发展中国家，如果按照我在发展战略的对话中所阐述的那样创造一个充分竞争的市场环境和有关的其他制度安排，那么富有的资本家为了追求他个人财富的增加，就会多发展劳动密集型的产业，这样穷人仅有的劳动力就能得到最大的就业的机会，就能分享经济发展的果实，而且，整个经济在国内、国际市场会有最大的竞争力，能够创造最大的剩余，进行最大的资本积累，这样劳动力就会逐渐从相对丰富变为相对稀缺，资本从相对稀缺变为相对丰富，劳动力的价格会逐渐提高，资本的报酬逐渐降低，那么，穷人和富人的收入差距将会随着经济的发展而逐渐缩小。比较优势的发展战略以产品和要素市场的充分竞争为前提，所以，创造一个能够按比较优势来发展经济的政策环境，是"授人以渔"，而非"授人以鱼"的办法，在这样的制度环境中，再鼓励创造一些政府的和非政府的机构去照顾那些没有工作能力或是失掉工作能力的鳏寡孤独，这样就既能兼顾效率，又兼顾收入分配。反之，一个经济学家如果鼓吹赶超战略，而政府接受了这种意见，那么这个战略所要发展的产业资本过度密集，投资很大，创造的就业机会很少，只有劳动力的穷人就不能得到充分的就业机会，工资水平难于提高，不能分享经济发展带来的好处。而且，政府所要优先发展的产业不符合这个经济的比较优势，这些产业中的企业在开放竞争的市场中没有自生能力，只能靠政府的保护补贴来生存。由于投资规模大，除非像社会主义国家全部由国家来稿，否则能投资到这些产业中的人必然是富人，而政府保护补贴这些没有自生能力的企业的钱，只能来自于不被保护的产业的明的税收或暗的价格剪刀差，在这些不被保护的产业中的人是收入较低的人，这样赶超战略不仅减少了穷人的就业机会，而且还要由低收入人群的税收来补贴富人的企业的发展，收入分配将会更为不平均。不仅如此，赶超战略是不可持续的，最后经济必然停滞，发生危机、崩溃，在经济发生危机时穷人是最大的受害者。我国有句成语"扬汤止沸不如釜底抽薪"，对穷人的救济、扶持是需要的，但是这样的行动只是扬汤止沸，我认为经济学家的最大良心在于推动一个让每个人的能力能够得到充分发挥，每个人在追求自己的福利的增加的时候也同时增加了整个社会的福利的制度环境。

盛柳刚： 您提出的经济学家的社会良心在于创造一个制度环境以让每个人在追求自己的利益的同时也创造社会最大的利益的看法很新颖，可是在苏联东欧的转轨中，流传一个笑话说美国国防部所拥有的最具破坏力的秘密武器是经济学家，这固然是一个笑话，但是，也反映一定的事实，我们如何才能成为一位对社会进步做贡献，而不是一位破坏社会进步的经济学家？

林老师：确实在这个社会中"好心干坏事"的情形很多，就像《二十年目睹之怪现状》中所说的那样，"天下事坏于奸臣贼人手里十之二三，坏于不明事理者手里十之七八"。作为一位转型中国家和发展中国家的社会精英，我们负有推动这个社会的变革和发展的责任，但是一位社会精英如果不明事理，那么知识越多、能力越大，对社会的破坏力也会越大。在推动社会发展和变革时，过于保守将会一事无成，过于激进则"过犹不及"产生的破坏可能比保守还大，但是要做到朱熹在《大学集注》中提出的"处之无有不当"，必须做到"知之无有不明"。读书所以明理，作为一位以天下为己任的知识分子一定要把书读通，在追求社会变革时应该把握住以下四点：

第一，要分清楚内生变量和外生变量的差别，在推动社会进步时，要有效的改变内生变量必须从改变决定内生变量的外生变量着手，如果不改变外生变量而想去直接改变内生变量，那么，不仅会事与愿违，而且，很可能把事情搞得更糟。例如，发展中国家和发达国家在产业、技术结构上以及社会、政治制度上和发达国家有很大的差距，发展中国家的产业、技术以及制度看起来都比发达国家落后，一个发展中国家要成为发达国家，产业、技术水平的提升，以及社会、政治制度的变革都是必须的，但是，一个国家的产业、技术结构是内生于这个国家的要素禀赋结构，如果不提高这个国家的要素禀赋结构而试图直接去提高这个国家的产业、技术结构，结果就是拔苗助长的赶超，二次世界大战以后，许多社会主义国家和发展中国家为此付出了巨大的代价。同样，一个国家的社会、政治制度确实对一个国家的经济发展、社会公正确实有巨大的影响，但是，从诺贝尔奖获得者诺斯和最近的麻省理工学院的 Acemuglu 和 UCLA 的 Sokolof 等人的研究说明一个国家的社会、政治制度是内生于这个国家的文化传统、收入分配等，如果不从这些外生变量着手，那么，即使移植了发达国家的先进制度也顶多是"淮南为橘，淮北为枳"的结果，很多人把美国的强盛归功于美国的宪法，诺斯有篇文章谈到拉美国家的宪法是照搬美国的宪法的，但是并没有产生同样的功能，讲的就是这个意思。那么，作为有责任感的知识分子，我们到底怎样才能有效的推动社会、制度的变革？文化传统当然不是可以在短时间里产生质的变化的，所以，能够比较有效改变应该是在收入分配上，而收入分配的改变，也不在于剥夺富人的财产将之重新分配给穷人，这样会把婴儿和洗澡水一齐倒掉。我想有效的办法，是利用发展中国家在技术上的后发优势，按照比较优势来多发展劳动力密集的产业，这样低收入人群的收入和在总分配中的份额会随着经济发展而增加，收入分配趋于改善，社会、政治制度的变革也就水到渠成。弄清内生和外生变量不仅在推动一个发展中国家的发展上至关重要，在推动一个计划经济国家向市场经济国家的转型上也同样重要。转型中国家的许多制度安排是效率很低的，但是这些扭曲的制度安排是内生于赶超战略下扶持没有自生能力的国有企业的需要的，因此，如果不从解决国有企业的自生能力着手，而想以休克疗法一下子把所有制度扭曲都消除掉，就会产生经济学家是美国国防部的最秘密武器的那样的好心干坏事的结果。

第二，在外生变量中还要分可变动的外生变量和不可变的外生变量，要有效的改变内生变量只能从可变的外生变量中着手，就第一点讨论的制度问题为例，一个国家的制度内生决定于这个国家的收入分配和法律、文化传统等，法律、文化传统是给定的、不可改变的，而收入分配则是可以通过不同的发展战略、技术选择来改变，所以，要有效的改变一个国家的内生制度，应该从可以改变收入分配的发展战略选择为下手点。由于每个国家都有一些对内生制度的形成有影响，但是不可改变的外生变量如法律和历史文化传统，而不同的国家有不同的不可改变的外生变量，所以，一个发展中国家变为发达国家以后，其社会、政治制度和英、美发达国家的社会、政治制度还是会有许多差异的。相同的道理，一个国家的产业、技术结构除内生决定于该国的要素禀赋结构外，还决定于该国过去的产业、技术的选择，所以，当产业、技术结构随着要素禀赋结构的提升而提升时，也会出现路径依赖的情形，但是，过去的产业和技术是不可以改变的外生变量，所以，要最快的提升内生的产业、技术结构只能从选择能够最快的积累资本，提升要素禀赋结构的发展战略着手，而同一要素禀赋结构的国家的产业、技术结构会有不同，这在于对过去的产业、技术的差异和产业技术发展的路径依赖。

第三，一个变量到底是内生的还是外生的，并非一直不变，必须要以分析的问题以及所在的环境、条件等而定。以要素禀赋为例，就每一个时点的产业、技术选择而言，它是外生给定的，但是，要素禀赋提高的速度是这个经济中每一期生产的剩余量的多少以及储蓄倾向的高低决定的，所以，从动态的角度来看，要素禀赋结构的高低又是内生的。又如，发达国家现在所用的技术已经处于世界可用的技术的最高水平，他们只有自己投资于技术的研发，才能推动技术边沿往外扩，取得新的、更好的技术，所以，对于发达国家来说技术可能边界取决于他们的研发的力度是内生的。但是，对于一个利用后发优势的发展中国家来说，技术的创新主要来自于利用和发达国家的技术差距以引进为主，由于技术可能边界是由发达国家的研发力度决定的，而不是由发展中国家的自己的努力决定的，所以，对于发展中国家来说技术可能边界是给定的、不可改变的外生变量。但是，对于发展中国家来说，在技术可能边界内的各种可能技术到底该引进哪种技术才合适是决定于其要素禀赋结构和现有的产业结构的特性，所以在技术的采用、引进上又成为内生的。

第四，经济学的原则必须变为具体的经济政策才能发生作用，但是一个具体的经济政策，是否合乎经济学的基本原则并不能从这个政策本身得到结论，而必须就政策所运用的国家的具体状况而定。在上一个问题中我强调了发展中国家遵循比较优势来发展经济对改变要素禀赋结构和收入分配，以及由改变要素禀赋结构以及收入分配来提升产业结构，改善社会、政治制度环境的重要性，但是，和一个变量是外生的还是内生的不能先验的决定一样，具体的产业发展政策是否符合比较优势也不能先验的决定，例如，以我在发展战略对话中所举的汽车产业优先发展战略为例，日本在 60 年代中提出时其人均收入按购买力平价计算已经达到美国的 40%，是符合其要素禀赋结构的提升所要求的产业结构的提升的，是属于比较优势发展战略的，所以，虽然日本的通产省只支持日产和丰田两家汽车厂，本田等 10 余家其他企业不顾通产省的反对，在没有任何政府扶持的情况下进入也能够获得成功；而同样的汽车产业优先发展战略，中国和印度在 50 年代提出时，其人均收入按购买力平价计算只有美国的 5% 左右，这个战略却是赶超的，所以，中国和印度的汽车厂直到现在还只有在政府的高关税保护下才能生存。同样的，在经济转型过程中，也有许多在一个国家非常成功的政策，在另外一个国家不成功、甚至带来灾难性的后果。例如，我国在 1979 年开始推行的家庭联产承包责任制取代了集体的生产队制度，极大地提高了农民生产的积极性，农民增产增收，对我国改革的成功产生了重大的作用。1988 年戈尔巴乔夫也在苏联推行同样的制度，条件比中国更优惠，承包期长达 50 年，但是苏联集体农场的农民竟然无人接受，原因是苏联的农场规模大，和市场距离远，每个农场必须要有大量的耕作和运输的资本投入才能运行，单家单户的农场没有这些资本投入，即使变为个体农场后积极性提高也无法经营，所以，无人接受。另外，休克疗法，80 年代在玻利维亚推行非常成功，但是 90 年代却带来了苏联东欧经济的崩溃，原因在于玻利维亚是一个小国，政府能够支持的没有自生能力的企业少，休克疗法以后，这些企业破产带来的社会冲击小，而苏东没有自生能力的企业数量多、规模大，休克疗法带来的冲击超过了社会的可承受程度而造成巨大的混乱和生产力的破坏。不仅在一个国家成功的政策，在其他国家不见得成功，在同一个国家先前成功的政策在后来也不见得成功，例如我国的乡镇企业，80年代曾经非常辉煌，创造了农村"无工则不富"的经验，90年代初被作为典型经验在全国推广，可是，后来建立起来的乡镇企业到了90年代末大量破产，造成了农村大量的负债。原因在于80年代我国是一个短缺经济，乡镇企业的技术水平低、产品质量差但是不愁没有市场，到了90年代末，我国由短缺经济变成了生产能力普遍过剩，在激烈的市场竞争下，乡镇企业难于和技术水平高、产品质量好、产权明晰、公司治理结构较好的三资、私营企业竞争，所以，纷纷破产。

由于以上第三、第四点原因，一个经济学家在推动社会经济发展和社会变革时和在从事经济研究时一样，对现有的理论和经验必须有"常无"的心态，只有这样在分析问题时才能达到朱熹所提的"析理则不使有毫厘之差"，提出的政策主张达到"处事则不使有过不及之谬"。在作为人生理想的追求时谈谈主义是需要的，但是在具体处理问题上，我很赞成五四时期胡适提出的"多谈问题，少谈主义"的主张，如果能够对经济学的本体能够有很好的把握，并秉持这种态度来研究问题，就不难达到"体用不二""即体即用"的"无过不及"的境界。即使达不到这样的境界，只要不照搬理论和经验，不以意识形态化的方式来处理问题，那么，任何问题背后都有造成这个问题的逻辑，只要能用实事求是的态度去分析这个问题产生的前因后果，那么，提出的解决方案、政策就会沿着应有的逻辑前进。以我国从1978年底开始的改革、开放为例，虽然当时我国并没有称得上是大师级的经济学家，绝大多数的变革又是由没有受过经济学训练的政府官员和普通工人、农民根据邓小平所说的"摸着石头过河"的哲学来进行的，但是，现在回顾起来，我国的改革却是非常有效率地沿着向完善的市场经济的方向迈进。前苏联、东欧在改革时虽然请了许多哈佛大学、麻省理工学院大师级的经济学家去帮他们设计，但是，用休克疗法的结果却导致社会经济的崩溃，即使到今天有不少国家的经济发展还达不到10年前尚未转型时的水平，你讲的笑话说得就是美国的一些经济大师在苏联东欧改革中所产生的实际效果。所以，作为一位有责任感的社会精英，我们一定要从你提的这则笑话中吸取教训，不要书越读越傻、越意识形态化。

盛柳刚：作为这次对话的结尾，我想向您请教您曾说过的一句话——"21世纪是中国经济学家的世纪"，为什么您如此乐观？

林老师：21 世纪是中国经济学家的世纪，为什么我这么乐观呢？这是从经济学理论的特性推论来的。理论是用来解释现象的一套几个变量之间的简单逻辑关系，既然是简单的逻辑关系，那么怎么知道哪个理论是重要的？哪个是贡献大的？其实，理论贡献的大小是决定于理论所要解释的现象的重要性。我的这个看法是根据经济学科发展的历史经验归纳得来的。从亚当·斯密经济学成为一门独立的社会科学以后一直到第一次世界大战，世界上绝大多数的经济学大师不是英国人就是在英国工作的外国人。到了 20 世纪 30 年代以后，领导世界经济学思潮的大师，绝大多数不是美国人就是在美国工作的外国人，这种经济学大师产生的时空的相对集中，其实是因为从工业革命以后一直到一次世界大战，英国是世界的经济中心，而从一次世界大战以后世界的经济中心逐渐转移到美国来。发生在世界经济中心的经济现象对全世界经济的影响比发生在其他周边国家的经济现象的影响大，因此，解释发生在世界经济中心的经济现象的理论的影响也就大，因此，在世界经济中心工作的经济学家对这个中心的经济现象的观察和理解有近水楼台之便，所以，领导世界经济学思潮的经济学家，绝大多数出现在世界经济中心工作的当地或是外国学者。我相信中国很可能在 21 世纪再度成为全世界最大、最强的经济体，发生在中国的经济现象也就会成为世界上最重要的经济现象，到那时解释中国经济现象的贡献就像现在解释美国的经济现象或是一次世界大战以前解释英国的经济现象一样，会被认为是对经济学科的发展做出的最重要的贡献，所以世界经济学的研究中心将会随着中国经济在全世界经济中地位的提高而逐渐转移到中国来，我们将会迎来世界的经济学大师辈出于中国的时代的到来。

一般我把经济学家分成三个层次：一个层次叫"经济学教授"，一个是"经济学家"，一个是"经济学大师"。一位好的"经济学教授"必须对现有的理论、文献非常的熟悉，能作很好的归纳、总结，并能够很好地讲解。如果对现有的文献不熟悉、理解的不透彻，那就不是好的"经济学教授"。一位"经济学家"则要求能够根据新的现象提出新的理论，对经济学科的发展做出贡献。"经济学教授"和"经济学家"的差别就像"画匠"和"画家"的差别一样。"画匠"能够把别人的画重新绘制的非常的好，或者说能够把传统的技巧掌握的非常好。"画家"则要求能够推陈出新，不管是从意境还是构图上面有所创新。"经济学教授"和"经济学家"的差别也是这样的，学习现有的文献、理论只能够成为"经济学教授"，要成为"经济学家"必须从研究现象开始，从那些不能被现有的理论解释的现象中提出新的理论来。和"经济学大师"相比，"经济学家"的贡献是一个个小理论，从每一个小理论来看是内部逻辑自洽，而且理论的推论和所要解释的现象也是一致的，但是每个理论之间经常会打架，无法形成一个"一以贯之"的体系。"经济学大师"的贡献则是创建一个新的理论体系，这个理论体系里面包容很多新的小理论，这些小理论分开来可以解释这个时代的许多新的现象，合起来则成为一个"一以贯之"内部逻辑自洽的理论体系。只有掌握了导致一个时代变革的最外生变量，并以此作为逻辑出发点，才能构建一个既能解释这个时代的许许多多现象，又是内部自洽的理论体系，而只有具有大的胸襟和眼光，才能够从各个不同的现象中去发现这些现象后面共同的具有决定作用的外生变量。中国的改革发展出现了很多现有的理论无法解释的现象，随着中国经济地位的提升，这些现象的重要性越来越大，这是一个呼唤大师的时代，我真的希望你们能够抓住 21 世纪中国经济为大家提供的机会，成为领导世界经济学思潮的大师。这样的努力既有利于自己的事业和经济学科的发展，也会有利于中华民族的复兴。

（本文原载于《东岳论坛》2004 第 25 卷第五期。）

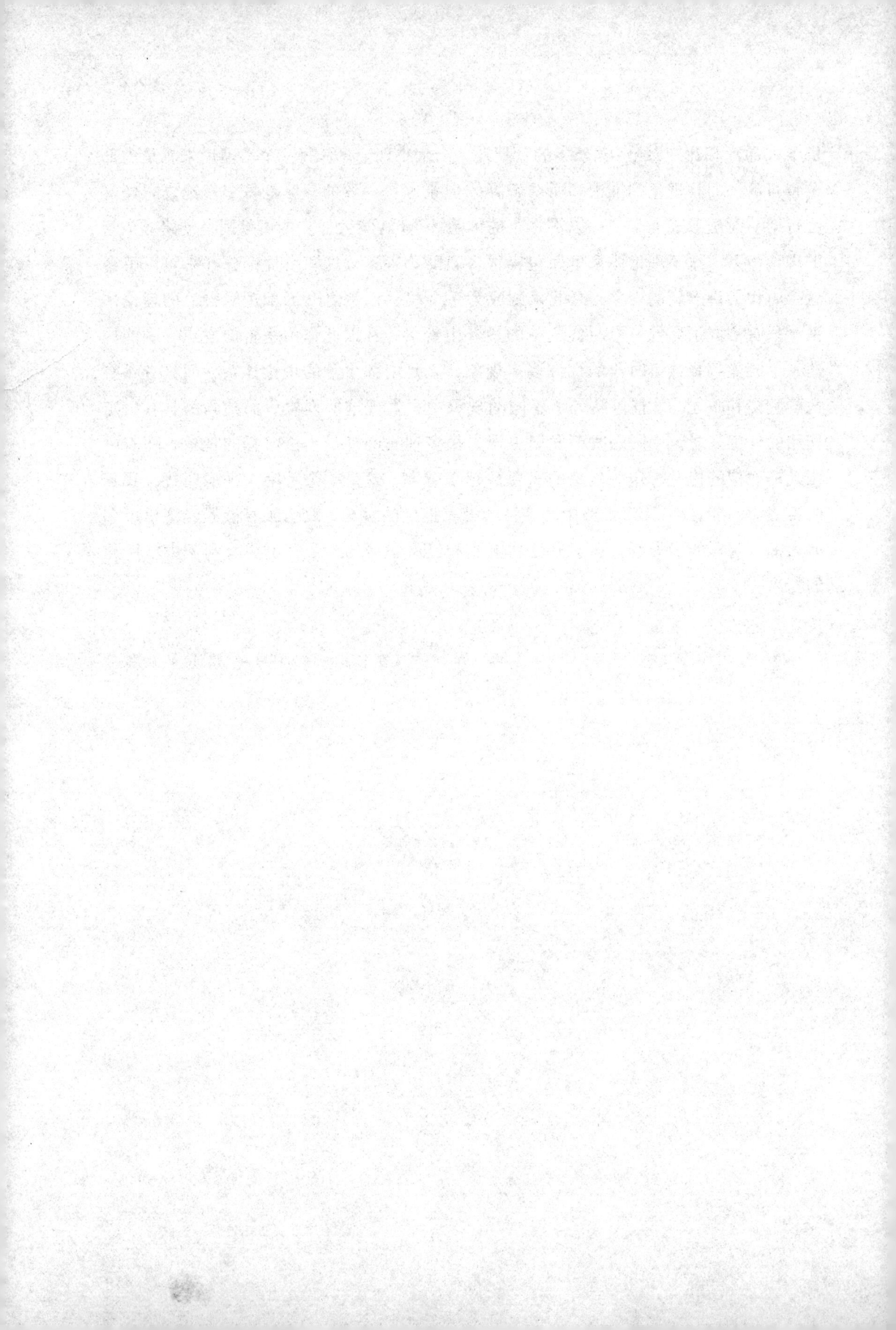

专题论文

经济学与金融学的数学表象：
哲学偏好，数学简化与经验相关

陈 平[①]

【摘要】

正如凯恩斯所说，古典经济学类似于欧几里德几何学，但现实却是非欧几何学。如今，我们掌握的大量证据表明，市场运动是非线性、非均衡的，而且经济行为本质上是集体性的。然而，主流经济学和计量经济学仍然被线性、代表性主体的均衡模型所主导。经济学中的一个关键问题是竞争性数学模型的选择标准问题。经济学家们可能根据自己的哲学偏好、数学美或计算的简洁性选择自己偏好的数学表象。依据物理学的历史经验，我们用经验相关性来选择适当的数学，为更好描述现实所付的代价是增加数学维度和计算复杂性。我们可以比较经验特征和历史意蕴来评价数学表象的效能。近来金融危机等历史事件揭示了高级数学表象的比较优势。科技进步使数学表象和经济思想的哲学演变更容易实现。

---

① 陈平，复旦大学中国研究院研究员。本文是 2014 年 6 月 13 日作者在意大利罗马大学哲学系举行的专题研讨会《金融、数学和哲学》上的发言。英文稿发表在：ChenP. "Mathematical Representation in E-conomics and Finance：Philosophical Preference, Mathematical Simplicity, and Empirical Relevance" in Emiliano Ippoliti and Ping Chen Eds. *Methods and Finance：A Unifying View on Finance, Mathematics and Philosophy*, in SAPERE Series（Studies in Applied Philosophy, Epistemology and Rational Ethics）, Springer, Berlin（2017）。这次国际研讨会不仅邀请了不同学派的经济学家，而且邀请了不同流派的经济物理学家和复杂科学家参与辩论，是 1980 年代复杂科学和非线性经济学诞生以来，首次在数学与哲学层次研讨金融和经济学的基本问题。会后，会议的组织者依坡里提教授邀请本文作者共同主编会议文集，已于 2016 年 12 月在柏林的斯普林格出版社出版。作者获得主编同意，在中国发表扩展的中文本。中文译者为曲阜师范大学经济学院的副教授任洲鸿和讲师王兴华。两位译者为中文本增加了许多英文版没有的数理概念的说明，以帮助没有相应数理基础的读者理解复杂经济学和经济物理的前沿进展。作者对中文本做了校定。

一、引言：经济数学错在哪里

20 世纪 70 年代，科学范式开始了一场平静的革命①，80 年代以来，这场革命对数理经济学的影响渐增。② 非线性动力学和非均衡物理学的进步从根本上改变了我们从生命起源到宇宙演化的观念。然而，主流经济学不愿去适应新兴的复杂性科学及其在经济学中的应用。在 2008 年金融危机前后，对于经济学的过度数学化以及它模仿物理学的努力，受到严厉的批评。③④⑤ 但是，几乎没有人指出经济数学有什么错。克鲁格曼谴责经济学"误把美当作真"⑥。然而，他并没有讲清楚如何判断经济学中的美与真。

作为一个物理学家，我提出一个更基本的问题：经济学为什么需要数学？有两个可能的答案：第一，运用数学作为一种工具来发现大量数据之中的规律，就像物理学家或医生分析实验或观察数据时那样把经济学作为实验科学来做。第二，运用数学作为一种语言来表达一个概念或信念，这样人们可以将经济学的人文社会范式披上科学的外衣。在新古典经济学中可以明显看到第二种动机。

人类社会的任何问题，都会有不同的解答，我们在理论上就总是有不同理论的竞争。这样，我们做研究时就会提出另一个问题：基于同一组数据，在若干竞争性的数学表象中如何选择一个自己偏爱的模型？我们有两种可能的选择：可以根据经验相关或数学美感来选择一个数学模型。这也正是本文所要讲的主题。

将数学引入经济学是一种进步。在 20 世纪 30 年代大萧条之前，经济学的辩论主要使用历史故事和哲学论据来展开。大萧条之后，政府和企业收集的经济数据

---

① Prigogine, I. *Order Out of Chaos*: *Man's New Dialogue with Nature*, Bantam (1984).

② Chen, P. *Economic Complexity and Equilibrium Illusion*: *Essays on Market Instability and Macro Vitality*, London, Routledge (2010).

③ Mirowski, P. *More Heat than Light*, *Economics as Social Physics*, *Physics as Nature's Economics*, Cambridge University Press, Cambridge (1989).

④ Fullbrook, Edward, *A Guide to What's Wrong with Economics*, Anthem Press, London (2004).

⑤ 布鲁奇·罗斯威. 经济学家"炮制假设"，BBC 新闻采访写给女王联名上书的十大知名经济学家之一，反对经济学教育过多的数学训练。2009 年 8 月 15 日：http://news.bbc.co.uk/today/hi/today/newsid_8202000/8202828.stm

⑥ Krugman, P. "How Did Economists Get It So Wrong?" *The New York Times*, Sept. 2, (2009).

数量越来越多。对数据分析的需求促进了统计学和数学在经济研究中的广泛应用。新古典经济学中的 IS-LM 模型成为财政政策和货币政策辩论中的常用术语。不仅如此，自 20 世纪 50 年代起，经济数学开始主导学术界和高等院校的经济学课程。均衡学派主要依靠经济数学的知识力量，推广了自由资本主义对市场实现自稳定的信念，该学派采用的数学表象的武器，就是线性需求曲线和供给曲线所形成的唯一均衡。然而，同样崇尚市场自由主义的奥地利学派则强调经济系统的有机性质非常复杂，不可能用简单的数学模型描写。奥地利用方法论的哲学论据来反对新古典的数理模型。与他们不同的是，演化论学派自 20 世纪 80 年代以来一直致力于将非线性动力学和演化机制相整合，即用更高级的数学模型来表达更复杂的经济思想。

如今我们面临方法论和哲学两方面的挑战：究竟哪一个学派能让人更好地理解当代重大的现实问题，诸如经济周期、经济危机、经济增长和稳定政策等等；在经济学和金融学的定量研究方面，哪一种数学表象是更好的工具？

在本文中，我们将展示各种不同的数学表象和它们要表达的互相竞争的经济思想，并讨论经济哲学中的相关争议。

二、各种竞争性经济思想的数学表象

经济学和金融学的核心问题是市场波动的原因和政府应对经济周期的政策。均衡学派认为，市场运动是自我稳定的；因此自由放任政策是最好的选择。当市场在短期内偏离均衡状态时，失衡学派可能运用财政政策和货币政策来恢复失稳的均衡。非均衡学派则研究包括经济混沌和多重机制等更为复杂的非均衡状态。① 自 20 世纪 30 年代以来，数学模型在经济辩论中得到广泛应用。不同经济数学的竞争与经济学

① 原文中的 disequilibrium 和 non-equilibrium 表面都有非均衡的意思，但根据作者的界定，它们具有本质区别。前者本质上指"失衡"，即微小偏离平衡，不难在中短期恢复平衡，是新古典的修正，即凯恩斯派和后凯恩斯派常用的概念。后者本质上指"非均衡"，即远离平衡，是普里戈金耗散结构理论中的概念，用来描写生命和社会系统的非均衡结构。两者差别在幅度和持续时间。例如，市场价格小幅随机涨落可以看作是新古典的均衡加噪声，无需干预。1987 年美国黑色星期一股市大跌，几天后正常，是失衡，可能用凯恩斯的动物精神或行为经济学的非理性群体行为解释。持续经济周期和大萧条，2008 年危机，都是典型的非均衡现象，只有非线性动力学可以定量描写。

中不同学派的竞争密切相关。我们可以把它们划分为三组：均衡学派为新古典经济学领导，失衡学派由凯恩斯主义领导，复杂性学派由演化经济学领导。从数学的视角看，均衡学派和失衡学派都运用线性模型和静态统计学，而复杂性学派则发展了非线性和非均衡方法。我们将展示经济数学在经济思维和政策辩论中如何发挥重要作用。

（一）线性与非线性供求曲线中的单一均衡与多重均衡

新古典经济学用单一均衡态，即线性供求曲线的唯一交点，为我们描绘了一个自稳定的市场机制［参见图 1（a）］。相反，非均衡学派用多均衡，即非线性供求曲线的多个交点，描绘了市场的内生不稳定性[①]。这两者的政策含义是非常清晰的：政府干预对于单稳态均衡来说是不必要的，但在多均衡态下对于避免坏均衡是至关重要的。

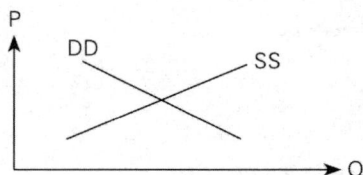

（a）线性需求和供给曲线

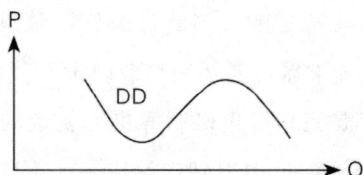

（b）非线性 S 形需求曲线（贝克尔）

[①] Chen，P. "Equilibrium Illusion, Economic Complexity, and Evolutionary Foundation of Economic A-nalysis," *Evolutionary and Institutional Economics Review*，5（1），pp. 81-127（2008）. lbid. 2，Chapter 2.

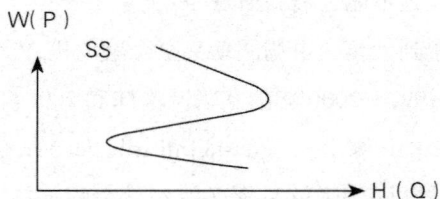

（c）非线性 Z 形劳动力供给曲线（斯蒂格利茨）

图 1 微观经济学中的线性和非线性需求供给曲线

图 1（a）单一均衡下的线性需求和供给曲线

图 1（b）社会互动下的非线性 S 形需求曲线

图 1（c）生存和闲暇需求下的非线性 Z 形劳动力供给曲线

贝克尔意识到，当社会相互作用发挥重要作用时，可能出现 S 形需求曲线。[1] 从餐馆选择到市场时尚都可以观察到羊群效应。Z 形供给曲线意味着，为了生存需要，低工资时仍然有递增的劳动力供给，但是在高工资时会为了闲暇而减少工作。[2] 只要供求曲线有多个交点，市场就会发生大幅度偏离均衡的突变，产生多个不同的稳态。优化理论预言的行为趋同或制度收敛就不能成立。

（二）大偏离与单峰分布

如何理解市场波动的幅度？概率分布为我们研究随机的市场涨落机制提供了一个有用的工具。最简单的分布是具有单极值的单峰分布。市场波动幅度用均值和方差有限的高斯分布来衡量，这种分布在计量经济学[3]和金融的资产定价模型[4]中广泛应用。如果一个随机变量服从高斯（正则）分布，且它的标准差（方差的平方根）是 σ。偏离均值程度大于 3σ 的概率是 0.3%，而大于 5σ 的概率只有 0.00006%。所

---

① Becker, G. "*A Note on Restaurant Pricing and Other Examples of Social Influences on Price*," Journal of Political Economy, 99, pp. 1106-1116 (1991).

② Dessing, M. "Labor Supply, the Family and Poverty: the S-Shaped Labor Supply Curve," *Journal of Economic Behavior & Organization*, 49 (4), pp. 433-458 (2002).

③ Fama, E. F. "*Efficient Capital Markets: A Review of Theory and Empirical Work*," Journal of Finance, 25 (2), pp. 384-433 (1970).

④ Sharp, W. F. "*Capital Asset Prices: A Theory of Market Equilibrium under Conditions of Risk*," Journal of Finance, 19 (3), pp. 425-442 (1964).

谓有效市场理论，条件就是不能远离高斯分布。

然而，我们经常观察到大幅的市场波动甚至金融危机，历史案例包括 1987 年 10 月 19 日的黑色星期一，1997—2000 年的互联网泡沫和 2008 年金融危机等著名事件。一种可能的解释就是单峰的厚尾分布（fat-tail distribution）[1]，例如在概率论中方差无限大的柯西分布。一个特殊的例子就是金融物理学中的幂律（两个变量之间的关系是其中一个变量的某次方）[2]。

无论是高斯分布还是单峰厚尾分布，都属于单峰单模分布。它们的分布如图 2 所示。

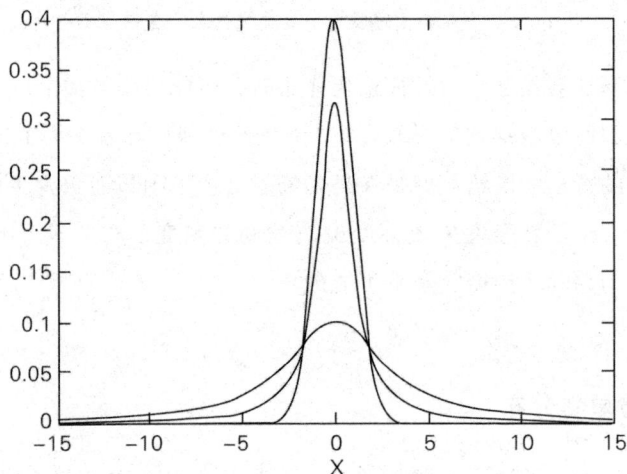

图2　单峰高斯分布和单峰柯西分布

图 2 中最高的实线是具有零均值和单位方差的高斯分布，N（0，1）。在这里，画出单峰但高度不同的柯西分布作以对比。中间的短划线是柯西（0，1）分布。最下面的点线表示的是最厚尾的柯西（0，π）分布。很明显，厚尾分布有更高概率的大偏差。

---

① Mandelbrot, B. "*The Variation of Certain Speculative Prices*," Journal of Business, 36 (4), pp. 394-419 (1963).

② Gabaix, X., P. Gopikrishnan, V. Plerou, H. Eugene Stanley, "*Institutional Investors and Stock Market Volatility*," *Quarterly Journal of Economics*, 121 (2)：pp. 461-504 (2006).

（三）双模分布与社会心理学中的机制突变

市场大幅波动的原因是什么？有些经济学家将大幅度随机涨落归咎于单峰厚尾分布背后的非理性。有些经济学家更强调大众心理的突变特征，例如社会心理可能会引发市场新潮或恐慌，这在统计力学中可以用描写磁性突变的依辛模型来模拟经济社会现象中的集体行为。因为磁性分子在热运动下不表现出磁性。但是在外来磁场的影响下，如果降低温度，就会突然出现有方向的磁性。南北两种对立的极性可以用双峰分布描写。问题是微观的集合行为是否可以从经验数据中观察。我们注意到的案例，是从期权价格的经验数据中发现的双模分布。① 极端行为的可能机制是物理学和社会心理学中研究的集体行为，用在社会学上，就可以描写左右对立，失去中庸。② 当外场参数的变化突破某个阈值时，单模分布和双模分布之间可能发生突变或相变（物理学术语的"相变"，就是哲学术语的"量变引起质变"。典型的相变例子是水温达到沸点时，同样物质的水从液态突然变成气态）。

这里，我们讨论统计力学中两种可能的模型。一个是铁磁性的伊辛模型，另一个是社会相互作用的人口模型。

1. 平衡态统计力学中社会行为的伊辛模型

平衡态统计力学中描写铁磁极性可能突然转向或极性消失的伊辛模型被用来研究社会心理学。从单模分布向双模分布的相变描述了一个稳定社会转变成一个分裂社会的统计特征，如同近来乌克兰和中东发生的事件。③ 图3显示了公众舆论的伊辛模型的三种机制。这里，外来影响（例如磁场或媒体）的强度用 h 描写。社会压力的强度 k 和社会温度成反比。因为高温下分子紊乱运动加剧，铁磁的极性消失，所以社会压力 k 变小，出现单峰分布。反之，低温下铁磁极性突然出现，说明社会压力大，迫使个体分子的导向从众，用双峰分布描写对立的两极化行为。

---

① Jackwerth，J. and M. Rubinstein，"*Recovering Probability Distribution from Option Price*"，Journal of Finance，51，pp. 1611-1631（1996）.

② Haken，H. *Synergetics*，*An Introduction*，Springer，Berlin（1977）.

③ Weidlich，Wolfgang. "Ising Model of Public Opinion," *Collective Phenomena*，1：p. 51（1972）.

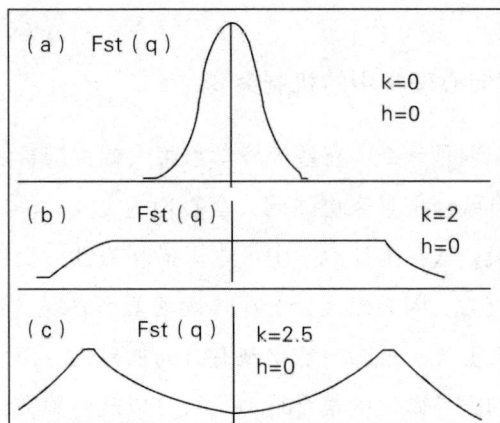

图 3　h = 0 时，集体行为的伊辛模型中概率分布函数的稳态图

（a）低社会压力时（k = 0）的单模分布。弱互动力和高社会温度下的中庸稳定行为（如大家都是中间派）。

（b）中度社会压力时（k = 2）相变的临界分布。集体行为引致稳定和不稳定社会两种机制间发生行为相变。

（c）高社会压力时（k = 2.5）的双模分布。在低社会温度和强社会互动力下，不稳定的社会分裂为两个对立的群体（例如对立的保守派和激进派）。

2. 非平衡统计力学中社会相互作用的人口模型

伊辛模型的难题在于，其关键参数即社会温度（或压力强度）在社会系统中没有操作性定义。一个更好的替代参数是集体行为中社会相互作用的强度。假如我们有两种不同的社会舆论或时尚（牛市对熊市，冒险对避险，分别用 + 、 − 方向描写，参与人员的比例由概率分布描写）。每个人有两种互相矛盾的倾向：a 是保持自己独立选择的倾向，b 是受邻居影响改变的倾向，则两种机制竞争的结果，导致概率分布有三种机制，可通过主方程得到。① 图 4c 中的 U 型分布与图 3c 中的双模分布类似。其优点是无需伊辛模型的温度和磁场假设，可直接观察人群舆论的形成和突变机制。我们后面会看到，群体的相互作用为解释金融危机的生灭过程奠定了基础。

---

① Chen, Ping. "Imitation, Learning, and Communication: Central or Polarized Patterns in Collective Actions" in A. Babloyantz ed., *Self-Organization*, *Emerging Properties and Learning*, pp. 279-286, Plenum, New York (1991); lbid. 2, Chapter 9.

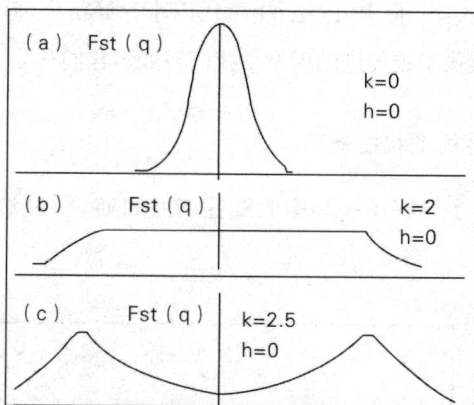

图4　集体选择的社会心理模型中概率分布函数的稳态图

图4中"a"是独立参数，"b"是互动参数。

（a）b＜a时的中心分布（由短划线表示）。当植根于个体主义取向的独立决策超越了来自互相交往的社会压力时，会发生这种情况。

（b）b＝a时的扁平分布（由长划线表示）。当个体主义取向平衡于社会压力时的临界情况。

（c）b＞a时的极化分布（由实线表示）。这产生于互相交往的社会压力强于独立判断时。

（四）经济周期：白噪声，持续周期和色混沌

经济周期理论中一个更难的问题是如何解释经济周期的复发性特征，从宏观经济到金融指数都可以观察到这个特征。微观经济学的均衡解无法理解宏观的周期波动，只能引入白噪声来解释短期扰动。借用力学钟摆模型引入的谐振波也有问题，因为经济周期并非严格周期，也非不受历史关联影响的随机运动（数学上短关联的随机过程叫马尔科夫过程）。宏观和金融指数的运动，不像随机游走那样短程相关，它们有随时间变化的多种频率。因此，经济周期理论的研究尝试过各种数学模型，包括决定性的、随机性的、线性的和非线性的模型。我们根据它们的基本功能主要讨论三种经济模型，包括具有短程相关的白噪声，具有长程相关的持续周期，具有紊乱振幅和类似于生物钟的窄频带的色混沌。

凯恩斯主义经济学家首先把决定性模型用于经济周期的内生机制，萨缪尔逊提出的乘数-加速器模型①就是一个例子。

弗里希的噪声驱动周期模型采用了随机模型和周期模型的综合，将经济波动的持

---

① Samuelson, P. A. "Interactions between the Multiplier Analysis and the Principle of Acceleration," *Review of Economic Statistics*, 21, pp. 75-78 (1939).

续驱动力归咎于外生冲击。[1] 自 19 世纪 80 年代以来，经济混沌的发现[2]和统计力学的应用[3]为描述经济周期提供了更先进的模型。我们将展示它们在数学表象上的不同特点。

1. 谐波周期的线性模型和白噪声

经济周期理论引入了具有单一频率的线性谐波周期。[4] 谐波周期和白噪声的自相关时间序列见图 5。

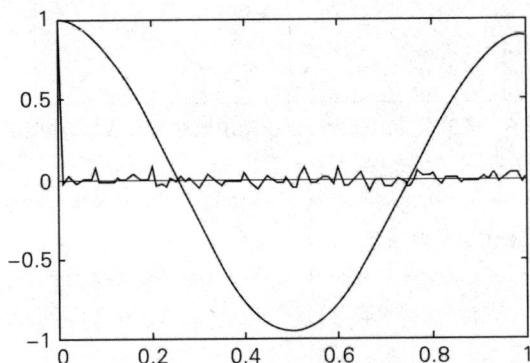

图 5　随机噪声和谐波产生的时间序列的数值自相关

图中实线是白噪声，曲折线是周期 P = 1 的正弦波。

谐波周期的自相关函数是一种余弦波。余弦波的振幅由于数据有限而轻微衰减。在数值计算时，随机序列的自相关从 1 立即衰减到 0（数学上可以用脉冲状的 delta 函数 $\delta(t)$ 描写，它在时间原点以外的值都是零），余下残值的紊乱序列。离散时间的自回归模型（AR）是一种用白噪声的组合来模拟经验数据中显示的短期自相关。[5] 在计量经济学看来，周期波和白噪声是完全对立的线性模型。但是，从数学上看，

---

① Frisch, R. "Propagation Problems and Impulse Problems in Dynamic Economics" in *Economic Essays in Honour of Gustav Cassel*, George Allen & Unwin, London (1933).

② Chen, P. "Empirical and Theoretical Evidence of Monetary Chaos" *System Dynamics Review*, 4, pp. 81-108 (1988); lbid. 2, Chapter 4.

③ Chen, P. "Microfoundations of Macroeconomic Fluctuations and the Laws of Probability Theory: the Principle of Large Numbers vs. Rational Expectations Arbitrage," *Journal of Economic Behavior & Organization*, 49, pp. 327-344 (2002); lbid. 2, Chapter 13.

④ Samuelson, P. A. "Interactions between the Multiplier Analysis and the Principle of Acceleration," *Review of Economic Statistics*, 21, pp. 75-78 (1939).

⑤ Box, G. E. P. and G. M. Jenkins, *Time Series Analysis, Forecasting and Control*, Holden-Day, San Francisco (1970).

自相关函数和傅里叶频谱在时间和频率上是对称的函数关系。频率为 f_0 的谐振波，它的频谱是频率坐标上脉冲状的 delta 函数 δF（f_0）。

2. 白混沌和色混沌的非线性模型

混沌的决定性模型可分为白混沌和色混沌两类。

白混沌产生于离散时间中的非线性差分方程，例如一维逻辑斯蒂映射[①②]和二维 Henon 映射[③④]。它的自相关和功率谱看上去很像白噪声。它的关联维数可以小于 1。白混沌模型在数学分析上很简单，但在经验分析中很少使用，因为它需要固定的内生时间单位。生态学的时间单位是一代繁殖周期，在经济学的实际问题中没有固定的生长周期，所以非线性差分方程在经验分析中难以应用。

色混沌产生于连续时间的非线性微分方程，例如三维 Lorenz 模型[⑤]以及生物学[⑥]和经济学[⑦]中的一维时滞微分模型。它的自相关看上去像一个衰退的余弦波，它的功率谱像是谐波周期和白噪声的叠加。三维微分方程的关联维度介于 1 和 2 之间，而时滞微分方程的关联维度则会在相当大的范围变化。我们后面将会说明，只有色混沌可以从经济指标的经验数据中观察到。

由图 6 可知，决定性混沌的最显著特征是相图。色混沌的典型特征是相图中的螺旋状。螺旋的周期或频率是变化的，但是变动的范围又不大，所以可以描写熊彼特主张的生物钟。例如你的正常心率是每分钟 100，但不会是严格的 100。你运动时心率会加快，休息时会减慢。经济周期的运动也类似生物钟。如果螺旋简化为一个环，就叫极限环。极限环只有一个固定的周期或频率。

① May, R. M. "Simple Mathematical Models with Very Complicated Dynamics," *Nature*, 261 (5560), pp. 459-467 (1976).

② Day, R. H. "Irregular Growth Cycles," *American Economic Review*, 72, pp. 404-414 (1982).

③ Henon, M. "A Two Dimensional Mapping with a Strange Attractor," *Communications in Mathematical Physics*, 50, 69-77 (1976).

④ Benhabib, J., "Adaptive Monetary Policy and Rational Expectations", *Journal of Economic Theory*, 23, pp. 261-266 (1980).

⑤ Lorenz, Edward N. "Deterministic Nonperiodic Flow," *Journal of Atmospheric Science*, 20, pp. 130-141 (1963).

⑥ Mackey, M. C. and L. Glass, "Oscillations and Chaos in Physiological Control Systems," *Science*, 197, pp. 287-289 (1977).

⑦ Chen, P. "Empirical and Theoretical Evidence of Monetary Chaos," *System Dynamics Review*, 4, pp. 81-108 (1988).

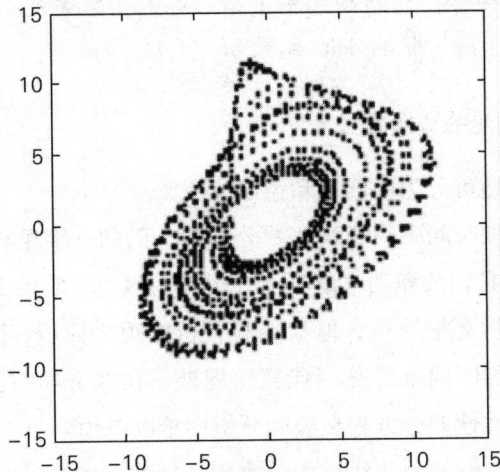

图 6　罗斯勒（Rössler）非线性振子产生连续时间的色混沌相图①

3. 线性和非线性振子的脆弱周期和柔韧周期

历史表明，经历过战争和危机考验的市场具有恢复的柔韧性（resilience）。与此相关的问题是，如何用数学语言描写经济可以从冲击和失衡中恢复？答案是可以在参数变化的情况下检查运动机制的稳定性。

参数变化时，线性振子模型的主要弱点是，周期谐波机制是脆弱的（即边际稳定的）。只有非线性振子模型能够在有限区域内产生柔韧周期。

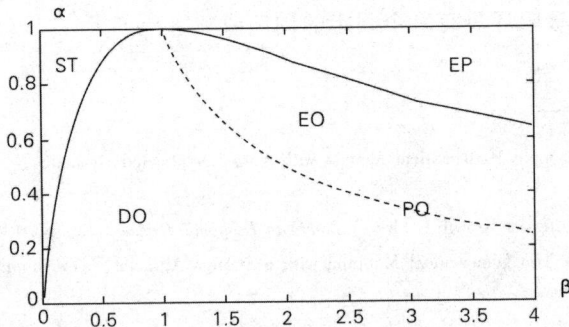

（a）萨缪尔森模型在参数空间中的稳定模式

图中，ST 代表稳态；DO，阻尼振荡；EO，发散振荡；EP，发散解；PO，线性周期振荡。

---

① Rössler, O. E. "An Equation for Continuous Chaos," *Physics Letters A*, 57, pp. 397-398（1976）.

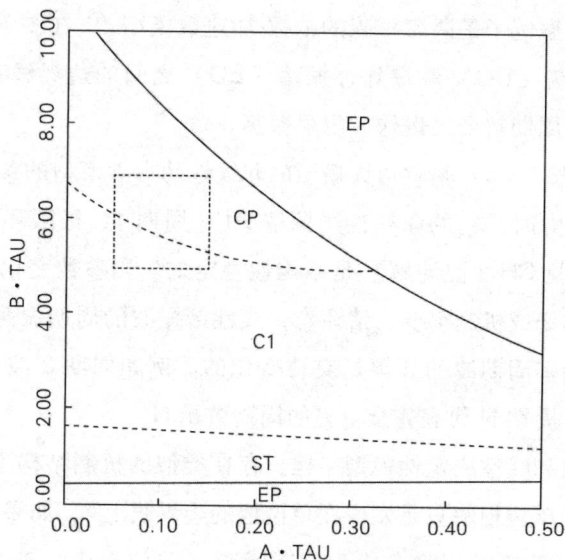

（b）软边界振子的参数空间

ST 代表稳态。CP 是复杂机制，包括多周期态 C1、C2、C3 等。

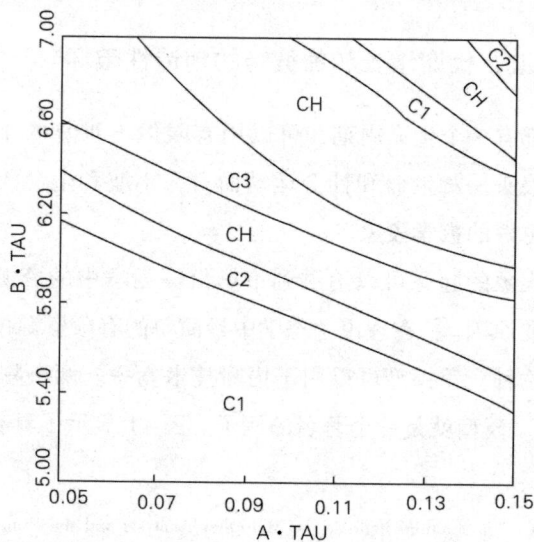

（c）图（b）的放大图

C1，C2，C3 分别是周期一、周期二和周期三的极限环；CH，连续时间的混沌模式。

图7　参数空间的结构稳定性

图7（a）周期解 PO 仅在边界处临界稳定。

图7（b）复杂和混沌机制在区域 CP 内结构性稳定。

图7（c）CH 是（7b）中 CP 的放大图，前者由极限环和混沌的交替带组成。

线性模型的典型例子是萨缪尔森的乘数-加速数模型。[1] 在图 7（a）中，周期解 PO 只沿着阻尼振荡（DO）和爆炸性振荡（EO）之间的边界线存在。参数对边界的微小偏离都将使周期解变为爆炸或阻尼振荡。

图 7（b）和图 7（c）是软边界振子的非线性动力学模型的参数空间。[2] 当参数变化处在 CP 区域内时，它的非线性周期解 P1（周期 1，极限环），P2（周期 2），P3（周期 3），以及 CH（混沌解）是结构性稳定的。当参数变化越过 CH 或 CP 边界时，就会发生相变或机制突变。请注意，线性谐振波的周期振荡的波幅是均匀的。但是非线性振荡的多周期波的波幅是交替变化的。例如周期 2 波，就是一高一低两种波幅交替出现。周期 N 代表完全重复的周期数是 N。

线性随机模型和线性决定性模型一样，存在类似的机制结构不稳定问题。例如，计量经济学所谓的单位根解只是发生在单位根的边界线上[3]，如果参数的微小变化偏离单位圆，稳态的随机噪声将会成为衰减噪声（单位根内）或发散噪声（单位根外）。可见，单位根模型不可能描写有效市场假设的持续稳态的随机涨落。

（五）逻辑斯蒂小波，代谢增长和熊彼特的创造性破坏

一切生命系统都有一个生命周期，可以用有限但不重复的小波表象来描述。小波就是波动的一个浪头。对生命和社会运动而言，小波和生命无限的谐波或短命的噪声脉冲相比，是更好的数学表象。

经济学中小波表象的起源可以追溯到市场份额竞争中的资源有限性。生态约束是经济非线性的主要原因。[4] 在理论生态学中最简单的有限资源模型是逻辑斯蒂增长模型。生态学中的物种竞争模型可以用于描写技术竞争。两个物种的洛特卡-沃尔泰拉（Lotka-Volterra）模型就是一个著名的例子。图 11 显示了具有不同资源承载力的

---

① Samuelson, P. A. "Interactions between the Multiplier Analysis and the Principle of Acceleration," *Review of Economic Statistics*, 21, pp. 75-78 (1939).

② Chen, P. "Empirical and Theoretical Evidence of Monetary Chaos," *System Dynamics Review*, 4, pp. 81-108 (1988); lbid. 2, Chapter 4. ; Chen, P. "Empirical and Theoretical Evidence of Monetary Chaos," *System Dynamics Review*, 4, pp. 81-108 (1988); lbid. 2, Chapter 4.

③ Nelson, C. R. and C. I. Plosser, "Trends and Random Walks in Macroeconomic Time Series, Some Evidence and Implications", *Journal of Monetary Economics*, 10, pp. 139-162 (1982).

④ Chen, Ping. "Metabolic Growth Theory: Market-Share Competition, Learning Uncertainty, and Technology Wavelets" *Journal of Evolutionary Economics*, 24 (2), pp. 239-262 (2014).

两种竞争性物种的产出。

　　阶梯式经济增长曲线是所有竞争性逻辑斯蒂小波的包络线，它可以模拟宏观经济指标常见的时间序列的主要特征，即增长趋势和周期波动的叠加。

　　有限生命的逻辑斯蒂小波可以描写技术或产业的生命周期，是最简单的非线性表象。熊彼特的长波和"创造性破坏"理论可以用技术竞争模型中的逻辑斯蒂小波序列描述。①

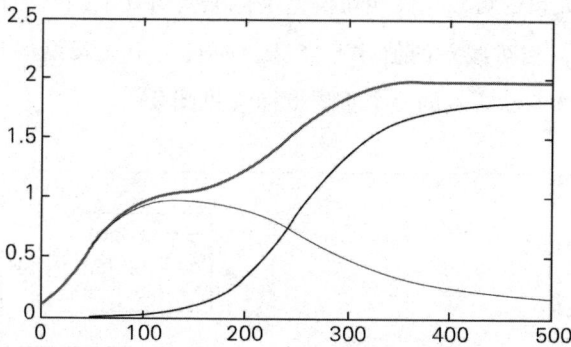

图8　逻辑斯蒂竞争产生的逻辑斯蒂小波

　　竞争方程的数值解见图8。如果没有技术（物种或产业）2的竞争，技术（物种或产业）1的增长路径（原始左侧的小波）将是一个S形的逻辑斯蒂曲线（如右侧小波的结尾平台）。然而，技术1由于与技术2竞争而实现的产出，结果变成不对称的钟形曲线（左侧小波的衰减结尾）。我们称之为逻辑斯蒂小波，它是新旧技术竞争的结果。很明显，比起RBC（真实经济周期）文献中的随机脉冲，逻辑斯蒂小波是技术进步的更好表象，因为技术竞争模型描述了亚当·斯密的市场份额竞争思想（即分工受市场规模限制）②。熊彼特的创造性破坏可以用技术竞争下的产能过剩来解释，因为旧的和新的技术实现的市场份额低于它们的生态承载力的总量，凯恩斯经济学所谓的"总需求不足"，可以由技术竞争有限市场导致的"过剩产能"来解释。

　　①　Schumpeter JA（1934）The theory of economic development, Harvard University Press, Cambridge.

　　②　Smith A（1776, 1981）*The Wealth of Nations*, Liberty Classics, Indianapolis, Book I, Chapter III, Division of Labor is Limited by Market Extent.

（六）持续波动与人口动力学

测量相对偏差（RD）的新方法，可以显示持续波动与人口动力学之间的内在关系。经济统计学通常分别测量均值和方差，似乎两者之间是独立的关系，我们发现对宏观与金融指数，均值和方差之间并不独立。对于正变量（变量和其均值大于零）来说，例如价格和人口，可以定义相对偏差是标准差与其平均值的比率[①]，注意，这里要求均值不为零，相对偏差的值才有意义，而且是个无量纲的量。我们将看到，相对偏差是描写持续波动幅度的一个重要指标（见图 9）。

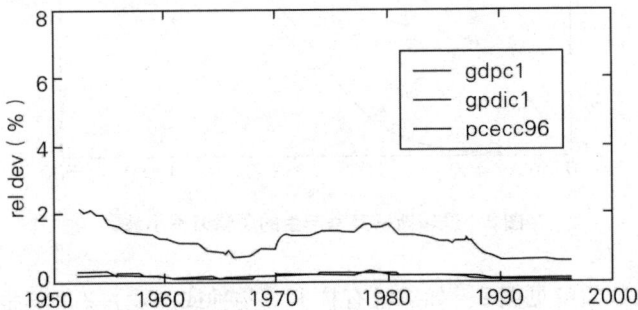

图 9　美国 GDPC1（美国实际 GDP）、GPDIC1（实际投资）和 PCECC96（实际消费）的季度序列（1947—2001 年）的相对偏差

N=220。移动时间窗为 10 年。这里展示的是用 HP 滤波观测到的围绕非线性趋势的波动图形。

图 9 显示了三个美国宏观指标（实际 GDP、实际投资和实际消费）的相对偏差。这三条曲线都没有爆炸或收敛的趋势，只是在有限范围内振荡。所以我们接着要调查，哪一种随机模型具有持续波动的特征？

目前有三种随机模型应用于经济学和金融学理论。随机游走模型[②]和布朗运动模

---

① Chen, P. "Microfoundations of Macroeconomic Fluctuations and the Laws of Probability Theory: the Principle of Large Numbers vs. Rational Expectations Arbitrage," *Journal of Economic Behavior & Organization*, 49, pp. 327-344 (2002); lbid. 2, Chapter 13.

② Malkiel, B. G. A Random Walk Down Wall Street: Norton (2003).

型[1]属于典型的代表性主体模型，因为它们描述的只是一个粒子的轨迹。生灭过程是用于物理学和金融学的群体模型。[2] 它们的统计学特征由表1给出。

表1 三种线性随机模型的统计特征

模型	布朗运动	生灭过程	随机游走
均值	$\sim \exp(rt)$	$\sim \exp(rt)$	$\sim t$
方差	$\sim \exp(2rt)\{e^{\sigma^2 t}-1\}$	$\sim e^{rt}(e^{rt}-1)$	$\sim t$
RD	$\sim e^{\frac{\sigma^2}{2}t}\Big/\sqrt{(1-e^{t\sigma^2})}$	$\sim \dfrac{1}{\sqrt{N_0}}$	$\sim \dfrac{1}{\sqrt{t}}$

在此表中，一阶矩是均值，二阶矩是方差，RD是标准差（方差的平方根）与均值的比率。N_0是在生灭过程中粒子的初始数量，对经济增长而言$r>0$。

通过表1，我们发现，随着时间增长，布朗运动的相对偏差是发散的，随机游走的相对偏差是衰减的。只有生灭过程的相对偏差趋于一个常数。这一结果为我们在金融学理论中选择适当数学模型提供了一个重要判据[3]。

显然，布朗运动模型和随机游走模型对于长期的宏观动态学建模并不适合。要描写具有持续相对偏差的宏观和金融动态学来说，只有生灭过程够格作为基准模型。我们早在危机前的2005年就发现，布朗运动模型是爆炸式的。我们推测，2008年金融危机中衍生市场的崩溃可能是由于期权定价模型中的理论缺陷误导市场操作产生发散效应，因为利率互换定价模型也是以布朗运动为基础的。为此我们建议，今后期权定价模型应该以生灭过程为基础[4][5]。

① Black，F. and M. Scholes，"The Pricing of Options and Corporate Liabilities，" *Journal of Political Economy*，81，pp. 637-654（1973）.

② Reichl，L. E.，*A Modern Course in Statistical Physics*，2nd Ed. Wiley，New York（1998）.

③ Chen，P. "Evolutionary Economic Dynamics：Persistent Business Cycles，Disruptive Technology，and the Trade-Off between Stability and Complexity" in Kurt Dopfer ed.，*The Evolutionary Foundations of Economics*，Chapter 15，pp. 472-505，Cambridge University Press，Cambridge（2005）；*Ibid.* 2，Chapter 3.

④ 曾伟，陈平：《波动率微笑、相对偏差和交易策略——基于非线性生灭过程的股票价格一般扩散模型》，载（中国）《经济学》（季刊），第7卷，第4期，2008：1415-1436。

⑤ 唐毅南，陈平：《趋势与波动相关下的期权定价模型》，载《金融评论》，第2期，2010：1-11。

（七）弗里希的噪声驱动周期模型：是自稳定市场的数学幻像，还是经济永动机的物理谬误？

在经济周期和计量经济学的均衡理论中，弗里希的噪声驱动周期模型具有核心地位。其数学构建是一个阻尼谐振波和持续白噪声的混合模型。① 它的灵感来自有摩擦力的谐波振子会自动趋于停摆。弗里希建议用这个动态特征来描绘一个自稳定市场。问题在于，如何解释历史上持续的经济周期。弗里希认为，谐波周期能够由持续的外部随机冲击来维持。弗里希在 1933 年的大萧条期间提出了这一设想。如果弗里希模型是对的，即持续的经济周期并非产生于市场内在的不稳定性，而是产生于外部随机冲击。这个模型就可用来拯救自稳定市场的自由主义信条。1969 年，弗里希靠这个模型分享了第一届诺贝尔经济学奖。噪声驱动模型后来也由卢卡斯的理性预期模型和实际经济周期（RBC）模型作了进一步的扩展。

然而，物理学家在弗里希之前就已经知道，阻尼谐波周期并不能靠随机外部冲击来保持振子的持续震荡②，因为它的振幅将以指数式速度衰减。③ 如果用美国数据来拟合弗里希模型。我们发现，美国的经济周期只能持续 4—10 年。④ 这和历史事实不符，因为美国国家经济研究局（NBER）记录了 1854 年以来、即历史超过 160 年的美国经济周期。

我们认为，弗里希的猜测等价于一个第二类永动机。它从随机热涨落中获取能量，给热机做功。换言之，这是一个单热源的热机。这部单热源热机不可能运转，因为根据热力学第二定律，所有的热机都必须在高温时燃烧燃料，对外做功过程中必然会在低温释放废弃的热量。

弗里希声称，他已经解决了数学分析的难题，即将发表这个成果。1933 年，他

---

① Frisch，R. "Propagation Problems and Impulse Problems in Dynamic Economics," in *Economic Essays in Honour of Gustav Cassel*，George Allen & Unwin，London（1933）.

② Uhlenbeck，G. E. and L. S. Ornstein，"On the Theory of Brownian Motion," *Physical Review*，36（3），pp. 823-841（1930）.

③ Wang，M. C. and G. E. Unlenbeck，"On the theory of the Brownian Motion II" *Review of Modern Physics*，17（2&3），pp. 323-342（1945）.

④ Chen，P. "The Frisch Model of Business Cycles：A Failed Promise and New Alternatives" IC2 Working Paper，University of Texas at Austin（1998）；*lbid*. 2，Chapter 12.

承诺的论文标题在《计量经济学》杂志"近期论文预告"栏目中出现了三次，但文章却从未发表，而弗里希正是这个杂志的主编。在 1969 年获得诺贝尔经济学奖的演讲中，弗里希对自己的获奖模型未置一词（弗里希，1981）。显然，弗里希自 1934 年起就已经悄悄地放弃了他的模型，却从未公开承认自己的错误。这个故事应该成为均衡经济学的一个警钟：经济信念与数学幻象之间只有一步之差。

三、竞争性经济数学的经验检验

经济学中对竞争性数学模型的经验检验要比物理学困难得多。在对竞争性数学模型进行数据检验时，有两个基本问题需要解决。

第一，由于经济体是一个拥有递增能量消耗的开放系统，许多经济时间序列存在增长趋势。然而，现存的经济周期模型大都是稳态模型。我们需要一个适当的映射将非稳态时间序列转换成稳态序列，这个问题类似于在研究行星运动时，寻找一个相对优越的观察参照系。这是经济学中的哥白尼问题。

第二，经济数据是含有强噪声的原始数据，对比自然科学可控实验可以将信号滤波后加工成弱噪声数据，经济数据更难处理和建模。传统的带通滤波器难以实现非稳态信号与噪声的分离。我们需要更先进的工具来分析非稳态时间序列。

本部分将分别引入两个数学工具来解决这些问题：一是提取平滑趋势的 HP 滤波器，二是在时间—频率二维空间的时频分析。

（一）观察参照系与经济学中的哥白尼问题

物理学革命肇始于哥白尼，他对行星运动的研究把托勒密的地心系转变为日心系，以简化行星轨道的描述。与此相似，经济学分析也面临着选择优越观察参照系的问题：如何从短期时窗转为长期时窗，并发现经济周期的波动规律。

在分析经济时间序列时，各经济学派在选取观察时窗的长短尺度上存在重大分歧。

宏观经济学的新古典均衡学派和计量经济学认为，市场具有趋向均衡的自我调节能力，结果必然呈现短程相关的噪声序列。为了证实他们的信念，他们选择短时窗来实现市场运动的随机图像。他们的工具是计算递增时间序列每个时间单位内的变化率，例如每天或每年股票价格的收益率或 GDP 系列的增长率。从数学上来说，这等同于把对数时间序列作一阶差分，也就是计量经济学中所谓的 FD（一阶差分）滤波器。FD 滤波后的时间序列看上去是随机的。这是所谓"有效市场"的经验基础。

另一种可选映像是取出对数线性趋势（LLD），其直观的意义是经济增长的速度是常数（＝趋势的斜率）。问题是 LLD 趋势的走向取决于起点和终点之间时间序列的长度，趋势的选择就和所观察的历史窗户有关，其任意性有失普遍的意义。

HP（Hodrick-Prescott）滤波器是 FD 滤波器和对数线性趋势滤波器（LLD）的折中。HP 滤波器定义了一种非线性平滑趋势，趋势的走向和时间序列的端点无关，但和时间序列的路径有关。调整滤波器的参数，可同时调整趋势以及围绕趋势的波动周期。可把滤波后的定标为接近美国国家经济研究局（NBER）观察到的经济周期，其长度约为 2—10 年，均值在 4—5 年。HP 滤波器相当于一个中等长度（5 年左右）的时窗，和 NBER 的平均时窗一致。[①] 计算机之父、量子力学数学框架的奠基人冯-诺伊曼，早先分析过均值变化的时间序列，研究过 HP 滤波器。所以，更确切的称呼应当是 VHP 滤波器，以纪念冯-诺伊曼的贡献，这是又一个数学物理在经济学应用的好例子。[②] 我们发现，FD 序列表面看上去随机，但是 HP 周期却揭示了非线性模式和变化频率。我们可以在图 10 中比较它们的结果。

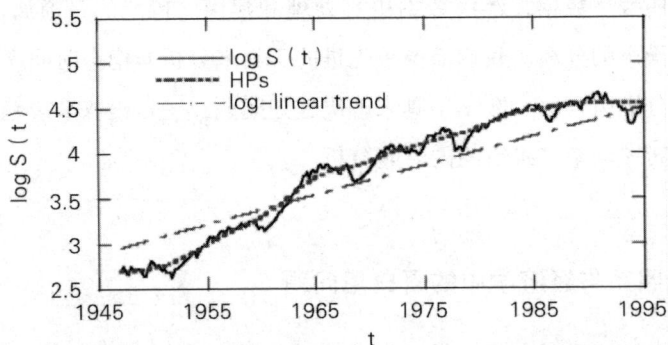

（a）X（t）{＝logS（t）} 的 HP 趋势和 LLD 趋势。LLDc 波动分量是用对数线性趋势消去法获得的残差

---

① Hodrick，R. J. and E. C. Prescott．"Post-War US. Business Cycles：An Empirical Investigation，" Discussion Paper No. 451，Carnegie-Mellon University（1981）；*Journal of Money，Credit，and Banking*，29（1），pp. 1-16（1997）．

② Von Neumann，J. R. H. Kent，H. R. Bellinson，B. I. Hart，"The Mean Square Successive Difference，" *The Annals of Mathematical Statistics*，12（2）：pp. 153-162（1941）．

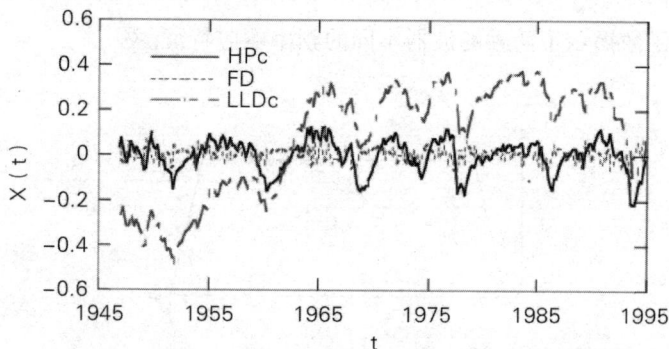

（b）三种不同的趋势消除法所获得的波动分量

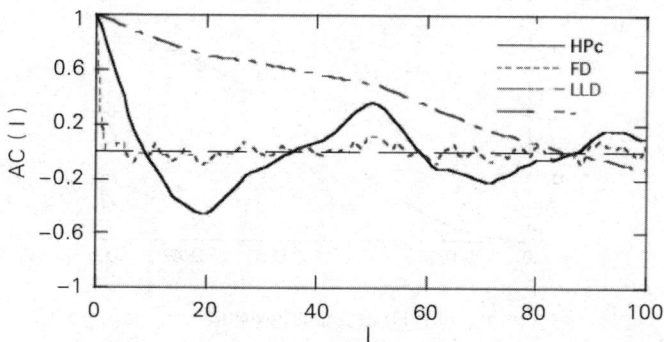

（c）三种消除趋势后波动分量的自相关函数

LLD 的相关长度最长，HP 次之，FD 最短。

图 10　用不同的消除趋势法（FD、HP 和 LLD）滤波后得到的 FSPCOM（标普 500）月度指数对数序列，它们不同的相关长度（1947—1992 年）。N＝552

从图 10c 中测量第一个自相关衰减到零的长度，我们可以估计去趋势化序列的自相关长度。FD 周期是 0.7 年，HPc 是 3 年，LLD 是 29 年。显然，HP 周期是表示美国经济周期特征的最好的数值指标，因为 NBER 经济周期的平均值在 4 年左右。

（二）信号处理的滤波器设计

自 20 世纪 50 年代以来，信号处理是一个快速发展的技术领域。为了降低噪声水平并强化信号以获得更有用的信息，科学家们广泛使用带通滤波器来分析经验数据。

只有一个学科例外：计量经济学采用的 FD 滤波器，在放大而非降低高频噪声。图 11 中，频率响应函数揭示了两种滤波器不同的频率响应特征。[1]

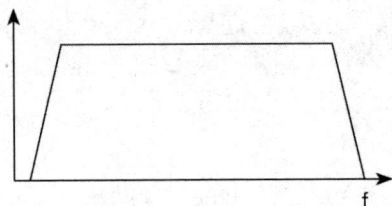

（a）带通滤波器的频率响应

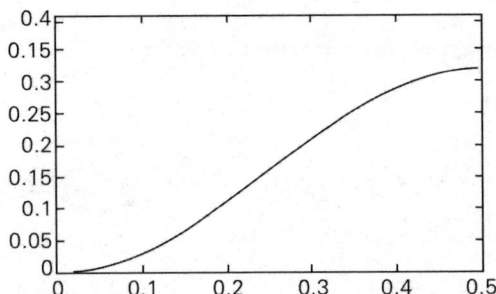

（b）FD 滤波器的频率响应

图 11　两种滤波器的频率响应函数

横轴是从 0 到 0.5 的频率范围。

图 11（a）信号处理常用的带通滤波器。

图 11（b）计量经济学常用的 FD 滤波器。这里，$X(t) = FD[S(t)] = S(t+1) - S(t)$。

大家知道，信号处理常用的带通滤波器［图 11（a）］，在两端截止频率之间，其频率响应函数是水平的，才会均匀放大通过信号的低频和高频分量。

不同的是，图 11（b）显示的 FD 滤波器，其频率响应函数竟然是四分之一的正弦波，其作用是压制低频信号，放大高频信号。换句话说，计量经济学家在经验观察中采用了白化透镜。透过 FD 滤波器，真实世界中的彩色图像变成随机分布的白色斑点。为什么要这样？因为均衡经济学坚持认为，有效市场的运行结果应该得到白

① Chen，Ping. *Economic Complexity and Equilibrium Illusion*：*Essays on Market Instability and Macro Vitali-ty*，Chapter 2，p. 19，London：Routledge（2010）.

噪声。如果原始信号不是白色的，就用 FD 滤波器来漂白所观察的时间序列。FD 滤波器变成了市场幻觉（白噪声）的发生器，而不是真实信号（色波动）的提取器。如果科学研究不是为了发现隐藏的规律，而是为了证实原有的信仰，这就把经济科学变为经济神学了。这对从事经验分析的科学家而言，真是咄咄怪事！

当然，带通滤波器也有局限，即只适于处理稳态时间序列。对非稳态时间序列，信号处理科学研究了基于二维时频的嘉伯（Gabor）空间，发展出更高级的滤波器来分析非稳态时间序列①。根据量子力学的测不准关系，当谐波周期的包络线是高斯分布时，信号处理综合两种方法把时频不确定性降低到最小。一是魏格纳（Wigner）转换，二是嘉伯（Gabor）时间—频率的二维空间。我们把原始时间序列投影在二维时频的离散格子嘉伯空间 ［参见图 12 （a）］，每个网格点用魏格纳函数作为坐标系的基函数 ［图 12 （b）］，这就构成一个非正交的二维时频坐标系，可以重新表示原始的时间序列。从图 12 （c）可见，在嘉伯空间分离噪声和信号，就像切分高山（信号）和海洋（噪声）一样，用定义海平面的高度来定义滤波器的带通边界。切去海平面以下的分量，把海平面以上的分量做反变换，就得到图 12 滤波之后的更清晰的时间序列。

这里，量子力学中时间—频率之间的测不准关系变成了信号处理的理论基础。不等式的最小值只对高斯波包成立。

我们有不等式：

$$\triangle f \triangle t \geqslant 1/4\pi$$

图 12 显示了联合时频分析如何用于 ISAR 雷达信号接收图像的改进。

观察金融和宏观经济指标的 HP 周期，我们发现了持续周期和色混沌的有力证据。最好的例子就是图 13 中的标准普尔 500 指数（它的月度数据序列被称为 FSP-COM）的相图。

---

① Chen, P. "A Random Walk or Color Chaos on the Stock Market? - Time-Frequency Analysis of S&P Indexes," *Studies in Nonlinear Dynamics & Econometrics*, 1 (2), pp. 87-103 (1996). lbid. 2, Chapter 6.

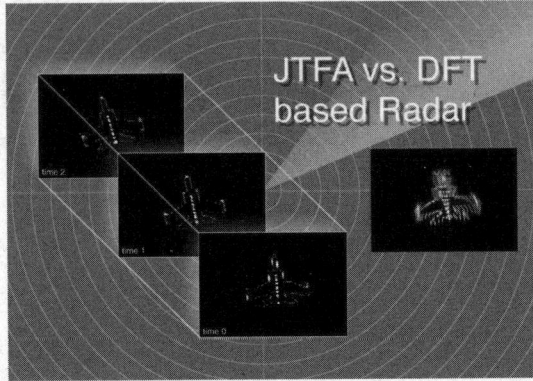

（a）非稳态（左图）和稳态（右图）时频分析得到的运动物体（MIG-25 战斗机）滤波后的图像

右图由于飞机运动造成的图像模糊，难以识别飞机型号。左图等于高速摄影机拆分运动（非稳态）的图像，模式识别的结果发现追踪目标是苏式米格-25 战机，正向左上方运动。非稳态视频分析大大提高了运动物体的图像分辨能力。华裔工程师钱世锷和陈大庞发展了这种时频分析方法。我们下面用它来分析美国股市。

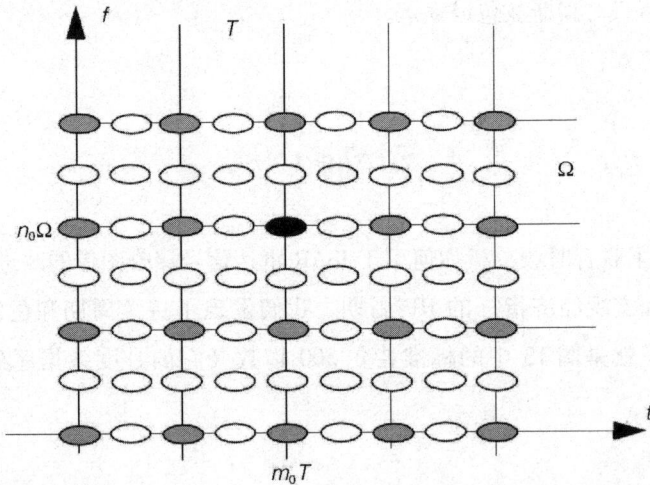

（b）二维时频分析构造的 Gabor 离散格子空间，格子间距用的是最小的时频不确定性的长度（不等式中的等号条件）

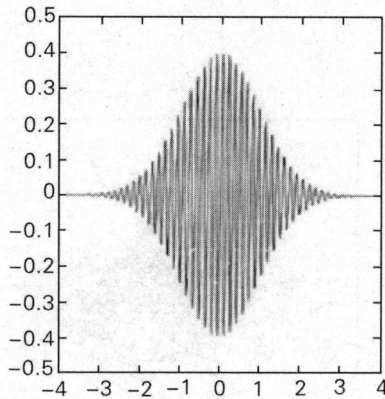

（c）维格纳基函数是一种由高斯函数调制的谐振波包络，它分析局部动力学的优点是时窗宽度无限，无需定义时间窗的端点，但是权重为幅宽有限的标准差，可以测量局域的变化。根据量子力学的测不准关系关系，高斯包络加在谐振波上使不确定性达到最小。相比之下，稳态时间序列分析用的基函数是谐振周期波，它的权重对整个时窗是均匀的，所以不能分辨某个时间点附近的非稳态信号。但是谐振波是正交函数基，线性代数把任意矢量展开为在正交集矢上的分量之和，很容易计算。维格纳函数的非正交基的坐标计算要复杂得多，但是分解后分量的意义好理解得多

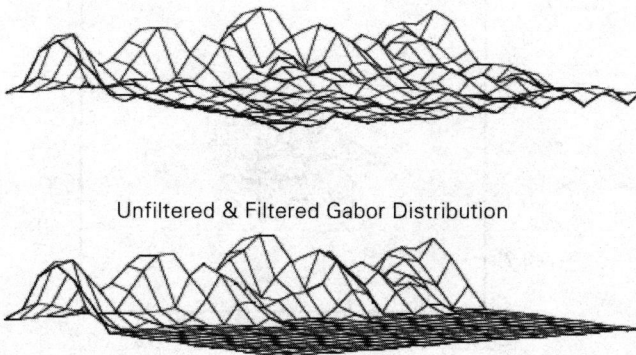

Unfiltered & Filtered Gabor Distribution

（d）滤波前（上图）和滤波后（下图）的标普500月度指数，其对数序列HP周期的嘉伯分布函数。当HP周期序列被维格纳基函数分解时，低于海平面的噪声成分在二维嘉伯空间中被去除，这使不确定性最小化从而降低了信号噪声

图12　时变滤波器在 Gabor 空间中的构造和应用

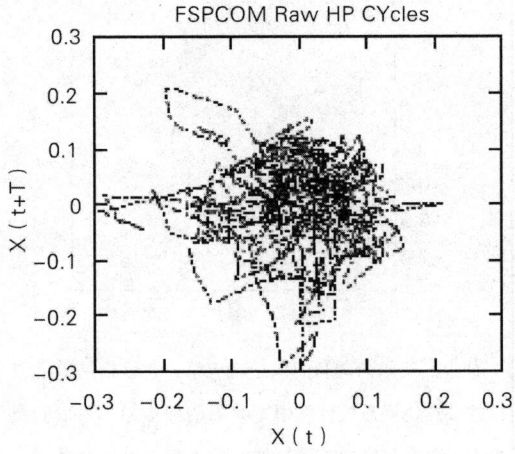

（a）未滤波数据的噪声图像

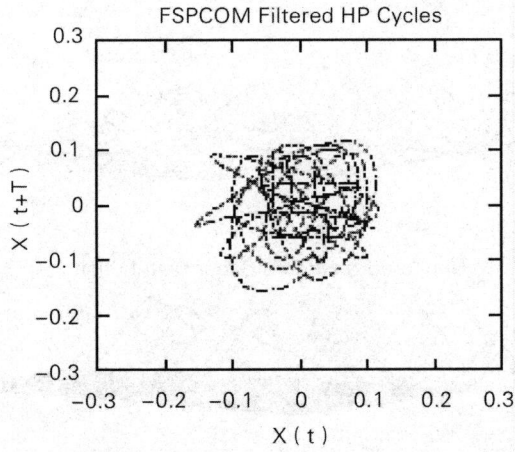

（b）滤波后数据的复杂螺旋

FSPCOM Original & Filtered Cycles（H=0.5）

（c）FSPCOM HP 的原始 So（t）和滤波后的 S（t）

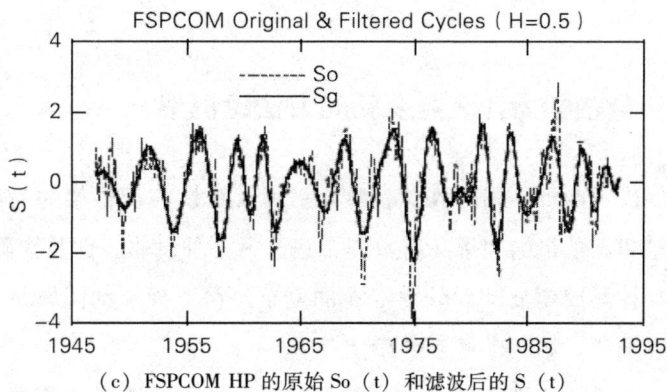

S（t）与 So（t）序列标准差的比率 η = 82. 8%。它们的相关系数 CCgo = 0. 847。滤波后序列 So（t）的关联维数为 2. 5。

图 13　原始的和滤波后的 FSPCOMlnHP 周期时间序列的比较

从图 13 可知，经过滤波的 S（t）序列是用 HP 滤波器提取的周期波成分，它可以解释原始序列 So（t）方差的 70%。两者的互相关系数为 0. 847，这在计算实验中是非常高的。关联维数是分数维数的数值测量，对于标普 500 的月度指数来说是 2. 5。这是股票价格运动可由非线性色混沌来描述的确凿证据。它的平均周期为 3 年。可见，我们的分析支持熊彼特的经济周期理论[1]，他认为经济周期就像一个生物钟，经济组织具有生命特征。滤波后的经济周期长度和 NBER 定义的经济周期相当吻合。

请注意，非稳态时间序列分析的判断标准和计量经济学完全不同。计量经济学用 FD 滤波器先把要观察的时间序列平稳化，漂白化，然后比较回归后的残差，解释残差的百分比越高越好，例如残差的 90% 以上。但是得到的只有噪声脉冲的系数，完全没有周期信号的信息。我们使用的非稳态时频滤波器，发现白噪声的成分仅占方差的 30%，70% 是生物钟（非线性振荡），可用色混沌描述（分维可测），平均周期在 3—4 年。观察到的经济周期的频率像生物钟那样在不大的范围内变化，不像机械钟那样有固定的频率。这就否定新古典经济学的均衡理论，即经济周期是外来噪声驱动并不成立。如果经济周期确实是熊彼特的内生经济周期，如生物钟的持续震荡。那么经济就有"生病"的可能，可以像医生号脉那样判断经济的病情，对症调理。

---

[1]　Schumpeter, J. A. *Business Cycles*, *A Theoretical*, *Historical*, *and Statistical Analysis of the Capitalist Process*, McGraw-Hill, New York（1939）.

四、经济学和金融学为什么需要新的方法论框架

上述讨论提供了两种不同的数学表象。一种以线性均衡框架为基础，用于刻画自稳定、无失稳和无危机的理想（有效）市场。另一种以非线性非均衡框架为基础，用于分析现实存在的周期波动和分岔混沌的复杂经济。现在的问题是，对于金融学和经济学的研究来说，哪一个框架更好？

从数学视角来看，线性问题通常有解析解，因此线性表象更简洁、更漂亮。相比之下，非线性表象更复杂、更难解，许多非线性问题没有解析解，计量经济学的回归分析失效，数值解的精度也往往有争议。

但是从现实需要考虑，物理学家们越来越多地采用非线性数学表象。主要原因是：第一，物理学家承认真实世界的本质是非线性、非均衡、非稳态和复杂的，物理学研究必须尊重现实，否则会失去用武之地。第二，越来越强的计算机使我们有可能在一定精度下解算非线性问题。第三，也是最重要的原因在于，新的数学框架以非线性、非均衡研究方法为基础，为经济学和金融学开创了一个新世界。孤立子、混沌等新的物理机制的发现，及其在化学、生物、气象、经济等领域发现新的应用，是旧有的线性数学无法理解的。与相对论中的非欧几何学类似，复杂性科学揭示了经济结构和历史变迁的新证据，跨越了科学与人文之间的鸿沟，这恰恰是线性均衡视角无法企及的。

在选择方法论的大是大非问题上，经济学家如果坚持在选美，物理学家始终在选真。

本部分中，我们将论证，经济观察中的新发现需要经验分析和理论建模的更高级的数学表象。

例如，我们基于生灭过程的新方法可以理解2008年金融危机的三大教训，打破几何布朗运动的均衡模型或动态随机一般均衡（DSGE）模型构造的均衡幻象。我们发现：

第一，2008年金融危机源自金融自由化、始于金融衍生品市场的崩溃。依据经济波动的中观基础和主方程的断点，我们的定量观察和危机历史相符。

第二，股市泡沫常由动物精神或集体行为引发，这可用人口动力学中的社会相

互作用建模，但主流经济学的代表性主体模型无法包容。

第三，金融危机意味着机制突变，这一现象超出统计学稳态单峰分布的解释范围。相比而言，生灭过程是一个可由主方程求解的连续时间模型。它的转移概率随着时间变化，可以借助金融时间序列直接观察市场行为的演变历史，如同纪录片的回放来分析案例。它的非线性解能够描述相变和机制突变的主要特征。

下面我们来具体分析高级数学表象如何打开经济分析的新眼界。

（一）大数原则与中观基础的发现

结构分析在物理学和生物学中有重要作用。然而，宏观经济学的结构分析恰恰缺失。卢卡斯倡导的新古典宏观经济学所谓的微观基础理论简单地认为，宏观动态学应当遵循微观经济学中相同的优化机制。对物理学家而言，这不见得成立。例如流体力学的分子和行星运动可以遵守同样的牛顿定律，但是原子分子的量子力学和牛顿力学是不同层次的规律。宏观与微观的具体规律，必须先做经验观察，不能先验假定。我们要具体研究经济周期理论中"微观—宏观"的结构关系。

经济周期的起源和大萧条的成因是宏观经济学与金融学理论中至今争议不断的基本问题。卢卡斯声称，经济周期甚至大萧条可以由工人在工作和闲暇之间的自愿选择来解释。他构造了所谓动态一般均衡的优化理论，给大萧条这样的悲剧编出一个美丽的经济学故事，被反凯恩斯革命的新古典宏观经济学家称之为经济波动的"微观基础理论"。

我们如何能在随机涨落的观察中发现"微观—宏观"之间的定量关系呢？薛定谔提出一个揭示微观组元数量与加总（宏观）波动程度之间的简单定量关系[1]。我们定义，当研究的变量只有正值（例如价格和体积）时，相对偏差（RD）是标准差与其均值（不能为零）的比率，用以度量宏观涨落的波动率。

$$RD = \frac{STD(S_x)}{\sqrt{N}}$$

---

① Schrödinger, Enwin. *What is Life*? Cambridge University Press, Cambridge (1948).

这里，*RD* 代表正变量的相对偏差，*STD* 是标准差，也就是宏观变量 *S* 的方差的平方根（宏观变量 *S* 由微观 *N* 个组元构成，$S_N = X_1 + X_2 + \cdots + X_N$）。

这个公式表达的思想其实非常简单。在微观层面上的组元数量 *N* 越多，在宏观层面上的加总波动就越少，因为微观层面的独立波动大部分会相互抵消掉。这种关系称为大数原则（注意，概率论的大数定律讲的是样本均值在大数条件下向数学均值收敛，和我们讨论微观—宏观涨落之间的组元数量关系不是一回事）。

我们把微观组元数和宏观涨落幅度间的反向联系，从薛定谔研究的稳态随机系统，推广到生灭过程的人口动力学，用以解释到有增长趋势的非稳态的宏观—金融动力学。[1]

我们首先计算用 HP 滤波后的经济指标的相对偏差（RD）。然后，我们估计微观组元的有效数量 N。表 2 给出了结果，可以用来诊断金融危机的源头[2]。

表 2　宏观指标和金融指标的相对偏差（RD）和有效个数（N）

名称	RD（%）	N
实际个人消费	0.15	800,000
实际 GDP	0.2	500,000
实际私人投资	1.2	10,000
道琼斯工业指数（1928—2009）	1.4	9,000
标普 500 指数（1947—2009）	1.6	5,000
纳斯达克指数（1971—2009）	2	3,000
日元-美元汇率（1971—2009）	6.1	300
美元-欧元汇率（1999—2009）	4.9	400
美国西德克萨斯轻质原油指数（1978—2008）	5.3	400

---

[1]　Chen, P. "Microfoundations of Macroeconomic Fluctuations and the Laws of Probability Theory: the Principle of Large Numbers vs. Rational Expectations Arbitrage," *Journal of Economic Behavior & Organization*, 49, pp. 327-344 (2002); lbid. 2, Chapter 13.

[2]　Chen, P. "From an Efficient Market to a Viable Market: New Thinking on Reforming the International Financial Market," In R. Garnaut, L. Song and W. T. Woo Eds. China's New Place in a World in Crisis: Economic, Geopolitical and the Environmental Dimensions, Chapter 3, pp. 33-58, Australian National University E-Press and The Brookings Institution Press, Canberra, July 14, (2009); *lbid.* 2, Chapter 16.

为了理解现实经济中可能的有效个数，表3给出了家庭、企业和上市公司的数量级，以及它们可能产生的相对偏差 RD。

表3 美国家庭和企业的有效数量（1980 年）

微观主体	家庭	企业	上市公司
N	80700000	2900000	20000
RD（%）	0.01	0.1	0.7

★这里，我们只计入那些资产10 万美元以上的企业。

根据表2 和表3，家庭消费可能产生的随机涨落对实际国内生产总值（GDP）波动率（用相对偏差度量）只贡献了大约5%，对实际投资波动的贡献率低于1%，而小企业业绩涨落对实际国内生产总值（GDP）和实际投资波动率的贡献则分别达到50%和8%。相比而言，上市公司对实际投资总波动可能贡献大到60%。显然，宏观经济波动的"微观基础"是非常薄弱的，而"中观基础（金融和企业集团）"却有强力的证据。

换句话说，宏观经济和金融从指数中观察到的巨大波动，只能由中观（金融和产业组织）层面的波动产生，不可能来自家庭或小企业的微观层面。商品和外汇市场的巨大波动只能由金融寡头产生。这是 2008 年金融危机的根源[①]。可见，要稳定宏观经济和金融市场，鼓励竞争的反垄断政策要比货币政策和财政政策更有效。因此，我们强烈建议设立国际反垄断法，拆分金融寡头，这是预防下一次金融危机的关键措施，也是从我们的新理论框架即生灭过程学到的最重要的教训。我们在多次国际高层会议上介绍了我们的这一成果。

小结一下。我们从宏观和金融指标中找到中观（金融和工业组织）基础结构的有力证据。在研究经济周期和危机的结构原因上，我们的微观—中观—宏观三层次系统要优于凯恩斯主义经济学的微观—宏观二层次系统。

（二）平静市场与动荡市场之间的转移概率：对 2008 年金融危机的诊断

金融学中的有效市场理论干脆排除了金融危机的可能性。市场不稳定的静态模

---

① Johnson, S., "The Quiet Coup" *Atlantic*, 303（4），pp. 46-56,（2009）.

型对金融指标的定量分析无能为力。我们在分析 1950 年到 2010 年的标普 500 的日指数时，将非均衡统计力学运用于生灭过程。[①] 图 14 展示了从经验分析得到的状态转移概率。

从图 14 可知，上方的曲线可以用正反馈交易战略的"强度"来解释，下方的曲线表示负反馈交易战略的"强度"。直觉来看，净价波动是由"牛市（看涨）阵营"和"熊市（看跌）阵营"之间的力量平衡造成的。时期 I（1950—1980 年）与时期 II（1980—2010 年）之间存在着明显的差异。图 14（a）要比图 14（b）平滑。图 14（b）中显著的非线性特征是引发金融危机市场混乱的明显标志。显然，时期 II 奉行的自由主义政策放松管制，鼓励了过度投机，这可能同 2008 年金融危机密切相关。

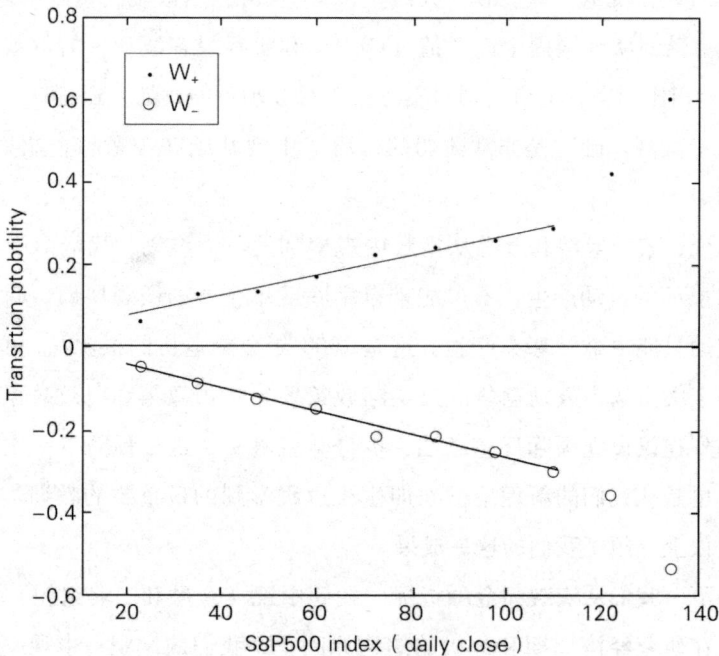

（a）标普 500 指数（1950—1980）的转移概率

---

① Tang, Yinan, Ping Chen. "Transition Probability, Dynamic Regimes, and the Critical Point of Financial Crisis" *Physica A*，（2015）.

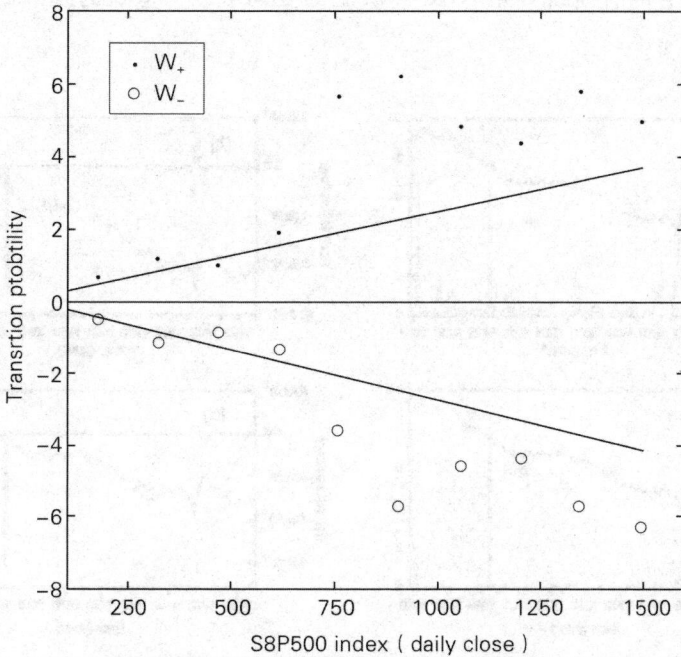

（b）标普 500 指数（1981—2000）的转移概率

图 14 平静（1950—1980）和动荡（1980—2010）市场的转移概率

横轴是标普 500 日指数的价格水平。纵轴是不同价格水平下的转移概率。数据来源于标普 500 日收盘价。

我们可以解出生灭过程的主方程，并找出概率分布的间断点。我们的数值解表明，市场崩溃发生在 2008 年 9 月 25 日，那一天正是储蓄机构监理局（OTS）查封华盛顿互惠银行之时。这一事件是 2008 年引发金融危机前一系列事件的高潮。股票市场自 2008 年 9 月 26 日开始陷入恐慌。我们的研究成果与历史记录的危机进程一致。

（三）时变的高阶矩与市场动力学的危机警告

如何观察演化过程中的经济体？如果经济体在非均衡状态中是时变的，我们只能通过一个移动的时间窗口，利用局部均衡做一个大致的估计。如果我们掌握大量数据点的分布，我们可以选择一个较短的时间窗口，以改善对市场不稳定时区的监督。在下面的例子中，我们用一个移动季度窗口，来分析道琼斯工业日平均（DJI）

指数，计算出它的各阶统计矩。DJI 高阶矩的变化可以为危机的到来提供有价值的信息。

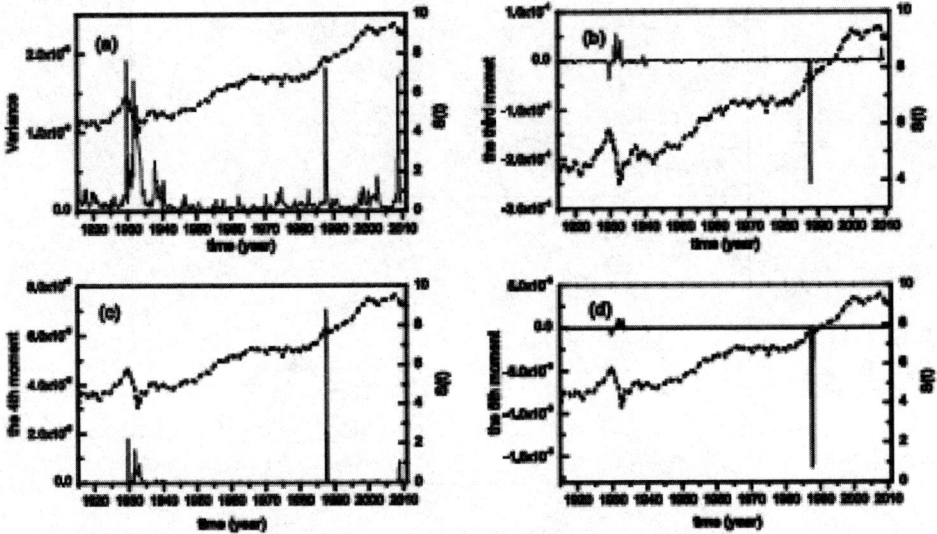

图15　道琼斯工业平均指数（DJI）的季度阶矩（实线）

原始时间序列 S（t）（短划线）是每日收盘价的自然对数序列。实线上的每个点是通过移动时间窗口计算的；宽度是一个季度。图 a、b、c 分别对应着 2、3、4、5 阶矩。方差的阶矩幅度单位是 10^{-5}，3 阶矩是 10^{-8}，4 阶矩是 10^{-9}，5 阶矩是 10^{-11}。日数据选自 1900 年 1 月 2 日到 2010 年 9 月 1 日的共 27，724 个数据点。这里我们选择 σ_0^2 以 10^{-5} 为正常水平。当它们达到 $10^{-1}\sigma_0^2$ 或更高水平时，高阶矩才显得重要。

美国次贷危机揭示了基于均值方差分析的组合投资分散风险战略的局限性。新古典经济学局限于均衡观点，只对时间序列的前两阶矩（均值和方差）感兴趣。为了更好地理解危机动力学，我们在图 15 中考察了危机之前、危机期间和危机之后的高阶矩及其演变[①]。

使用高阶矩表象和时变转移概率可以观察到运动机制的突变和转折点。我们观察到危机前一个季度到危机期间，3 阶到 5 阶的高阶矩会显著增长，这是金融不稳定性的典型特征。我们发现，骤增的高阶矩在危机前一个季度就开始出现，这可以作为机制突变和危机到来的预警信号。这一发现突破了实证经济学回归分析的局限。

---

① Tang, Yinan, Ping Chen. "Time Varying Moments, Regime Switch, and Crisis Warning: The Birth-Death Process with Changing Transition Probability" *Physica A*, 404, pp. 56-64 (2014).

五、数学的选择与哲学偏好

现在，在经济学和金融学领域我们有了两类数学表象体系。它们的主要差异见表4。

表4　经济学和数学的竞争性思想

主题	数学	经济学
线性均衡范式（新古典）		
	单一稳定均衡	自稳定，自由放任
	高斯分布	有效市场，小偏差
	代表性主体	理性人（无社会影响）
	最优化	完全市场，封闭系统
	指数式增长	无生态限制
		消费主义，人性贪婪
	白噪声	短期相关，无历史
	布朗运动	同质行为
	回归分析	可积系统
	FD 滤波器	短期视角，白化信号
	均值回归	系统收敛（制度趋同）
	机械论哲学	经济还原论
非线性—非均衡范式（复杂—演化经济学）		
	多重均衡	多重机制，非稳定，有危机
	时变分布	平静与动荡市场共存
	人口动力学	生态约束下的社会物种（技术、产业）
	逻辑斯蒂小波	技术竞争有限资源
		创造性破坏
	复杂动力学	开放系统中的复杂演化
	色混沌和小波	生命周期，生物钟，
		中期相关

续表

主题	数学	经济学
		历史（路径依赖）
	生灭过程	羊群行为，社会互动
	时频分析	不可积，非稳定系统
	HP 滤波器	中期视角，趋势 + 波动
	分叉树	系统发散（制度多样）
	生物哲学	整体 + 结构 + 时变 = 复杂性

新古典经济学构建了一个关于市场的数学幻象：市场是自稳定的，不存在内生不稳定性，因为它具有唯一的稳定均衡点。效用函数和指数式增长不受资源限制，人性本质才可能无限贪婪。理性经济人假设个人主义足以抵制社会影响，独立决策可以无视群体行为。代表性主体这一假设将经济数学极大地简化为单体问题，例如随机游走，几何布朗运动和随机动态一般均衡（SDGE）模型，都无视群体效应。资源配置问题不考虑开放竞争和技术进步，在所谓完全市场和充分信息下来实现最优化。价格是单一变量（在数学上叫做标量），它能够同时决定产量和分配。经济周期和市场波动归之为外来冲击，所以无需市场管制和政府干预。假设整体等于各部分之和，经济数学就简化为线性处理，经济还原论和方法论的个人主义就理所当然。

需要说明的是，这里"单体"和"多体"的概念，借用了物理学的术语。"单体"在物理学中就是"单个粒子"之意，如钟摆。经济学单体模型的典型是微观经济学，如效用函数极值求导，得出静态需求曲线的优化模型；宏观经济学的例子是动态一般均衡模型中的"代表者"，完全忽视行为主体之间的相互作用。地球绕太阳运动则是典型的二体模型。经济学中的二体模型是定义帕累托最优的埃奇伍德盒（Edgeworth box）。二体问题可以通过一个坐标变换（如质心系），化为单体问题，大大简化计算。"多体"问题在物理学中的例子包括三体模型（如天文学中太阳—地球—月亮的三体运动），和统计力学中的系综（群体）模型（包含大量相同的粒子）。单体和二体问题在数学上有解析解（即函数可积分），才有可能使用计量经济学的回归分析。新古典经济学目前只会处理简单的单体和二体问题，所以无法理解多体问题产生的计算复杂性和轨道多样性。三体和群体问题可能没有解析解（函数不可积），计量经济学的回归分析无效，这是研究决定论混沌和计算复杂性的起源。对于不可积的经济混沌现象，初始条件的微小偏差会使预定轨道的偏离不可控制，优化轨道的概念就失去意义。

线性供求曲线可以通俗简单的建立公众的市场信念。这正是经济数学在经济学的象牙塔中占据主流的原因。它的核心是价格决定论，在数学物理上看是标量场论，因为价格水平就能单独决定产出，比牛顿力学还要简单。因为牛顿力学是向量，不是标量。如果你观察股市运动，显然影响价格波动剧烈程度的有多个变量，例如宏观趋势的变化，交易量的变化，国际形势的变化等等。投资效率也和市场规模有关，接近市场规模才会收益递减。这都是新古典经济学价格的标量理论无法解释的。未来复杂经济系统的价格论，至少应当是向量场（如电磁场），甚至张量场（如引力场）。经济学家口头上承认人的行为比物理学复杂，但是经济学的数学表象远比力学简单。这一矛盾应当在复杂经济学的框架内解决。

线性均衡世界面临的主要挑战就是难以理解不断复发的危机。尖峰厚尾分布的存在在数学上给自由主义政策提供了某种辩护。静态单模概率分布也许有均值存在，这是价格论得以维持的起码理由；如果不幸事件导致市场大幅度的偏离均衡，虽然方差极大破坏了有效市场的根基，但是我们可以原谅自己说，因为没有应对这种坏运气的政策，所以自由放任在危机时也是"最不坏"的对策。可惜这套线性均衡逻辑不是唯一的科学视角。

复杂性科学和演化经济学通过非线性动力学和非均衡物理学揭示了一个复杂的世界。真实市场包括平静市场和混乱市场等多种机制，可以由多重均衡和时变多模分布来描述。经济决策和社会相互作用的本质是非线性动力学，非线性的源头在生态的资源限制。技术的新陈代谢和社会行为造成内生不稳定性。人类本性是社会动物。宏观经济和金融市场必须考虑人口动力学和集体行为。因为集体行为在市场潮流和大众恐慌中起到重要作用，所以没有群体的代表性主体模型是一种误导。其数学错误在于不懂（牛顿力学的）单体问题和（非线性动力学与统计力学的）多体问题之间的基本差别。由于结构和历史在经济运动过程中起着重要作用，因此经济动力学是复杂的。技术的生命周期可以用小波来刻画。经济周期可以用生物钟的色混沌模型来描述其复杂周期的特征（包括紊乱幅度，有限频宽，多重周期，和线性谐振波的均匀幅度，频率尖峰，简单周期不同）。利用时频分析和时变转移概率，可以更好地诊断和应对金融危机。除货币政策和财政政策之外，我们提出鼓励竞争的反垄断政策和危机时对杠杆率的管制，可以作为管理市场不稳定性的新工具。

复杂性科学和演化视角为微观经济学、宏观经济学、金融学和产业经济学的发展提供了一个替代新古典经济学的新框架。理解历史和社会结构可以借助非线性数学提供的新方法。大数据和计算机能力的快速发展奠定了非线性和非均衡经济数学的数值计算基础。计算机图像比黑板经济学的供求曲线更为有力生动。

现在，经济学家们正面临着历史性选择：如何为经济学和金融学选择一个适当的数学体系？

有三种可能的选择：

对于"看不见的手"即自由放任经济的坚信者来说，现存的新古典模型如线性供求曲线、最优化中的凸函数，还有噪声驱动经济周期理论，足以描写一个自稳定的市场。问题是，主流经济学无法面对行为经济学和金融危机的难题。

对于经济实用研究的应用数学家来说，他们时常面临着数学简单性和计算复杂性之间的两难选择。就发表学术论文来说，线性模型可以提供漂亮的解析解。非线性模型对政策实践来说更加真实，但对学术审稿来说则相当困难。当前的主流经济学杂志在鼓励发表高新数学应用上落后于科学杂志，这是经济学方法论落后的体制原因。

对于把经济学研究作为经验科学的学者来说，运用复杂性科学和非平衡物理学方法已经大势所趋，尤其需要研究开放系统的经济学和复杂金融学。自 20 世纪 80 年代以来，诸如自组织科学、复杂系统、经济物理和金融物理学等新领域相继出现，早晚会改变主流经济学的思维范式。

某些经济学家可能质疑物理学在经济学中的应用能走多远。我们的回答是：争论和观望不如参与和试验。我们已经见证了物理学工具成功用于医学、心理学和脑科学，包括 X 射线，超声波，激光，心电图，脑电波和 DNA 分析等等。经济学更类似于医学而非工程学或哲学。既然经济体本质上是一个非线性、非均衡的开放系统[1]，那么复杂性科学和非均衡物理学的很多工具都可以用于经济学和金融学的定量研究。

从哲学的视角看，数学表象的转换可以促进一场凯恩斯预言的范式变迁[2]。主流经济学占主导地位的线性均衡范式无法应对诸如经济危机和全球变暖等当代挑战，

---

[1] Prigogine, I. *From Being to Becoming*: *Time and Complexity in the Physical Sciences*, Freeman, San Francisco (1980).

[2] Kuhn, T. The Structure of Scientific Revolutions, Chicago (1962).

经济学家批评它是经济理论的神学。① 新古典经济学关于人类本性的无限贪婪假设，与物理学的守恒规律、地球的生态约束不能兼容，也就不可能成为严格意义下的经验科学。②

经济周期理论中的噪声驱动模型和计量经济学中的回归分析之所以能够流行，根源于经济学的实证主义③和计量经济学的实用主义④。现在，我们更好地从方法论了解，为什么弗里德曼提倡的实证经济学和计量经济学在作出经济预测时总是失败。因为经济时间序列是由经济体结构变化驱动的非稳态序列，模型参数几乎没有在历史变迁中保持常数不变的可能性。这正是为什么计量经济学中的回归分析不可靠的原因。物理学早期实验可以用回归分析发现欧姆定律，但是电磁场的麦克斯韦方程是理论推导和实验观察的结合。回归分析不可能发现电磁场和量子力学，也不可能发现市场的线性动力学。

科学知识正在随着人类的实践不断扩展，数学是其中的一部分。理论框架从特殊发展到一般，相应地，模型也从简单到复杂。例如，数学发展从整数到分数，从有理数到无理数，从实数到复数，从欧氏几何到非欧几何。经济学概念面临着和物理学相似的变化：从封闭系统到开放系统，从均衡到非均衡，从简单系统到复杂系统。复杂性理论可以整合各派简单性理论，因为某个简单理论可以视为复杂理论的特殊情况或低阶近似。发展新的经济数学旨在拓展我们的经济视野。

经济学中外生学派和内生学派之间的基本分歧，或者哲学中外因论和内因论之间的争议，可以由普里戈金的"涨落产生秩序"的⑤思想解决。从非平衡物理学的哲学视角来看，经济体本质上是开放的耗散系统。系统内部的结构演化受到系统外部环境变化的强烈影响。从数学的视角看，所有色混沌和生灭过程的新发现，都是我们用 HP 滤波器观察到的现象。在分析宏观经济和金融指标时，HP 产生的非线性平滑趋势起到哥白尼参照系的作用。它的经济含义是，用可计算的市场趋势（由反身

① Foley, Duncan K. *Adam's Fallacy*: *A Guide to Economic Theology*, Harvard University Press (2008).

② Chen, Ping. "Metabolic Growth Theory: Market-Share Competition, Learning Uncertainty, and Technology Wavelets" *Journal of Evolutionary Economics*, 24 (2), pp. 239-262 (2014).

③ Friedman, M. *Essays in Positive Economics*, University of Chicago Press, Chicago (1953).

④ Hendry, David F. *Econometrics*: *Alchemy or Science*? 2nd ed. Oxford University Press, Oxford (2001).

⑤ Nicolis, G. and I. Prigogine, *Self-Organization in Nonequilibrium Systems*: *From Dissipative Structures to Order through Fluctuations*, Wiley, New York (1977).

性①或者全球环境与市场主体之间的社会相互作用所形成）来替代无法操作的理性预期。在我们基于集体行为的新期权定价模型中，无风险利率常数由基于生灭过程的趋势价格所替代。②

数学简化和经验相关总是此消彼长（trade-off）的关系，鱼和熊掌不可兼得。选择生灭过程，是因为它是人口动力学中最简单的模型，可通过主方程求解。尽管生灭过程要比代表性主体的几何布朗运动模型更复杂，但是我们可以获得更多的社会心理知识。同样，从时频分析中了解到时变的经济体，比从静态统计学有更多的信息。如何选择适当的计算复杂度，我们采用数值实验法，选取可以解释复杂机制的相对简单的近似（例如分析金融危机，二阶矩太少，三到五阶矩就可以了）。另外，我们在运算和数据挖掘等方面也有很多创新。欢迎读者加入我们的探索。

我们发现，基于以下三种原因，理论物理学（包括非线性动力学、量子力学和统计力学）在经济分析中比常规数理统计有更多的解释力：

第一，理论物理学有一个普遍的、与逻辑一致的理论框架，而其他的数值算法都只有技术上的优点而缺乏深厚的理论基础。只有理论物理学为物理学、化学、生物学和医学，以及现在的经济学，提供了一个统一框架。

第二，新古典经济学从物理学中选择了错误的样板。经典力学始于牛顿的力学定律，当粒子运动速度远远低于光速时它具有普遍性。经典力学的哈密顿公式仅仅对没有能量耗散的守恒系统有效。新古典经济学借用哈密顿公式，试图构造一个没有能量耗散和技术创新的乌托邦世界，然后可以求解效用最大化和利润最大化问题。除了可以导出斜率为负的需求曲线外，没有多少现实意义。非平衡物理学意识到，时间对称的守恒系统与时间非对称（也叫对称破缺）的耗散系统之间存在根本差异。生命和社会系统本质上是耗散系统，它们在时间和空间中不断演化。因此，驱动经济运动的力量中，诸如不可预测的不确定性（即奈特和凯恩斯提出的不可计算的不确定性）③ 和（熊彼特提出的）创造性破坏④等非均衡力量，要比诸如成本竞争和套利行为等均衡力量更强大。牛顿力学并不排除非线性相互作

---

① Soros, George. "Reflexivity in Financial Markets". *The New Paradigm for Financial Markets：The Credit Crisis of* 2008 *and What it Means* (1st edition ed.). PublicAffairs (2008).

② Tang, Yinan, and Ping Chen, "Option Pricing with Interactive Trend and Volatility," *Financial Review* (in Chinese), No. 2, pp. 1-11 (2010).

③ Knight, Frank H. *Risk, Uncertainty and Profit*, Sentry Press, New York (1921).

④ Schumpeter, J. A. *Capitalism, Socialism and Democracy*, 3rd ed., New York：Harper (1950).

用。物理学家从守恒系统和耗散系统中都发现了决定性混沌。然而，微观经济学中的凸面集合要求干脆排除了多重均衡和混沌的可能性。所以，新古典均衡经济学最多是半边经济学，因为非均衡的另一半如果被忽略，生命和经济运动就成了死灭的静态。我们要重建微观经济学的动力学和演化论基础，使之能与宏观经济和金融中观察到的多样模式相符。

需要说明的是：科学史上，先发现牛顿定律，对有摩擦力的耗散系统普遍成立。后来才发现在没有摩擦力（即能量守恒）的条件下，力学系统存在守恒量（如能量和其他势函数），动力学方程可以化为变分方程，把动力学问题化为优化问题。新古典微观经济学先验地假定存在可以优化的势函数，如效用函数和生产函数，把市场竞争形成的价格，描写为优化问题的唯一解，就排除了内生经济波动的存在，只能把观察到的市场价格波动归之于外来冲击或噪声。所谓不完全市场或不完全信息模型，只是放宽模型成立的条件，依然保留优化过程和稳态解的框架。如此简化的优化模型，用来推导微观经济学的供求曲线还过得去，用来解释金融涨落和宏观经济周期就得到脱离实际的结论。我们采用的生灭过程直接从动力学机制出发，无需假设宏观优化过程，才能引入多种市场机制的并存。

我们要强调指出，现有宏观经济学的 IS-LM 框架，对宏观货币与财政政策的效果也是误导的。因为在开放系统中，宏观静态的单向 IS 曲线也不成立。国际竞争下有资本外逃的可能性，央行降低利率的后果是三种可能（增加投资，减少投资，囤积现金不投资），而非一种可能（即增加投资，增加产出）。这是复杂性经济学与新古典主义经济学之间的根本区别。

不同的数学方法传达了不同的经济思想。大工业时代的经济增长，没有煤、石油、电力等大规模的能量输入和耗散，是不可能的。科斯所谓的交易成本，就是物理学能量耗散释放的废热，例如污染排放，信息扭曲的广告，以及协商失败打官司的成本。在市场经济的规制里，如果忽略交易成本而取消市场监管，只能增加社会的制度成本，降低社会的效率。因而封闭系统的优化经济学，本质是空想资本主义的乌托邦。

第三，经济复杂性和经济混沌的经验证据，揭示了经济还原论和方法论的个人主义的局限。非线性相互作用与多层次结构揭示了演化视角和人类活动整体观的重要性。从演化视角来看，非线性和非均衡机制是不可逆性和历史性的数学表象。如果我们缺乏有关经济结构和社会历史的相关知识，就难以理解数学表象的复杂模式。从这个意义上讲，非均衡与非线性方法可以成为架起科学与人文、或物理与生命世界两种文化之间的桥梁。[①] 我们对话的对象，不仅包括不同学派的经济学家，还包括不同的学科，如生物学家、历史学家、社会学家、人类学家和心理学家。我们从跨学科跨学派的对话交流中受益良多。所以，我们实践的是凯恩斯的梦想，学习爱因斯坦发展广义相对论来包容狭义相对论和经典力学。我们这里提倡的不是排他的，而是包容的思维范式变革，希望能看到一般的、统一的经验经济学。

六、结论

在哲学上，经济学总是相信经济行为应该比物理行为更加复杂。在经济学的教学实践中，经济数学比物理数学要简单得多。典型例子就是统计力学中最简单的理想气体模型。标准的统计力学起始于一个包括大量粒子的统计系综，粒子的分布由其相应的动力学（宏观的经典力学或微观的量子力学）决定。相比而言，经济学中宏观和金融学理论的代表性主体模型中只有一个有固定概率分布的粒子，除了假设概率分布之外没有任何动力学机制。[②] 因此，在数学表象方面，经济理论比物理学天真的多。我们需要根据其理论的效果而不是美丽的言词来评价经济哲学。

从历史看，数学表象和技术进步与社会变迁携手而行。经济数学也经历了从简单到先进阶段的快速发展。数学表象在经济理论和经验分析中起着重要作用。各种经济数学模型在三个方面存在竞争：经验解释力、数学优美性和哲学概括力。

从科学的历史教训来看，是经验相关性决定了数学美的含义和哲学地位的兴衰。举例来说，爱因斯坦的相对论要比牛顿的力学具有更广的经验基础。相对论的成功提升了非欧几里德几何学的数学地位，动摇了绝对宇宙观的哲学基础。在经济学中，自然实验，例如大萧条和 2008 年金融危机，动摇了自稳定市场的自由主义信念。人们呼唤经济学的新思维。现代经济数学的非线性和非均衡性终将被公众和主流经济学界所承认。

---

① ChenP. "Nonequilibrium And Nonlinearity: A Bridge between the Two Cultures," in G. P. Scott e-d. *Time*, *Rhythms*, *and Chaos in the New Dialogue with Nature*, Chapter 4, pp. 67-85, Iowa State University Press, Ames (1980).

② Black, F. and M. Scholes, "The Pricing of Options and Corporate Liabilities," *Journal of Political Economy*, 81, pp. 637-654 (1973).

有三种力量可以加速经济学思考的变迁：

1. 大数据和不断提高的计算机处理能力将刺激经济学理论的数学表象从线性、稳态模型向非线性、非稳态模型的升级。

2. 复杂性科学的巨大进步，使其在科学、工程学和力学中的应用不断增加。这些成功将传播到经济学和金融学领域。主流经济学的封闭氛围不会再持续长久。

3. 新古典经济学主要是基于个人主义的盎克鲁-萨克逊文化的产物。2008 年金融危机和全球变暖标志着消费主义走到尽头。发达国家和发展中国家都面临着来自环境、资源和贫困的严峻挑战。英美模式受到德日模式、北欧模式、东亚模式和中国模式等多种文明的挑战。经济社会的发展不得不适应多样化的环境和不同国情的历史条件。这种社会共识将加速经济思考中的范式转换。

七、鸣谢

作者感谢研讨会组织者埃米利亚诺．伊波利蒂（Emiliano Ippoliti）教授，以及 2014 年 6 月 12—13 日在罗马参加"数学、金融学和哲学工作坊"的与会者。作者也感谢和 Yuji Aruka、爱德华·富尔布鲁克（Edward Fullbrook）、詹姆斯·加尔布雷斯（James Galbraith）、大卫·亨德利（David Hendry）、斯蒂夫·基恩（Steve Keen）、理查德·尼尔森（Richard Nelson）、埃德蒙·费尔普斯（Edmund Philps）、安德烈亚斯·帕卡（Andreas Pyka）、约瑟夫·斯蒂格利茨（Joseph Stiglitz）、魏德利希·沃尔夫冈（Wolfgang Weidlich），以及艾尔斯纳·沃尔弗拉姆（Elsner Wolfram）、林毅夫、史正富、盛洪、唐毅南、李华俊等富有启发性的讨论。

Mathematical Representation in Economics and Finance：
Philosophical Preference，Mathematical Simplicity，and Empirical Relevance.

Ping Chen

Center for New Political Economy，Fudan University

For the Workshop on Finance，Mathematics，and Philosophy

Rome，June 12-13，2014

【Abstract】

As Keynes pointed out，classical economics was similar to Euclidean geometry，but the reality is non – Euclidean. Now we have abundant evidence that market movements are nonlinear，non – equilibrium，and economic behavior is collective in nature. But mainstream economics and econometrics are still dominated by linear，equilibrium models of representative agent. A critical issue in economics is the selection criteria among competing math models. Economists may choose the preferred math representation by philosophical preference；or by mathematical beauty or computational simplicity. From historical lessons in physics，we choose the proper math by its empirical relevance，even at the costs of increasing mathematical dimensionality and computational complexity. Math representations can be judged by empirical features and historical implications. Recent historical events of financial crisis reveal the comparative advantage of the advanced math representation. Technology progress facilitates future advancements in mathematical representation and philosophical change in economic thinking.

【Key Words】：mathematical representation，philosophical preference，economic complexity

【关键词】：数学表象，哲学偏好，经济复杂性

【作者简介】：

陈平是北京大学国家发展研究院退休教授，复旦大学中国研究院研究员。1968年北京中国科技大学物理系毕业。1987年获得美国德克萨斯大学奥斯汀校区的物理学博士学位。1987年首先获得经济混沌的经验与理论证据。目前致力于发展复杂经济学和演化经济学。

经济学的科学性及其条件

——《超越新古典：经济学的第四次革命与第四次综合》导读

叶　航

一

当代西方主流经济学是一个建立在新古典经济学基础上的逻辑演绎系统。逻辑演绎系统的特征是它的所有命题都来自一个最基本的逻辑前提，并在此基础上形成一个完整的理论体系。这种特征也是近现代自然科学理论（如物理学）的标准建构形式。

支撑当代西方经济学理论大厦的逻辑前提就是所谓的"经济人"或"理性人"假设。这一假设最早由斯密（Adam Smith）提出，后来经马歇尔（Alfred Marshall）、萨缪尔森（Paul Samuelson）、阿罗（Kenneth Arrow）、德布鲁（Gerard Debreu）等人的发展，逐步形成一个以数学形式表达的、严密的、逻辑自洽的公理体系，从而成为一切经济学研究不证自明的前提。

但科学发展的历史告诉我们，逻辑自洽只是科学理论得以成立的必要条件而非充分条件，科学理论得以成立的充分条件则是它所提出的假设必须得到可控制、可观察、可重复的经验事实的验证。换言之，如果一个理论体系没有做到逻辑自洽，它肯定不能成为科学的理论；但一个理论体系即便做到了逻辑自洽，仍然有可能不是科学的理论；只有在同时满足逻辑实证和经验实证的条件下，一个理论体系才能成为科学的理论。

以物理学为例，牛顿的三大定律只有在精确预测了行星运行轨道后，才能成为经典的力学理论；爱因斯坦的广义相对论只有在观察到空间弯曲所引起的红移现象后，才能成为现代物理学的基础。因此，数学工具为现代物理学提供了逻辑实证的必要条件，而天文望远镜、电子显微镜和粒子加速器则为现代物理学提供了经验实证的充分条件。

在上述意义上，当代西方主流经济学还不能算作一门真正的科学，因为作为这一理论逻辑前提的"经济人"或"理性人"假设并没有经过经验事实的严格检验。从上个世纪 80 年代开始，包括行为经济学（Behavioral Economics）、实验经济学（Experimental Economics）、演化经济学（Evolutionary Economics）、计算经济学（Computational Economics）、神经经济学（Neuroeconomics）等一批新兴经济学科（Neo-Economics Sciences）的兴起，在某种意义上就是为了从经验实证的角度对新古典主义的"经济人"或"理性人"假设进行严格的检验。

为了在严格的条件下观察人们决策过程中所表现出来的行为特征和心理特征，新兴经济学家在传统的数理建模和计量统计的基础上，逐步发展出一套以行为实验、神经实验和仿真实验为代表的经验实证研究方法，从而极大地拓展了传统经济学的研究视野，并为现代经济学的科学化奠定了坚实的基础。

二

从新兴经济学大量的研究成果看，来自行为实验、神经实验和仿真实验的经验证据对理性人假设的每一块基石都提出了严峻的挑战。这些挑战被称为传统经济学的"异象"（Anomalies），即人们的行为表现完全偏离了标准经济学模型的预测。这些"异象"主要包括两大方面的内容：

第一，人们的行为偏好显著地违背了理性假设中偏好一致性公理的要求，例如人们在行为决策过程中普遍存在的损失厌恶、后悔厌恶、模糊厌恶、框架效应、禀赋效应、加权效应、锚定效应、符号效应、参照点效应，以及冲动、拖延、成瘾等等非理性的倾向；

第二，人们的行为偏好显著地违背了理性假设中自利原则的要求，例如人们在囚徒困境博弈中的合作行为、在公共品博弈中的贡献行为，在最后通牒博弈中的拒绝行为、在独裁者博弈中的给予行为、在公地悲剧博弈中的自组织行为、在信任博弈中的信任和可信任行为、在礼物交换博弈中的馈赠和报答行为、在第三方制裁博弈中的利他惩罚行为等等非自利、甚至利他的倾向。

上述研究结果表明，当代西方主流经济学正在面临全面的理论危机。以实验经济学、行为经济学、演化经济学、计算经济学和神经经济学为代表的新兴经济学在经验实证的基础上对新古典主义"经济人"或"理性人"假设的质疑与批判，预示着经济学基础理论正在发生深刻的变革与重大创新。一个新的、具有替代性和颠覆性的，超越新古典经济学理论体系已经展现于世人眼前。

为了消解传统经济学的逻辑矛盾，美国著名的"桑塔费三剑客"之一赫伯特·金迪斯（Herbert Gintis）2009 年在《理性的边界》一书中提出了一个替代"经济人"或"理性人"假设的新的逻辑前提——BPC 假设。

所谓 BPC，是"信念"（Beliefs）、"偏好"（Preferences）和"约束"（Constraints）的指代。BPC 假设认为，人的行为是给定信念和约束前提下最大化自身偏好的过程。它与传统经济学理性假设的重要区别主要体现在：

第一，BPC 假设把信念作为影响人们行为的重要因素，而信念则是人们对事物先验的主观判断，它既是社会的产物、也是特定文化和习俗的产物，并可以在个体之间进行学习和分享；

第二，在传统经济学中，偏好只是用来指称那些自利的个人偏好，而在 BPC 假设中，偏好既可以包括自利的个人偏好，也可以包括非自利、甚至利他的社会偏好；

第三，BPC 假设中的约束，不仅包含了传统经济学的成本约束和信息约束，而且还包含了情境因素对人们行为的约束。正如金迪斯所言，"当我们饥渴、恐惧、愤怒或困乏时，我们的偏好序就会调整；想找到一个不依赖于我们当前财富、当前时间、当前策略环境的效用函数，是不可能的"。

三

随着行为经济学、实验经济学、演化经济学、计算经济学和神经经济学的发展与成熟，新兴经济学在批判西方主流经济学的过程中，逐步形成了以"三大理论假设"、"三大分析范式"和"三大技术工具"为代表的建构性共识。而正是这些共识，向我们展现了一个超越新古典传统的、并能够对其进行替代的全新的经济学理论框架。因此，我把它称为"经济学的第四次革命与第四次综合"。

在近现代经济学的思想发展史上，曾经产生过三次大的"革命"与三次大的"综合"。每一次"革命"都提出了与之前的经济学理论完全不同的研究范式，而每一次"综合"则把前后两种不同的研究范式统一在一个更大的理论框架中。这种以范式"革命"与范式"综合"交替形式出现的理论创新模式，事实上是科学发展的一般规律。

新兴经济学虽然在理论假设、分析范式和技术工具等方面对传统经济学进行了极大的拓展，但它并没有排斥传统经济学的逻辑体系，而是把传统经济学作为一个"特例"或"子系统"包含在自己的理论框架内。人类的思想史表明，任何科学的理论体系在其发展过程中都会被新的理论体系超越和替代，这种超越和替代体现了人类对客观世界认识的不断深化。经济学作为一门科学，也不会违背这一基本规律。

以实验经济学、行为经济学、演化经济学、计算经济学和神经经济学为代表的新兴经济学在对新古典经济学以及建立在新古典基础上的西方主流经济学进行批判的基础上逐步走向替代性的理论建构，预示着经济学理论体系正在发生的深刻变革与重大创新。对这些变革与创新进行及时梳理、归纳和总结，有助于我们更好地把握经济学未来的发展方向和趋势，使中国的经济学研究尽快融入这场正在不断向纵深发展的经济学创新思潮，从而推动中国经济学基础理论研究的发展。

超越新古典
——经济学的第四次革命与第四次综合

叶 航[①]

【内容提要】

经济学近现代历史上曾经发生过三次革命和三次综合，每一次"革命"都提出了与之前的经济学理论不同的研究范式，而每一次"综合"则把前后两种不同的研究范式统一在一个更大的理论框架中。这种以"革命"与"综合"交替形式出现的经济学创新模式，既反映了人类经济历史不断前进的步伐，也反映了人类思想历史不断深化的过程。本文首次提出了现代经济学第四次革命和第四次综合的概念，并对第四次革命、尤其是第四次综合的内容进行了全面、系统和前瞻性的阐述。这一研究有助于我们把握经济学未来的发展方向和趋势，有助于中国经济学家尽快融入这场正在不断向纵深发展的理论创新思潮。

【关键词】 新古典经济学 新兴经济学 理论假设 分析范式 技术工具

① 叶航，浙江大学经济学院教授、浙江大学跨学科社会科学研究中心（ICSS）主任，浙江财经大学经济行为与决策研究中心（CEBD）和神经与行为经济学实验室（NBEL）学术委员会主席。E－mail：yehang@china.com，通讯地址：浙江杭州浙大路38号，邮编：310027。

本文系国家社科基金重点项目"关于新兴经济学理论创新的综合研究"（批准号：13AZD061）阶段性研究成果，并得到教育部人文社会科学重点研究基地重大项目"行为经济学与中国社会变迁研究"（批准号：06JJD790031）、教育部哲学社会科学研究后期资助重大项目"超越经济人：人类的亲社会行为与社会偏好"（批准号：11JHQ002）的资助。

经验证据对新古典经济学和经典博弈论的每一块基石都发出了挑战。
经济学在未来的发展，势必要求理论的建构与经验检验、行为数据搜集以
及基于行为主体的模型展开对话。

赫伯特·金迪斯

一、序言

在近现代经济学的思想发展史上，曾经产生过三次大的"革命"与三次大的
"综合"（蒋自强、张旭昆，1996）。每一次"革命"都提出了与之前的经济学理论
完全不同的研究范式，而每一次"综合"则把前后两种不同的研究范式统一在一个
更大的理论框架中。这种以范式"革命"与范式"综合"交替形式出现的理论创新
模式，事实上是科学发展的一般规律（库恩，1962）。就经济学而言，这种"革命"
与"综合"的创新，既反映了人类经济历史不断前进的步伐，也反映了人类思想历
史不断深化的过程。

近现代经济学的第一次革命，以亚当·斯密（Adam Smith）的《国富论》
（1776）为标志，突破了自古希腊和中世纪以来只注重财富管理分析的前古典经济学
研究范式，确立了以财富生产分析为主要目的的古典经济学研究范式。这一范式革
命与转换，发生在第一次工业革命的开启时期（18世纪60—70年代），反映了以机
器生产和社会分工为特征的工业文明对家庭经济和自然经济为特征的农业文明的革
命性替代。

近现代经济学的第一次综合，以约翰·穆勒（John Mill）的《政治经济学原理》
（1848）为标志，对前古典经济学与古典经济学的研究范式进行了理论综合，把财富
的管理和财富的创造整合为一个统一的分析框架，使之成为经济学并行不悖、相互
补充的两大研究范式。这种范式的综合，发生在第一次工业革命的结束时期（19世
纪中叶），反映了随着第一次工业革命的完成，包括经济学家在内的社会精英分子可
以以更为包容的心态对待人类科学与人文发展的历史遗产。

肇始于牛顿的近代科学，催生了现代经济学的第二次所谓的"边际革命"，其标
志性的人物和代表作分别包括赫尔曼·戈森（Hermann Gossen）的《人类交换规律与
人类行为准则的发展》（1854）、卡尔·门格尔（Carl Menger）的《国民经济学原理》

（1871）、利昂·瓦尔拉斯（Leon Walra）的《纯粹经济学要义》（1874）和威廉·杰文斯（William Stanley Jevons）的《政治经济学理论》（1879）。"边际革命"突破了古典经济学此前以生产投入（包括劳动投入）作为分析对象的客观价值理论，提出了以人的心理因素作为分析对象的主观价值理论，即边际效用理论。这一范式革命与转换，发生在第二次工业革命的开启时期（19世纪70年代），反映了在第一次工业革命极大地提升了人类的物质文明以后，经济学家开始更多地关注人类自身以及人类精神世界的崭新视野。

近现代经济学的第二次综合则是新古典经济学的创立，以阿尔弗雷德·马歇尔（Alfred Marshall）的《经济学原理》（1890）为标志，将古典经济学的客观价值论和边际革命的主观价值论整合为一个统一的分析框架。其中，古典经济学的要素投入理论被作为新古典经济学的生产（供给）理论，而边际革命学派的边际效用理论则作为新古典经济学的消费（需求）理论；并以供给函数（供给曲线）和消费函数（消费曲线）的形式，统一于以数学（微积分）形式表达的均衡价格理论中。这种范式的综合，发生在第二次工业革命的结束时期（19世纪末和20世纪初），反映了人类工业文明鼎盛时期现代科学、技术对人类经济生活极大的促进作用，以及现代科学理论的建构方式、尤其是以数学作为一种通用的科学语言对经济学产生的重大影响，从而成为经济学理论从近现代走向现代的标志。

现代经济学的第三次革命，以梅纳德·凯恩斯（Maynard Keynes）的《就业、利息和货币通论》（1936）为标志，被世人称为"凯恩斯革命"。凯恩斯革命突破了新古典经济学将经济分析的基点立足于个人与厂商的微观分析范式，第一次确立了以国民经济作为一个整体对象的宏观分析范式。这一范式革命与转换，发生在整个工业文明由鼎盛转向衰退的时期（20世纪20—40年代），[①]反映了1929年至1933年在美国爆发、继而席卷整个资本主义世界的大危机对资本主义经济方式产生的深刻影响，它是在资产阶级意识形态内部对亚当·斯密以来"自由放任"的古典资本主义制度以及马歇尔均衡价格理论的深刻反思与批判，并由此开创了"国家干预"的现代资本主义制度。

现代经济学的第三次综合，以保罗·萨缪尔森（Paul Samuelson）的《经济学分

---

① 两个重大的历史事件标志着人类工业文明的日趋式微：第一是1929年至1933年在美国爆发的，继而席卷整个资本主义世界的经济大危机；第二是1939年至1945年爆发的，导致全球60余个国家和地区卷入、近1亿人伤亡的第二次世界大战。

析基础》（1947）为标志，将新古典经济学的微观分析范式与凯恩斯主义的宏观分析范式整合为一个统一的分析框架。该理论以"充分就业"为界，把描述充分就业均衡状态的经济分析称为微观经济分析，把描述未能实现充分就业非均衡状态的经济分析称为宏观经济分析，从而创立了所谓的"新古典综合派"经济理论。这种范式的综合，发生在工业文明日趋式微、而人类新经济形态开启的前夜（20世纪50年代），既反映了二战以后世界经济恢复所带来的经济繁荣与文化繁荣，也反映了全球经济中心与政治的中心由老牌帝国主义国家——英国向新兴帝国主义国家——美国的转移。以新古典综合派为代表的经济学理论体系，至今仍然是当代西方经济学的主流经济理论。

现代经济学第四次革命与第四次综合的概念，由本文首先提出。第四次革命是指从20世纪80—90年代开始，并一直延续至今的、对西方主流经济学"经济人假设"或"理性人假设"的挑战与批判，以及以行为经济学（Behavioral Economics）、实验经济学（Experimental Economics）、演化经济学（Evolutionary Economics）、计算经济学（Computational Economics）、神经经济学（Neuroeconomics）为代表的新兴经济学（Neo – Economics）在此基础上提出的一系列不同于传统经济理论的假设与范式。这次革命发生的时间，基本与人类社会进入以"信息文明"为标志的后工业时代相契合。[①] 这一范式革命与转换，具有后现代主义反理性、反分工的鲜明色彩，反映了当代科学技术跨学科融合与跨学科发展的趋势，是人类对启蒙运动以来所谓"科学理性"和"科学分工"进行全面反思在经济学领域的体现。

当代西方主流经济学是一个逻辑演绎系统。该系统从一个最基本的逻辑前提出发，进而推衍出它的所有命题。这个逻辑前提就是所谓的"经济人假设"或"理性人假设"。这一假设最早由亚当·斯密在《国富论》中提出，后来经马歇尔（Alfred Marshall）、萨缪尔森（Paul Samuelson）、德布鲁（Gerard Debreu）等人的发展，逐步形成了一套严密的、逻辑自洽的公理体系。但是，科学发展的历史和事实表明，逻

---

① 关于后工业时代的称谓目前还没有一个广泛认同的共识。例如，英国《经济学家》杂志和美国经济趋势基金会主席杰里米·里夫金（Jeremy Rifkin）干脆把它称之为"第三次工业革命"（2011），美国著名未来学家阿尔温·托夫勒（Alvin Toffler）在《第三次浪潮》（1981）一书中把它称为"信息社会"或"服务社会"，美国著名作家约翰·奈斯比特（John Naisbitt）在《大趋势》（1982）一书中则把它称为"信息革命"。从农业文明、工业文明的称谓引申出去，我觉得未尝不能把它称为"信息文明"。关于这一文明的起始时间，一般认为应该从1957年10月4日，即前苏联发射第一颗人造卫星算起，因为它标志着计算机技术和信息技术在人类社会实践活动中的成功应用。

辑自洽只是科学理论的必要条件而非充分条件，科学理论的充分条件是它所提出的假设必须得到可观察、可重复的经验事实的验证。以物理学为例，牛顿的三大定律只有在精确预测了哈雷彗星和海王星运行轨道的基础上，才能成为经典的力学理论；爱因斯坦的广义相对论只有在观察到空间弯曲所引起的红移现象后，才能成为现代物理学的基础。在这个意义上，当代西方主流经济学还不能算作一门真正的科学，因为作为这一理论体系逻辑前提的经济人假设和理性人假设并没有经过经验事实的严格检验。

20 世纪 60 年代以后，随着经济学微观基础的博弈论转向，经济人假设和理性人假设受到了空前的挑战。在一些著名的博弈案例，如囚徒困境（Prisoner's Dilemma）、公地悲剧（Tragedy of the Commons）中，根据理性人假设做出的行为决策并不能给决策者带来最优结果，而导致了所谓的"社会困境"（Social Dilemma），与主流经济学的另一个重要假设"帕累托最优"产生了重大矛盾。从 20 世纪 80 年代开始，以行为经济学、实验经济学、演化经济学、计算经济学、神经经济学为代表的新兴经济学科，为了在经验实证的基础上对主流经济学的理性人假设进行严格的检验，不但从自然科学中借鉴并创立了各种科学手段，例如行为实验、神经实验和仿真实验；而且还广泛吸收和融合了其他多门相关学科的研究成果，例如心理学、社会学、人类学、生物学、认知科学和神经科学等等，从而使这次革命在形式上具有明显的反分工和跨学科倾向。

从新兴经济学大量的研究成果看，来自行为实验、神经实验和仿真实验的经验证据对理性人假设的每一块基石都提出了严峻的挑战（Gintis，2009）。这些挑战被称为传统经济学的"异象"（Anomalies），即人们的行为表现完全偏离了标准经济学模型的预测。这些"异象"主要包括两大方面的内容：第一，人们的行为显著地违背了理性假设中偏好一致性公理的要求，例如人们在行为决策过程中普遍存在的损失厌恶、后悔厌恶、框架效应、禀赋效应、加权效应、锚定效应、符号效应和参照点效应，等等；第二，人们的行为显著地违背了理性假设中自利原则的要求，例如人们在最后通牒博弈中的拒绝行为、在独裁者博弈中的给予行为、在公地悲剧博弈中的自组织行为、在信任博弈中的信任和可信任行为、在礼物交换博弈中的馈赠和报答行为、在第三方制裁博弈中的利他惩罚行为，等等。

上述研究结果无不表明，当代西方主流经济学正在面临全面的理论危机。以实验经济学、行为经济学、演化经济学、计算经济学和神经经济学为代表的新兴经济学在经验实证的基础上对"理性人假设"的质疑与批判，预示着经济学基础理论正在发生深刻的变革与重大创新。未来5—10年之内，一个新的、具有替代性和颠覆性的、超越新古典传统的经济学理论体系或将展现于世人眼前。这就是本文提出的现代经济学第四次综合的前景。面对这一重大的理论创新思潮，我们将如何应对？又该有何种作为？对中国的经济学和中国经济学家来说，这是一种挑战，也是一个机遇。

本文将着眼于现代经济学第四次综合的前景，力图从理论假设、分析范式、技术工具等各个方面，对这一新的经济学理论体系可能包含的基本要素、基本内容以及这一理论体系的整体框架、包括它与传统经济学的关系以及它的方法论特征作出全面的、系统的、前瞻性的整合研究。这里所谓的"整合研究"，意味着以下我们在阐述和讨论中所涉及的所有概念和术语都是现有研究文献已经提出来的，我们所做的工作只是将它们"综合"成一个有机的整体。正如我们以上所阐述的，在近现代经济学发展的历史上，"革命"是一种创新，"综合"同样是一种创新。

二、三大理论假设

传统经济学的"理性人假设"或称"理性假设"并不是一个孤立的假设，对它的改进可能会引起一系列连锁反应。德鲁·弗登伯格（Drew Fudenberg）曾经指出，行为经济学家改进理论的常规方法往往是在标准经济学模型中修改一两个假设，从而使之更加符合现实；但这种步步为营的方法存在着很大的危险，因为对某个假设的放松可能会对其他假设产生间接影响，从而使这些假设彼此冲突；因此，任何理论创新都需要将相关假设视为一个整体，并考察其中有多少假设需要修正（Fudenberg，2006）。就"理性假设"而言，20世纪60年代以后，随着主流经济学微观基础的博弈论转向，"策略博弈假设"和"纳什均衡假设"事实上已经成为"理性假设"在博弈分析过程中的自然延伸与扩展。因此，对传统经济学核心理论假设的建构性替代，起码应该包含以下三个方面的内容：第一，"BPC假设"对"理性假设"的替代；第二，"行为博弈假设"对"策略博弈假设"的替代；第三，"演化均衡假设"对"纳什均衡假设"的替代。

（一）BPC 假设

"BPC 假设"是美国著名的桑塔费三剑客之一①赫伯特·金迪斯（Herbert Gintis）最先提出的（Gintis，2009，2011），其早期研究可以追溯至 18 世纪中晚期意大利政治学家贝卡利亚（Gesare Beccria）和英国哲学家边沁（Jeremy Bentham）的功利主义哲学（Beccaria，1764；Bentham，1789）。一系列最新的实证研究，包括证券交易（Cogley et al.，2013）、风险投资（Brianzoni et al.，2010）、资产定价（David，2012）、教育市场（Flacher and Harari，2013）、决策后果评价（Kariv and Silverman，2013）、不同行为规范的协调（McQuillin and Sugden，2012）、身份与社会禁忌（Bénabou and Tirole，2011）、以及人们在非合作博弈中所表现出来的亲社会行为与社会偏好（Kerr et al.，2012）等等，都表明"BPC 假设"能够比传统经济学的"理性假设"更好地解释人们的行为。

所谓 BPC，是"信念"（Beliefs）、"偏好"（Preferences）和"约束"（Constraints）的指代。BPC 假设认为，人的行为是给定约束和信念前提下最大化自身偏好的过程。它与传统经济学理性假设的重要区别主要体现在：第一，BPC 假设把信念作为影响人们行为的重要因素，而信念则是人们对事物先验的主观判断，它既是社会的产物、也是特定文化或情境的产物，并可以在个体之间进行学习和分享；第二，BPC 假设不要求人们行为的同一性和偏好的同质性，因此，在 BPC 假设中偏好一致性公理不是绝对的，而是相对的，可以称之为"情境依赖的偏好一致性"；第三，在传统经济学中，偏好只是用来指称那些自利的个人偏好，而在 BPC 假设中，偏好既可以包括自利的个人偏好，也可以包括非自利的、甚至利他的社会偏好，正如金迪斯（2009）所言："倘若理性意味着自私，则唯有天良丧尽者才会是理性之人"。

BPC 假设认为，偏好应该有条件地符合一致性公理的要求，即偏好的完备性、传递性和无关选择独立性具有情境依赖性。但即便在一致性公理的前提下，偏好最大化也并不意味着自私；关心他人、信奉公正、或者为社会理想而牺牲，没有什么是不合理的，这些偏好所导致的决策过程也不与一致性公理相抵触（Gintis，2009）。

---

① 美国桑塔费研究院（Santa Fe Institute）有三位著名的经济学家：萨缪·鲍尔斯（Samuel Bowles）、赫伯特·金迪斯（Herbert Gintis）和恩斯特·费尔（Ernst Fehr），从上个世纪 80 年代开始，他们就经常联名撰写文章对主流经济学进行批判，故被称为"桑塔费三剑客"。

BPC 假设还认为，假定个人清楚其偏好，再附加上与选择情境相关的状态信息，人的行为就会表现出一致性；这种依赖情境的偏好一致性是完全合理的，否则偏好函数便没有任何意义；比如，当我们饥渴、恐惧、愤怒或困乏时，我们的偏好序就会调整；想找到一个不依赖于我们当前财富、当前时间、当前策略环境的效用函数，是不可能的（Gintis，2009）。同时，BPC 假设并不理所当然地认为，人们所做的选择必定会有利于他们自身福祉的改善，除非当前的选择环境与人类偏好体系演化的历史环境完全一样（Brennan and Andrew 2012）。[1] 事实上，人们常常受到感性偏好的"诱惑"，诸如吸烟、酗酒、吃垃圾食品以及不洁性交等等，这些行为并没有违背偏好一致性公理，但如果仍然把它们称为"理性"行为，[2]显然是违背常识的。因此，金迪斯认为，使用术语 BPC，有助于回避意义过于丰富、从而容易令人混淆、且经常引起争议的"理性"一词（Gintis，2009）。

以上阐述表明，BPC 假设在情境依赖一致性公理的前提下保留了传统经济学"最大化"的形式，但却扩展了它的内涵：人的行为不仅仅只是"最大化"自己的利益或福祉，在一个更广阔的层面上，人的行为是"最大化"自己的偏好；而这种偏好既可以是"理性"的，也可以是"感性"的；既可以包括利己的或不利己的个人偏好，也可以包括非利己的、甚至利他的社会偏好。在这样的假设下，我们可以在给定情境的条件下将人的所有行为都作为"最大化"过程来建模，从而对人类行为给出一个统一的解释。金迪斯（2009）认为，当代行为科学有四个互不相容的行为模式，它们分别是社会学的、心理学的、经济学的和生物学的；而通过 BPC 假设，则有助于各门行为科学的统一。

（二）行为博弈假设

经典博弈论秉承新古典经济学的理性人假设，把博弈者视为一个具有超级推理能力的自身利益的最大化者。在这样的假设下，博弈双方事实上被视作完全同质的、

---

[1] 例如，人类对糖和脂肪的偏好是数百万年狩猎－采集社会食物严重匮乏的产物，只是在最近一个世纪内，人类才开始摆脱了饥饿的威胁。但是，对大部分人来说，要抑制对糖和脂肪的偏爱仍然是非常困难的，哪怕他们知道过分摄入这些"养分"会导致肥胖、高血脂、高血压等一系列有害健康的症状。

[2] 1992 年诺贝尔经济学奖得主加里·贝克尔（Gary Becker）曾经认为，根据"理性假设"，对烟、酒、毒品的嗜好，甚至人的自杀倾向都可以看作是一种理性行为（Becker，1976，1996）。

无差异的行为主体，人与人之间的互动被简约成两组策略之间的互动，整个博弈过程则被假设为一个标准化的最优策略选择过程（迪克西特，2009）。我们把传统经济学与经典博弈论对博弈过程的这种描述，称为"策略博弈假设"。因为这并非表示真实生活中的人们是以这种形式展开"博弈"的。正如我们以下就将指出的，这种形式的"博弈"严重依赖于新古典经济学的理性人假设。

演化博弈论的创始人梅纳德·史密斯（Maynard Smith）把博弈论引入生物学时最先提出了"行为博弈"的设想，他认为基于生物行为的博弈过程既不用假设博弈主体具有强大的理性能力，也无需假设博弈主体具有完全的信息状态；而博弈双方的支付（Payoff）仅仅依赖生物行为的"适应度"（Fitness），以及由"适应度"所决定的该个体在种群中的频率分布（Smith，1982）。[①] 行为经济学家、实验经济学家和神经经济学家科林·凯莫勒（Colin Camerer）进一步把这一思想引入人与人之间的博弈，并明确提出了"行为博弈"的概念。凯莫勒（2003）认为，人类不可能具有经典博弈论所假设的那种强大和完美的推理能力，例如，博弈过程中的被试一般不可能进行多于两个级别的重复剔除思维；而且他们也远非经典博弈论所假设的那样自私，例如，独裁者博弈中的被试一般都会在没有强制的条件下向对方输送利益；因此，博弈可以在两个完全不同的异质行为主体之间进行；博弈过程在更大程度上取决于每个人的行为特质和心理特质，而不是经过精心算计所形成的策略互动。演化动力学家马丁·诺瓦克（Martin Nowak）则认为，博弈者的行为可能出自习惯、情感、甚至一时冲动，博弈论可以假定博弈者按自身利益最大化来制定策略，但没有理由确保他们一定会这样做（Nowak，2006）。

如果以 BPC 假设替代理性假设，我们马上就会发现传统的"策略博弈"的无助：如果博弈者具有完全不同的、异质性的行为偏好，我们怎样才能推断他在特定情境下的策略呢？如果我们无法推断对手的策略，我们又怎样才能制定自己的最优策略呢？因此，经典博弈论的策略博弈严重依赖主流经济学的理性假设，只有理性假设才能为经典博弈论得以展开的"共同知识"（common knowledge）提供"共识"：我们每一个人都是理性和自利的。一旦这一前提假设不存在了，经典博弈论的理论大厦也就坍塌了。而新兴经济学家眼中的博弈过程却不需要这样的假设，他们把博弈

---

① 适应度（fitness）在生物学中被定义为"有机生命体预期的后代数量"，它是决定生物体在种群中分布频率最重要的因素之一。

过程看作是行为之间的互动，而不是策略间的互动。行为博弈假设认为，我们只能从博弈的后果中认识和推断你的对手，并尝试制定或学习改变自己的行为。这就是新兴经济学家提出的，不同于主流经济学和经典博弈论"策略博弈假设"的"行为博弈假设"。

一系列最新的实证研究表明，运用行为博弈假设，我们可以更好地分析附带情感的风险投资决策（Fairchild，2011）、战乱环境下人与人之间的信任关系（Michael et al.，2011）、囚徒困境和公共品博弈中的合作行为（Gracia－Lázaro et al.，2012；Fischbacher et al.，2012）、不完全合约中的合作与竞争关系（Brown et al.，2012）、团队成员之间的沟通与协调（Cason et al.，2012）、情景模式下的管理决策行为（Goldfarb et al.，2012）、不同情绪对行为决策的影响（Oliveira，2010）、网络行为与日常行为的代偿性扭曲及其对行为决策的影响（Maria et al.，2013）等等，而这些行为在经典博弈论的"策略博弈假设"下通常无法进行标准化的建模与分析。

凯莫勒（2003）提出行为博弈这一概念时曾经说，"我的认知心理学和行为决策研究的学术背景使我一看到博弈就不禁要考虑，具有认知局限性和情绪的人——也就是正常的人——是如何行动的"。因此，"行为博弈假设"把经典博弈论所假设的策略博弈过程还原成生活现实，使我们可以在一个多样化和多元化的视角下审视人类的行为，尤其是人与人之间复杂和精细的互动关系。从这个意义上说，行为博弈假设保留了策略博弈假设的外部形式，即把人与人之间的交往和互动视作某种"博弈"过程；但却改变了策略博弈假设的内容，即把博弈过程视作在 BPC 假设下具有异质性偏好和多样化行为的人类之间的交往和互动，而不仅仅只是在理性、自利假设下两种或两组最优策略之间的互动。

（三）演化均衡假设

由于经典博弈论假设人都是自利的，且具有完全和充分的推理能力；在给定对手策略的条件下，博弈者选择的总是对自己最有利的策略；因此，博弈双方最终都会形成一个最优的策略选择，没有人能够从改变这一策略组合中获取更大的利益。这就是数学家约翰·纳什（John Nash）提出的（Nash，1950），被人们以他的名字命名的"纳什均衡"。就本质而言，纳什均衡仅仅是一种数学推理，我们可以把它看作一个决策的参照系，但却没有理由确保人与人之间的互动必然或必须以这种形式展开（Nowak，2006）。一件鲜为人们提及的事情是，纳什在做出这个推断以后非常希望证实，现实生活中的人是否真的会像他所预测的那样进行决策；于是，他找到美国著名智库兰德公司（The RAND Corporation），与几个年轻人合作设计了一系列囚徒困境的博弈实验来检验自己的理论。但是实验结果却让纳什大为失望，因为即便在明确告知博弈后果的情况下，仍然有将近40%左右的被试没有像纳什所预测的那样进行决策，即选择对自己唯一有利的背叛策略（Flood，1952、1954）。而且，这些被试中还包括了像加州大学洛杉矶分校经济学教授阿门·阿尔钦（Armen Alchian）和兰德公司数学部主任约翰·威廉斯（John Williams）这样能够完全理解不同策略和规则结果的、理性假设的坚定信奉者（菲尔德，2001）。

事实上，梅纳德·史密斯（1982）在创立演化博弈论时就意识到，"经典博弈论中博弈的参与者将根据自利的原则表现出理性行为"，而"这一假设在生物演化的背景下显然是不合适的"。他说："具有讽刺意味的是，虽然博弈论最初是为研究经济行为而设计的，但结果却更好地应用到了生物学研究之中。造成这一后果的两个原因是，首先，博弈论要求不同结局下参与者所得回报可以用单个常量来测度，在对人的行为应用中，这种测度便是'效用'——一个人为臆造且稍显别扭的概念。而在生物学中，达尔文的适应度则提供了一个自然而准确的用以测度这种回报的一维常量；第二，更为重要的是，在求解博弈模型时，'人类理性'这一概念被'演化稳定性'所取代了。这样替代的好处在于，即使有证据怀疑人类行为并非总是理性地，也仍有很好的理论基础来证明种群将通过演化达致稳定的状态"。在这样的范式中所形成的博弈均衡，被史密斯称为"演化均衡"（Evolutionary Equilibrium）。

演化博弈论和演化经济学家佩顿·杨（Peyton Young）把演化均衡与纳什均衡看作两种不同性质的均衡过程（Young and Kreindler，2011）。这种不同首先表现在均衡的实现方式上，纳什均衡的实现取决于博弈者事前的策略选择，而演化均衡的实现则取决于博弈者事后的策略学习；其次，二者的不同还表现在均衡的实现机制上，在纳什均衡中对策略优劣做出判断的主体是博弈者自己，判断的依据则是所谓的"人类理性"；而在演化均衡中对策略优劣做出判断的主体是博弈者所面对的环境，判断的依据则是达尔文意义上的"自然选择"（Kreindler and Young，2013）；再次，二者的不同还表现在均衡的动态趋势上，纳什均衡是在确定性条件下形成的，是一种静态的线性均衡关系，一旦均衡形成就不再变动，除非博弈的形式或内容发生了改变；而演化均衡则是在多行为主体的随机互动中形成的，表现为一种复杂系统中的秩序涌现，且均衡状态将随博弈环境的变化而改变（Donato et al., 2010）。

毫无疑问，演化均衡是在 BPC 假设和行为博弈假设前提下形成的均衡范式。运用演化均衡假设，演化经济学家可以为消费者异质性偏好的随机演化（Cevikarslan, 2013）、社会成员之间信念与行为的动态均衡过程（Kim, 2012）、社会舆论的随机动态变化及其形成过程（Janutka and Magnuszewski, 2010）、选民投票倾向的随机波动和决策过程（Boccara, 2010）、社会成员之间态度与行为相互影响与传播的随机演化过程（Sekiguchi and Nakamaru, 2011）、科学理论与科学范式的崛起与衰落（Bornholdt and Jensen, 2011）、社会创新与制度变革的演化机制（Young, 2011）、企业集群产生环境及其形成的演化机制（Smet and Aeyels, 2012）、网络信息传播的随机演化过程（Pohorecki et al., 2013）、社会成员个体间信念的随机演化过程（Brennan and Andrew, 2012）、社会行为的自组织和社会规范的涌现过程（Bragin, 2013）等各种异质性、多样化和非平衡的动态演化过程建模并进行分析，从而极大拓展了传统经济学与经典博弈论的分析视野。

三、三大分析范式

在新古典传统中，由于预置了经济主体只是追求自身利益最大化的行为者，因此，成本、收益与均衡就成了传统经济学三个最基本的分析范式，它几乎可以融入经济分析的所有领域。比如，一个理性的消费者通过成本－收益计算使自己的效用最大化，一个理性的生产者通过成本－收益计算使自己的利润最大化；在完全竞争条件下，消费者和生产者的最大化将达至一种完美匹配，任何偏离这一状态的行为都会造成效用或利润损失，这种状态被称为"帕累托最优"。由于没有人愿意偏离帕累托最优状态，从而形成了一种均衡，传统经济学把它称为"一般均衡"。

但由于新兴经济学并不预设行为主体只是一个自身利益的最大化者，它所面对的问题往往比传统经济学更繁杂。新兴经济学家需要关注经济活动中行为主体之间复杂的社会关系、特定的社会场景、甚至不同的心理特质对人们行为决策的影响（Blumenthal, 2011）。比如，一个人是否具有同情心或正义感、是否遵循社会习俗或社会规范、是否得到群体中其他成员的认同或尊重等等，这些因素都会在很大程度上决定或者改变人们的行为模式（Jeffrey and Putman，2013）。因此，新兴经济学家面临的任务，首先是从各种不同的场景中筛选出具有分类学意义的行为类别，然后试图找出导致这些行为的心理或生理机制、甚至这些机制的神经基础，最后还必须揭示这些机制产生的原因，而实现这些任务所分别对应的范式就是行为、偏好与演化。因此，行为、偏好与演化是新兴经济学不同于传统经济学成本、收益与均衡的三个最基本的分析范式。

（一）行为

1992 年诺贝尔经济学奖得主加里·贝克尔（Gary Becker）在《人类行为的经济分析》中指出："今天，经济研究的领域业已囊括人类的全部行为及与之有关的全部决定。经济学的特点在于，它研究问题的本质，而不是该问题是否具有商业性或物质性。因此，凡是以多种用途为特征的资源稀缺情况下产生的资源配置与选择问题，均可以纳入经济学的范围，均可以用经济分析加以研究"（Becker，1976）。行为经济学家尼克·威尔金森（Nick Wilkinson）则认为："经济现象与任何配置稀缺资源的人类行为都有关，因此它所涉及的领域非常之广。以下所列的事件均可被描述为经济现象，虽然它们或许也属于其他学科的研究范畴：比如，在互联网上寻找性伴侣；观看电视转播的纪录片；进行慈善捐款；让邻居搭自己的车以便今后能有求必应；决定打个盹儿而不是去修剪草坪；教孩子打网球；去教堂，等等"（Wilkinson，2008）。毫无疑问，如果我们同意这样的定义，即"经济学是研究稀缺资源配置的科学"；如果我们也同意这样的判断，即"时间资源是人类最稀缺的资源"；那么，我们必然会得出与 Becker（1976，1996）和 Wilkinson（2008）同样的结论：凡是需要消耗时间的行为，从某种意义上说也就是人类的所有行为都可以纳入经济学分析的范围，而不论这种行为是否是传统意义上的商业行为或经济行为。

在更一般的意义上，新兴经济学认为，由特定的生物基因型所决定的生物表现型，都可以纳入经济学或博弈论的分析视野（Burnham，2012）：它既可以包括物种与自然之间的竞争关系，例如人类远祖为了适应生存环境变迁由爬行改为直立行走；也可以包括物种与物种之间的竞争关系，例如原始人类与大型食肉类动物之间捕食与被捕食关系的转换；或者同一物种内部不同个体之间的竞争关系，例如一个原始族群内部成员对食物资源或配偶的争夺，等等。这种竞争并非通常意义上的直接对抗关系（虽然它也包含了直接对抗），而是一种被生物体的适应度所决定的相对的对抗。事实上，只要生物体的行为性状会对其适应度产生影响，它就会改变该生物个体在种群中的频率分布，而这种频率分布就会导致它与其他生物体之间产生直接的或间接的对抗，进而决定了它在种群中的竞争地位（Price and Kirkpatrick，2009）。

在上述行为范式下，新兴经济学可以对各种传统经济学"理性假设"无法建模和分析的所谓"非理性"行为，例如损失厌恶（Tversky and Kahneman，1991）、不公平厌恶（Fehr and Schmidt，1999）、禀赋效应（Kahneman et al.，1990）、框架效应（Tversky and Kahneman，1981）、认知失调（Gilad et al.，1987）、沮丧行为（Loomes and Sugden，1986）、自我伤害（O'Neill，2005）、自我欺骗（Taylor，1989）、成瘾性行为（Vuchinich，2003）、以及各种非利己的或利他的亲社会行为（Kerr et al.，2012）等等，进行深入的分析。

传统经济学虽然也有所谓的行为分析，但传统经济学中的"行为"事实上都被假定为没有区别的同质行为，它们只是自利的经济人追求自身利益最大化的表现形式。因此，新古典经济学家可以用一组生产函数来表示所有厂商的行为，用一组无差异曲线来表示所有消费者的行为。但在新兴经济学家看来，人们的行为是异质的、千差万别的；新兴经济学关注的是现实世界中人们多样化行为的特征和分类，而不像传统经济学和经典博弈论那样，试图通过一个极强的理论假设来描述所有的行为。因此，在传统经济学中，人的行为是由理论假设推导出来的；而在新兴经济学中，研究者则希望通过人的行为推导出新的理论假设（Bowles，2009）。

（二）偏好

一般而言，所谓偏好，是指人们固有的、稳定的行为取向。但新兴经济学目前对偏好的研究，已经远远超越了这一形式化的定义。例如，神经经济学的研究表明，人类平衡即期赢利与远期赢利的行为涉及结构不同且空间分离的神经模块（Peters and Büchel，2011）；人们制定长期决策的能力位于大脑前额叶特定的神经组织中，其功能在这些区域受损时便会出现决策紊乱，尽管这些部位受损的被试，在其他方面看起来完全正常（Heatherton and Wagner，2011）。又如，一项对慈善捐赠行为的脑成像研究表明，行为者被激活的神经组织为中脑缘通道（Moll et al.，2006），它是人脑中负责多巴胺的分泌的"奖赏中心"，可以给人带来快感（Flagel et al.，2010）。由此，神经经济学家可以相信，慈善行为并非如某些传统经济学家所断言的那样，一定是出于伪善的目的而另有所图。再如，大量神经科学的研究表明，人类前额叶、眶额叶和颞叶上沟的进化与人类的道德意识和亲社会行为有着密切关联（Moll et al.，2005；Rameson et al.，2012），这些脑区中的一个或数个出现局部损伤时，病人将表现各种与社会无法协调的行为，包括内疚感、羞耻感和自豪感的丧失（Takahashi et al.，2008）。神经经济学的研究还表明，基数效用论的回归，并非一件不可能的事情（叶航等，2007）。当灵长类动物进行经济选择时，对它们进行电生理学测量的记录表明，基数效用是有其神经基础的（Padoa – Schioppa and Assad，2006）。实验表明，灵长类动物的眶前额叶包含着一个基数效用地图（Cardinal utility map），而这个地图内的神经元活动负责对某一特定选项的主观效用进行编码，通过仪器识别这些编码已经可以用来预测受试者的决策和选择行为（Stuphorn，2006）。

上述研究表明，所谓偏好，在一个更深层次上事实是人脑神经组织的某种特殊功能；人类的行为倾向可以在神经元的基础上被编码，并在特定条件下被激活：即当某一神经组织受到某些信息刺激时，这些被神经元编码的"程序"就可以启动并发出"指令"，使人们从事某种特殊的行为。来自当代神经科学的证据表明，大脑的神经回路会将不同选择的"利弊"内在地集成为单一的神经"放电率"（Discharge Rate），并且会自动选择最大放电率作为激发某种行为的依据（Shizgal，1999；Glimcher，2003；Dorris and Glimcher，2003；Glimcher and Rustichini，2004；Glimcher et al.，2005）

传统经济学虽然也有"偏好"这一概念，但通过所谓的"显示偏好"，传统经济学把"偏好"还原成了"行为"（叶航等，2007）。正如美国著名经济学家保罗·萨缪尔森（Paul Samuelson）所说，"效用或偏好作为一种主观心理状态是观察不到的，但我们可以观察到需求行为，即消费者在市场上做出的选择；一个竞争性的、理性的消费者通过自己的市场行为显示自己的偏好"，即"任意商品丛，只要费用低于所选择的商品丛，一个理性的消费者必然会认为，比起他所选择的商品丛来，这一商品丛是不合适的"（Samuelson，1947）。换句话说，传统经济学关于"显示偏好"的理论逻辑就是——假定消费者是一个最大化的理性行为者，那么，他所选择的商品必然是效用最大的；否则，他就违背了理性选择的要求。这样一来，所谓"效用最大化"的理性偏好就通过消费者理性的选择行为被"显示"出来了。毫无疑问，传统经济学通过这种同义反复式的循环论证所定义的"偏好"（叶航，2003），与新兴经济学的"偏好"范式，无论就形式还是内涵来说，都有着本质的区别。

（三）演化

达尔文（Charles Darwin）创立的演化范式是一个内涵极其丰富的概念。作为一个描述性的范畴，演化可以用来描述生物性状在不同代际之间可传递和可积累的变化（Smith，1982）。这种生物性状可以是生物体的外在形态如肢体的长短、羽毛或皮肤的颜色，也可以是生物体的内在形态如骨骼的结构、消化或代谢的渠道，还可以是生物体的行为如进食、求偶、生育或学习，或者可以是生物体的心理状态如胆怯、警觉、孤僻或亲和等等（Rabosky，2012）。作为一个分析性的范畴，演化可以用来解释生物性状为什么会呈现出如此多样化的形态（Pfennig et al.，2010）。比如，长颈鹿的脖子为什么这么长，候鸟为什么要不远万里进行迁徙，雄孔雀为什么会长出如此艳丽的尾羽，人类为什么具有如此强烈的公平感等等（Dingemanse and Wolf，2013）。当实验经济学家通过行为实验观察到人类某种特殊的行为倾向时，当神经经济学家通过脑成像观察到人脑中某种特殊的神经元编码时，演化经济学家的问题则是：人类为什么会具有这样的行为倾向并形成这种特殊的神经元连接？要回答这个问题，就必须探讨行为与偏好背后的演化机制。

这一演化机制就是达尔文在《物种起源》中提出的"自然选择"："在世界范围内，自然选择每日每时都在对变异进行检查，去掉差的，保存、积累好的。不论何时何地，只要一有机会，它就默默地不知不觉地工作，去改进各种生物与有机的和无机的生活条件的关系"（达尔文，1859）。新兴经济学可以在演化博弈论和演化动力学的基础上为达尔文的"自然选择"建模（Nowak，2006）：通过遗传变异或遗传漂变给出不同的生物性状，通过不同生物性状在生存竞争中的博弈回报（payoff）来确定其适应度（fitness）的大小，通过适应度的大小来刻画其在种群中的频率分布，根据频率分布的动态趋势来描述演化过程和演化结果，从而为多样化行为与异质性偏好产生的原因提供解释。在为自然选择建模的过程中，适应度是一个最重要的变量，它既是生物体复制其行为性状的依据，也是衡量生物体演化优势的依据（Smith and Price，1973）。这一变量可以在多重意义上描述动态演化过程，例如基因复制、个体繁衍、生存竞争、策略学习和策略更新以及社会规范的形成与变化（Nowak，2006；Gintis，2013）。

在传统经济学中，我们虽然也可以看到"演化"这一名称。但对传统经济学来说，所谓"演化"只不过是"变化"的隐喻；它既不涉及遗传变异与遗传漂变等演化过程的随机性，也不涉及自然选择在演化过程中的决定作用。对新兴经济学来说，演化作为一个分析范式，是建立在生物学基础上的跨学科应用：人类多样化的行为倾向是由人类异质性的偏好所决定的，而人类异质性的偏好则是人类数百万年演化的结果，它是人类适应生存环境从而被自然选择的产物（叶航，2012）。因此，新兴的经济学不仅关注人们的行为、关注这些行为背后的偏好，而且还要关注这些行为与偏好赖以产生的历史条件与历史过程。

四、三大技术工具

传统经济学在其发展过程中逐步形成了数理和计量两大技术工具。今天，在国际主流经济学期刊上，你几乎不可能找到一篇没有运用这两个技术工具的文献。而新兴经济学在其发展过程中则逐步形成了以行为实验、神经实验和仿真实验为代表的三大技术工具。从20世纪90年代以来，正是这三大技术工具极大地推动了新兴经济学的发展。而以三大技术工具作为分析依据的经济学文献，在最近10年中，每年都以20—30%的速率增长。对新兴经济学理论体系的建构来说，三大技术工具起到了基础性的支撑作用：只有通过行为实验，新兴经济学家才可以更好地观察人类的行为，并从中归纳出人类行为的基本特征；只有通过现代以脑成像技术和脑刺激技术为代表的神经实验，新兴经济学家才可以无创伤地深入到人类大脑内部，并从中揭示出偏好的神经基础；只有通过计算机仿真实验和模拟，新兴经济学家才可以重现上百万年的演化过程，从而为人类行为和偏好的形成机制提供科学的解释。在自然科学的研究中，除了需要以数学和几何为代表的逻辑实证工具，还需要以电子显微镜、天文望远镜和粒子加速器为代表的经验实证工具；而新兴经济学的三大技术工具，就是经济学研究的电子显微镜、天文望远镜和粒子加速器。

（一）行为实验

行为实验是新兴经济学最基础的研究手段。人们的行为可能会因各种各样的原因呈现出千差万别的特征，这种零散的、没有分类意义的行为特征不可能成为科学研究的对象。因此，实验经济学家需要借助行为实验来提纯研究对象——针对某一特定的情境，通过控制某些特定的变量来观察被试的行为，从中提炼出具有研究价值的行为特征（Davis and Holt，1993；Camerer，2003；Brandts and Charness，2011）。与自然科学的研究方法类似，行为实验的两个重要特征在于研究过程和研究结果的可控制性（controllability）与可重复性（replicability）。可控制性是指研究者可以根据研究要求操纵实验环境，设定或控制某些条件，从而实现特定的研究目标（Croson and Gächter，2010）；可重复性则是指其他研究人员可以根据相关的记录和描述，完全复制已经完成的某项实验，从而使研究成果或研究结论具有被验证的可能（Friedman and Sunder，1994；Kagel and Roth，1995；Friedman and Cassar，2004；Bardsley，2010；Klingert and Meyer，2012；List and Price，2013）。

尽管对行为实验的科学性还存在着许多怀疑和争论（Campbell and Stanley，1963；List，2001；Schram，2005；Santos，2011 Camerer，2011；Herberich and List，2012；Slonim et al.，2013），但它们"实际上是在呼唤更多更精细的实验，而并非对实验方法本身的否定"（Camerer，2003）。实验经济学家通过不断努力，正在为行为实验建立一套更严格的规范和方法，比如实验程序的标准化、激励方法的显著化、实验语言的无偏化等标准化的实验流程，从而尽可能保证实验过程、实验数据采集、实验数据分析的客观性与科学性（Kagel and Roth，1995；List and Price，2013）。

实验经济学家为了追求实验的可控制性和可重复性，一般都会将行为实验安置在实验室中进行，这类实验因此也被称为实验室实验（Laboratory Experiments）。实验室实验通过构造一个可操作的微观环境，便于控制其他变量，从而实现对相关变量的测度。但由于实验室实验获得数据往往缺乏丰富的社会情境，对其结果是否能推至外部真实世界，是一个颇有争议的问题（Levitt and List，2007；Camerer，2011；Slonim et al.，2013）。在这一背景下，实验经济学家又开拓了一个行为实验发展的新方向——田野实验（Field Experiments）。目前，根据实验数据的获得方法，我们可以把行为实验分为四种基本类型（Harrison and List，2004；Feltovich，2011）：（1）常规的实验室实验（Conventional Lab Experiment），指那些招募大学生作为标准被试，在专业的实验室中进行，并设定抽象的背景框架和一系列实验规则的行为实验；（2）人为的田野实验（Artefactual Field Experiment），指那些招募非标准的被试（即除大学生以外的社会成员），而其他条件均与常规的实验室实验类似的行为实验；（3）有背景的田野实验（Framed Field Experiment），指那些经过预先设计，实验过程和被试信息采集均在现实场景中进行的行为实验；（4）自然的田野实验（Natural Field Experiment），指那些未经设计、或虽然经过设计，但实验过程完全是一个自然发生的过程，且被试不知道自己是实验一部分的行为实验。

与自然科学中的实验不同，经济学实验的对象是活生生的人，较之物理学实验或化学实验来说，其对象的复杂程度高几个或十几个数量级。从某种意义上说，实验经济学家不可能找到两个完全一样的被试，他们的心理状态、生理状态不可能一样，甚至每个人的经历也会影响他们在实验中的行为。因此，Rubinstein（2001）认为，行为实验本质上是不可重复的，因为即便后来者可以再现原实验的所有条件，他们也不可能招募到与原实验完全一样的被试。但是，所有这一切困难并不能成为否定或放弃在经济学中进行行为实验的理由。事实上，实验经济学家大半个世纪以来孜孜不倦的探求，正是为了使经济学实验变得更科学。21世纪以来，随着丹尼尔·卡尼曼（Daniel Kahneman）、弗农·斯密斯（Vernon Smith）、埃尔文·罗斯（Alvin Roth）等实验经济学家相继获得诺贝尔经济学奖，以及艾丝特·多福勒（Esther Duflo）、罗兰德·福瑞尔（Roland Fryer）通过田野实验获得的研究成果分别摘取了2010年和2015年克拉克奖，实验方法（包括实验室实验和田野实验）日趋成熟，已经成为继数理建模和计量分析以后的第三大经济学研究工具。

（二）神经实验

萨缪尔森当年曾经断言"效用或偏好作为一种主观心理状态是观察不到的"（Samuelson，1947），但随着科学技术的不断进步，萨缪尔森的担忧今天已经不复存在。2003年的诺贝尔生理学或医学奖授予了美国伊利诺伊大学的保罗·劳特伯（Paul Lauterbur）和英国诺丁汉大学的彼得·曼斯菲尔德（Peter Mansfield），以表彰他们在核磁共振成像技术（Magnetic Resonance Imaging，简称MRI）方面所取得的成就。20世纪末和21世纪初，脑科学和神经科学研究领域出现的一个重大突破就是活体大脑的观察技术。随着脑电图（EEG）、脑磁图（MEG）、正电子发射断层扫描（PET）、单光子发射断层扫描（SPECT）、特别是磁共振成像（MRI）和功能性磁共振成像（fMRI）以及最近出现的便携式近红外脑成像（NIRS）等技术的成熟，脑科学家和神经科学家现在已经可以完全无创伤地深入到包括人在内的生物大脑内部，观察和研究大脑在意识、思维、认知和决策过程中所表现出来的基本状态和特征（Searle，

1998；Rustichini, 2005；Joyce, 2006；Schmidt, 2008；Levine, 2011；Posner, 2011；Levallois, 2012；Lakoff, 2013）。

对脑科学、神经科学、乃至心理学和行为科学来说，这无疑是一个重要的、历史性的转折。因为，当决定我们行为和心智的器官——大脑，对我们来说还是一个"黑箱"的时候，对人类行为和心智的任何解释都很难成为一种真知灼见。虽然离完全揭开大脑的秘密也许还有很长一段路要走，但大脑这个"黑箱"已经或正在被打开。神经经济学（Neuroeconomics）就是在这样的背景下诞生的（Glimcher and Rustichini, 2004；Camerer et al., 2005）。[①] 2002 年 8 月，首届国际神经经济学大会在美国明尼苏达大学召开，标志着神经经济学（Neuroeconomics）的正式诞生。借助于现代脑科学的技术与手段，神经经济学家试图重构经济学的理论基础，以提供一个不同于新古典经济学和经典博弈论的、可以完整解释人类行为的理论框架。

但主流经济学对此的反应却是，那些认为来自脑科学的证据可以证伪经济学理论的想法是荒唐的，因为经济学并不考虑决策过程中所涉及的心理活动和神经活动。格尔（Faruk Gul）和皮森道弗（Wolfgang Pesendorfer）争辩说，经济学对人类行为的假设只是一种"近似"（as if）的表述，并不代表人们会按照字面的意思来进行各种决策；例如，经济学家说消费者对某种商品的购买量能够使他花在该商品上最后一美元的边际效用等于花在其他商品上最后一美元的边际效用，但这并不代表经济学家认为消费者真的会具有这样计算的心理过程；它只是表明这样一个隐含的假定，即消费者会以最大化其总效用作为自己消费决策的目标（Gul and Pesendorfer, 2005）。

不过，格尔和皮森道弗显然曲解了神经经济学对传统经济学的证伪。其实，神经经济学家并不关心传统经济学那些似是而非的表述方法，神经经济学家通过脑科学实验试图揭示的经验事实正是那些标准的经济学模型背后的所隐含的错误假定，因为这些假定导致了对人们行为的错误预测。例如，神经经济学对慈善捐赠行为的研究表明，人们之所以通过金钱和物质帮助他人，并非完全出于广告效应、声誉效应等深谋远虑的自利目的，否则我们就无法解释在严格匿名的条件下为什么还会有捐赠行为；对匿名捐赠者的脑成像研究表明，人脑中负责分泌多巴胺（Dopamine）

---

① 关于神经经济学的诞生与发展可参见我们发表在《经济研究》上的综述（叶航、汪丁丁、贾拥民，2007），以及浙江大学跨学科社会科学研究中心（ICSS）主编的"跨学科社会科学论丛"《神经元经济学：实证与挑战》（汪丁丁、叶航、罗卫东，2007）。

的神经元被显著激活，而多巴胺水平的提高则可以给捐赠者带来精神愉悦（Moll et al., 2006）。又如，一项涉及信任博弈中委托人风险偏好的神经经济学研究表明，人们对待风险的态度并非来自"理性的计算"，由大脑下视丘"室旁核"（Paraventricular nucleus）和"视上核"（Supraoptic nucleus）神经元所产生的催产素（Oxytocin），可以明显提高被试在人际互动中承受风险的水平（Kosfeld et al., 2005）。

上述神经经济学的研究并非多余之举，它可以使我们更加深刻和全面地理解人类的行为和偏好，从而有着极其重要的政策含义。例如，无偿献血的机制设计正是依赖于人们利他行为背后的精神因素，如果无视人类所具有的这种非自利的行为动机，采用金钱激励的方法反而会造成供血量的萎缩和供血质量的下降。再如，一项针对催生素与人们风险偏好关系的实证研究表明，一家投资银行如果根据交易员催生素水平的高低来调整他们的工作岗位，即在牛市中让催生素水平较高的人充当交易员，而在熊市中则让催生素水平较低的人充当交易员，平均盈利水平可以提高30—40%。

脑成像研究虽然为我们提供了有关大脑决策和行为偏好神经机制的丰富信息，但正如 Fudenberg（2006）所指出的那样，由于大脑各部位之间存在着高度的相互作用，因而很难从某个神经活动中分离出行为偏好的真正成因；换言之，一个行为伴随着大脑某个区域的激活，并不能说明这一行为就是由该脑区决定的，因为相互关联并不代表它们之间存在着必然的因果关系。随着科学技术的不断发展，一种新近诞生的"脑刺激"研究手段则可以较好弥补脑成像的不足。通过对特定脑区施加外部刺激可以影响大脑的神经活动，进而观察被试行为偏好的改变，这就可以使研究者在特定脑区的神经活动与相应的行为偏好之间建立起可控制、可重复、可验证的因果联系。经颅磁刺激（Transcranial Magnetic Stimulation，TMS）和"经颅直流电刺激"（transcranial Direct Current Stimulation，tDCS）是目前最常用的两种脑刺激技术。

（三）仿真实验

仿真实验是对现实世界某一系统进行模拟，以便得到其动态变化特征的研究方法。仿真实验通常用于复杂系统的研究，因为复杂系统是一个由多重因素和变量决定，具有随机性、涨落性、涌现性和自组织性的系统（Nicolis and Prigogine, 1989;

Beckage et al.，2013）；对于这类系统，往往不可能给出解析性的数学描述（Edmonds and Meyer，2013；Arthur，2013）。比如，气候变化、潮汐环流、疾病传播、股价波动、社会动乱、生物演化，等等。但通过仿真来模拟这些高度复杂的系统，就可以得到一般解析分析所不能得到的结果。对此，计算经济学创立了一整套的理论、方法和技术，极大地拓展了传统经济学的研究手段和研究视野（Cioffi‑Revilla，2010；Richiardi，2012；Mohanty，2013）。

运用一种被称为基于行为主体（Agent-based）或多行为主体（Multi-Agents）的仿真技术（Tesfatsion and Judd，2006；Macal and North，2010），计算经济学家可以模拟汇率波动（Vasilakis et al.，2012），衍生品定价（Alexandridis and Zapranis，2013）和资产定价（Franke and Westerhoff，2011），拍卖市场（Andersson and Andersson，2012）、金融市场（Cincotti et al.，2008）、劳动力市场（Martin and Neugart，2009）和农产品市场（Graubner et al.，2011）的随机运行机制，以及一个国家的宏观经济波动（Hespeler，2012）和政府经济政策对宏观经济的影响（Dawid and Neugart，2011）。

仿真作为一种技术工具，对新兴经济学 BPC 假设关于人类社会偏好的洞见具有更为重要的意义。虽然行为经济学家和实验经济学家已经通过大量的行为实验观察到了人类所具有的各种形式非自利的亲社会行为，神经经济学家又通过神经实验观察到了这些行为背后的社会偏好及其神经基础；但如何解释这些行为和偏好的形成原因和演化机制，始终是新兴经济学面临的一个饱受争议的难题（Dawkins，1976；Gintis，2003；Leon，2011）。在考古学和人类学无法为远古人类的行为提供充分有效证据的情况下，通过仿真实验模拟人类行为的演化过程，也许是目前唯一可行和有效的研究方法。罗伯特·阿克塞罗德（Robert Axelrod）最早将计算机仿真用于研究人类合作行为的演化，发现了"针锋相对"（Tit for Tat）这一有利于合作形成的重要策略性行为（Axelrod，1997）。萨缪·鲍尔斯（Samuel Bowles）和赫伯特·金迪斯（Herbert Gintis）则运用计算机仿真模拟了距今 10-20 万年前更新世晚期人类狩猎‑采集社会原始族群合作劳动的随机演化过程，证实了群体选择条件下的强互惠（strong reciprocity）行为可以促进合作秩序的形成（Bowles and Gintis，2004）。以马丁·诺瓦克（Martin Nowak）为首的研究团队创立了一种基于"频率依赖型莫兰过程"（frequency‑dependent Moran Process）的多行为主体（Multi‑Agent）计算机仿真技术（Taylor et al.，2004；Nowak，2006；Ye et al，2011），并运用这一技术破解了合作行为演化研究中著名的"二阶社会困境"（Second-order social dilemma）难题

（Hauert et al.，2007；Sigmund et al.，2010）。

除了基于行为主体（Agent-based）的仿真技术以外，计算经济学又开拓了一种基于社会网络（Socialnetwork-based）的仿真技术。1992 年，Nowak 和 May（Nowak et al.，1992）的文章开创了空间博弈研究的先河，也是首次从社会网络仿真的角度研究合作演化的开山之作。这篇文献在策略的多样性的基础上，以囚徒困境为代表，研究了合作的形成问题。研究结果发现，在二维空格上的囚徒困境博弈中，合作者可以通过形成团簇结构有效抵御背叛者的入侵；在合作簇的内部，合作者通过相互协作获得很高的收益，从而保护合作簇内部的合作者不被外部的背叛者所取代。

目前，基于行为主体（Agent – based）和基于社会网络（Socialnetwork – based）的仿真实验技术被广泛运用于各种复杂的社会博弈和行为博弈动态演化过程的研究，如对囚徒困境博弈（Namekata and Namekata，2012；Perc et al.，2013；Tarnita et al.，2013）、公地悲剧博弈（Barbalios et al.，2012；Julia，2012）、公共品博弈（Ye et al.，2011；Andrighetto et al.，2013；Moreira et al.，2013）、独裁者博弈（Conradt，2012；Takács，2013）、第三方制裁博弈（Ferguson，2013；Luck et al.，2013）、信任博弈（Manapat et al.，2013；De Bruijn and Wijngaards，2013；Koster et al.，2013）等社会困境中人类所具有的亲社会行为与社会偏好演化过程的研究，已经成为演化经济学、演化博弈论、演化动力学和计算经济学等学科最重要的前沿领域之一。该领域的研究文献频繁见诸于 Science（《科学》）、Nature（《自然》）、PNAS（《美国科学院院刊》）、PRS（《英国皇家学会会刊》）等世界顶级学术期刊以及 AER（《美国经济评论》）、QJE（《经济学季刊》）、JPE（《政治经济学杂志》）、JEBO（《经济行为与组织杂志》）等经济学 TOP 期刊。

五、整合与展望

如上所述，随着行为经济学、实验经济学、演化经济学、计算经济学和神经经济学的发展与成熟，新兴经济学在批判西方主流经济学的过程中，逐步形成了以"三大理论假设"、"三大分析范式"和"三大技术工具"为代表的建构性共识。而正是这些共识，向我们展现了一个超越新古典传统的、并能够对其进行替代的全新的经济学理论框架。

（一）新兴经济学的整体理论框架

在新兴经济学理论体系的建构中，三大理论假设、三大分析范式和三大技术工具是一个互相关联、互相补充、互相契合的有机结合体，而只有这种有机的结合才能构成一个完整的理论框架（如图1所示）：

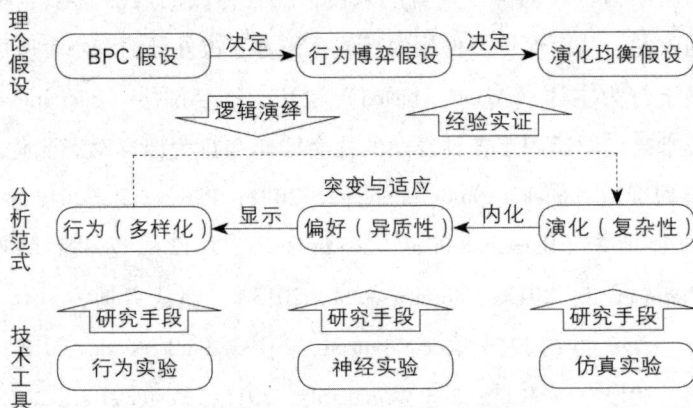

图1　新兴经济学的整体理论框架

这种有机结合首先体现在这一理论框架三个层次内部，尤其是"三大理论假设"和"三大分析范式"内部各组成要素之间密切的逻辑关系上。

在三大理论假设中，BPC假设是一个最核心的假设，它既是整个理论体系的逻辑起点，也是整个假设体系的逻辑起点。从三大理论假设内在的演绎关系看，行为博弈假设和演化均衡假设都是BPC假设在博弈分析过程中的逻辑延伸与扩展。由于BPC假设人的行为具有多样化的特质，因此人与人之间的博弈关系就不可能像经典博弈论所假设的那样，只是同质的理性人之间最优策略的较量。从BPC假设出发的博弈分析，必然是建立在多样化行为主体的基础上，而这样的假设就是所谓的行为博弈假设。一旦博弈过程不再是同质的最优策略之间的博弈，经典博弈论所假设的纳什均衡就将不复存在。因为纳什均衡存在的前提是博弈对手和你一样，也是一个理性且自利的最大化者；如果博弈者面对的是一个行为多样化的对手，他就无法判断对手的策略，从而也就无法制定自己的最优策略。在此境况下，最佳的"策略"也许就是所谓的"学习"或"模仿"，即根据博弈结果来调整自己的行为。根据行为博弈和演化博弈的假设，人们倾向于学习或模仿那些具有更高博弈支付（payoff）的行为（Fawcett et al., 2013）。事实上，这一过程与生物学意义上的遗传复制是等价的——学习或模仿支付更高的行为与适应度（fitness）更高的行为者具有更大的繁殖率（Knudsen and Miyamoto, 2005），其结果都是增加了这一行为在群体中的频率分布（Fawcett et al., 2013）。这种频率分布的随机动态变化就是"演化"，而由此达到的均衡状态就是"演化均衡"（Traulsen et al., 2010）。因此，演化均衡假设是行为博弈假设的逻辑展开，而行为博弈假设又是 BPC 假设的逻辑展开。在三大理论假设中，存在着一种内在的决定与被决定的逻辑关联（参见图 1 中描述三大理论假设之间决定与被决定关系的箭头方向）。

在三大研究范式中，我们首先观察到的是人的行为，因为行为具有最直观的经验特征。从一个人的行为，我们可以推断他的偏好，甚至可以通过一定的技术手段（如脑成像和脑刺激）观察到他的偏好（偏好的神经基础）。最后，研究者可以根据一个人的行为倾向和偏好结构，提出某个演化论的解释，并通过一定的技术手段（如计算机仿真）来证明这种行为和偏好是人类在特定环境下长期演化的结果（Brennan and Andrew, 2012）。如果从三大分析范式内在的逻辑决定关系看，上述顺序刚好相反：演化是一个最关键的范式，人类异质性的偏好是复杂系统演化即自然选择内部化的产物，而人类多样化的行为则是人类异质性偏好的外在显示。因此，演化决定了（即内化为）偏好，而偏好则决定了（即显示为）行为（参见图 1 中描述三大分析范式之间关系的实线与箭头方向）。当然，从演化过程的内在机制看，自然选择是通过行为（它是生物性状的一个重要表现）的突变与适应来发挥作用的（参见图 1 中描述行为与演化之间关系的虚线与箭头方向）。因此，三大分析范式本身是一个有着密切自然关联和逻辑关联的有机整体。

上述有机结合还表现在这一理论框架三个层次之间即三大理论假设、三大分析范式和三大技术工具之间密切的逻辑关系上。

首先，在整个理论框架中，三大理论假设是最核心的部分，起到了一种"顶层设计"的作用。通过 BPC 假设、行为博弈假设和演化均衡假设，新兴经济学才能推衍出不同于传统经济学的三大分析范式——行为、偏好与演化。因此，三大分析范式事实上是三大理论假设逻辑演绎的结果（参见图 1 中理论假设与分析范式之间左边的箭头）。其次，三大分析范式是对三大理论假设的经验实证；因为只有通过三大分析范式所展开的一系列具体研究，才能为三大理论假设提供经验证明（参见图 1

中理论假设与分析范式之间右边的箭头）。最后，三大技术工具在整个理论框架中起到了一种基础性的支撑作用，它分别为研究行为（相对应的是行为实验）、研究偏好（相对应的是神经实验）和研究演化（相对应的是仿真实验）提供了科学手段（参见图1中技术工具与分析范式之间一一对应的关系）。

（二）新兴经济学与传统经济学的关系

新兴经济学虽然在理论假设、分析范式和技术工具等方面对传统经济学进行了极大的拓展，但它并没有排斥传统经济学的逻辑体系，而是把传统经济学作为一个"特例"或"子系统"包含在自己的理论框架内。科林·凯莫勒（Colin Camerer）谈到行为经济学与传统经济学的关系时说："行为经济学的方法是对理性选择与均衡模型的扩展，但它并不提倡完全抛弃这些模型"（Camerer and Loewenstein，2004）。赫伯特·金迪斯（Herbert Gintis）则认为，BPC假设在情境依赖的条件下可以保留传统经济学理性假设的一致性公理，即偏好应该具有完备性、传递性和无关选择独立性，从而可以确保我们在研究中把行为主体当作偏好最大化者进行建模（Gintis，2009）。事实上，新兴经济学并不否认个人所具有的"自利性"；与传统经济学不同的是，新兴经济学家认为个人并非只有"自利性"，与"自利性"同时存在的，还有人的"社会性"（Gintis，2013）。因此，在承认一致性公理与个人自利性的前提下，新兴经济学与传统经济学存在着互相包容的交集；而传统经济学所不能涵盖的内容，则是新兴经济学对人类"社会性"的认识与洞见（参见图2）。在这个意义上，我们可以把传统经济学看作新兴经济学的一个"子集"或"特例"。

金迪斯（2009）指出，传统经济学的理性假设模型并未包含可以推导出个体间具有"共同信念"的任何原理；由于这个原因，群体行为分析与建模中所出现的社会秩序涌现无法从理性个体的互动之间自发地产生；因此，需要有一个更高层次的概念或机制来解释这些现

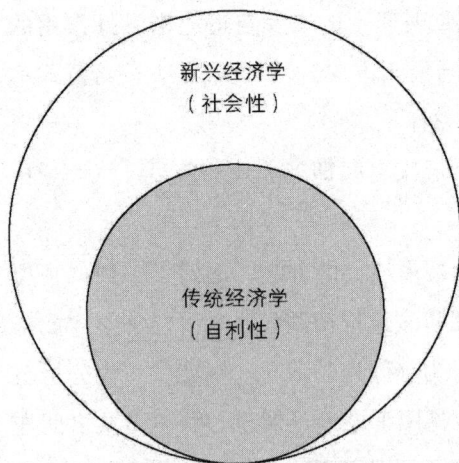

图2　新兴经济学与传统经济学的包容关系

象；而这一概念或机制，就是人的"社会性"。社会是一个高度复杂的自组织系统，社会规范就属于这一系统自我组织的集中体现；社会规范可以从简单的行为惯例（如词汇和交通规则）到复杂的基因－文化产物（如产权和交换制度），而且是可以被传授、学习和内化的（通过遗传继承遵循社会规范的倾向）。因此，存在着由演化而来的以人脑的特殊神经结构为基础的社会认知；社会认知与社会规范的互动则决定了人们之间共有的信念，这种信念的共享就构成了人的"社会性"。所有这一切，正是被传统经济学所完全忽略并视而不见的东西。因此，金迪斯认为，"理性的边界并非各种形式的非理性，而是各种形式的社会性"。新兴经济学正是强调了人所具有的社会性和社会偏好，从而创立了与传统经济学不同的研究范式。

新兴经济学与传统经济学虽然存在着包容与被包容的关系，但在具体研究对象方面仍然存在着可以辨识的差别，从而体现出二者间的交叉关系。一般而言，传统经济学以人的自利性为研究对象，这种自利性主要体现了人与物的关系上；而新兴经济学以人的社会性为研究对象，这种社会性则主要体现了人与人的关系上。但在传统经济学的研究范围内，也包含着人与人的关系；不过，其前提是人与人之间的关系必须是非零和博弈、且人们的权益能够通过完全契约加以规范的关系；这样，通过传统经济学理性和自利的假设仍然能够进行有效的分析。从另一个角度看，在新兴经济学的研究范围内，也可以包含人与物的关系；例如，个人决策过程中普遍存在的损失厌恶、后悔厌恶、框架效应、禀赋效应、加权效应、锚定效应、符号效应和参照点效应等等，这些由个人心理因素不同所造成的异质性决策，恰恰是被传统经济学所忽视的"异象"，是传统经济学的"盲点"；因此，即便在纯粹的人与物关系的领域内，比如，购买彩票、或者存在不确定性的风险投资等领域，新兴经济学的分析仍然大有作为。新兴经济学与传统经济学在研究对象和研究范围上的这种关系，就是它们之间的交叉关系（参见图3）。

传统经济学理性假设的缺失，并不在于它是一种方法论意义上的"个人主义"，而在于它是一种哈耶克（Friedrich Hayek）意义上的"伪个人主义"。正如我们（叶航等，2007）曾经指出过的，对方法论个人主义而言，争论的要点不在于是否应该以个人作为社会分析的基点。在人类对所谓"集体主义"的认识付出了沉痛的代价，蒙受了像奥斯维辛集中营和古拉格群岛对人类尊严的亵渎以后，没有人会怀疑个人对社会所具有的终极价值和意义。但我们仍然需要追问：是否存在着一种"原子式"的个人？如果社会可以为人类提供更大的效率空间，那么个人乃至个人利益是否能

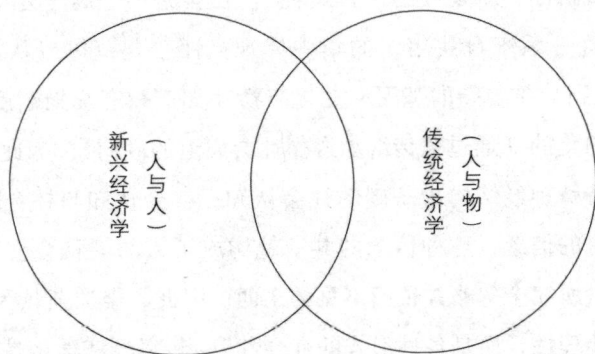

图3　新兴经济学与传统经济学的交叉关系

够脱离社会环境成为一种完全孤立的"自由意志"？奥地利学派的杰出代表哈耶克曾经深刻批判过当代社会普遍存在的"伪个人主义"倾向，他指出，在各种误解方法论个人主义的观点中，"伪个人主义"乃是最愚蠢的；因为这种观点竟然把方法论意义上假设的"个人"，理解成本体论意义上先于社会存在的、孤立的个体；而人的整个性质和特征，事实上都取决于他们存在于社会之中这样一个基本的前提（哈耶克，1947）。因此，哈耶克所理解的个人，一如亚里士多德的理解，在性质上乃是一种"社会的动物"。芝加哥社会学派的创始人米德（George Mead），曾经提出并论证过"社会自我"的概念。米德认为，不存在完全脱离社会的"自我"，所有"自我"事实上都是"社会自我"（social self）；因为，"自我所由产生的过程是一个社会的过程，它意味着个体在群体内的相互作用"，意味着"社会过程或社会秩序是参与该过程或属于该秩序的个体有机体自我出现的逻辑前提和生物学前提"（米德，1962）。

因此，被新兴经济学所重新诠释的方法论个人主义，既不同于传统的"原子式"的方法论个人主义，也不同于方法论整体主义或集体主义；而是一种哈耶克和米德意义上的、在个人心智中内化和融合了人的"社会性"的方法论个人主义。这一方法论个人主义对经济学研究的重大意义在于，它把人的社会性作为人类行为与决策的起点而不是终点，从而也是人类行为与决策的原因而不是结果。对于人的自利性，传统经济学有一个似是而非的说法，制度设计只有以人性的自私和人性之恶为依据，才能真正遏制人性中的负面因素。但在新兴经济学看来，"一个为恶棍制定的制度恰恰可能制造出恶棍"（Frey，1997），因为这一制度没有预见，善可能本身就是人性中一个特定的组成部分，而把人性之恶作为制度设计的前提，可能产生的效果恰恰是挤出了人性中善之根本，正如 Frey 在一项研究所揭示的。

Frey 等（1996）报告了一个发生在瑞士小山村沃尔芬西斯（Wolfenschiessen）的真实案例：政府就是否在此填埋核废料举行公投，有 51% 的村民表示同意；为增加这一比例，经济学家建议给予经济补偿，结果支持者反而下降至 25%；即使后来政府将补偿额大幅提高至 8700 美元（远远超过当时瑞士的人均月收入），也无法达到原来的支持率。报告认为，金钱激励会抑制人们的责任感和义务感等基于道德偏好的考量；对许多居民来说，接受核废料填埋体现了一种公民责任和公共精神，而金钱补偿的做法给人的感觉却像政府在贿赂民众。事实上，事后的调查也表明，在那些拒绝金钱补偿方案的人当中，有 83% 的人以"我不愿意被贿赂"的回答解释了他们的反对行为。

与 Frey 等人的研究类似，Gneezy 和 Rustichini（2000）进行的一项田野实验研究则从另一维度上揭示了与以上研究相同微观机制：以色列某城市幼儿园碰到的难题是，许多家长经常超过规定的时间接孩子回家，致使管理员不能正常下班；根据标准经济学模型的假设，如果对迟来的家长课以罚款应该能有效减少这一现象；于是研究者制定了一项严格的惩罚制度，但该制度实行后，迟接孩子的家长不但没有减少、反而增加了一倍；大约 12 个星期以后，研究者取消了该项惩罚制度，但这一现象仍然保持在新的高度而无法恢复到以前水平。研究者指出，正是惩罚制度挤出了家长心目中对自己不当行为的愧疚感，使他们认为可以用金钱赎买自己给他人带来的不便，就像在市场上购买其他商品一样。

当然，以上研究并不是希望表明，新兴经济学在看待制度设计这类问题时只提倡从人性之善出发。它只是提醒我们，只从人性之恶出发而设计的制度，如传统经济学家所坚持的理念，起码是不完善的、有缺陷的。经济学家也许需要将自己的研究建立在一个对人性更加全面、更加深刻的认识和假设上，而新兴经济学正是为这种认识和假设提供了理论基础。

六、结语

人类的思想史表明，任何科学的理论体系在其发展过程中都会被新的理论体系超越和替代，这种超越和替代体现了人类对客观世界认识的不断深化。经济学作为一门科学，也不会违背这一基本规律。以实验经济学、行为经济学、演化经济学、计算经济学和神经经济学为代表的新兴经济学在对新古典经济学以及建立在新古典基础上的西方主流经济学进行批判的基础上逐步走向替代性的理论建构，预示着经济学理论体系可能发生的深刻变革与重大创新。对这些变革与创新进行及时梳理、归纳和总结，有助于我们更好地把握经济学未来的发展方向和趋势，使中国的经济学研究尽快融入这场正在不断向纵深发展的经济学创新思潮，从而推动中国经济学基础理论研究的发展。

【参考文献】

［1］Alexandridis，A. and Zapranis，A.，2013，"Wind Derivatives：Modeling and Pricing"，Computational Economics，41（3），pp. 299-326.

［2］Andersson，T. and Andersson，C.，2012，"Properties of the DGS-auction Algorithm"，Computational Economics，39（2），pp. 113-133.

［3］Arthur，W.，2013，"Complexity Economics：A Different Framework for Economic Thought"，First published online.

［4］Axelrod，R.，1997，The Complexity of Cooperation：Agent-Based Models of Competition and Collaboration，Princeton University Press.

［5］Bardsley，N.，2010，Experimental Economics：Rethinking the Rules，Princeton University Press.

［6］Beccaria，C.（1774）. Marqués de Beccaria（1764）：De los delitos y las penas. See：http://en.wikisource.org/wiki/An_Essay_on_Crimes_and_Punishments.

［7］Beckage，B.，Kauffman，S.，Gross，L. J.，Zia，A. and Koliba，C.，2013，"More Complex Complexity：Exploring the Nature of Computational Irreducibility across Physical，Biological，and Human Social Systems"，Irreducibility and Computational Equivalence，Springer Berlin Heidelberg，pp. 79-88.

［8］Becker，G.，1976，The Economic Approach to Human Behavior，University of Chicago Press.

［9］Becker，G.，1996，Accounting for Tastes，Harvard University Press.

［10］Bénabou，R. and Tirole J.，2011，Identity，Morals，and Taboos：Beliefs as Assets，Published by Oxford University Press.

［11］Bentham，1789，"An Introduction to the Principles of Morals and Legislation"，

Athlone Press, 1970.

[12] Bentham, J., 1988, The Principles of Morals and Legislation. 1789, Amherst, NY: Prometheus Books.

[13] Bhatt, M. and Camerer, C. F., 2005, "Self-Referential Strategic Thinking and Equilibrium as States of Mind in Games: Evidence from fMRI", Games and Economic Behavior, 52 (2), pp. 424-459.

[14] Blumenthal, B., 2011, "On the concept and measure of voluntariness: Insights from Behavioral Economics and Cognitive Science", The American Journal of Bioethics, 11 (8), pp. 25-26.

[15] Boccara, N., 2010, "Voters' Fickleness: A Mathematical Model", International Journal of Modern Physics, 21 (2), pp. 149-158.

[16] Bornholdt, S. M. and Jensen, K. S., 2011, "Emergence and Decline of Scientific Paradigms", Physical Review Letters, 106 (5): 058701.

[17] Bowles S., 2009, Microeconomics: Behavior, Institutions, and Evolution, Princeton University Press.

[18] Bowles, S. and Gintis, H., 2004, "The Evolution of Strong Reciprocity: Cooperation in Heterogeneous Populations", Theoretical Population Biology, 65 (1), pp. 17-28.

[19] Bragin, J., 2013, "Review of Social Self-Organization: Agent-Based Simulations and Experiments to Study Emergent Social Behavior (Understanding Complex Systems)", First published online.

[20] Brandts, J. and Charness, G., 2011, "The Strategy Versus the Direct-Response Method: A First Survey of Experimental Comparisons", Experimental Economics, 14 (3), pp. 375-398.

[21] Brennan, T. J. and Andrew W. L., 2012, "An Evolutionary Model of Preferences and Beliefs", working paper, Sloan School of Management, MIT.

[22] Brianzoni, S., Cerqueti, R. and Michetti, E., 2010, "A dynamic Stochastic Model of Asset Pricing with Heterogeneous Beliefs", Computational Economics, 35 (2), pp. 165-188.

[23] Brown M, Falk, A. and Fehr, E., 2012, "Competition and Relational Con-

tracts: the Role of Unemployment as a Disciplinary Device", Journal of the European Economic Association, 10 (4), pp. 887-907.

[24] Burnham, T. C., 2012, "Towards a Neo-Darwinian Synthesis of Neoclassical and Behavioral Economics", Journal of Economic Behavior and Organization.

[25] Camerer, C. F. and Loewenstein, G. Behavioral Economics: Past, Present, and Future, in Camerer, C. F., G. Loewenstein and M. Rabin, eds. Advances in Behavioral Economics, New York: Russell Sage, 2004.

[26] Camerer, C., 2003, Behavioral Game Theory: Experiments in Strategic Interaction, Princeton University Press.

[27] Camerer, C., 2011, "The Promise and Success of Lab-Field Generalizability in Experimental Economics: A Critical Reply to Levitt and List", Available at SSRN 1977749.

[28] Camerer, C., Loewenstein, G. and Prelec, D., 2005, "Neuroeconomics: How Neuroscience Can Inform Economics ", Journal of Economic Literature , 43 (1), pp. 9-64.

[29] Cason, T. N, Savikhin, A. C. and Sheremeta, R. M., 2012, "Behavioral Spillovers in Coordination Games", European Economic Review, 56 (2), pp. 233-245.

[30] Cevikarslan, S., 2013, "Heterogeneity in Innovation Strategies, Evolving Consumer Preferences and Market Structure: An Evolutionary Multi-agent Based Modelling Approach", First published online.

[31] Cincotti, S. Gardini, L. and Lux, T., 2008, "New Advances in Financial Economics: Heterogeneity and Simulation", Computational Economics, 32 (1), pp. 1-2.

[32] Cioffi-Revilla, C., 2010, "Computational Social Science", Wiley Interdisciplinary Reviews: Computational Statistics, 2 (3), pp. 259-271.

[33] Cogley, T., Sargent, T. and Tsyrennikov, V., 2013, "Wealth Dynamics in a Bond Economy with Heterogeneous Agents, unpublished manuscript", Cornell University and NYU.

[34] Croson, R. and Gächter, S., 2010, "The Science of Experimental Economics", Journal of Economic Behavior and Organization, 73 (1), pp. 122-131.

[35] David, A., 2012, "Asset Pricing with Heterogeneous Beliefs and Endogenous Liquidity", Social Science Electronic Publishing, June 23.

［36］ Davis D. and Holt, C., 1993, Experimental Economics, Princeton University Press.

［37］ Dawid, H. and Neugart, M., 2011, "Agent-based Models for Economic Policy Design", Eastern Economic Journal, 37 (1), pp. 44-50.

［38］ Dawkins, R., 1976, The Selfish Gene, New York City: Oxford University Press.

［39］ De Quervain, D., Fischbacher, U., Treyer, V., Schelhammer, M., Schnyder, U., Buck, A. and Fehr, E., 2004, "The Neural Basis of Altruistic Punishment", Science, 305: 1254-1258.

［40］ Dingemanse, N. J. and Wolf, M., 2013, "Between-Individual Differences in Behavioural Plasticity Within Populations: Causes and Consequences". Animal Behaviour.

［41］ Donato, M. B., Milasi, M. and Vitanza, C. A., 2010, "New Contribution to a Dynamic Competitive Equilibrium Problem", Applied Mathematics Letters, 23 (2), pp. 148-151.

［42］ Edmonds, B. and Meyer, R., 2013, "Introduction to the Handbook", Simulating Social Complexity. Springer Berlin Heidelberg, pp. 3-11.

［43］ Fairchild, R., 2011, "An Entrepreneur's Choice of Venture Capitalist or Angel-Financing: A Behavioral Game-Theoretic Approach", Journal of Business Venturing, 26 (3), pp. 359-374.

［44］ Fawcett, T., Hamblin, S. and Giraldeau, L., 2013, "Exposing the Behavioral Gambit: The Evolution of Learning and Decision Rules", Behavioral Ecology, 24 (1), pp. 2-11.

［45］ Fehr, E. and Camerer, C. F., 2007, "Social Neuroeconomies: The Neural Circuitry of Social Preferences", Trends in Cognitive Science, 11 (10), pp. 419-427.

［46］ Fehr, E. and Schmidt, K., 1999, "A Theory of Fairness, Competition and Cooperation", Quarterly Journal of Economics, 114, pp. 817-868.

［47］ Feltovich, N., 2011, "What's to Know about Laboratory Experimentation in Economics?", Journal of Economic Surveys, 25 (2), pp. 371-379.

［48］ Fischbacher, U., Gächter, S. and Quercia, S., 2012, "The Behavioral Validity of The Strategy Method In Public Good Experiments", Journal of Economic Psychology.

［49］Flacher, D. and Harari, K., 2013, "Tuition Fees, Self-Esteem and Social Heterogeneity", Education economics, 22 (2), pp. 191-210.

［50］Flagel, S. B., Clark, J. J., Robinson, T. E., Mayo, L., Czuj, A., Willuhn, I., and Akil, H., 2010, "A Selective Role for Dopamine in Stimulus-Reward Learning", Nature, 469 (7328), pp. 53-57.

［51］Flood, M., 1952, "Some Experimental Games". Research Memorandum, RM-789, RAND Corporation.

［52］Flood, M., 1954, "On Game-Learning Theory and Some Decision-Making Experiments", Decision Processes, New York, pp. 139-158.

［53］Franke, R. and Westerhoff, F., 2011, "Estimation of a Structural Stochastic Volatility Model of Asset Pricing", Computational Economics, 38 (1), pp. 53-83.

［54］Friedman D. and Sunder, S., 1994, Experimental Methods: A Primer for Economists, Cambridge University Press.

［55］Fudenberg, D. 2006, "Advancing Beyond: Advances in Behavioral Economics", Journal of Economic Literature, pp. 694-711.

［56］Gilad, B., Kaish, S. and Loeb, P., 1987, "Cognitive Dissonance and Utility Maximization: A General Framework", Journal of Economic Behavior and Organization, 8 (1), pp. 61-73.

［57］Gilligan, M., Pasquale, B., Samii, C., 2011, "Civil War and Social Capital: Behavioral-Game Evidence from Nepal", Social Science Electronic Publishing.

［58］Gintis, H., 2003, "Solving the Puzzle of Prosociality", Rationality and Society, 15, pp. 155-187.

［59］Gintis, H., 2009, The Bounds of Reason: Game Theory and the Unification of the Behavioral Sciences, Princeton University Press.

［60］Gintis, H., 2013, "Inclusive Fitness and the Sociobiology of the Genome", Working Paper, April 12. http://www.umass.edu/preferen/gintis/GeneralizedHR.pdf.

［61］Gintis, H., 2013, "Mutualism is Only a Part of Human Morality", Behavioral and Brain Sciences, 36 (01), pp. 91-91.

［62］Glimcher, P. W. and Rustichini, A., 2004, "Neuroeconomics: The Consilience of Brain and Decision", Science, (306), pp. 447-452.

[63] Glimcher, P. W., Fehr, E., Camerer, C. and Poldrack, R. A. (Eds.), 2008, Neuroeconomics: Decision Making and the Brain, Academic Press.

[64] Goldfarb, A., Ho, T. H., Amaldoss, W., Brown, A. L., Chen, Y., Cui, T. H., and Yang, B., 2012, "Behavioral Models of Managerial Decision-Making", Marketing Letters, 23 (2), pp. 405-421.

[65] Gracia-Lázaro, C., Ferrer, A., Ruiz, G., Tarancón, A., Cuesta, J. A., Sánchez, A. and Moreno, Y., 2012, "Heterogeneous Networks Do Not Promote Cooperation When Humans Play a Prisoner' S Dilemma", Proceedings of the National Academy of Sciences, 109 (32): pp. 12922-12926.

[66] Graubner, M., Balmann, A. and Sexton, R., 2011, "Spatial Price Discrimination in Agricultural Product Procurement Markets: A Computational Economics Approach", American Journal of Agricultural Economics, 93 (4), pp. 949-967.

[67] Greene, J. D., Sommerville, R. B., Nystrom, L. E., Darley, J. M. and Cohen, J. D., 2001, "An FMRI Investigation of Emotional Engagement in Moral Judgment. ", Science, 293 (5537): pp. 2105-2108.

[68] Harrison, G. and List, J., 2004, "Field Experiments", Journal of Economic Literature, 42 (4), pp. 1009-1055.

[69] Hauert, C., Traulsen, A., Brandt, H., Nowak, M. and Sigmund, K., 2007, "Via Freedom to Coercion: The Emergence of Costly Punishment", Science, 316, pp. 1905-1907.

[70] Heatherton, T. F. and Wagner, D. D., 2011, "Cognitive Neuroscience of Self-Regulation Failure", Trends in Cognitive Sciences, 15 (3), pp. 132-139.

[71] Hespeler, F., 2012, "On Boundary Conditions Within the Solution of Macroeconomic Dynamic Models with Rational Expectations", Computational Economics, 40 (3), pp. 265-291.

[72] Janutka, A. and Magnuszewski, P., 2010, "Opinion-structure changes in non-equilibrium model of social impact", Complexity, 15 (6), pp. 27-33.

[73] Jeffrey, H. J. and Putman, A. O., 2013, "The Irrationality Illusion: A New Paradigm for Economics and Behavioral Economics", Ann Arbor, 1001: 48105.

[74] Joyce, K. A., 2006, "From Numbers to Pictures: The Development of Magnetic

Resonance Imaging and the Visual Turn in Medicine", Science as Culture, 15 (01), pp. 1-22.

[75] Kagel, J. and Roth, L., 1995, The Handbook of Experimental Economics, Princeton University Press.

[76] Kahneman, D. and Knetsch, J. and Thaler, R., 1990, "Experimental Tests of the Endowment Effect and the Coase Theorem", Journal of Political Economy, pp. 1325-1348.

[77] Kariv, S. and Silverman, D., 2013, "An Old Measure of Decision-Making Quality Sheds New Light on Paternalism", Journal of Institutional and Theoretical Economics, 169 (1), pp. 29-44.

[78] Kerr, J., Vardhan, M. and Jindal, R., 2012, "Prosocial Behavior and Incentives: Evidence from Field Experiments in Rural Mexico and Tanzania", Ecological Economics, 73, pp. 220-227.

[79] Kim, S., 2012, "Sequential Action and Beliefs under Partially Observable DSGE Environments", Computational Economics, 40 (3), pp. 219-244.

[80] Knudsen, B. and Miyamoto, M., 2005, "Using Equilibrium Frequencies in Models of Sequence Evolution", Evolutionary Biology, 5 (1), pp. 21.

[81] Kreindler, G. E, Peyton Young H., 2013, "Fast Convergence in Evolutionary Equilibrium Selection", Games and Economic Behavior, 80, pp. 39-67.

[82] Kuhn, T., 1962, The Structure of Scientific Revolutions, The University of Chicago Press.

[83] Lakoff, G., 2013, "Neural Social Science", Handbook of Neurosociology. Springer Netherlands, pp. 9-25.

[84] Leon, N., 2011, "Where does Good Come From Harvard's Edward O. Wilson Tries to upend Biology, Again", The Boston globe, April 17.

[85] Levine, D., 2011, "Neuroeconomics?", International Review of Economics, 58 (3), pp. 287-305.

[86] Levitt, S. D. and List, J. A., 2007, "Viewpoint: On the Generalizability of Lab Behaviour to the Field", Canadian Journal of Economics, 40 (2), pp. 347-370.

[87] List, J. A. and Price, M. K., 2013, Handbook on Experimental Economics and

the Environment, Edward Elgar Publishing.

［88］Loomes, G. and Sugden, R., 1986, "Disappointment and Dynamic Consistency in Choice under Uncertainty", The Review of Economic Studies, 53 (2), pp. 271-282.

［89］Macal, C. and North, M., 2010, "Tutorial on Agent-based Modelling and Simulation", Journal of Simulation, 4 (3), pp. 151-162.

［90］Martin, C. and Neugart, M., 2009, "Shocks and Endogenous Institutions: an Agent-based Model of Labor Market Performance in Turbulent times", Computational Economics, 33 (1), pp. 31-46.

［91］Masten, C. L., Morelli, S. A. and Eisenberger, N. I., 2011, "An fMRI Investigation of Empathy for 'Social Pain' and Subsequent Prosocial Behavior", Neuroimage, 55 (1), pp. 381-388.

［92］McQuillin, B. and Sugden, R., 2012, "Reconciling Normative and Behavioural Economics: the Problems to be Solved", Social Choice and Welfare, 38 (4), pp. 553-567.

［93］Mohanty, H., 2013, "Computational Social Science: A Bird's Eye View", Distributed Computing and Internet Technology. Springer Berlin Heidelberg, pp. 319-333.

［94］Moll, J., Krueger, F., Zahn, R., Pardini, M., de Oliveira-Souza, R. and Grafman, J., 2006, "Human Fronto-Mesolimbic Networks Guide Decisions about Charitable Donation", The Proceedings of the National Academy of Sciences, 103 (42), pp. 15623-15628.

［95］Moll, J., Zahn, R., de Oliveira-Souza, R., Krueger, F. and Grafman, J., 2005, "The Neural Basis Human Moral Cognition", Nature Neuroscience, 6, pp. 799-809.

［96］Naisbitt, J. 1982, Megatrends, Ten New Directions Transforming Our Lives, Warner Books.

［97］Nash, J., 1950, "Equilibrium Points in n-Person Games", Proceedings of the National Academy of Sciences of the USA, 36, pp. 48-49.

［98］Nicolis, G. and Prigogine, I., 1989, "Exploring Complexity: An Introduction", W. H. Freeman & Co Ltd.

［99］Nowak, M., 2006, Evolutionary Dynamics: Exploring the Equations of Life, Cambridge: Harvard University Press.

［100］ O'Neill, M., 2005, "The Biology of Irrationality: Crime and the Contingency of Deterrence", The Law and Economics of Irrational Behavior.

［101］ Padoa-Schioppa and Assad, 2006, "Neurons in the orbitofrontal cortex encode economic value", Nature, 441, pp. 223-226.

［102］ Peters, J. and Büchel, C., 2011, "The Neural Mechanisms of Inter-Temporal Decision-Making: Understanding Variability", Trends in Cognitive Sciences, 15 (5), pp. 227-239.

［103］ Pfennig, D. W., Wund, M. A., Snell-Rood, E. C., Cruickshank, T., Schlichting, C. D. and Moczek, A. P., 2010, "Phenotypic Plasticity's Impacts on Diversification and Speciation", Trends in Ecology and Evolution, 25, pp. 459-467.

［104］ Pohorecki, P., Sienkiewicz, J., Mitrovic, M., Paltoglou, G. and Holyst, J. A., 2013, "Statistical Analysis of Emotions and Opinions at Digg Website", Acta Physica Polonica A, 123 (3), pp. 604-615.

［105］ Posner, M. I., 2011, Cognitive Neuroscience of Attention, The Guilford Press.

［106］ Price, T. D. and Kirkpatrick, M., 2009, "Evolutionarily Stable Range Limits Set by Interspecific competition", Proceedings of the Royal Society B: Biological Sciences, 276 (1661), pp. 1429-1434.

［107］ Rabosky, D. L., 2012, "Positive Correlation between Diversification Rates and Phenotypic Evolvability Can Mimic Punctuated Equilibrium on Molecular Phylogenies", Evolution, 66 (8), pp. 2622-2627.

［108］ Rameson, L. T., Morelli, S. A. and Lieberman, M. D., 2012, "The Neural Correlates of Empathy: Experience, Automaticity, and Prosocial Behavior", Journal of Cognitive Neuroscience, 24 (1), pp. 235-245.

［109］ Richiardi, M., 2012, "Agent-based Computational Economics: A Short Introduction", The Knowledge Engineering Review, 27 (02), pp. 137-149.

［110］ Rifkin J. 2011, The third industrial revolution: how lateral power is transforming energy, the economy, and the world, Macmillan.

［111］ Rustichini, A., 2005, "Neuroeconomics: Present and future", Games and Economic Behavior, 52 (2), pp. 201-212.

［112］Samuelson, P., 1947, Foundations of Economic Analysis, Harvard University Press.

［113］Santos, A. C., 2011, "Behavioural and Experimental Economics: Are They Really Transforming Economics?", Cambridge journal of economics, 35 (4), pp. 705-728.

［114］Schram, A., 2005, "Artificiality: The Tension Between Internal and External Validity in Economic Experiments", Journal of Economic Methodology, 12 (2), pp. 225-237.

［115］Sekiguchi, T. and Nakamaru, M., 2011, "How Inconsistency between Attitude and Behavior Persists Through Cultural Transmission", Journal of Theoretical Biology, 271 (1), pp. 124-135.

［116］Sigmund, K., De Silva, H., Traulsen, A. and Hauert, C., 2010, "Social Learning Promotes Institutions for Governing the Commons", Nature, 466, pp. 861-863.

［117］Slonim, R., Wang, C., Garbarino, E. and Merrett, D., 2013, "Opting-in: Participation Bias in Economic Experiments", Journal of Economic Behavior and Organization, 90, pp. 43-70.

［118］Smet, F. and Aeyels, D., 2012, "Clustering Conditions and the Cluster Formation Process in a Dynamical Model of Multidimensional Attracting Agents", Journal on Applied Dynamical Systems, 11 (1), pp. 392-415.

［119］Smith, M. and Price, G., 1973, "The Logic of Animal Conflict", Nature, 246, pp. 15-18.

［120］Smith, M., 1982, Evolution and the Theory of Games, Cambridge: Cambridre University Press.

［121］Stuphorn, 2006, "Neuroeconomics: Cardinal Utility in the Orbitofrontal Cortex?", Current Biology, 16 (15), pp. 591-593.

［122］Takahashi, H., Matsuura, M., Koeda, M., Yahata, N., Suhara, T., Kato, M. and Okubo, Y., 2008, "Brain Activations during Judgments of Positive Self-conscious Emotion and Positive Basic Emotion: Pride and Joy", Cereb Cortex, 18 (4), pp. 898-903.

［123］Taylor, C., Fudenberg, D., Sasaki, A. and Nowak, M., 2004, "Evolutionary Game Dynamics in Finite Populations", Bulletin of Mathematical Biology, 66, pp. 1621-1644.

［124］Taylor, S., 1989, Positive Illusions: Creative Self-deception and the Healthy Mind, New York: Basic Books.

［125］Tesfatsion, L. and Judd, K., 2006, "Handbook of Computational Economics, Volume 2: Agent-based Computational Economics", North-Holland.

［126］Toffler, A. 1981, The third wave, New York: Bantam books,

［127］Traulsen, A., Semmann, D., Sommerfeld, R. D., Krambeck, H. J. and Milinski, M., 2010, "Human Strategy Updating in Evolutionary Games", Proceedings of the National Academy of Sciences, 107 (7), pp. 2962-2966.

［128］Tversky, A. and Kahneman, D., 1981, "The Framing of Decisions and the Psychology of Choice", Science, 211 (4481), pp. 453-458.

［129］Tversky, A. and Kahneman, D., 1991, "Loss Aversion in Riskless Choice: A Reference-dependent Model", The Quarterly Journal of Economics, 106 (4), pp. 1039-1061.

［130］Vasilakis, G. A., Theofilatos, K. A., Georgopoulos, E. F., Karathanasopoulos, A. and Likothanassis, S. D., 2012, "A Genetic Programming Approach for EUR/USD Exchange Rate Forecasting and Trading", Computational Economics, pp. 1-17.

［131］Vuchinich, R., 2003, Choice, Behavioral Economics, and Addiction, New York: Pergamon.

［132］Wilkinson, N., 2008, An Introduction Behavioral Economics, New York: Palgrave Macmillan.

［133］Witt, U. and Binder, M., 2013, "Disentangling Motivational and Experiential Aspects of "Utility" -A Neuroeconomics Perspective", Journal of Economic Psychology, In Press: http://www. ub. uni-heidelberg. de/archiv/14330 .

［134］Ye, H., Tan. F., Ding, M., Jia, Y. and Chen, Y., 2011, "Sympathy and Punishment: Evolution of Cooperation in Public Goods Game", Journal of Artificial Societies and Social Simulation, 14 (4), 20.

［135］Young, H. P. and Kreindler, G. E., 2011, "Fast Convergence in Evolutionary Equilibrium Selection", Department of Economics Discussion Paper Series, University of Oxford.

[136] Young, H. P., 2011, "The Dynamics of Social Innovation", Proceedings of the National Academy of Sciences, 108 (4), pp. 21285-21291.

[137] 贝克尔：《人类行为的经济分析》，王业宇、陈琪译，上海：三联书店、上海人民出版社，1995。

[138] 贝克尔：《口味的经济学分析》，李杰、王晓刚译，北京：首都经贸大学出版社，2000。

[139] 达尔文：《物种起源》，舒德干等译，北京：北京大学出版社，2005。

[140] 菲尔德：《利他主义倾向——行为科学、进化论与互惠的起源》，赵培、杨思磊、杨联明译，吉林：长春出版社，2005。

[141] 戈森：《人类交换规律与人类行为准则的发展》，陈秀山译，北京：商务印书馆，1997。

[142] 迪克西特：《策略博弈》，蒲勇健译，北京：中国人民大学出版社，2009。

[143] 哈耶克：《个人主义与经济秩序》，邓正来译，上海：三联书店，2002。

[144] 蒋自强、张旭昆：《三次革命和三次综合——西方经济学演化模式研究》，上海：上海人民出版社，1996。

[145] 杰文斯：《政治经济学理论》，郭大力译，北京：商务印书馆，1984。

[146] 金迪斯：《理性的边界：博弈论与各门行为科学的统一》，董志强译，上海：格致出版社、上海三联书店、上海人民出版社，2011。

[147] 凯恩斯：《就业、利息和货币通论》，高鸿业译，北京：商务印书馆，1999。

[148] 凯莫勒：《行为博弈——对策略互动的实验研究》，贺京同等译，北京：中国人民大学出版社，2006。

[149] 库恩：《科学革命的结构》，金吾伦、胡新和译，北京：北京大学出版社，2003。

[150] 里夫金：《第三次工业革命：新经济模式如何改变世界》，张体伟、孙豫宁译，北京：中信出版社，2012。

[151] 马歇尔：《经济学原理》，陈良璧译，北京：商务印书馆，1981。

[152] 门格尔：《国民经济学原理》，刘絜敖译，上海：上海人民出版社，1958。

[153] 米德：《心灵、自我与社会》，赵月瑟译，上海：上海译文出版社，1992。

[154] 穆勒：《政治经济学原理及其在社会哲学上的若干应用》，胡企林、赵荣潜、桑炳炎等译，北京：商务印书馆，1991。

［155］奈斯比特：《大趋势：改变我们生活的十个新方向》，梅艳译，北京：中国社会科学出版社，1984。

［156］诺瓦克：《进化动力学——探索生命的方程》，李镇清、王世畅译，北京：高等教育出版社，2010。

［157］史密斯：《演化与博弈论》，潘春阳译，上海：复旦大学出版社，2008。

［158］斯密：《国民财富的性质和原因的研究》，郭大力、王亚南译，北京：商务印书馆，1981。

［159］托夫勒：《第三次浪潮》，上海：生活·读书·新知三联书店，1982。

［160］瓦尔拉斯：《纯粹经济学要义》，蔡受百译，北京：商务印书馆，1989。

［161］汪丁丁、叶航、罗卫东：《神经元经济学：实证与挑战》，上海：世纪出版集团、上海人民出版社，2007。

［162］威尔金森：《行为经济学》，贺京同、那艺译，北京：中国人民大学出版社，2012。

［163］叶航：《西方经济学效用范式的逻辑缺陷》，载《经济学家》，第1期。

［164］叶航：《公共合作中的社会困境与社会正义——基于计算机仿真的经济学跨学科研究》，载《经济研究》，第8期。

［165］叶航、陈叶烽、贾拥民：《超越经济人：人类的亲社会行为与社会偏好》，北京：高等教育出版社，2013。

［166］叶航、汪丁丁、贾拥民：《科学与实证——一个基于"神经元经济学"的综述》，载《经济研究》，第1期。

Beyond the Neoclassical Economics:
The Fourth Revolution and Integration of Economics

Ye Hang

【Abstract:】

Modern economics has ever happened three times of revolution and integration. Every revolution put forward different research paradigms, and integration unified different research paradigms. This revolution and integration appear alternately the economics of innovation model, reflects both the pace of the human economy forward, also reflects the human thought process of deepening. This paper first puts forward the concept of modern economics fourth revolution and integration. On this basis, this paper comprehensively elaborated the contents of the fourth revolution and integration. This research will help us to grasp the development direction and trend of economics, and will also help Chinese economist as soon as possible into the ideological trend of economics theory innovation.

【Keywords】: Neoclassical Economics; Neo-Economics; Theoretical Hypothesis; Analysis Paradigm; Technology Tools

【JEL Classification】: A14, C70, C91, D63

(本文原摘于《南方经济》, 2015)

信息不完全下的供给主导与创新驱动的微观理论

沈华嵩

当我们在信息论的基础上，用非新古典主义范式分析市场机制时，一个不可避免的结论就是供给主导和创新优势，这正是"供给侧结构性改革"的核心思想。而新的经济学分析范式则意味着西方主流经济学理论的一次根本性变革。

一、交易的信息理论

20 世纪 60—70 年代，以乔治 J·施蒂格勒（George J. Stigler）、阿克洛夫（Georga Akerlof）、斯蒂格里茨（Joseph E. Stiglitz）和斯宾塞（Michael spence）为代表的信息经济学迅速兴起，向新古典主义微观经济学的完全信息假定发起挑战，并提出经济学应当如何引进信息这一涉及传统经济学范式转变的根本问题。他们认为，如果信息是不完全的，获取信息要花费成本的话，竞争均衡模型将不能成立。特别在信息不对称情况下，"逆向选择"和"道德风险"将导致市场选择机制完全失效。阿克洛夫 1970 年在美国《经济学季刊》上发表的《次贷市场：质量不确定性市场机制》最早提出这一问题，他因这项工作获得 2001 年的诺贝尔经济学奖。例如在二手车市场，由于买卖方对商品信息的不对称，而导致交易价格被人为压低。这样，由于获得信息的高成本，结果劣质商品挤出优质的商品，这种情形在古玩市场也经常出现。信息经济学的开创者们还指出，新古典范式不是没有看到这些市场失灵问题，而在于没有办法把信息纳入经济学模型这一更为根本性的问题。由此，他们发展了强调激励相互约束的激励体系模型。但模型仍然建立在最大化原理和均衡原理的基础上，并没有从根本上解决经济学如何引入信息这一问题。更重要的是，在我看来价格机制本身就是一个信息过程，而不是需要"引进"的问题。因此，重要的是把信息论作为经济学分析的新范式，而不仅仅是激励理论和委托—代理理论之类的特定市场，或者仅仅把信息（I）作为交易成本，插入生产函数。

正因为如此，我们在经济学分析的起点就确定一次交易活动包含的信息量正好等于香农信息量单位——比特，从而把涉及交易行为的信息过程形式化。

就二元信源这一特征而言，所有的交易活动是全同的，无论它是市场参与者个体，还是它们的集合（家庭或者企业），从而与它们的大小规模无关。这有些像三角形和同心圆的集合，就三边和同心的性质而言，它们是全同体系，而与它的大小或形状无关。交易活动的二元系统共性使市场的微观结构形成一个全同体系，这也许正是经济学分析可以运用信息论原理的必要前提。

由于香农信息与玻尔兹曼的统计熵密切相关，因此，我们也可以把信息量和某一宏观系统可能有的所有微观态联系起来。由此，希望能从宏观世界出发，导出微观世界的一些结论。由于研究系统不同，其可能实现的状态也有很大差异，例如抛一枚硬币时，可能事件为2（正面或反面），掷骰子时则为6，然而一个热力学系统可能实现的微观态就是一个大数量级，它取决于系统微观粒子的数目。但是，掷骰子同样可以化解为二中择一问题。譬如说掷骰子虽然有6种可能态（$Z=6$），如果我们设定出现奇数点为正，出现偶然点为负，这仍然是一个二元系统（$Z=2$）。对信息的正确量度不是可能状态数Z本身，而是它的对数，通常取以2为底的对数，也就是把香农信息定义为：

$$I = log_2 z \tag{1}$$

例如在一次交易中，可能的状态 $z=2$（成交或失败），信息 I 就等于1。

这个定义可以化为另一种形式，例如市场上某种商品有很多供应商，从而也会有很多价格 P_k（$k=1$，2，3……）。然后我们可以分别计算这些价格在市场交易中成交的次数 N_k。可以定义指数为 k 的价格出现的相对次数

$$P_k = \frac{N_k}{N} \tag{2}$$

其中 N 为所有价格成交的总数，$N = \Sigma N_k$。由此，在该市场上每个价位成功交易的平均信息为（推导过程从略）。

$$i = -K\sum_k P_k ln P_k \qquad\qquad (3)$$

K 是任意常数。

香农在《通信的数学理论》中提出的信息计量公式，本身不包含意义的是非，只能适用于概率性语法信息的计量，不能解决非概率信息如模糊信息的计量，也不能解决语义信息、语用信息的计量。因此，信息计量公式只是对不确定性的量度，或者说是我们无知的一种量度。

现在我们需要引进新的方法，向着包括语义信息，或者优化选择，甚至包括像价值观之类的概念推进。因此，必须把信息接受者的反应也考虑进去，才能赋予消息的意义，这就是信息的"相对重要性"概念。就市场交易这个简单例子而言，我们可以形象地用图1来描述。

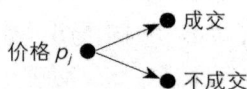

图1

如果价格仅仅是均衡系统的随机涨落（如同在传统微观经济学中），那么，选择成交或不成交都无所谓，不存在相对重要性。但是，在我们的经济学原理中，交易是群体合作的必要途径，同时也是协调买方（希望更低的价格）卖方（希望更高的价格）利益冲突的博弈，而不是经济人单一利益的最大化。那么，显然成交就具有相对的重要性。因为对于以合作为目的的参与市场交易的双方，都希望有一个占优策略，即不论双方如何选择都有一个最优的对策，但这种占优策略均衡是很难实现的，一般情况下，博弈双方更可能期望放松占优策略的苛刻条件，只追求在对方决策后自己的选择是最优的。在交易的讨价还价过程中，大多数都是这种状况。这就是纳什均衡（即如果给定乙方的选择，甲的选择是最优的，并且给定甲的选择，乙的选择也是最优的，这一组策略就是一个纳什均衡）。当然，任何一方在必须选择自己的策略时，都不知道对方将怎样选择，但都会就对方的选择作出预期。这就是市场一般情况下交易双方面临的大致局面，显然，交易中任何一方选择不成交都会使对方没有选择的余地，处于绝对劣势，从而既不存在占优策略均衡，也不存在纳什均衡。因此，交易双方的最优反应是尽可能选择成交，才有可能采用合作博弈，协调双方的策略，使利益最大化。因此，在交易的两种可能结局中，成交具有相对重要性。

在纳什均衡中，相互一致性是参与人的信息和行动。也就是互利的原则，而不是亚当·斯密的"自利原则"，市场经济的价值观应该是互利合作，包容共享。

由此看来，在市场经济中从长期和大多数场合考察，交易双方都不会是断然地只选择一种，并始终坚持自己的策略，而是概率化抉择，即对每项策略选择都给定一个概率，并按照这些概率选择策略。因此，"混合纳什均衡指的是这样一种均衡，在这种均衡下，给定其他参与人的策略选择概率，每个参与人都为自己确定了选择每一种策略的概率。"① 重要的是可以证明混合策略纳什均衡总是存在的，并且具有明显的合理性，它是对交易行为恰当的描述。同时，有相对简单的方法求解纳什均衡，并根据概率计算交易双方的期望收益。

我们从纳什均衡简单地定义了交易行为的相对重要性。哈肯在协同学理论中用更严密的方法定义了一般的"相对重要性"，并提供了确定的算法。在经济学分析中，这种简明的讨论已经可以作为初步的分析步骤。一旦赋予交易活动选择的相对重要性，我们就在不包含意义的信息二元系统中引进了语义学的含义，引进了修正错误（信息增益），讨价还价、合作、协调的可能性。特别重要的是，这样就在经济学分析的起点引进了非对称性，也就是说交易活动中，两种可能性并不是对等的，而是成交具有相对重要性，这种非对称性贯穿整个经济学分析过程。因此，这一步骤具有深远的理论意义。

另外，如果我们进一步考虑价格信息的相对重要性，对接受者的初始状态是敏感的，而该初始态又由以前的信息所设置。这样，信息的相互联系与相对重要性将依赖于接收者以前得到的信息，并为后继的信息所更新。由此，价格信号和它的相对重要性都将成为时间的函数。这对以后讨论价格动态是重要的。

二、成交博弈

一旦在经济学分析中引入信息论，我们同新古典主义微观经济学的分歧就泾渭分明。

---

① 哈尔·R. 范里安：《微观经济学：现代观点》，格致出版社、上海三联书店、上海人民出版社，2015：373。

第一，在新古典微观经济学中，交易是市场均衡价格的等价交换，在我们的原理中则是卖方（想以高价卖）和买方（想以低价买）之间的博弈（讨价还价）。

第二，决定新古典微观经济学市场均衡价格的两个因素——需求和供给的作用是对称的；在我们的原理中则是供给（创新）主导，从而是非对称的，信息不完全的。

第三，因此，新古典主义微观经济学价格机制的核心命题是经济人个体简单最大化问题；在我们的原理中则是市场价格形成过程中集体选择信息最大化问题。

对于这三个问题，我们要做深入一些的讨论。首先就是交易双方（卖方和买方）作为利益主体的互动（冲突与合作问题）。我们在前面已经用纳什均衡定义了交易中成交的相对重要性，从而使没有具体含义的香农信息具有了语义学的意义。当然，实际情况更为复杂，经济主体能够以各种各样的方式进行策略互动，在交易中更多的互动是用博弈的方式进行的。

在交易中最常见的当然是协调博弈。在这类博弈中，当参与人能够协调他们之间的策略时，他们的收益就会实现最大化。与此相对应的是竞争博弈，即零和博弈，这时博弈一方的收益等于另一方的损失，失利一方会选择停止交易的对策。同时，交易的博弈中大多都是序贯博弈，即交易双方不是同时采取行动，而是一方先报价，然后，另一方再作出反应。因此，参与博弈的一方总会预期对方可能的反应，争取胜算。而这类博弈的一个重要策略问题是承诺，只有这个被承诺的选择必须是不可撤销的和可观察的，才有可能实现纳什均衡。这就涉及有效地防止违背承诺的问题，当然，这就会派生出合同、违约处罚、声誉和道义之类的问题。

一个有趣的例子是卖方双头垄断的定价博弈。如果这两家厂商都索要高价，那么就都能获得高额利润。但是，这种合作维持垄断的策略会受到消费者的反击。如果只有其中一家坚持索要高价，那么，另一家就可能通过稍微降低价格夺取对方的市场份额，从而获得比合作更高的利润；如果另一家也采取针锋相对的降价策略，其结果只能获得比合作更低的利润。不论对方确定什么价格，总是可以凭稍微降价而获利，由此触发价格战，其纳什均衡出现在每家厂商都索要最低可能价格的时候。例如，在19世纪末期，美国的铁路货运价格就是由卡特尔制定的。这个卡特尔负责决定每一家铁路公司占有的货运市场份额，而价格则由各家公司独立确定，对违约降价的公司卡特尔也会用针锋相对的策略以惩戒背信者。

另外，在航空公司为机票定价时也会采取类似的策略。航空公司往往会提供一两种特别便宜的促销票价，向对手发送信息，以阻止它们降低关键航线的票价。它们似乎都恪守这样一条"黄金法则"：己所不欲、勿施于人。正是这种报复的威胁使所有航空公司的票价居高不下。

在这里我们只是非常简要地描述了交易中双方博弈的一般情况，实际市场运行中，这种策略互动要复杂千百倍。但是，对市场机制而言，这些并不重要，重要的是交易中成交具有相对重要性，这一由纳什均衡定义的成交优势是一个十分关键的命题。这一命题不仅赋予无具体含义的香农信息以语义学的意义，而且，它在经济学分析的起点就打破了新古典主义微观经济学均衡对称的推理结构。联系交易中信息非对称性的分析，我们导出了供给主导的重要结论，这在某种意义上是一种"怀旧"情怀，即对亚当·斯密和大卫·李嘉图古典经济学传统的皈依。对这一命题我们还要结合信息论作严密的研究。

三、凯利公式

我们知道，香农在他著名的论文《通信的数学原理》中，引进了信息熵的重要概念，它是对系统不确定性的量度。在一个只有两种可能性，其概率为 P 和 q，而且 $P = 1 - q$ 的系统中，信息熵的公式是

$$H = - \left[P\log(P) + q\log(q) \right] \tag{4}$$

在交易中成效概率 P 等于不成交概率时，$P = q = \dfrac{1}{2}$，则 $H = 1$。这一点我们在前面已多次提到。

有趣的是：1956 年香农在贝尔实验室的同事约翰·拉里·凯利（John Larry Kelly）又发表了一篇重要的论文《信息率的一个新解读》。在这篇论文中，凯利将信息传送率与机会成功率用公式来界定，即"凯利优化模式"也可称为优化增长战略，并由此推导出博弈者在多次下注时每次投入本金的最佳百分比，即凯利公式（Kelly fornula）。利用这个最佳百分比，博弈者可以获得最大速度的财富增长。如果赌博只有赢与输这两种可能，赢的概率为 P，输的概率为 $q = 1 - P$，且 $P > q$。如果你知道成功的概率，就下注你的一部分本金，从而优化财富的增长率，设赔率为 b（净赔率），由此寻找能最大化结果对数期望值的投资比例 f^*，从而导出凯利公式

$$f^* = \frac{bP - q}{b} = \frac{P(b + 1) - 1}{b} \tag{5}$$

设赔率 $b = 1$，则

$$f^* = 2P - 1 \tag{6}$$

（5）和（6）式表明多次下注后能获得财富最快增长率的投资比例取决于赢的概率。

同时，我们还可以从信息熵的角度讨论凯利公式。考虑如果每次下注量占本金的比例固定为 f，根据凯利公式则使本金复合增长速度最大的最佳投资比例为 $f^* = P - q$，本金复合增长速度可表示为：

$$G = P\log(1 + f) + q\log(1 - f) \tag{7}$$

如果把最佳投注比例 $f = P - q$ 及 $P + q = 1$ 带入（7）式，就得到带有香农信息熵的最大复合增长速度公式：

$$G_{\max} = 1 - H \tag{8}$$

现在，我们将用凯利公式来分析交易中的信息论问题，假设买方和卖方的博弈中，成交的概率为 P，则不成交的概率为 $q = 1 - P$，在某一价位每成交一次，该价格信号的信息增益为 1，交易失败则信息为净损失。由于每一价格信号的信息总量是恒定的，也就是说，在某一价位多次不成交后，它将失去市场价格信号的意义，从而耗尽其信息资源。因此，每次交易失败耗散信息的比例就相当于每次投注的损失。设每次交易投入的信息资源比例为 f，那么我们同样可以得到多次重复交易后信息复合增长速度为（7）式。现在的问题是在交易中多大的信息投注比例，可保证信息最大的复合增长速度，例如供应商可采用促销的方式（降价或广告等）或者采用技术和营销创新的方式等等来提高价格信号信息量增长的速度，成交则信息量倍增，但如果失败则损失也更大。根据凯利公式把最佳投注比例 $f = P - q$ 及 $P + q = 1$ 带入（7）式，同样可以得到含香农信息熵的最大信息增长速度公式：$G_{\max} = 1 - H$。

凯利公式表明，给定赔率时，总是存在一个最佳投资比例。公式（6）和（8）

都表明成功率为 1/2 时，没有投资意义，财富或信息复合增长率为零，即交易均衡陷阱。因此，重要的前提是 $P > q$，即争取胜算，或者说"寻求确定性"。这也就是成交的相对重要性。从而交易选择的不确定性和市场机制问题可表述为，拥有正期望值（$P > q$）的重复交易行为长期信息增长率最大化（即市场价格的形成）问题。某一商品在市场上的 M 个价位将按信息增益率大小排序，我的结论是交易中成交具有相对重要性，从而是成交博弈决定的信息增长速度最大化和最大成交概率。这样市场价格就是最优的，但不是唯一的，而是关于价格的一个分布函数，这有些像谷歌（Google）搜索引擎中的"佩奇排序"（Page Rank），确保具有最大成交概率，从而具有最大信息增长速度的价位排在最前面，成为最优市场价格的主体。

四、供给主导

现在，重要的问题就是最大信息增长率如何导致资源的最优配置，从而把宏观信息（市场价格）推进到信息层次链的顶端——价值判断（或价值观）。这最终将引入供给决策问题，即在"不同价格水平下生产某种产品的能力和意愿"，这在本质上仍然是一个市场价格的确定和动态问题。

在新古典主义微观经济学中，对称的需求—供给曲线的交点确定一个唯一的均衡价格，并出清市场。但是，这个简单的标志性结构是靠牺牲经济学的现实性，屏蔽了决定消费和供给多元因素的相互作用得到的似是而非的结构。在这里消除了亚当·斯密一再强调的讨价还价过程，我们看不到买方和卖方以及竞争者之间的博弈，看不到非对称信息，看不到宏观经济变量和市场微观结构的相互作用，也看不到企业家精神和创新的能动作用。现在，我们希望整体地从而也更现实地考虑这些因素，这种综合的载体就是信息论，虽然这样我们或许会牺牲一些精确性（唯一性）。

前面的讨论表明，交易中成交的相对重要性，以及信息增长速度最大化（凯利公式），要求所有市场参与者的目标是尽最大可能提高成交概率，从而寻求确定性，这是唯一的制胜法宝。这个非对称的结构以及卖方对商品非对称的信息优势，都决定了供给（卖方）的主导地位。一般说来，在"有效市场假说"条件下萨伊定律是成立的，即"供给创造自己的需求"。事实上供给需求并不是完全对称均衡的。即使在买方市场，能够打破博弈均势，改变消费者偏好，从而改变交易信息结构的能动力量仍然在供给方。这也反映了卖方的比较优势。这就是价格机制中的市场"驱动力"，正如 I·基尔茨纳（Israel Kirzner，他是米塞斯的弟子）指出的那样，正是企业家"改变了价格、产出的信息。通过这种方式……企业家这一角色带动了整个市场，使之随时处于变动之中"。①

就提高商品交易成交概率而言，在买卖双方的博弈中，买方对不合意价格的策略，在没有讨价还价的余地时，唯一的反制措施就是不成交，而这是一个两败俱伤的策略，不存在纳什均衡。但是，卖方还可以通过提高商品品质，降低成本，或者改变消费者偏好，和销售策略的方式，来提高成交概率。

了解价格弹性的生产商具有更大的市场优势。他们知道如何根据消费者的需求曲线来引导消费，即使在收入、可替代性不变的情况下，改变消费者需求，比如增强在顾客和用户心智中的优势地位来打开赢利的新局面。因此，就提高成交概率而言，主导和能动方在卖方或供给方。

一个最好的例证就是广告效应，供给方（卖方）常常会通过广告来改变消费者的偏好，使需求曲线移动，以更高的价格卖出更多的产品，从而开创一个全新的赢利局面。事实上消费者既没有完全的信息，也不是完全理性的，他们在消费决策中常常会感情用事，或者依赖本能。交易中的消费者常常面对很多不确定性，而且他们总是具有多元文化和情感，广告商往往会利用消费者（买方）这种因不确定性而产生的迷惑、不安全感、负疚感或者性渴望，用关于奉献、同情或者爱的感观刺激来改变消费者偏好，引导或刺激消费欲望。但是，消费者（买方）却很少也很难利用广告效应来提高在一定价位的成交概率。

另一方面，在一般情况下供给方（卖方）对自己的商品有更多的信息，因此交易中信息既不是对称的，也不是完全的。显然，个人总是比别人更了解自己，劳动力的供给方比雇主更了解自己的才干和体力；企业更了解自己的产品；二手车主比潜在的购买者更了解自己的车辆；公司所有者比投资人更了解自己的企业等等，这差不多是不言而喻的事情。不仅如此，除了这些自然的信息不对称和不完全外，有时这种不对称则是人为的或来自外部的，这就是企业商业秘密和交易中欺诈行为和道德风险的来源。重要的是信息不对称以及获得信息的高成本会扭曲市场机制，以致低质量的商品挤出高质量的商品，甚至完全摧毁市场。这些我们在分析二手车市

---

① 保罗·海恩等：《经济学的思维方式》，马昕、陈宇译，北京：世界图书出版公司，2008：180。

场和保险行业的道德风险时，已经很熟悉了。同时信息不对称也会产生市场权力，导致企业制定高于边际成本的价格或者供给不等于需求，这些将对市场机制分析中的新古典主义教条提出质疑和挑战。关于这一点，斯蒂格利茨指出：

> "在打破包括供求法则、一价定律、竞争价格法则和有效市场假设等竞争性均衡分析的基础和经济学的基本'法则'方面，新信息范式走得更远。这些传统理论的每一个基石都不再成立，或者被证明其成立的条件要比以前所认为的要严格得多。"①

当然，博弈的双方（卖方与买方、卖方与卖方、买方与买方）都会采用各种各样的策略来克服信息的不对称，或者通过行动传递信息，这些对公司理论或者组织设计理论是很重要的。但是，对创新优势主导的价格机制原理来说，就用不着去详尽探究。重要的是博弈的双方都力图去提高成交的概率，实现信息增长速度的最大化，这一点可以用凯利公式来证明。信息增长速度最大化是一个多元的动态过程，而不是确定偏好、技术和初始禀赋的准静态均衡结构中的资源配置效率问题，也不仅仅是数量和价格调节的问题。这个动态过程为供给主导提供更为强大的发动机——创新（包括结构改革），当然，这个动态过程并不是一般意义上"帕累托最优的"，但它保证信息复合增长速度最大化，并诠释市场价格分布的形成和变化。我的一般结论就是如此，它主要来自信息论和博弈论的基本原理。我们还必须提到斯蒂格利茨早在2003年就提出的另一个极富启发性的结论：

> "与均衡过程相比，动态可以通过演化过程和模型更好地被描述出来。尽管很难将这些演化过程完全描述出来，但是已经清楚的是：我们没有理由相信，在任何一般意义上，它们是'最优的'"②

现在我们要进一步讨论这个意义重大的动态过程，它的核心原动力是创新。

---

① 约瑟夫·E·斯蒂格利茨：《信息与经济学范式的变化》，载《经济学前沿》，李涛等译，北京：中国人民大学出版社，2009：33。

② 约瑟夫·E·斯蒂格利茨：《信息与经济学范式的变化》，载《经济学新前沿》，李涛等译，北京：中国人民大学出版社，2009：54。

五、互联网时代

1979 年丹尼尔·贝尔（Daniel Bell）的《后工业社会的来临》出版后，在美国国内引起强烈反响，同时后工业社会的思想也受到国际学术界的广泛关注。后工业社会更加强调知识和创新的作用，是一个以创新为主要驱动力的社会，是一个大众创新、共同创新、开放创新成为常态的社会，因此，更重要的资源不是体力劳动或能源，而是信息。随着信息技术革命发展，信息对整个社会的影响深入到社会生活的每一个细节，信息总量、信息传播速度、信息处理和应用的程度都以指数的方式增长，一个伟大的互联网时代正在到来，它深刻地改变了人类的生活方式和思维方式。"分享、协作、民主、普惠、自由、平等等理念大行其道。这些理念对传统的独占、封闭、集权、权威等思维造成强烈冲击，并借由互联网媒体、社交网站、即时通信等渠道广泛传播，已经开始自下而上地改造整个社会的思维方式。"① 同时，互联网经济以高屋建瓴之势冲击工业社会传统的产业结构，新型产业形态层出不穷，这些不仅仅表现为交易渠道、交易方式的改变，更包容了交易信息结构，产业形态和生产方式的根本变革，延续着后工业时代发展的大趋势。

传统工业时代同质化、标准化，大规模生产模式和交易方式在很大程度上是由它的信息结构决定的，即信息收集处理和传输的高成本，它很难为消费者提供个性化的商品和服务。但是，信息技术革命导致互联网和大数据时代信息几乎为零的可变成本，使得生产方提供个性化商品和服务成为可能，并成为供给方主要的竞争手段。特别随着软件技术、3D 打印、柔性制造以及生产组织结构扁平化和小型化的发展，规模经济效应逐渐转向范围经济效益，柔性供应链和消费者定制方兴未艾。我们可以看到，在电子商务，特别是侧重线上销售的消费品生产企业中，个性化的生产和销售服务正形成新的潮流。毫无疑问，工业时代传统的高投入、高消耗和同质化，并主要依赖生产要素数量增长来实现的经济增长方式，将让位于依靠生产要素优化组合，依靠创新，用知识和信息来减少资源消耗与浪费的差异化的经济增长方式。这些发展趋势将会对经济学分析提出新的挑战，新问题和新思维都会接踵而至。

---

① 李耀东、李钧：《互联网金融》，北京：电子工业出版社，2014：115。

个性化经济决定了各个决策个体之间直接的相互作用和影响成为经济学分析的出发点，从而价格机制就不再是经济分析的全部内容和手段，另一方面供给主导的创新活动，以及供应商和消费者之间的直接互动将在激励和约束机制中发挥重要作用。因此，信息经济学必须考虑解决"非价格"制度的信息复合增长速度最大化问题，并通向成功的相互了解。这个过程将不断地强化供给主导和创新优势，这将是互联网时代一个显著的经济特征。

这一特征首先突出地体现在网络经济中。网络经济是一个全新的概念，它是建立在互联网基础之上，以现代信息技术革命为核心，进行信息资源的生产、配置和消费的经济形态。网络经济以其虚拟化、智能化、创新型特征和优势迅猛发展，并对传统产业产生巨大的冲击。这一大趋势是由网络经济著名的三大定律决定的。

六、创新优势与达维多定律

网络经济低成本、高效率以及超级增长速度和创新主导特征可以用网络经济经典的三大定律来描述，即摩尔定律（More's Law）、梅特卡夫定律（Metcalfe's Law）、达维多定律（Davidow's Law）。

1. **摩尔定律**　由 Intel 公司创始人戈登·摩尔（Gordon Moore）提出的关于信息技术进步速度的定律：当价格不变时，集成电路上可容纳的晶体管数目、约每隔 18 个月增加 1 倍，性能也将提升 1 倍，而成本却会成比例地递减。摩尔定律已经得到信息技术各个领域的广泛验证。例如电子计算机的计算速度从 1946 年世界上第一台电子计算机 ENIAC 到 2007 年 IBM 蓝色基因（BlueGenell）大致符合每 18 个月翻一番的摩尔定律。此外，在芯片存储容量、网络传播速度等指标都能验证摩尔定律的正确性。特别图 1 的直线为摩尔定律预测的微处理器晶体管数量的增长趋势，而每一个点表示自 1971 年至 2011 年，Intel 公司和 AMD 公司新开发的微处理器中的晶体管数量，显然，它们高度相关，这再一次印证了摩尔定律的正确性。

2. **梅特卡夫定律**　提出者是计算机网络的先驱，以太网路发明者罗伯特·梅特卡夫（Robert Metcalfe）。梅特卡夫定律表明网络技术的发展规律，即网络的价值等于网络节点数的平方，网络的价值与互联网用户数的平方成正比。梅特卡夫定律基于网络的外部性效果对网络价值而言，使用者越多其效用不仅不会减少，反而越来越大，它们两者是强的正反馈关系。也就是说，每一个使用者同时也为网络的价值作出自己的贡献。我们知道，正是这种外部性和正反馈效应，使新古典主义传统的边际收益递减规律，在网络经济中不再成立。对用户几乎为零的边际成本，信息的使用、加工和改进能创造出更大的网络价值，信息作为投入要素与其他要素有机结合，就提高了投入要素的边际效用，从而产生边际收益速增的现象。这将对传统理论提出质疑和挑战。特别是达维多定律直接表述了我们的供给主导和创新优势的经济学新思维。

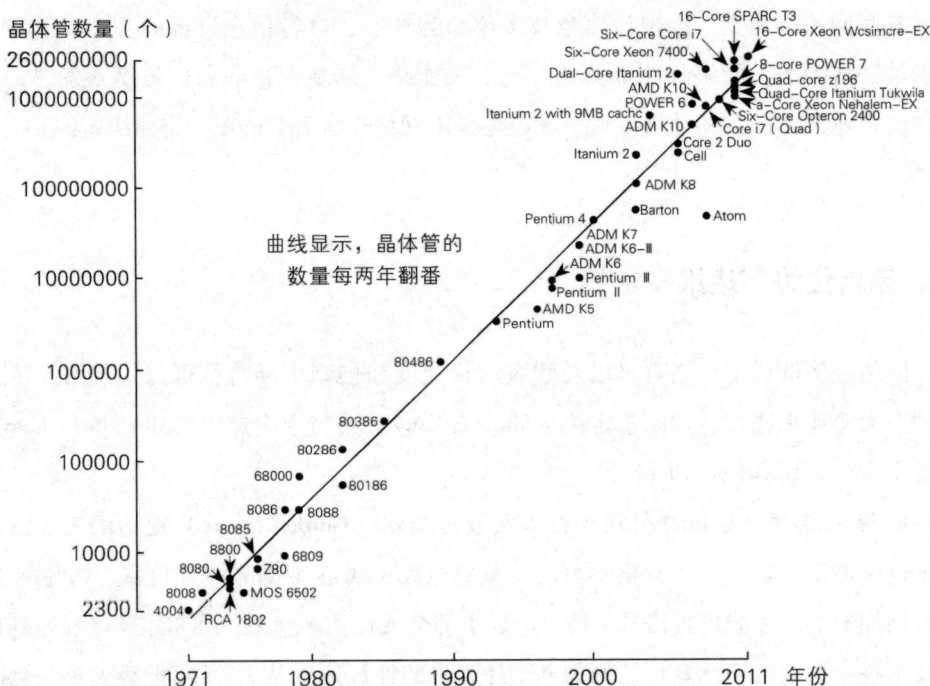

图2　1971—2011年微处理器晶体管数量变符合摩尔定律①

3. 达维多定律　Intel公司高级行销主管和副总裁威廉·H·达维多（William H·Davidow）在1992年提出著名的网络经济的产业发展定律，即市场的第一代产品能自动获得50%的市场份额，因此，一家企业必须第一个开发出新一代产品，并不断地否定和超越自己，才能占据市场的主导地位。

---

①　吴晓求等：《互联网金融—逻辑与结构》，北京：中国人民大学出版社，2015：29。

英特尔公司的实践本身就是达维多定律的一个经典例证。1995 年，英特尔公司为了应对 IBM 公司的挑战，曾经采取故意缩短当时极其成功，并还仍有市场优势的 486 处理器的技术生命，抢先推出速度更快，体积更小的奔腾 586 的战略。然后再通过一边削减旧芯片的供应，一边降低新芯片的价格，从而把握市场主导权，把竞争对手远远抛在后面。

在中国传统的家电行业市场上，海尔公司也成功地运用了达维多定律，它通过不断向市场提供"想不到的产品，占据市场份额和市场主导地位，诸如"拉幕式彩电"，"全媒体全数字彩电"，家庭影院式彩电等新产品层出不穷，不断地淘汰自己的产品，主动适应迅速变化的市场，为千变万化的市场需求，提供个性化的产品。正是这种竞争和创新，以及自我淘汰的危机意识，使海尔产品在家电市场持续地保持自己的领先地位。

摩尔定律和梅特卡夫定律决定了网络经济的另一个特征是激烈的速度竞争优势。这方面的典型案例是美国太阳微系统公司，它同样遵循达维多定律，随时准备淘汰自己的旧产品，推出新产品，并以价格和性能上的优势打乱竞争对手的阵脚。在高性能工作站这一生产领域，产品换代周期一般是 3—5 年，而太阳微系统公司则为自己订下 12 个月工作站性能提高一倍的目标。这种迅猛的创新速度，也为企业最强的执行力和管理效率提出高标准要求，为了达到这一目标，太阳微系统公司把资源和精力都集中在少数自己最具优势的核心项目上，甚至一开发出新技术就立即转让给别的企业，以激励自己不断创新。同时，以企业的运行速度为核心竞争力，并始终保持公司雷厉风行的运作机制，从而通过速度竞争优势占领市场的主导地位。而微软公司的 Windows 战略也是在保证竞争速度优势的基础上，奉行"开拓并适应不断演变的大规模市场"的战略。其核心目标是"大规模市场"，因此，微软在遵循达维多定律以保证用新产品促进新市场形成的同时，特别强调推动大批量销售，充分发挥新产品和关联产品的标准供应商的优势，整合、拓宽并简化产品以进入新的大规模市场。从而在保持大规模优势的基础上，逐步改进产品促使产品升级换代，用这种所谓的"版本升级法"（Versioning），获得市场主导权。

当然，这些关于达维多定律的典型案例不胜枚举、千变万化，但是，核心的本质命题只有一个，这就是率先进入市场的创新产品可以自动获得 50% 的市场份额，它首先保证了企业对市场的主导地位，即在我们的价格机制理论中具有重要意义的成交概率最大化，以及信息增长速度最大化导致的创新优势。

七、价格作为信息发现过程

如同市场价格信号的信息量取决于与它连接的交易次数（香农信息），在网络经济中，网络的价值在于（潜在的）链接数量，这是由梅特卡夫定律决定的。另一方面，在我的市场机制理论中，交易成交概率最大化，从而信息增长速度最大化（凯利公式）导致创新优势，而达维多定律则要求网络经济中厂商通过产品创新力求产品影响力最大化。由此看来，我们从信息论和博弈论视角提出的经济学分析新思维，同网络经济的新特征保持一种相互印证的关系，显然，这是理论上的必然联系，而非机缘巧合，因为，价格机制说到底是一个通过交易活动实现的信息增益过程，或者如哈耶克诠释的那样，是社会集体对个人需求信息的发现、收集、加工和使用的问题，这和互联网机制异曲同工。

在我的经济学分析原理中，市场价格机制就不是一个神秘复杂的过程，而是一个非常简明的逻辑结构：（1）香农信息定义一次交易活动（二元信源的信息量为一个信息单位——比特）；（2）交易作为博弈过程，成交具有相对重要性（由纳什均衡定义）；（3）价格机制是一个通过交易实现的个人需求信息增益的过程，因此，市场价格的形成要求信息复合增长速度最大化，凯利公式决定这一命题的充分必要前提是成交概率最大化；（4）由此是供给主导和创新优势（可用梅特卡夫定律和达维多定律描述）。创新优势将直接影响与价格信号（潜在）连接的交易次数，并最后决定价格信息价值量的排序；（5）排序前列的价格形成市场价格集合，其分布出现的概率占市场成交量的绝对优势。如图3所示。

如果我们在信息论的基础上考察市场机制问题，那么价格就是一个信息发现过程，那些来自信息论的基本概念和原理，例如香农信息、凯利公式以及梅特卡夫定律和达维多定律、"佩奇排序"等就是我们必须遵循的，并成为我的价格理论的重要依据和范式。

通过价格以及社会集体选择，市场竞价过程首先使市场参与者可以从中获取高质量、低成本的信息。在哈耶克看来，"更重要的问题在于如何确保资源能够用于满足个体的需求"。那么，首先就要发现和识别个体需求信息。但是个体需求信息是"隐形知识"，只有他自己才最了解，没有市场交易，市场参与者就不可能显示偏好，

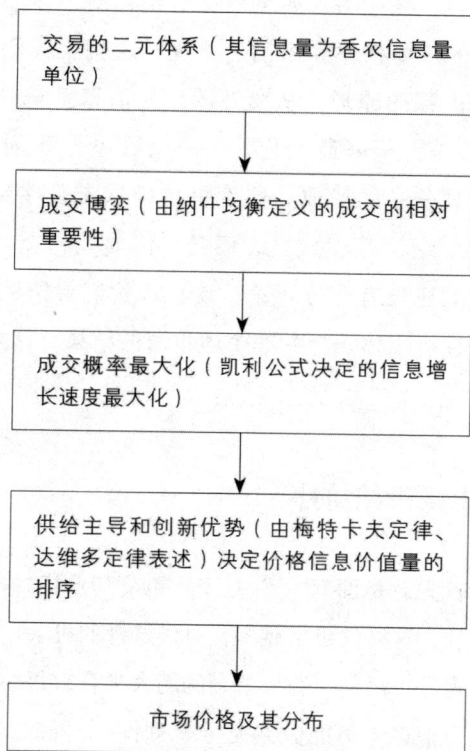

图 3　市场价格及其分布形成过程的逻辑结构

也不能发现他们的比较优势，当然，也就无法进行选择，因为选择本身就包含节约和权衡。保罗·海恩这样写道：

> "每一个价格都是一条具有潜在价值的信息，人们可以用它来判断有没有适合的机会。这样的价格越多，价格的表述就越清晰，越准确，知道的人就越多，可供人们选择的机会就越多。总之，人们的财富就越多。"①

相应地信息熵也越大，一旦形成市场价格，它包含的信息量也最大化。这个竞价过程非个体本意地为决策者创造了信息价值指数，并通过节约和权衡引导的个体选择去达到资源的最优配置。

---

① 保罗·海恩等：《经济学的思维方式》，马昕、陈宇译，北京：世界图书出版公司，2008：28。

那么，这些分散的、混乱的，甚至是互不相容的个体需求信息为什么能够，又必然会形成有条不紊的市场秩序和市场价格呢？这就是我们在前面反复论证的那个简明严谨的推理结构诠释的原理。从交易的二元信息系统开始——成交博弈——成交概率最大化（信息增长速度最大化）——供给主导和创新优势——信息价值排序——到市场价格及其分布的形成。这就是市场寻求价格到市场接受价格的过程，就逻辑推理而言，这个结论必然成立，但是，前面我们重点是讨论供给主导环节，对消费者选择环节我们还没有充分讨论。现在，我们要回到市场参与者个体需求信息环节上来，特别是社会集体选择的非个体本意的结果，这是价格信号的另一面。

八、社会选择与市场价格排序

市场上的消费者首先总是面对一个关于商品及其价格的集合，每一个价格都是一条具有潜在价值的信息，这样的价格越多，可供选择的机会也越多，人们就可能创造更多的财富。这是一个大数量级的、纷繁复杂的超大集合，每一个市场参与者都不可能具有完全的对称的信息，他也不可能做到完全"理性"。同时，每个个体都有千差万别，甚至是互不兼容的个性化偏好序列，就是我们常说的，"一千个读者就有一千个哈姆雷特"。另外就货币价格机制而言，像明晰的产权制度；足够低的交易成本（从而使交易成为可能）；有效而稳定的货币供给这些前提都是不言而喻的。那么，在这种状态下，消费者个体将怎样进行选择，以显示他的需求信息，而这些零乱的、随机的、分散的信息又通过什么机制形成市场价格及其分布（社会集体选择的结果），并反过来又为生产者和消费者提供新的信息和激励，从而实现没有强制的人际合作和社会资源最有效率的配置。从信息论的角度考察，这个过程的核心问题是，社会（群体）选择与个体偏好的联系和转化问题。关于这个问题阿马蒂亚·森（Amartra Sen）这样写道：

> 所有社会选择问题都有一个共同特征，那就是将"社会"（或者群体）的评价与社会或群体中个人的价值观、偏好、选择或其他特征相联系。[①]

---

① 阿马蒂亚·森：《社会选择的信息基础》，载《选择的悖论：阿罗不可能定理与社会选择真相》，黄永译，北京：中信出版集团，2016：39。

　　我们知道，除了商品及其价格的集合外，还有一些因素影响消费者的需求，从而决定人们是否愿意购买，例如偏好，消费者个体的收入；预期（对收入、价格等）；其他商品的可得性和替代性；消费者数量等等。由于个体的信息、资源是有限的和稀缺的，因此个人的权衡必须遵循节约的原则，比较收益和成本。当然，在消费决策中大多数人都不会去计算麻烦的边际成本和收益，不过，当我们在决定是否再喝一杯啤酒的时候，我们的肠胃和心理感受总是在潜意识地运用边际概念。多数决策都是依赖本能、直觉或者习惯，并通过市场参与者之间博弈、竞争、讨价还价、谈判等作出的，因此，错误和失算会经常出现，但个体需求会不断反复地纠错和调整，同时，价格和货币数量参数又作为宏观序参量规范个体行为，就社会选择长期而言，总体会遵循节约和权衡的原则，作出正确的选择，这种需求的"微循环"功能很重要，它不断地向价格信号发出正确的需求信息，并调整相关商品和服务的供给。因此，一般说来微观经济学的需求法则和供给法则当然是成立的。

　　不过，在我的价格理论中，这些纷繁复杂的消费决策无关紧要，也无须去寻根溯源，那是社会学家、生理学家和心理学家的事情。对货币价格机制而言，重要的只有一件事情，这就是在某个价格成交的次数，它决定在这个价位成交的概率。而这个成交概率，将决定价格信号信息价值增长速度的最大化。既然我们如同哈耶克诠释的那样，把价格机制视为个体需求信息的发现过程，那么，我们可以根据梅特卡夫定律，确认这个价格信息资源的价值与成交次数的平方成正比，成交概率最大的价格也一定是最正确全面地反映了消费者个体的需求信息。从而在资源和技术既定的条件下，能够为消费者最大可能地提供各种物品和服务的组合，因此，它一定是有效率的。另一方面，生产企业的创新优势又在最大程度上保证供给调整的效率，以达到成交概率的最大化。

　　特别在互联网经济时代，不仅是信息产业、网络产业、知识产业这些新兴产业在经济中逐渐占据主导地位，同时，产业信息化和信息传播方式的变革正在导致传统产业以及交易方式、交易理念和交易结构的革命性变化。这些变革不仅向处于正统经济理论"保护带"的那些概念和思想提出挑战，也动摇了传统理论的"硬核"，特别是价格理论的供给—需求分析方法。

　　例如在信息产业经济学中已经注意到了网络经济的外部性问题，但并没有从根本上解决这个问题。因为，从根本上说，传统供给—需求分析方法同网络经济这些新趋势是不相容的，仅仅利用一个简单的需求和供给模型，无法将网络外部性模型化。将网络外部性模型化只是一种似是而非的肤浅方法。网络外部效应是指"一个人得自某种商品的效用取决于消费这种商品其他消费者的数量"，并且这种效用还是高度敏感地依赖于其他消费者数量。由于许多信息技术其前期"沉没成本"很大，而边际成本几乎为零。同时，信息作为投入要素（价格信息价值也是如此），用户对它的使用和增益越多，能够创造出的价值就越大。从而传统经济学理论教条，例如边际收益递减和价格等于边际成本之类的命题就不能存在了。这直接动摇了新古典主义微观经济学价格理论的适用性，价格不再是市场中的唯一标准。对于供给主导的厂商决策而言，不完全依赖于，甚至主要不是依赖于价格和数量调节，而是追求由创新优势引导的产品影响力最大化，并当企业拥有市场力量时，它们可以通过价格歧视（Price discri mination）去提高利润，"一价法则"也不再成立。

但是，在我们的价格理论中那些"硬核"，例如成交博弈、成交概率（从而信息价值增长速度）最大化，以及供给主导和创新优势等与网络经济的新趋势则天生相容。因为，这些"硬核"本身就来自信息论和博弈论基础，那么，这个结论就是不可避免的。不仅如此，如果我们把价格机制建立在信息论的基础上，那么，这些"硬核"同传统产业或变革后的传统产业也是兼容的。

重要的是，根据香农信息论，信息熵以及价格信号的信息价值量是可以通过成交次数精确计量的，从而市场价格及其分布的排序就是不言而喻的，这类似谷歌搜索引擎中的"佩奇排序"。即佩奇（Larry page）和布林（Sergey Brin）提出的，以网页间相互链接为基础的排序思路，特别"佩奇排序"中极富创造性的"谷歌矩阵"（Google matrix）也许是人类有史以来处理过的最庞大的矩阵，而我们以成交次数为基础的市场价格及其分布的排序在数量上则要少得多。同时，由于成交博弈强调成交的相对重要性，省略了不成交的情形，因此不必考虑价格矩阵，只须定义信息增益即可。

我们已经讨论过有 M 个价位和总共 N 次成功交易的市场价格系统，由（3）式可知，每个价位成功交易的平均信息为：

$$i = -K\sum_{k=1}^{M}P_k ln P_k \qquad (9)$$

K 为任意常数，P_k 为在价位 k 成交的频率（N_k/N），$k=1, 2, \cdots\cdots, M$。

信息表达式（9）也可以解释为函数 f_k 的平均值

$$i = \Sigma_{k=1}^{M} P_k f_k \qquad (10)$$

这里

$$f_k = -K ln P_k, \quad P_k \neq 0 \qquad (11)$$

f_k 的权重因子是 P_k。（10）式意味着标号为 k 的价格出现的概率为 P_k，其信息量为 f_k。

　　现在我们考虑在交易发生之前，市场参与者都没有充分的信息和交流，可以理解为各个价位成交概率是均匀分布这种最可能出现的状态，也是不确定性（信息熵）最大的状态，即

$$P_k = 1/M \qquad (12)$$

　　但是，在经过市场的竞价过程和社会集体选择，以及成交概率最大化和创新优势引导的反复调整后，形成市场价格及其分布，这时标号为 k 的价格其成交的相对频率值为 P_k'。那么，与此相应的信息变化量 $\triangle_k$ 是多少呢？采用式（10）的解释，它可以直接定义为

$$\triangle_k = K ln P_k' - K ln P_k$$
$$= K ln P'_k / P_k \qquad (13)$$

　　这样我们把市场价格及其分布的信息增益看作在 k 价位成交概率 P_k 的函数，若改变 P_k 的值，则信息 l 的值也相应改变，关键是成交概率。通过式（13）我们可以相当严谨地确定市场价格及其分布的排序，这是对最大信息市场价格及其分布集合存在性的确认。现在的问题是，这个集合是否能保证从现有资源中取得最大消费者满足的过程，也就是配置效率（allocative efficiency）这个传统的老问题。

九、创新与效率

　　一般说来，如果一个经济体在资源和技术既定的条件下，能够为消费者最大可

能地提供各种物品和劳务的组合，那么，该经济体就是有效率的。经济学正统理论用"帕累托最优"（Pareto optimality）相当严格地定义效率标准。"当任何可能的生产资源重组都不能在不使其他人的情况变坏的条件下，使得任何一个人的福利变好时，就达到了配置效率（allocative efficiency）或效率（efficiency）。因此，在实现了配置效率的条件下，只有降低某个人的效用才能增加另一个人的满足或效用。"①但是，这个结论直接来自另一个新古典主义命题，即当边际成本等于价格水平时，利润达到最大化，从图4上看，也就意味着企业的边际成本曲线也是它的供给曲线，这也是完全竞争条件下企业一般的供给原则。这个原则导出经济学中最深刻的结论之一，就是资源在完全竞争市场中的配置是有效率的。

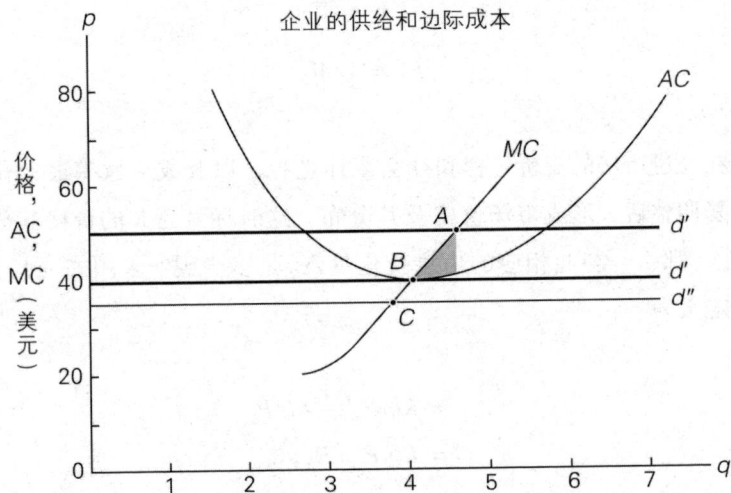

图4　企业的供给曲线是它的边际成本曲线的上升部分

对于一个利润最大化的竞争企业来说，边际成本（MC）曲线向上倾斜的部分就是该企业的供给曲线。在市场价格为 $d'd'$ 时，企业会在 $d'd'$ 与 MC 的交点 A 上供给产量。②

　　显然，这个结论必要的前提是所有市场都是完全竞争的，市场参与者都具有充分的信息，排除外部性，如污染或搭便车以及几乎为零的边际成本等，才会实现经济学家们理想的有效配置境界，这可以用埃奇沃斯方框图来证明。但是，在现实经

---

① 保罗·萨缪尔森、威廉·诺德豪斯：《经济学》，萧琛等译，北京：人民邮电出版社，2008：138。
② 保罗·萨缪尔森、威廉·诺德豪斯：《经济学》，萧琛等译，北京：人民邮电出版社，2008：131。

济生活中，这些前提条件没有一条能得到充分保证。不仅如此，信息论原理表明交易中的市场均衡，或竞争均衡（埃奇沃斯方框图中的帕累托集）是一个信息复合增长速度为零的均衡陷阱。那么，经济学家们为经济学设置一条苛严的帕累托效率标准，就实在是一件匪夷所思的事情。

由此，福利经济学的两条定理成为经济学中最基本的结论之一，即任何竞争均衡都是帕累托有效率的；在一定条件下，每一帕累托有效率配置均能达到竞争均衡。但是，肯尼思·阿罗（Kenneth Arrow）卓越地证明了他的"不可能定理"，也就是说，不存在进行社会决策的"完美"方式，不存在一种完美的方式，能够把个人的偏好"加总"成社会偏好，也就是说不存在满足帕累托法则的社会福利泛涵。这里，我们要完整地引用阿罗的这一段话：

> "社会排序必须满足两个性质，它必须能以某种方式反映出个人对偏好的排序，并且对于任意从备择项集合得到的社会选择，排序都必须取决于个人对备择项的偏好排序信息。此外，社会排序应该定义在任何可能的个人偏好排序集合上，也就是说，社会排序是一个从个人偏好排序向量映射而来的泛涵，我们称之为社会福利泛涵。上面的第二条性质称为无关备择项的独立性，意味着对任意两个备择项所做的选择应仅依赖于个人对其的偏好。第一条可以表述为不同形式；其中较弱的表述就是帕累托法则，法则表明，如果每一个人都严格偏好 x 胜于 y，则在社会排序中，x 也将更受偏好。不可能性定理则表明，不存在满足上述性质的社会福利泛涵"[①]

因此，从信息概念出发，我们不会再沿用帕累托法则作为衡量效率的标准。同时，我们也确认社会集体选择的市场价格排序，会以概率分布的方式反映出个人对价格选择的排序，而不是一个函数向量空间到实数的映射，社会选择与个人选择遵循完全不同的定律。

因此，在我的原理中，我们将采用完全不同的标准来定义市场经济的配置效率，它包括三个方面的内容：

---

① 肯尼思·J·阿罗《不可能定理的由来》，载《选择的悖论：阿罗不可能定理与社会选择真相》，黄永译，北京：中信出版集团，2016：105。

（1）（13）式定义了在经过反复竞价过程以及试错和调整后，我们可以测得另一新的市场价格和分布的集合，其相对频率为 P_k'，相对初始状态 P_k 其信息变化量为 $\triangle_k$，现在按新的相对频率 P_k' 求平均，就得到所谓"库拜克（Kullback）信息"

$$
\begin{aligned}
K(P',P) &= \Sigma_{K=1}^m P_k \triangle_k \\
&= K\Sigma_{K=1}^m P_k 1 n P_k'/P_k
\end{aligned} \tag{14}
$$

当然，有

$$\Sigma_{K=1}^m P_k = 1 \tag{15}$$

$$\Sigma_{K=1}^m P_k' = 1 \tag{16}$$

相对交易前价格的均匀分布 $P_k = 1/M$ 而言，根据信息最大化原理，市场价格会相对集中分布于排序前列的较少价位，从而 $P_k' > P_k > 1/M$，其结果是库拜克信息 $K(P_k',P_k)$ 具有重要性质：

$$K(P_k',P_k) > 0 \tag{17}$$

其经济学含义就是市场经济的配置效率，即相对于交易前的价格分布，市场价格始终具有信息增益，也就是说，市场价格及其分布总是具有更大的信息量，这个量是可以准确测定的。从而把信息价值增益作为衡量效率的标准。

奥地利学派经济学家穆雷·N·罗斯巴德曾经在自我所有权和展示偏好概念的基础上，并遵循帕累托对有意义的序数福利陈述可能性问题的限定，试图证明在原始占有行动（如对无主土地）基础上，任何后来行为（不论是生产还是消费），出于展示偏好的理由，同样都是帕累托最优，"最终，每次由此基础开展的财货自愿交易也都使帕累托更优"。显然，这不是一个严格的可计量的证明，而且也会受制于"阿罗不可能定理"。

（2）在我们的价格理论中，成交概率使价格信息价值增长速度最大化，在微观上制约着市场参与者的行为，同时，价格和货币数量（作为序参量）又在宏观上支配着他们的行为，而这些竞价和调节过程则是由供给主导和创新优势引导的，主要不是由边际成本等于价格命题引导收益，这就是利润和效用最大化的所谓边际原则（marginal princlple）。从这个意义上说，市场经济的配置效率是由创新来定义的。由创新优势引导的供给—需求原则，不仅适用于像信息网络这些边际成本几乎为零的新兴产业，对传统产业也同样是适用的。事实上早在20世纪初约瑟夫·熊彼特（Joseph Schampeter）就充分地强调企业家创新的重要性，后来，斯坦福大学的保罗·罗默（panl Romer）进一步把创新理论补充到传统的新古典主义增长理论中，还有更多的经济学家发展了熊彼特假说的现代解释，进一步强调信息经济学（ecomomics of information）中出现的一系列新问题，特别是信息边际成本几乎为零和知识产权的零回报机制以及网络的外部性问题。现在，我们要把创新作为衡量市场经济配置效率的重要指标。

由供给主导和创新优势引导的价格信息价值最大化过程，是市场机制的核心内容。其中创新效率首先表现在由达维多定律描述的新产品创新中，由此，生产企业拥有了主导市场的力量，并可以通过价格歧视（同样的产品以不同的价格卖给不同的顾客），从而达到产品影响力最大化。另一方面，技术创新带来的产业信息化、信息传播方式以及交易信息结构的革命性变化正在从根本上动摇传统价格理论的"保护带"和"硬核"。特别是大数据分析一方面明确地使企业获得比顾客更多的信息优势，企业对消费者的了解有时比消费者自己还要多。另一方面，市场也在为维护消费者利益提供新的服务，利用大数据分析来抵消生产者从价格中攫取的剩余，或者为消费者预测。例如，使用Farecast. com的顾客就可以预测机票价格的下降和结果的准确率。总之，市场参与者可以用直接也更便捷有效的方式发现和传输需求信息，而不必反复地依赖迂回曲折的数量和价格调整方式，并创造全新的消费者体验和个性化服务。

不仅如此，在一个变革和不确定的时代，数字革命已经变成了一种新常态。"数字化已经引起并正在推动着破坏性创新，尽管如此，商业世界的基本规则并没有改变，成功仍然需要创新、差异化和不懈地专注于有效经营，而发生改变的是信息在其中发挥的动态影响作用。"[1] 这也预示着仅仅将行业经验作为竞争优势的时代的终结。产品创新、技术创新以及信息传输方式和交易信息结构的变革，仍然需要企业

---

① 埃文·斯塔布斯（EvanStubbs）：《大数据分析与商业创新》，于浩宇、王伟毅译，北京：中国工信出版社、人民邮电出版社，2015：13。

运营创新包括企业结构以及文化和人力资本创新的支持。前者是创造外部价值（即社会选择承认的结果），一般衡量指标包括收益、利润率和成本降低率等等；后者有时是无形的，常常与新能力、生产率或者效率紧密相关。

我们在讨论达维多定律时，曾经提到像美特尔、海尔、太阳能微系统以及苹果公司和谷歌公司这些通过开发出不可复制的独创产品、能力或者流程创造出巨大的差异化，从而主导市场的企业，也包括像宝马公司或者像中国的万向集团、格兰仕集团这些相对小型的，在分市场（所谓的利基市场）占据主导地位从而创造外部价值的企业。同时，我们也关注美国通用电气公司和日本丰田汽车公司等这些企业，它们通过不间断的持续改善效率和管理张力，创造出价格和质量差异化的巨大优势。"生产率能够促进外部价值的产生。但是如果企业无法有效地降低运营成本或者结构性成本，生产率对企业的贡献就会很少。另外，它能帮助企业用较少资源做更多的事。其实这就是内部价值的优点：通过使自己变得更有效率，并且能够快速地对市场作出反应，企业能够实现快速扩张"[①]。而引导这个竞争过程的法则就是我们在前面反复讨论的成交概率，从而价格信息价值最大化；创新驱动决定的产品影响力最大化和市场主导地位，并为增长提供最强大的动力。

不仅如此，一件创新产品，它的各个生产要素可以模块化，由不同企业研发生产，再从中挑选世界最顶级的不同模块，根据自己的需要组合成新的产业链条，从而使每家创业企业都可以专注自己差异化的"长板"。据《南方周末》载文报道，"近年来，美国小型创新企业爆炸性成长，因为公司像拼积木一样做事情"，这种"积木式创新"还导致公司组织管理创新的"积木化"，这些综合效应又反过来推动创新的制度保障和资金投入，以及没有任何禁忌自由驰骋的想象力和创造力的充分发挥。

特别以产品、技术和企业的综合创新会推动创新发展方式和社会机制，从而导致发展理念、政策和方式全方位的结构改革，并通过宏观经济政策和社会政策的结合，让创造财富的活力以及市场力量充分释放。因此，达维多定律只是打开创新驱动之门，其后则是包括技术、组织管理、人力资源和社会机制、金融与资本乃至生产方式的整个创新集群。

---

① 埃文·斯塔布斯（EvanStubbs）：《大数据分析与商业创新》，于浩宇、王伟毅译，北京：中国工信出版社、人民邮电出版社，2015：145。

我们可以看到，由创新优势引导的信息价值最大化定义的效率，就生产力潜力的开发和社会资源的节约而言，无论在广度、深度和力度上都是由边际成本引导的单纯数量和价格调节定义的效率所无法比拟的。因此，我们主张用创新作为衡量资源配置效率的标准，没有必要使用那个苛刻的"帕累托效率"。

（3）由于市场价格是成交概率占绝对优势的价格，显然它能最大限度地满足消费者需求，并达到需求信息价值最大化。当然，这并不意味着从价值观来定义的公平和正义，这也就为"市场失灵"（market failure）以及社会参与和政府干预留下了空间。

这样，我们仍然得到经济学中最深刻的结论之一，即市场经济具有资源配置效率。不仅如此，由于我的价格理论中市场价格是由价格及其分布的组合定义的，它自身是一个信息增益过程，因此，它天然地包容主要的市场结构：（1）垄断；（2）寡头即少数几个卖者提供某一产业的相似的或有差异化（如不同品牌等）的产品；（3）垄断竞争，即为数量众多的小企业提供相关但有某种程度差异化的产品，例如利基市场；（4）完全竞争，即为数量众多的小企业提供完全相同的产品。因此，我们完全无须完全竞争和完全信息的限制性假设，市场机制可以在所有交易中实现有效率的配置，但并不一定是公平与合理的配置。不过，毕竟"效率和正义是一个硬币的两面"，或者说经济效率总是有利于社会正义的实现。

经济学逻辑起点的重构

——从个体本位到交换本位

陶永谊

在经济学说史上，经济学家曾经就经济学的方法论问题展开过几次重大的争论：如英国古典经济学与国家主义学派关于国家本位和个体本位的争论；德国历史学派和奥地利学派关于经济学是演绎科学还是归纳科学的争论；德国讲坛社会主义与马克斯·韦伯关于经济学的"价值判断之争"；由弗里德曼挑起关于经济学真理标准的"假定之战"；由新古典综合派与凯恩斯学派就"资本测量"问题展开的"两个剑桥之争"；理性预期学派与非主流经济学家关于经济人理性问题的争论；[①] 以及次贷危机爆发后，由英国女王问题引发的对主流经济学内在缺陷的争论。所有这些方法论争，我们可以归结为方法论框架内的不同主题，但就学理源头和逻辑起点而言，其根源都在于对两个基本问题的看法：即经济学应当以什么对象作为其分析单元，以及作为独立单元的自主行为动因来自何处？围绕这两个问题所展开的论证，构成了经济学不同分析范式的基础，为了澄清经济学方法论上的种种迷思，我们有必要以这两个基本问题作为突破口。

一、主流经济学的方法论起源

我们知道，任何一个学科在建立之初，都要首先确定基本的分析单元，比如在物理学中的原子和粒子；化学中的分子；生物学中的细胞和基因等等，都是各自学科的独立研究对象，对它们的分析，构成了不同学科得以确立的基础。当然，基本

---

① 参见陶永谊：《旷日持久的论战——经济学的方法论之争》，陕西：陕西人民教育出版社，1992。

分析单元的选择并不是任意的，它取决于人们在特定的领域所要达到的目的，根据这种目的，人们决定哪一个研究对象作为基本的分析单元是最适宜和最能说明问题的。对它的进一步分解或舍弃它而选择别的单位，将导致问题性质的转移或引起不必要的复杂化。那么，经济分析的基本单元应该是什么呢？

主流经济学的标准答案是独立、理性且自利的个人。这种个体本位的方法论传统，是从亚当·斯密开始的。亚当·斯密在他那部经济学的开山之作——《国富论》——中，对这种方法论的要点做了系统的阐述。他从三条思路展开论述：

其一是从分工的角度，亚当·斯密这样来展开他的推理，他首先明确，一国的财富取决于一国劳动力的素质与技巧的熟练程度，也就是说，劳动力是一国财富的基本源泉，而"劳动生产力的最大改善……其大部分，看来是劳动分工的结果"。[①] 尽管分工有促进劳动生产力的效果，但斯密似乎并不认为分工是出于对生产效率的考量，在他看来，分工主要是由于人类交易的天性。然而不管怎样，分工使个人成为相互独立的个体，个人之间的经济关系主要通过契约合交换来完成，在私有经济的前提下，分工自然与私人财产的划分为依据，并与这种私人财产的边界保持一致。在斯密看来，整个商品经济就是由从事不同职业，具有私人产权的个人来推动的。

亚当·斯密的另一条思路是，经济行为的原始驱动力来源于个人对自身利益的追求。他指出："每一个人都不断地驱使自己去为他所能支配的资本寻找最有利的用途。放在他心目中的，实际上并不是社会的利益，而是他自身的利益。"[②] 亚当·斯密进一步论证到，我们之所以能够得到生活所必须的食物和饮料，并不是出于屠户、酿酒家和面包师的恩惠和怜悯，而是出于他们对自身利益的关心。通过每个人对自身利益的追求，最终将促进整个社会的利益。但是，这种促进不是以直接的方式实现的，"在这里，就像在许多其他场合一样，它是被一只看不见的手所引导，促进了与他的愿望无关的目的。与他的愿望无关，这对于社会来说并非总是坏事，通过追逐他自己的利益，往往能够促进社会的利益，比之他实际想要这样做时，来的更为有效。"[③] 亚当·斯密把传统上认为相互对立的个人利益与公共利益在商品经济中统一起来，人们追逐个人利益的行为，通过交换机制的作用，达到了促进整个社

---

① 亚当·斯密：《国富论》，J·M·皮特和索斯出版社，1910：398。
② 亚当·斯密：《国富论》，J·M·皮特和索斯出版社，1910：407。
③ 亚当·斯密："天文学的历史"，载《哲学课题论文集》，纽约，1980：98。

会利益的效果。在亚当·斯密的经济学体系中，个人对自身利益的追求是经济发展最原始的动力，不仅个人的经济行为将由此得到解释，而且社会的发展也最终起源于这种经济的"第一推动力"。

另外，亚当·斯密个体本位的方法论选择与他对经济自由主义的推崇密切相关，他对经济自由的论证，首先是对个人自由的论证开始的。他认为，任何个人只要不违背正义的原则。就可以做他想做的任何事情。个人自由实现了，这个社会的经济自由就会自然形成，从而使经济协调发展，资源配置达到最佳的状态。

亚当·斯密显然认为，公共利益是由每个个人的利益组成的，它的实现只能通过个人在追逐自身利益的自由竞争中达到。那些自称为民众谋福利的人很少能够代表公共的利益，他们不是好心办坏事，就是企图掩饰他们一己的私利。个人利益最好的代表就是个人自己，因此，追逐私利的个人无疑是经济学的最佳分析单元。

应该指出，亚当·斯密之所以做出个体本位的方法论选择，有其特定的时代背景。首先是受当时的自然科学，特别是牛顿经典力学的影响。斯密曾经在一篇题为"论天文学的历史"的论文中，以无比钦佩的口吻谈到"当艾萨克·牛顿爵士以卓越的天才和洞察力发现，他可以通过一个如此为人熟知的联系原则（如重力）——这个原则完全消除了迄今为止人们在想象中所感受到的全部困难——将所有行星的运动联系在一起时，他……达到了……在哲学中从来没有达到的最大，而且最令人赞叹的改进。"在"关于修辞学的讲座"（1762—1763 年的讲课记录）中，亚当·斯密写到：当我们发现，通常以为"最不可计算的现象，都从某种原则（一个众所周知的原则）中演绎出来，并且在一个链条上统一起来"[1] 时，我们会感受到一种巨大的"快乐"。在对牛顿力学的简洁和优美表示赞赏之余，亚当·斯密试图将这种方法推广到其他领域，他指出："牛顿的方法无疑是最具有哲学意义的，在每一门科学中，不管是道德科学还是自然哲学，都具有广泛的独创性，而且比起其他方法也更加迷人。"[2] 在《国富论》中，亚当·斯密显然企图追随这样一种方法，即从最简单、最基本的个体经济行为，推演出整个市场行为的变化。

此外，亚当·斯密对个体本位的方法论选择显然也有其时代背景。当时英国正值工业革命的初期阶段，工业资本的迅速成长，要求对外贸易的扩展和国内市场的扩大，

---

① 亚当·斯密：《关于修辞学和纯文学的讲座》，伦敦，托马斯·奈勒及子公司，1963：140。
② 亚当·斯密：《关于修辞学和纯文学的讲座》，伦敦，托马斯·奈勒及子公司，1963：140。

经济自由对于处在领先地位的英国来说成为当务之急。在意识形态领域，启蒙运动思想家宣扬的民权意识得到广泛传播，政治思想已从宗教法规的起源转向哲学上的理性主义。人的诉求与人的行为成为社会研究领域的主要课题。亚当·斯密在《国富论中强调个人价值，把追求自身利益看成是人的基本权利，并为个人经济自由辩护，这种观点，代表了经济领域人本主义的意识和新功利主义的价值观，反映了当时英国工业资本主义发展的内在要求，在亚当·斯密以后，虽然经济学经历了几次重大变革，但个体本位的方法论原则基本上为主流经济学所继承，并且发展成一种固定化的经济学范式。

这种方法论传统在延续和发展的过程中，虽然其间也遭到来自国家主义经济学家（劳德戴尔 L·Lauderdale、米勒 A·H·Muller、雷蒙德 D·Raymond）和来自德国历史学派（李斯特和施莫勒）的批判，但他们的批判，仅仅是用另一种一元论，即国家本位的选择来取代个体本位的选择。在一个私人经济占主导地位的经济体内，这样的主张显然没有多少说服力。直到凯恩斯的《就业、利息和货币通论》发表以后，国家本位的方法论以总量分析的形式进入了主流经济学的殿堂，个体本位和国家本位的方法论选择以微观经济学和宏观经济学的方式实现了对接。这种对接（不论是否严密）之所以可以实现，是由于两种方法论都有着共同的一元结构，即单一的行为主体，单一的决策机制，单一的行为准则和单一的价值取向。只不过选取的单位，一个是个量，另一个是总量而已。

表面上看来，主流经济学个体本位的方法论似乎不无道理。首先，个人在生物学意义上是独立的生命单位，每一个人理论上都可以采取自己认为适宜的活动。而分工和私有制又使个人成为法定的责任主体。个人利益与个人行为之间直接的因果联系，使个人看上去是他自身利益的最好代表者。生产什么，生产多少、如何去生产以及如何去消费，这些事情无须借助外部因素的作用，在个体范围内就可以得到解决。因此，以个人作为经济学的基本分析单元似乎没有什么不妥。

然而，进一步的观察我们就会发现，这种方法论传统会给经济分析带来许多问题。

二、个体本位的方法论误区

打开经济学教科书，读者经常会看到这样的图形：

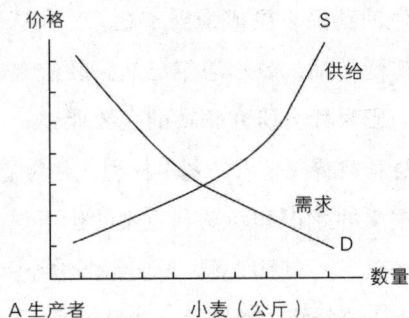

图1 个体本位分析模型

在这种典型的个体本位分析模型中，我们看到什么呢？我们只看到一个厂商；一种商品的生产；一种商品的价格；以及一种商品的供给与需求。在这里，生产者是单纯的产品提供者，我们看不到他本身的消费诉求。生产厂商出售产品只是为了得到更多的货币，所以他并不急于出售自己的产品，具体的表现形式是：他的供给曲线是从左下方向右上方倾斜的，这意味着只有在价格升高的情况下他才会卖出得更多。可是，如果生产者本身也是消费者，也有自己的需求，情况又会如何呢？比如，图形中的A生产者，他卖出小麦是为了换回布匹，为家里人做过冬的衣服。可这时市场上的小麦价格很低，他是马上卖出小麦，换回自己需要的布匹？还是等到来年青黄不接的时候再卖出小麦呢？如果不考虑生产者本身的需求，答案当然是后者。如果加入了生产者本身的需求，情况就会完全不同。

主流经济学从个体本位的方法论出发，只分析一个生产者，一种商品，一种商品的供给与需求，以及一种商品的价格。把两个生产者的交换简化为一个生产者的销售，把两种商品的交换割裂为一种商品的买卖，把两种商品的交换比率仅仅理解为一种商品的价格。这显然违背了商品经济的基本特征。

我们知道，在现代物理学、化学和生物学中，每一个分析单元，都是由更为细分的因子形成的耦合系统组成的，比如太阳系，是由恒星和行星以及行星的卫星构成的，单独研究地球，离开了太阳的能量和月亮的引力，是无法说明问题的。水的基本构成是水分子，而水分子是由两个氧原子和一个氢原子耦合而成的。究竟选取哪一个耦合系统作为分析的基本单元，取决于人们研究的停留在哪一个层级。对于人类这种两性繁殖的群体动物而言，单独的个人不仅难以生存，而且不具备再生产的意义。在狩猎和采集社会，基本的社会单位是部落，部落内部实施分工协作；在自给自足的社会中，社会的基本单元也应该是家庭，即由男人、女人和孩子组成的独立系统，内部实施"男耕女织"的分工。不解剖家庭，就无法解释自然经济的特色。至于商品经济，是将原来在自然经济中的家庭内部分工，转化为社会分工，各个生产者之间形成了相互依存的关系，每一个人生产的东西主要不是用来自己消费，而是要在市场上销售，并从别的生产者那里换回自己需要的产品。这样一来，商品经济的基本构成单元就不可能是单独的个人，而应该是一个二元交换系统。商品经济与其他经济形态的本质区别，就在于它是一种交换经济。也就是说，我们不是在买卖商品，我们是在交换商品。既然是交换经济，就至少要涉及两个以上的行为主体，两种不同的商品，和两种不同商品的交换比率（在以货币为交换媒介的情况下，则表现为两种不同商品的价格）。商品经济最简单、最基本的模式是一个二元结构，它至少要包含 A、B 两个生产者，其中 A 生产者生产 a 类商品，B 先生生产 b 类商品，两者将各自的产品进行交换，形成一个闭合的系统。我们称之为 Aa-Bb 的二元交换单元。这个交换单元中的两个生产者和两种商品以及两种商品的交换比率都是商品经济不可或缺的要件。缺少任何一个元素，商品交换都无法完成。显而易见，只有一个生产者的经济体是不可能完成商品交换的，漂流到荒岛上的鲁滨逊只能自给自足，完成不了商品生产。Aa-Bb 的交换单元是商品经济的基本分子式，我们把这个分子式作为经济分析的基本单位。

假定只有两个生产者，其中 A 生产者生产小麦，B 生产者生产布匹，两人相互交换产品。假定两种商品的需求弹性一样，两个生产者在分工以后劳动生产率的提高幅度一样，两者的消费偏好一样。假定没有货币，也没有交换成本，于是，我们有了下面的二元交换模式（见图2）：

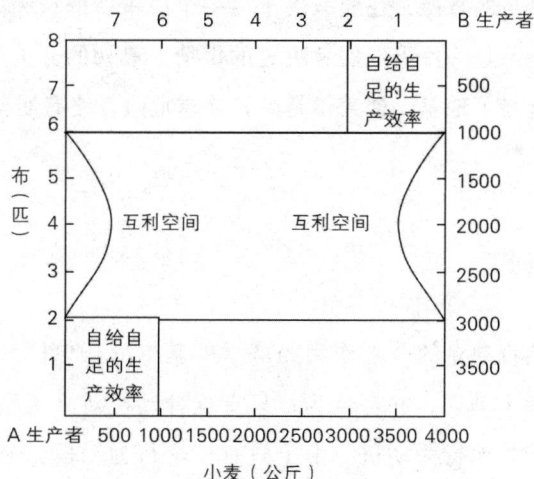

图2　A 与 B 二元交换模式

图2左下角和右上角的小方框是在没有分工的情况下，A生产者和B生产者各自生产小麦和布匹的劳动生产率状况。即每一个家庭只生产1000公斤小麦和2匹布。分工以后，由于劳动生产率的提高，A生产者生产了4000公斤小麦，B生产者生产了8匹布。A生产者只要用多生产的3000公斤小麦交换到2匹以上的布，就能分享分工带来的好处，因为，通过交换所得到的结果，要好于交换前的收益水平——1000公斤小麦和2匹布。图2下边的横线表明A生产者交换比例的底线，即3000公斤小麦交换2匹布。反之，B生产者如果用分工后多生产出来的6匹布交换到1000公斤以上的小麦，他也可以得到分工带来的好处。图2上边的横线表明B生产者交换比例的底线，即6匹布交换1000公斤小麦。这两条横线之间的区域，我们称之为互利区间。如果交换比例突破交换底线，即A生产者用3000公斤小麦换不到2匹以上的布，或者B生产者用6匹布换不到1000公斤以上的小麦，交换就会停滞，人们会重新回到自给自足的状态。因此，我们把图中的上下两条横线称之为重置成本。即放弃交换，重新自己生产的成本。互利区间和重置成本的概念我们以后还会经常提到。

比较一下就可以看出，主流经济学的个体本位的一元结构与我们的二元结构有着根本的不同。在一元结构中，只有一个决策单位、一个测量标准（即个人收益的最大化），市场和价格以及其他的生产者都是决策的外部因素。而二元结构中存在着两个平行的决策点，这两个决策点不仅权利对等，而且存在着策略的互动。市场是系统的内部结构，价格是系统内的博弈结果，另一个生产者的行为是系统的内生变量。这意味着，不存在一元结构中假定其他条件不变的制胜策略。一方决策的效果，不仅取决于决策者本身的意愿，还要取决于另一个决策者的行为。作为科学的假设，分析单位的选择，绝不是一件可以任意决定的事情。最初的分析单元如果选择错误，就好比盖高楼大厦选错了地基，楼盖得越高，就越危险，终有崩塌的一天。

三、自利还是互利

主流经济学既然将独立的个人作为经济学的基本分析单位，很自然地将个人利益作为经济行为的基本动因，并且认为，只有这种动机对于商品交换来说，已经足够充分，无需借助于其他行为动机。由于只有一个行为动机，个人利益的最大化也就成为经济行为合理化的唯一衡量标准。主流经济学继承了亚当·斯密推崇自利行为的传统，而且把它上升为一个普遍的法则——"自利原则"。为了强调它对于主流经济学的重要性，爱奇沃斯甚至把自利原则归结为经济学的"第一原则"。

这里，有几个问题需要澄清：

第一，个人的自利行为是否会自动导致他人和社会整体利益的实现；

第二，他人利益或社会利益是否不在商品生产者的考量范围之内；

第三，自利行为是否是商品经济运行的完备条件。或者说，仅有自利原则对于说明商品经济的运行规律是否就已经足够了。

要知道，自利行为所涵盖的范围非常广泛。在商品经济中，制假贩假、以次充好、偷工减料、赖账失信、囤积居奇、哄抬物价、虚假宣传、排放污染等等自利行为，只能对他人利益和公共利益造成破坏，尽管这类行为都是出于自利的目的。个人追逐私利的行为，并不能自动促进社会整体利益的实现。以华尔街为代表的精英集团追求自身利益最大化，设计出"次级贷款"这种假冒伪劣的金融产品，将全世界带入危机的深渊。工业化过程中，个体厂家追求私利的行为，造成环境破坏，大气污染，也是追求个人利益不可能自动实现社会整体利益的例证。在二元交换单元中我们看到，只有同时满足对方利益的自利行为，才会被商品经济所承认。也就是说，只有同时满足所有相关方利益的自利行为才能促进整个社会的利益。

商品经济的基础是互利，人们通过分工来提高效率，又通过交换来分享这部分效率。如果交换的一方，只从自己的私利出发，企图以极低的比例与对方交换产品，按照这样的比例交换产品，对方还不如自己去生产。这样，互利的基础就被破坏了，商品交换也因之无法完成。这意味着，在商品经济中，对自身利益的追求不能超越互利的范围，如果超越了互利的底线，商品交换就失去了存在的前提。而且，除了数量上的互换要比自给自足更有效率之外，在产品质量上，厂商也必须尽可能满足顾客的需求，甚至要想方设法了解顾客的潜在需求，在信息时代，人们对产品的了解空前增长，企业的成功经常取决于你能否给顾客意想不到的惊喜。互利是一种相互激励的正反馈过程，你为对方提供的产品质量精美（这需要付出额外的努力），且价格合理（经常打些折扣），你才能指望对方经常照顾你的生意。面包师提供给顾客面包，固然不是出于怜悯，但是并不表明他不需要考虑顾客的利益，如果他提供给顾客的面包偷工减料、粗制滥造，也就别指望别人会光顾他的生意了。商品经济由于是交换经济，它的独特之处就在于，你提供的产品和服务要满足别人的需要，这决定了你必须首先考虑对方的利益，你才能得到对方的回报，从而实现你个人的利益。反之，如果你只考虑个人的利益而不顾他人的感受，你自己的利益也得不到保证。如果是合作式交换（比如生意合伙人，资本与劳动等等），你必须用妥协来换取对方的参与热情，一个只知道将自己利益扩张到极致的人，只可能遭到对方的拒绝和报复。

从这个意义上讲，商品经济的理想境界是双赢，即交换双方都能够从交换中得到好处。但这种双赢的局面并不会自动实现，它需要双方做出一些额外的努力。比如精益求精制造质量优良的产品，不辞劳苦提供无微不至的售后服务，殚精竭虑发明满足顾客需求的新技术等等。

每一个走进沃尔玛商场的顾客都会在门口看到这样一块牌子，"第一条：顾客永远是正确的；第二条：如果对此有疑问，请参考第一条。"这种把顾客奉为上帝的做法，似乎与经济学所主张的自利原则有很大的出入。尽管主流经济学家会争辩说，商家提出"顾客是上帝"的口号，最终还是为了自己的利益，这没有错，但它是通过最大限度满足客户利益的方式来实现自己利益的。而且这种满足是在有意为之的情况下实现的，而不是像亚当·斯密所说的那样，社会利益是在个人追逐自身利益的过程中派生的结果。在这里，生产厂家首先要先将顾客放到中心的位置，一切以客户的需要为转移，而不是以自我为中心，只考虑自己的利益满足。所以，主流经济学的逻辑顺序可能是颠倒了，不是人们追求自身的利益，社会利益就会自动实现；而是只有满足了顾客的利益和社会的需求，商家的个人利益才有可能得到满足和扩展。说到这里，笔者认为有必要对自利行为加以区分：

第一，损人利己的自利行为，如偷工减料、虚假宣传、制造污染等等，这种自利行为对商品经济只能造成破坏；

第二，出于自利的动机但最终损人不利己的行为，如上市公司不顾股东利益的巨额融资，造成股价的大跌，结果融资的目标无法实现，股东的资产也大幅缩水；

第三，利己也利人的自利行为，市场经济中那些优秀的企业，在为消费者提供优质产品的同时，也为自己带来了满意的收入。严格说来，唯一与商品经济契合的就是这种自利行为。

第四，利己但不损人的行为。这种行为模式通常只存在于自给自足的经济体内或个人消费领域。在一个事实上是交换经济的商品社会，这种行为只有很少的发生概率。我们的绝大部分行为都要与他人产生交集，并发生或有利或有害的效应。

商品营销学的教材，都在讲商品销售的第一要务，是寻找并发现消费者的真实需求，为此需要研究客户的消费心理和消费动机。"以顾客为上帝"是现实商业伦理的核心价值。而我们的经济学教科书却反其道而行之，将生产者的自身利益放到了首位，并以此作为经济行为的标准。这种理论与现实的脱节，造成了经济学理论在商业活动中无法应用的困境。究其根本，问题出在主流经济学的一元本位的分析范式上，在这个范式中，只有个人利益这一个维度，没有其他利益相关方的利益考量。商品经济的共享特性，本来应该使互利共赢成为商业文明和商业文化的主流，而且在我们目光所及的范围内，成功的商人通常也是懂得运用互利原则的人。但在商品经济发展的几百年时间里，互利文化并没有成为市场经济的主流文化，这与西方社会工业化进程主要以对外扩张作为疏解出口有关，也与主流经济学宣扬的自利原则有关。这对商品经济本身和管理制度的设计都产生了误导。反过来说，二元的交换模型，由于有了对方利益的维度，满足对方利益和需求成为商品交换的必要和充分条件，从而使经济理论与商业实践实现对接，经济学才可以成为一门能够应用的科学。

实际上，亚当·斯密在论述自利原则时，本意是为商品活动中个人利益的正当性给予正名，同时捎带着嘲讽一下那些自我标榜为公众利益服务的政府官员，但他的维护似乎有些过火。亚当·斯密没有设定自利行为的范围和限度，以至与他后面的一些论述自相矛盾。例如，他在论述自由贸易的合理性时，不止一次地提到"商人和制造业者的私利"会阻止英国实现自由贸易。他提出：希望贸易自由在大不列颠完全恢复如同希望在大不列颠建立理想岛或乌托邦一样的愚蠢，"不仅公众的偏见，还有更难克服的许多个人的私利（着重号是本文作者加的），是自由贸易完全恢复的不可抗拒的阻力。"[①] 在这里，个人的私利并没有自动导致自由贸易（在主流经济学的语境中，自由贸易是社会整体利益实现的前提条件）的实现，反而成为其"不可抗拒的阻力"。显然，斯密并不认为个人追逐私利的行为在任何时候都是正当的。

就连将自利原则作为经济学第一原则的艾奇沃思，也觉得把交易当事人完全定义为自利的经济人有些不妥。他建议把个人追求的目标定义为 $P + \lambda \prod$，其中 P 为个

---

① 亚当·斯密：《国富论》，郭大力、王亚南译，北京，商务印书馆，2010：25。

人的效用，λ是有效同情的系数，∏是他人的效用。这就是说，一个人不仅要争取自身利益的实现，还要照顾到别人的效用，只是由于同情系数的作用，对别人效用的关注小于对自己效用的关注。也有这样的时刻，个人在伦理情绪占优的情况下会把∏ + UP作为自己的目标，此处，U是自我满足的系数，即这时的个人首先把别人效用的完全实现作为自己的目标，其次才考虑本身效用的部分实现。经过这种修改，当同情系数增加，使他人的效用接近自己的效用时，整个契约曲线（contract curve）接近于纯粹的功利主义。[①]

像马歇尔这样的新古典经济学的领袖人物似乎也认为，经济生活中除了自利原则之外，还应该有些什么别的东西。他说："在这个世界上，存在着许多经济骑士精神，它们应该比一开始看起来要多得多。"[②] 马歇尔提出，买卖双方相互妥协的观点特别有益，它不仅可以使垄断者的利润加权总数，而且也可以使消费者剩余达到最大化。马歇尔还讨论了使用奖励和颁发奖章对为共同利益工作进行刺激的可能性，其手段诸如骑士勋章、女工产业资金等等。这些手段可能对于刺激某些非自利的行为方式有效。他评论道："无疑地，即使现在，人们也能做出利人的贡献，比他们通常所做的大得多，经济学家的最高目标就是要发现这种潜在的社会资产如何最快地得到发展，如何才能最明智的加以利用。"[③] 可惜，我们并没有发现马歇尔如何把这个"最高目标"结合进主流经济学的体系中。

事实上，一个商品生产者之所以能从他的客户那里获取收益，是因为他提供了可以满足客户需求的产品，因此，商品经济中的效用函数应该是这样一个公式：

$$U_A = \prod \lambda \ (1 - b)$$

其中 U_A 为A生产者的个人效用，∏为他人的效用，λ为他人效用的数量转换系数，即别人的效用转换为购买数量的系数，∏越大，λ的转换系数就会越高。（1 - b）为A生产者在互利空间中所占的比例（b为交换对方在互利空间的比例），即A生产者能以什么样的交换比例来换回它所需要的产品。从这个公式中我们可以看出，个人效用的大小，在交换经济中，取决于三个因素：他人的效用、他人效用的转换系数、

---

① 艾奇沃斯：《数学心理学》，伦敦：牛津大学出版社，1930：25-26。

② 惠特克：《阿尔弗雷德·马歇尔的早期著作》，纽约，自由出版社，1975：14。

③ 马歇尔：《经济学原理》，朱志泰译，北京，商务印书馆，1964：30。

个人在交换的互利空间中所占的比重。这说明，个人效用与他人效用之间存在着相互依存关系。生产厂商只有提供能为对方带来更大效用的产品，才能获得更多的销售额。如果厂商只顾自己的利益，提供给对方的是一些质量低劣的产品，甚至掺假造假，如在奶粉中放入三氯氰胺，为了金钱完全不顾对方的死活。那么，他的产品一定不会得到对方的承认，他自己的利益也最终得不到保障。交换的比例取决于双方讨价还价的能力，而讨价还价的能力取决于议价资本，议价资本则由双方所拥有的资源稀缺度所决定。转换系数受制于对方的支付能力。这个效用公式展示给我们的是，商品经济既不能完全的自利，也不能完全的利他，而应该是一个互利的过程。但在实际的商品交换中，由于制度设计的缺陷，交换过程会被扭曲为零和博弈，在这种博弈中，没有互利的空间，你赢的钱就是别人输的钱。资本市场投机性的股票交易和大宗商品市场中的投机性期货、期权交易以及赌博都属于这种博弈。而且，由于人类的短视和贪婪，拥有更多议价资本的一方往往会突破互利的边界，将本来是合作共赢的博弈变成了两败俱伤的双输结局，这正是互利经济学所要解决的问题，即如何在利益冲突中寻找互利的解法。如何把握和坚守互利的底线，以及如何使人类从互害的博弈转化为互利的博弈。

论证自利原则在商品经济中不能成立，并不意味着完全利他主义的原则可以无障碍地植入商品经济中。从博弈的角度来说，完全自利的模型，如囚徒悖论，最后的结果是双输（我们在下面的章节中还会进行分析）。那么，完全利他的模型又会导致什么结果呢？说起来也很奇怪，居然也是双输。由格兰特（Grant 2004）给出的一个模型，被称之为"利他主义悖论"。

模型设定两个女学生，彼此是非常要好的朋友，即俗称的"闺蜜"或"死党"。

一天放学后，教室里只有她们两个人，老师放在桌子上的咖啡杯掉在地上摔碎了。老师讯问两个女生，并规定，如果 A 同学承认，赔 10 美元，B 同学则不用赔付；如果 B 同学承认，则 A 同学不必赔付；如果双方都承认，双方各赔付 5 美元；如果双方都不承认，则罚两人都不能午休。其博弈矩阵用图 3 表示：

学生 A		学生 B	
		不承认	承认
	不承认	不能午休	B 赔付 10$，A 不赔付
	承认	A 赔付 10$，B 不赔付	双方各赔付 10$

图 3 A 与 B 博弈矩阵图

因为两个人是好朋友，都会为对方着想，宁肯自己吃亏也不愿意伤害对方。两个人的博弈思路是这样的：如果我的朋友承认，我不承认，我的朋友就会单独支付10美元，这样会伤害我们的感情。假设我的朋友承认，我也承认，这样我们每个人负担5美元；假设我朋友不承认，我也应该承认，这样由我来独自承担10美元。最后的结果是两个人都承认，各自负担5美元。这个选择要差于最好的结果，即双方都不承认，只牺牲午休的时间。①

在现实生活中，完全利他的行为只适用于单向赠与，如慈善和为他人利益与公共利益的自我牺牲行为。不适合本质上是交换的商品经济。从生存效率的角度讲，完全自立的模型和完全利他的模型都不会导致最佳的结果，商品经济的最大化收益，如果有的话，也只能是由互利的模式产生。互利的模型可以由以下几个平衡来构成：

第一个平衡是自利与对方利益的平衡，商品生产出来总是要卖给别人的，如果满足不了别人的利益，自己的利益也就无从谈起。但考虑对方的利益并不是做慈善，而是通过满足别人的利益来实现自己的利益。其平衡的表现就是你的利益与对方的利益同步增长，如果交换的结果是你的利益增长，客户的利益下降，或者是你的利益下降，客户的利益上升，如果没有后续的客户回馈，都是偏离了平衡点，是不可持续的模式，需要做出调整。如果是双方的利益都有增长，但增长的幅度不同，这种模式暂时可以维持，时间长了就会出现矛盾。至于维持时间的长度，则与双方福利增长幅度的差距有关，差距越大，维持的时间就越短。最稳定的互利模式是双方利益的同步增长。

第二个平衡是交换的收益与成本的平衡；交换固然可以带来收益的提高，但交换是有成本的（相对于自给自足而言）。如果无休止地讨价还价所造成的时间成本、寻找成本和风险成本（被对方拒绝）超过了可能的收益，交易者必须向对方做出让步。

第三个平衡是双方效率的平衡，它取决商品经济的特性。因为交换的基础是剩余的存在，如果对方的效率太低，没有多少剩余可以用于积累，自己这一方从交换中能得到的好处也会减少。交换的本意是实现分工带来的效率，这不仅取决于自己的效率，也取决于对方的效率，当合作方的效率过低时，己方在帮助对方提高效率的同时，也会给自己带来好处。所以，商品经济的真谛是互利双赢，而不是斤斤计

---

① 约翰·马林科姆·道林：《行为经济学的现代发展》，新泽西：世界科学出版社，2007：149。

较于自己一方物质利益的得失。

自亚当·斯密以来，主流经济学坚持的自利原则，不仅与现实不符，而且还造成了相当大的混乱与误解。在自利原则中，我们看不到个人必须承担的社会责任，也看不到作为市场经济灵魂的企业家精神，更无视市场经济中普遍存在的合作行为和互助行为。这种自私自利的理论假设，与商品经济的互利基础相冲突，已经给我们带来了太多的误导。经济学应该用互利原则作为市场经济中的行为准则，来取代不能自圆其说的自利原则。

四、群体的共生现象

在非洲沙漠中，非洲蜥蜴和一种毒性很大的黑蝎子共同生活在一起，蜥蜴为黑蝎子提供栖息之所，黑蝎子则负责保卫它们共同的巢穴不受天敌的侵害。生物学家称这种生存共同体为"共生现象"。作为个体，蜥蜴和黑蝎子都有缺陷，蜥蜴缺乏良好的防卫手段，黑蝎子则不会自己筑巢，两个看似毫不相干的生物结合成一个利益共同体，可以弥补彼此的不足，产生更大的生存机率和生存空间。"共生现象"不仅是生物界的普遍事实，也是人类社会存在的基础。小到一个家庭，一个合伙制企业，大到一个党派一个国家，都是合作共生的现实。

在主流经济学那里，个人是足够强大，也是足够完善的。他们不仅理性，而且勤奋，为追求最大化收益孜孜不倦，不知疲劳地奋斗。他们不仅准确地知道自己追求的目标是什么，而且有能力去实现这一目标。在新古典的框架里，理性的经济人几乎是无所不知和无所不能的。因此，他没有合作的必要。合作的基础是个人资源禀赋的不足，合作可以弥补这些不足，以完成个人无法单独完成的目标。要承认合作的必要，就必须承认个人在能力上是有缺陷的，而这与主流经济学的假定不符。

但不管经济学如何假定，合作共生都是经济生活的普遍现实。其中最常见的，就是多人合伙组建股份制公司的情况，组建股份制公司的最大好处就是可以把分散的个人的资源整合起来，完成单独的个人无法完成的商业项目。这种整合的效果大于单独个人分别努力的总和，这部分多出来的整合效应，就是个人之间合作的基础，也是各方可以分享的由互利互惠带来的好处。

进一步推广，凡是存在团队合作的地方，都存在合力效应，即优势互补的效应。

它大于个人分别努力后效益叠加。分工可以使效率提高，同样，合作也可以提高资源的利用效率。我们前面分析过，分工提高的效率可以通过交换来实现，这是一种效用的互补，而合作提高的效率则可以通过禀赋优势的共享来实现，这是一种功能的互补。

要解释合作共生现象产生的原因，就必须回答人类是否存在合作互利的动机。在这方面，心理学关于公共产品的一系列实验是饶有兴味的。由罗宾 M. 道斯和理查德 H. 泰勒（Robin M. Dawes and Richard H. Thaler 1988）组织的试验提供了合作动机的解释。他们把受试者分成不同的小组，每一个受试者都分配一定数目的货币，比如一人 5 美元，这笔钱可以带回家，也可以投资到被称之为"组织交换"（group exchange）的公共产品中，投资到公共产品中的钱可以按系数 k 增值，这里，k 大于 1，小于 n（n 为受试者的人数），假定 k = 2，n = 4，如果一个受试者贡献了他（她）的全部 5 美元，可以增值为 10 美元，但他个人只能得到 2.5 美元的回报，剩下的 7.5 美元会分给其他三个受试者。按照经济学的自利假定，合理的预期是没有人会对公共产品投资。但在一次性博弈的试验中，受试者的平均贡献率却达到了 40—60%。在多次博弈中，由于有"搭便车"现象的存在，随着试验次数的增加，对公共产品的贡献率会减少，通常在第 5 次重复试验中会下降到 16%，但如果重新开始这个实验，受试者的贡献率又会重新回到 40% 以上。当允许受试者互相讨论时，所有受试的 12 个小组都达到了公共产品回报奖励的标准，并且有三个小组还超过了这一标准。[①] 这说明，至少在博弈开始的时候，人类的合作动机和自利动机占有大致相同的比例，以后的多次博弈中，人类在搭便车的自利行为影响下，合作动机会下降，但依然以一定的比例存在。如果有制度的保证（如允许讨论和对搭便车实行惩罚）合作的概率会达到普遍的程度。

互利共生现象是经济学无法回避的问题，而互利合作所产生的巨大能量和惊人的竞争力，使我们有必要创立一门建立在互利原则基础上的经济学。而主流经济学个体本位的分析方法，由于假定缺乏现实的基础，导致此后的推论产生了一系列矛盾和悖论，对于当前困扰人类经济发展的重大现实问题缺乏足够的解释力，因而对这些问题也提不出有效的解决方案与解脱的路径。经济学的发展，已经到了应该抛弃个体本位方法论的时候了。

---

① 罗宾·M·道斯、理查德·H·泰勒：《异常现象：合作》，载《新行为经济学》，第 1 卷，英国，切尔顿海姆，爱德华·埃尔加出版公司，2007：27-28。

假定与现实：真实世界的经济学

——关于弗里得曼方法论的争论

王曙光

在任何一个学科，不论是自然科学、社会科学抑或是人文学科，都存在着一些对于这门学科研究方法的哲学深感兴趣的学者，尽管有关研究方法的哲学在大多数时候总是比研究实际学术问题要抽象和枯燥一些，但是方法论的重要性总是不言而喻的。方法论代表着研究主体审视和剖析研究客体时所持有的指导性的观念和逻辑体系。在某种程度上，把方法论比喻成一种宗教是合适的：尽管宗教的力量并不总是明显地制约着人们的行为，但是这种影响却经常是潜移默化的，方法论也是一样。尽管研究者并不会时刻感受到方法论在他们的研究中所起的作用，但是他们也在自觉或者不自觉地应用着这种或那种方法论，受着这些方法论的引导。不过也有另外一种倾向，这种倾向在学术界普遍存在着，那就是对于方法论研究的普遍漠视甚至仇视。人们有一个误解，以为方法论是不值得研究的，而热衷于研究方法论的学者都有哗众取宠的嫌疑。对这种倾向的解释有时是令人迷惑的，因为有些学者与其说漠视方法论的研究，不如说恐惧方法论的研究。经济学方法论专家博兰（Lawrence A. Boland）评论说："弗兰克·哈恩（Frank Hahn）和主流学派的其他代表人物所面对的问题是：他们害怕此类问题将导致的结果——此类问题可能证明他们堆砌的著作原来要么空洞无物，要么是在浪费时间。"[①] 然而哈恩本人对于方法论就是非常矛盾的。托尼·劳森（Tony Lawson）说，哈恩发表了许多关于方法论的文章，也经常参加方法论的辩论，然而他的公开的立场却是始终反对这种研究。在哈恩退休的时候，他以忠告年轻的经济学家的形式提出若干反思，包括建议年轻的经济学家应该

---

① ［美］劳伦斯·A·博兰：《批判的经济学方法论》，前言，中译本，北京：经济科学出版社，2000。

"像躲避瘟疫一样躲避讨论'经济学中的数学'，至于方法论问题，则根本不要去想"①。这反映了经济学家自身的尴尬所在。相比于物理学家，经济学家更怯于研究方法论问题，这种态度里面包含着一种莫名其妙的偏见和恐惧。

研究经济学的方法论也是当今中国的经济学家们所忽视的问题，关于经济学的范式和方法，很少有严谨和引人注目的讨论，这种状况导致各种似是而非的经济学论著充斥着这个领域，却很少出现针对性的严肃的批判和反思。经济思想史学者本来应该对经济学的方法论有兴趣，但是这种兴趣也在明显下降，他们往往陷于对某种经济思想的梳理而放弃研究方法论。科学哲学的学者们则由于对经济学的历史缺乏足够的了解而不敢贸然进入这个领域。但是还是有许多著名的经济学家在有关经济学的方法论问题上显示了他们的真知灼见。在经济学方法论的历史上，最著名的也是遭受误解和批判最多的论文恐怕是弗里得曼写的《实证经济学的方法论》（*The Methodology of Positive Economics*，1953）②。关于弗里得曼方法论的批判以及批判的批判，主宰着 60 年代之后的许多讨论经济学方法论的文献主题。如果我们把这场争论加以简化，那么争论的焦点就在于经济学中的假定与现实问题，这是经济学方法论中的一个核心性的问题，正如尤斯凯利·梅基（U. Maki）所说的，"经济学中最重要的方法论问题现在是、以后仍将是被称为理论及其假设的现实主义问题。"③ 弗里得曼的论文以《实证经济学的方法论》为题，引发了经济学方法论者之间大量的误解，据此有许多学者指摘弗里得曼是"逻辑实证主义者"。

对弗里得曼这篇文章进行梳理并不是一件容易的事情，尽管文章本身相当通俗而且有很好的文笔。在论文的引言中，弗里得曼引用了凯恩斯的名著《政治经济学的范围和方法》中对于实证科学和规范科学的经典划分，即实证科学是关于"是什么"的科学，而规范科学是关于"应该是什么"的科学，而"二者之间的混淆带有很大的普遍性"，并成为许多谬误的根源，另外，凯恩斯还强调"创立一门准确无误

---

① Tony Lawson, *Why are so many economists so opposed to methodology*? Journal of Economic Methodology, 1994. 1.

② 3M. Friedman, *The Methodology of Positive Economics*, in *Essays in positive Economics*, University of Chicago Press, 1953. 中译本见：《弗里得曼文萃》，北京：北京经济学院出版社，1991。

③ 尤斯凯利·梅基：《假设问题的重新定向》，载《经济学方法论的新趋势》，中译本，北京：经济科学出版社，2000。

的政治经济学的实证科学的重要性。"① 在弗里得曼看来，实证经济学是独立于任何特别的伦理观念和规范判断的，"它的任务是提供一套一般化体系，这个一般化体系可以被用来对环境发生变化所产生的影响作出正确的预测。这一体系的运行状况可以通过它所取得的预测与实际情况相比的精确度、覆盖率及一致性等指标来加以考察。简而言之，实证经济学是，或者说可以是一门'客观的'科学，这里'客观'一词的含义完全等同于任一自然科学上的定义。"然而经济学在科学形态和性质上毕竟不同于自然科学，尤其是在研究主体与研究客体（研究对象）的关系方面，经济学与自然科学存在着巨大的差异。因此，弗里得曼也承认，"经济学所涉及的是人与人之间的关系，而且调查研究者本身就是被调查研究的事物的一部分。与自然科学相比，调查研究者与被调查研究的事物之间更具有本质上的联系。上述事实使社会科学家得到了一系列自然科学家无法得到的数据的同时，也使社会科学家在实现客观性的目标上遇到了特有的困难。"在弗里得曼看来，实证科学的目的就是发展一种"理论"或者"假说"，使之能对尚未观察到的现象作出合理的有意义的预测。这种理论是由两部分要素组成的：一个要素是语言，其作用是为经验材料的组织及对经验材料的理解提供文牍服务，旨在促进系统的有组织的推论方法；另一个要素是假说，其作用是从纷繁复杂的现实中抽象出事物的本质特征。由这样的定位引发的理念就是，一种理论（实证性的假说体系）是否正确，其判断标准是这种理论对现象的预测能力，从这个意义上来讲，某一假说体系本身的合理性本身，就不是判断该假说是否有价值和正确的标准，而是取决于这个假说对于现实的预测能力。而问题在于，经济学中对于假说的检验完全不同于自然科学中的检验，专门设计的有控制的检验是自然科学的方法，但是对于经济学而言这种方法是非常不现实的，我们不得不依赖于"偶然发生的实际情况所提供的证据"来进行我们的检验。所以在经济学假说的检验中一直存在着这样的严重障碍，对于不合理的假说，我们很少有足够的证据推翻或者屏弃他们，他们在经济学的舞台上永远不会销声匿迹。而更严重的是，经济学中经验资料的收集与特定的研究者的知识准备和价值观念有深刻的关联，反过来说，拥有不同知识准备和知识背景的研究者会选择不同的经验数据（尽管这是研究者没有意识到的），同样，拥有不同价值取向的研究者也会自然地无意识地对

---

① 弗里得曼：《实证经济学的方法论》，见《弗里得曼文萃》，中译本，北京：北京经济学院出版社，1991。后文中未加注的引文均引自该论文。

他所面对的经验数据进行"筛选"。这些因素妨碍了经济学中经验检验的客观性和有效性。

在经济学的假说中，不但通常包含着一组描述和推论，而且一般包含着作为描述或者推论的前提的一组"假设"。在经济学中，存在着大量这样的假设：利润最大化、完美信息、传递性偏好、收益递减、理性预期、完全竞争市场、给定的偏好与技术以及制度框架等。假设的性质——即假设的现实性问题——一直是方法论者们争论的焦点问题，有些人从科学哲学的角度加以论证，而另一些人则对此深表质疑。在经济学中假说中包含的假设与现实之间的一致性问题上，一直存在着一种看法，认为"假设"与"现实"之间的一致性是检验该假说的合理性的标准。在弗里得曼看来，这种看法是极其错误的，这"造成了人们对经验证据在经济理论中的重要性的误解，使得人们为促进实证经济学的发展所做的睿智的探索迷失了方向，而且阻碍了实证经济学中人们在试验性的假说上一致意见的取得。"与这种流行的意见相反，弗里得曼坚持认为假设的"现实性"并不是检验假说合理性的标准，事实上，在真正重要和伟大的假说中，其假设往往"是一种粗略的、不十分精确的、描述性的表述，而且，一般说来，某一理论越是杰出，其假设越是超越现实"①，因而，弗里得曼坚持认为，假设的"现实主义"是无关紧要的，真正重要的是假说是否取得了足够精确的预测水平。在论文中，弗里得曼运用物理学、几何学和生物学上的论据来论证他的观点，这就是在经济学方法论上被广为流传的"自由落体运动定律"的案例、"树叶有意识选择阳光密集区域生长假说"的案例以及欧几里德几何学中点线面的定义，他通过这些案例试图说明，假设的合理性和现实性并非是检验假说正确性的标准，只要其中的假设能够保证假说的预测水平，那么该理论就是有价值的。

弗里得曼的这种观点理所当然地遭到了反击。最著名的批判者是萨缪尔森，他在一篇论文中将弗里得曼的观点称之为"弗—歪曲"（F-Twist），并试图用弗里得曼的方法论来反击弗里得曼②。而其他经济学家对"经济学中的假设不现实"的批评，

---

① 当然，弗里得曼没有忘记在他的论文的注释中，加入这样一个有益的提醒："这一主张的逆命题并不成立，非现实主义（在这个意义上）的假设，并不能确保带来伟大的理论。"见弗里得曼《实证经济学的方法论》注12。

② Paul Samuelson, Problems of methodology: discussion, American Economic Review, Papers and Proceedinds, 1963, no. 53.

也存在着许多可笑的常识性的错误，比如尼尔德（Neild，1984）的一段批评："在物理学中，假设的前提是现实主义的，如果有证据表明它们不是现实主义的或者是不接近现实，那么它们就会被拒绝。在每一个步骤上，从理论中提取的命题都将受到试验和观察的检验：所有的命题都会被作证伪检验。相反，在一般均衡经济学中，假设都是与现实极端对立的。他们是混乱的。"① 这种说法已经被物理学上许多例证所"证伪"。非现实主义的假设在科学史上是常见的研究方法，通过那些简洁、抽象的非现实主义的假设，科学研究者可以排除掉许多次要的干扰性的因素，发现事物更为本质的特征，从而可以对现实作出有力的解释。正如弗里得曼所说的，"科学的基本假设，其外可能是靠不住的，但其中有发现、解释或组织论据的路径，这些论据能揭开表面上无条理的、形形色色的现象，显示出更根本、相对更简单的结构。"

但是，尽管作为一种科学研究的工具主义方法，假设的非现实主义并不是检验理论合理性的标准，但是，经济学作为一种经验科学的性质，决定了任何一种理论或者假说体系都要经过事实的严格检验，研究真实世界的经济学，是每一个经济学研究者的不可逃避的使命。不但假说的合理性要经过经验事实的严格验证，即使是假说中包含的假设本身，也应该随着经济学研究的不断深入而不断地向真实世界趋近，这是经济学理论进展的基本要求之一，而实际上，经济学理论的进展正是遵循了这样的路径。我们创造了许多假说，这些假说对现实世界作了非现实主义的抽象，然后，随着经济学的进展，这些假设又被逐渐放松，从而包含新假设的新假说又被创造出来，经过这样的连续的逐渐放松假设的过程，经济学开始渐渐逼近真实世界的本来面目。完美信息的假设被放弃了，经济学家开始研究信息的不完全和不完全信息下的人类行为，信息经济学和博弈论成为一门对于现实世界解释力更强的经济学分支；完全竞争的假设被放弃了，张伯伦和罗宾逊夫人创立了不完全竞争和垄断经济学理论；给定的制度条件和组织结构被放弃了，人们开始研究与制度的产生、变迁和创新有关的制度经济学；交易成本为零的假定被放弃了，取而代之的是对交易成本理论的广泛应用，科斯教授就是通过研究交易成本而对这个真实世界有了更为准确的审视。从这个意义上说，经济学的发展轨迹就是一个不断放弃旧的非现实

---

① 尤斯凯利·梅基：《假设问题的重新定向》，载《经济学方法论的新趋势》，中译本，经济科学出版社，2000。

主义的假设从而使假说向真实世界无穷接近的过程。经济学研究的方法论所要求的"假设的非现实主义"，并非意味着非现实的假设永远是合理的一劳永逸的抽象；相反，经济学的初衷和目的都在于现实世界，在于经济学研究者所生存的这个"真实的世界"。

现代主流经济学中的假设特性及其问题：
"假设的现实无关性"假说之批判

朱富强

【本章导读】

现代主流经济学将其理论建立在一系列的抽象假设之上，这种抽象假设往往是不现实的，如把社会中具有丰富秉性的异质人抽象为一个平均的原子。尽管现代主流经济学的抽象假设如此不符合现实，但弗里德曼等却以物理学等自然科学中非现实的外围假设来为之辩护，如借助最大化假设与真空假设的类比来为利润最大化辩护，从而提出假设的现实不相关性学说。然而，尽管现代主流经济学刻意模仿物理学等自然科学，却混淆了不同层次假设的特性差异：在物理学中，万有引力这类核心假设会尽可能地接近事物的本质，而非现实的真空假设仅仅是外围假设；在经济学中，作为核心假设的理性经济人却是非现实的，而作为其外围假设的完全信息等条件也无法通过实验条件而获得控制。正因如此，物理学等自然科学理论可以日益深入到自然现象的本质，而经济学的理论却与现实日益相脱节。其实，尽管理论必须建立在抽象的基础之上，但不同学科进行抽象的限度必须与其研究对象相适应，社会科学的理论抽象必须基于历史和逻辑的统一。

一、前言

从经济学的起源看，经济学包含了工程学和伦理学两方面的内容。但是，自新古典主义以降，西方主流经济学越来越抛弃了对伦理学内容的关注，把人性还原为动物本能，从生物的自我保全角度来分析人类的社会行为；结果，就使得经济学的研究内容日益狭隘，相应地，经济学的研究方法也日益抽象化和数学化。正因如此，现代主流经济学将其理论建立在一系列假设的基础之上：诸如利润最大化、完美信息、传递性偏好、收益递减、理性预期、完全竞争市场、给定偏好、非生产性当事人等概念都被经济学家作了假设。在现代主流经济学看来，经济学的理论发展本身就是抽象的一般化过程，为此，绝大多数主流经济学家都为这种抽象化的研究方法进行辩护。例如，斯蒂格勒就强调，"一种一般理论必须忽略掉成千上万的细枝末节，否则就不可能是一般理论。而且，只有一般理论才是有用的。事实上，一般理论是唯一有用的理论，即使它只被运用过一次。"①

当然，这些抽象的前提假设受到主流经济学家推崇的同时，也遭到另外一些经济学家的质疑。其中，引起争论的一个核心问题是，这些假设是现实主义的还是非现实主义的。例如，梅基认为，经济学上最重要的方法论问题现在是、以后仍将是被称为理论及其假设的现实主义问题。② 那么，究竟该如何理解现代经济学的假设呢？罗蒂曾指出，真理的唯一标准只能是我们解释的首尾一致性，包括它们与我们在世界上存在的价值观和目的的一致性。例如，牛顿物理学之所以被认为优于亚里士多德的物理学，不是因为它与现实之间有更紧密的一致性，而是因为它能使我们更好地应付生活。③ 那么，现代主流经济学的核心假设——经济人——及其理性内涵果真能够使我们对经济和非经济现象的解释具有内在一致吗？这种理性及其衍生的行为方式能够使我们更好地应付生活吗？

一个明显的事实是，随着经济学研究对象的转变以及由此而来的向政治经济学的回归，新古典主义原先专注于人与物之间关系的自然主义思维已经越来越不适用了。究其原因，涉及人与人之间关系的理性必然具有社会性，从而需要考察社会理性的内涵。正是没有考虑理性内涵的变化，主流博弈论就简单地把新古典经济学在处理人与物之间关系时所形成的工具理性糅合在一起来而探究人与人之间的互动行为，并由此就得出了囚徒困境这一普遍的均衡命题；同时，现代激励学派利用这种单向的工具理性来构建最优的委托—代理治理机制，反而滋生出大

---

① 斯蒂格勒：《价格理论》，施仁译，北京：北京经济学院出版社，1990：6。
② 梅基：《假设问题的重新定向》，载《经济学方法论的新趋势》，张大宝等，北京：经济科学出版社，2000：311-337。
③ 胡佛：《实用主义、实效主义与经济学的方法》，载《经济学方法论的新趋势》，张大宝等译，经济科学出版社，2000：376-418。

量的激励不相容现象。更进一步的问题是，现实中出现的困境要比理论上所推导出的少得多，人类社会的合作半径在持续扩大这一基本事实就是明证。显然，这反映出，现代经济学的理论与现实之间存在很大的脱节。事实上，这种着眼于个人利益考虑的工具理性往往只是适合于零和博弈的情况，但一旦拓展到变和博弈的情形中，由于存在着更大的合作租金，因而着眼于长期利益的交往理性可能更为实用。显然，交往理性根本上体现了整体利益和长期利益问题，而这涉及人与人之间的行为协调问题。

然而，尽管打上深刻工具理性烙印的经济人如此不符合现实，但现代主流经济学却以经济人假设基石来构造整个理论体系，并提出"假设的现实不相关性"学说为之辩护。究其原因，在现代主流经济学看来，抽象化便于大量使用数学工具，从而使得经济学更为科学和精确。正是基于这一学说，现代经济学可以对各种批判视而不见、听而不闻。林金忠罗列了以下几点：（1）主流经济学可以轻而易举地化解经济学说史上对"理性经济人"的一切攻击，因为辩护方只须宣布"理性经济人"仅仅是一个理论假设，而理论假设本来就应该是"非现实的"，一切针对它的"非现实性"所做的种种批判也就瞬间都成为无的放矢的无效批判了；（2）主流经济学可以高枕无忧地继续以"理性经济人"这一基本行为假设作为其理论体系之基础和逻辑出发点，而不必担忧其理论大厦会由于这一行为假设所具有的明显的"非现实性"而存在倾覆之虞；（3）主流经济学不仅不再需要顾虑其理论假设之现实与否问题，更可以基于弗里德曼的"假设不相关性"观点而任意地或随意地给理论设置假设条件，因为无论如何假设都不至于危及理论之正确性。①

问题是，弗里德曼的"假设的现实不相关性"学说合理性如何呢？显然，这就要从这一假说对经济学发展所产生的影响谈起。事实上，正是受"假设的现实不相关性"观的影响，现代主流经济学在逻辑实证主义的支配下热衷于数理建模和实证分析，试图通过引入数学工具而构建一种精确的硬科学。然而，经济现象之间的关系本身是复杂多变的，以致经济学中的真实和精确往往是不可兼得的。那么，现代主流经济学所追求的那种"精确"性理论果真增加了经济学的科学性了吗？显然，如果只有那些真正解释和揭示社会经济现象的理论才可以被视为科学的，那么，假设的现实性与否对经济学理论发展就不是不重要的。既然如此，我们又如何在使得

---

① 林金忠：《实证经济学似是而非的方法论》，载《学术研究》，第 2 期，2008。

假设反映现实的同时又有助于抽象理论的建立呢？这就需要是遵循历史的、逻辑的一致性要求：一方面，我们不能不顾事实地随意作出假设，然而据此进行演绎推理而得出结论；另一方面，也不能接受天真地经验主义观点，试图简单地从事实中发现理论。

怀特海就曾强调，一门科学对其自身的假设必须时刻保持警觉和批判。关于现代经济学的假设问题，近年来也引起了不少学者的探讨。[①] 本文在这些文献的基础上，进一步就现代主流经济学的假设不合理性作一剖析，并进而探究构建合理假设的途径。

二、主流经济学中假设的现实不相关性

一般来说，抽象化是经济学研究的一个基本路径，也是理论研究的根本特性。例如，梅因就指出，"所有的科学都建立在抽象的基础上，在抽象的过程中，要权衡各种因素的重要性，有的因素被舍弃了，有的被保留了。"[②] 正因如此，抽象化分析一直为那些崇尚纯经济理论的学者所强调。例如，内维尔·凯恩斯就认为，"在政治经济学的抽象的或纯粹的理论中，我们关注某种广泛的一般性原则，而不去考虑特殊的经济条件"；而且，在他看来，"关于人们的动机或其物质和社会环境的假设命题不必普遍或无限地正确。任何使与所谓的'完全经验现实'精确一致的企图将以牺牲普遍性为代价，并使我们重新卷入到那些实际经济生活的复杂性中。"[③] 同样，弗里德曼也写道："理论及其'假设'不可能是完全'现实主义的'。关于小麦市场的一个完全'现实主义的'理论，不仅需要包括直接决定的供给与需求的那些情况，而且还需要包括用于交易的现金或信用工具的种类；还要包括每个交易者头发和眼睛的颜色，他的性格、经历、受教育程度等个人特征；种植小麦的土壤种类，土壤的物理及化学属性，在生长期内的主要天气情况；种植小麦的农民及最终使用小麦

---

① 朱富强：《理论目标、研究思维和引导假定的设定——兼评两类不同的参照系：马克思经济学的'理想状态'和西方主流经济学的'抽象假设'》，载《社会科学研究》，第 5 期，2008。

② J. 内维尔·凯恩斯：《政治经济学的范围与方法》，党国英、刘惠译，北京：华夏出版社，2001：100。

③ J. 内维尔·凯恩斯：《政治经济学的范围与方法》，党国英、刘惠译，北京：华夏出版社，2001：89、150。

的消费者的个人特征——如此等等，无穷无尽。为达到这样一种'真实'而做的大而无当的努力，必然会使理论变得毫无用处。"①

正是基于抽象化分析路径，在一系列先验假设的基础之上构建理论就成为经济学的主流：亚当·斯密的无形的手、李嘉图的等价交换、俄林的一价定理、马歇尔的交叉弹性以及菲利普斯曲线等等，都是如此。显然，抽象必然会把一些限制性条件舍去，因而基于抽象所构建的一般理论往往就会与具体现实相脱离。例如，哈特就指出，"关于事物的非现实主义的假设通常并不是关键性的焦点……任何理论都必然要从现实的许多方面给予抽象"；而弗里德曼更强调，应该"从复杂现实中抽象出本质特征。"② 为此，现代主流经济学家也极力宣扬和鼓吹抽象化假设本身不必是真实的。例如，作为一般均衡理论奠基人之一的阿罗就曾经说过：一般均衡理论中有五个假定，每一个假定可能都有五种不同的原因与现实不符，但这是提供最有用的经济学理论之一。③

同时，随着逻辑实证主义的勃兴，主流经济学家逐渐形成了这样一种观点：理论的有效性应由其对所解释现象的预测能力来判断而不需在乎假设的真实性，假设的真实性甚至往往是与其预测能力无关的。其中，集大成者就是弗里德曼，他就强调，"那些真正重要且意义重大的假说所具有的'假设'，是对现实的一种粗略的、不精确的、描述性的表述。而且，一般说来，某一理论越是杰出，它的'假设'（在以上意义上）就越是脱离现实。"④ 正是由弗里德曼发动的20世纪50年代的方法论论战最终对经济学的发展产生了长期影响，以致现代主流经济学逐渐失去了对假设的合理性进行探讨的兴趣；进一步地，在各种免疫策略的支配下，理论假设甚至发展为可以名正言顺地逃避经验性证据的检验，那种试图利用经验型不规则现象进行反思的人往往被主流经济学批评为"天真的证伪主义者"。

正是基于这种"假设的现实不相关性"学说，现代主流经济学可以堂而皇之地把社会中具有丰富秉性的异质人抽象为一个平均化的原子；并且，这种原子个体还

① 弗里德曼：《实证经济学方法论》，载《经济学的哲学》，丁建峰译，世纪出版集团、上海人民出版社，2007：148-182。
② 梅基：《假设问题的重新定向》，载《经济学方法论的新趋势》，张大宝等译，北京：经济科学出版社，2000：311-337。
③ 钱颖一：《理解现代经济学》，载《经济社会体制比较》，第2期，2002。
④ 弗里德曼：《实证经济学方法论》，载《经济学的哲学》，丁建峰译，世纪出版集团、上海人民出版社，2007：148-182。

是一个畸形的结合：具有超人般的电子计算理性和拥有动物保全本能的行为动机。因此，一个具有完全理性的利益最大化主义者就成为现代主流经济学研究的逻辑对象，经济人也就构成了现代经济学的核心假设。特别是，在经济学的研究内容已经大大拓展并且越来越关注于具体社会关系中人类行为的今天，抽象化分析非但没有丝毫停顿，反而更加勇往直前，抽象化思维在现代经济学中也愈发膨胀。例如，阿莱就指出，"利用数学和逻辑工具，包括奥卡姆剃刀原理，亚当·斯密以后的经济学家通过研究高度简化条件下理想变量的行为逐步形成了一套正式、严密的经济理论体系……问题不在于新古典理论过于抽象。事实上，它的复兴就包含了一个更高层次的抽象。"[①]

更甚者，现代主流经济学还义无反顾乃至肆无忌惮地随意拓展这种理性分析的使用范围：从传统的经济领域一直拓展到社会、政治、宗教、法律等各个层面；同时，也越来越关心这种分析结果能否得到经验事实的检验，反而将不符合这种理论的姜堰事实视为不合理的。例如，针对将理性选择理论拓展到立法行为之中潮流时，斯特罗姆（Strom）就写道："想想看，一位物理学家被要求预测一下从树上掉下来的树叶将落在什么地方。根据自由落体理论，该物理学家知道这片树叶将会朝下落（主要倾向），而且可能落在离树木不远的地方。然而，由于风向和阵风强度是不确定的，物理学家不能准确地预测树叶的落点。同样，在立法决策的空间理性行动者理论的发展中，理论家已经选择忽视阵风的作用而把理论初步集中在立法行为的主要倾向，这一倾向是由立法议员的偏好和他们为其偏好的实现最大化而采取的无差错策略所决定的。"[②]

在中国经济学界，这种"假设的现实不相关性"主张也得到了那些"主流"学者的大力拥护。例如，林毅夫就写道："由于理论是信息节约的工具，理论模型要尽可能地简单，不仅要求限制条件要尽可能地少，而且不能苛求限制条件完全吻合于现实。关于经济学方法论的最为经典的论文是弗里德曼撰写的《实证经济学方法论》，在该文中弗里德曼提出了著名的'假设条件不相关'命题，其含义是，理论的作用在于解释现象和预测现象。对于理论的取舍以理论的推论是否和现象一致，即

---

① 阿莱：《产权理论的发展》，载《新制度经济学》，孙经纬译，上海：上海财经大学出版社，1998：53-66。

② 格林和沙皮罗：《理性选择理论的病变：政治学运用批判》，徐湘林等译，广西：广西师范大学出版社，2004：246。

理论是否能解释和预测现象为依据，而不能以理论的假设是否正确为依据。例如，在国际贸易理论中著名的'要素价格趋同理论'，按此理论，如果两国之间的货物贸易是完全自由的，不存在贸易摩擦和交易成本，则通过货物贸易，两国的劳动力和资本等要素价格将会趋同。显然，不存在完全自由、没有摩擦和交易成本的贸易，但不能以此来否定这个理论，是否接受这个理论，依据开放贸易以后两国的工资和利率水平的差距是否缩小而定。理论和地图一样，是信息节约的工具，只要能说明主要变量之间的因果关系即可。因此，要舍掉一些无关紧要的条件，仅保留最重要的条件。否则，理论丝毫没有节约信息，也就不成其为理论了。"① 同样，钱颖一在《理解现代经济学》一文中也解释说：一般均衡理论提供了有用的参照系，就像无摩擦状态中的力学定理一样，尽管无摩擦假定显然是不现实的；一般均衡理论中的阿罗－德布鲁定理就如产权理论中的科斯定理、公司金融理论中的默迪格利安尼－米勒定理一样提供了参照系，而这些参照系本身的重要性并不在于它们是否准确无误地描述了现实，因为它们建立了一些让人们更好地理解现实的标尺，从而被经济学家用作他们分析的基准点。②

当然，现代主流经济学之所以极力为假设的非现实性进行辩护，主要是试图从物理学中寻求依据。例如，在理想状态气体方程中：$PV = RT$，就充满了各种不现实的假设：气体分子的体积为零，气体分子间的相互作用力为零，气体分子完全弹性。同样，自由落体定律中：$s = \frac{1}{2}gt^2$，也存在一系列不现实的假设：气压为零，物体在真空中下落，所有其他（如月球）的引力为零，所有的磁力为零，地球的半径是无限的。只不过，以弗里德曼为代表的现代主流经济学家似乎更为极端，不仅由此为经济学中假设的不真实性辩护，甚至将理论的有效性和假设的真实性对立起来。弗里德曼的解释是：事实证据决不会证明一个假说而只能否证或无法否证它，而且，任何一项理论假说在描述上都必然是虚假的、在内容上是猜测的；显然，假说具有的虚假性特征使得直接证伪假说失去了意义，对理论假说有效性的唯一中肯、恰当的检验是将它的预测与证据相比较。弗里德曼写道："如果一个假说能够通过极其有限的证据来'解释'多数事实，亦即，如果一个假说能够从它旨在解释的那一现象的大量而复杂的条件中，抽象出共同而又关键的因素，并能保证在这些因素的基础

① 林毅夫：《经济学研究方法与中国经济学科发展》，载《经济研究》，第 4 期，2001。
② 钱颖一：《理解现代经济学》，载《经济社会体制比较》，第 2 期，2002。

上作出合理的推测，那么，这一假说就是重要的。故而，要成为重要假说，就必须舍弃掉假设的在某些描述方面的真确性，它根本不必考虑并说明这些情况，它最大的成功之处在于能够证明，许许多多伴随主要现象的其他事件都和待解释的现象无关。"[①]

然而，弗里德曼有关"假设的现实不相关性"假说一经提出就受到很多经济学家尤其是经济学方法论专家的批判。其中，一些学者从逻辑推理上进行批判，比较著名的人物有库普曼斯、罗特维因、阿莱斯、萨谬尔森以及西蒙等。例如，库普曼斯说："从推理逻辑的角度讲，解释是可分离的。只有假设的逻辑内容才是重要的"，因而主要关心经济学理论的基本假设或前提的真实性；同时，正是由于理论是可以脱离应用而加以分析的，因而检验结论应该居于有限地位。[②] 罗特维因强调，经济学理论前提的确定无疑性，认为结论的正确性只能建立在前提可证明的真实性的基础上。[③] 萨谬尔森则将弗里德曼的观点称为"F—扭曲"（"F-Twist"），这种"F—扭曲"有两个基本类型：（1）基本的说法，断言一项理论的种种假定缺乏现实主义与其有效有关；（2）极端的说法，把实证优点归因于种种不现实的假定，其理由是一项重要的理论总是用某种复杂的现实本身要简单的模型来进行解释。[④] 一般认为，只要推理逻辑本身是连贯一致的，那么，假设的真实性与结论的真实性本身就是一致的；这意味着，无法像弗里德曼宣称的那样，由证据的合理性来论证假设的合理性，因为其中融入了推理逻辑。

最后，很多批判意见也指出，弗里德曼关于假设的概念过于笼统，而没有区别不同类型的假设条件，甚至没有区分初始条件、辅助条件和限界条件这三种基本的假设。具体说明如下：（1）尽管任何学科的理论确实都包含非现实的假设，但是，这种非现实性对不同层次的假设的要求是不同的，它们不可能像弗里德曼那样断言一律是虚假的；（2）精确的预测不是对一项理论是否有效的唯一恰当的检验手段，

---

① 弗里德曼：《实证经济学方法论》，载《经济学的哲学》，丁建峰译，世纪出版集团、上海人民出版社，2007：148-182。

② Koopmans T., 1957, *Three Essays on the State of Economic Science.* New York Mc Graw-Hill Book Co, p. 233.

③ Rotwein E., 1959, *On the Methodology of Positive Economics*, Quarterly Journal of Economics, 73：554-575.

④ Samuelson P., 1963, *Problems of Methodology*：*Discussion*, American Economic Review, Papers and Proceedinds, No. 53.

如果它们是唯一恰当的检验手段，那么将不可能区别真正的和虚假的相互关系。就现代主流经济学而言，（1）尽管它刻意模仿物理学等自然科学，但是，它们在不同层次上的假设特点却存在根本性的差异；（2）尽管它极力通过抽象的数学化而实现其"科学"地位，但迄今所呈现出来的结果却与自然科学的科学性根本不可同日而语。

三、经济学与自然科学的假设比较

经济学方法论专家梅基曾将一个理论的假设简单地分为两个层次：核心假设（core assumptions）与外围假设（peripheral assumptions）。显然，这两个层次的假设具有不同的要求。一方面，由于核心假设是对所研究现象的本质的抽象，对理论有着关键性的作用；因此，它的要求是：尽可能揭示事物的内在本质和真实的作用机理。另一方面，外围假设、诸如可忽略性假设和初始步骤假设等设立的主要目的是为了消除实际的干扰和混乱而有助于事物本质的发现；因此，它的特性是：可以相对离开现实。外围假设之所以不受现实性的限制还在于，非现实的外围假设往往有助于从现象的次要原因中分离出主要原因，从次相关因素中分离出根本的关系，从而可以用来抵消对所研究现象不关键、非本质因素的影响而有助于发现事物的本质；相反，如果所有的因素或条件都要求保持真实的话，就不能得出理论而只能是一个个具体的案例研究。

正是基于这两个不同层次的假设，自然科学就可以保证理论既具有抽象性也具有科学性，实现抽象性和科学性的统一。同时，这两方面的统一又是建立在实证论和还原论的基础之上：一方面，尽管外围假设具有不现实性，但是这些不现实的条件可以通过实验获得控制，从而可以将理论所依赖的条件复原到与抽象假设相一致；另一方面，正是通过将外围假设条件的复原，就可以通过实验来对理论进行检验，从而确保了其真实性和科学性。相应地，我们就可以得出两点基本认识：（1）尽管理论往往是非现实的，抽象化也是理论研究所必要的，但是，假设并非是任意的，尤其是核心假设需要尽可能地接近事物的本质；（2）即使是其他的外围假设，也不是可以随意地忽略的，而是存在一个"可忽略性假定"，它要求这些外部因素的影响非常微弱，以至于可以把它们当成零来对待，特别是，不能与核心假设相冲突。

显然，在物理学等自然科学中理论的假设往往满足于上述两个要求：一方面，物理学中的核心假设会尽可能地体现事物的本质，如自由落体运动规律（$s=\frac{1}{2}gt^2$）中就体现了物体受地球引力场吸引这一核心假设，而像真空以及不存在其他吸引力等外围假设对理论的构建而言就相对不很重要；另一方面，像空气浮力以及风速或风向等干扰因素都可以通过人类手段得到控制，从而可以通过实验对这一理论进行实证。从某种意义上讲，万有引力假设体现了人们对物体之间作用力的本质认知，它也是维持自然事物之间均衡的基本力量。也即，自然科学强调要与现实相符的这一核心假设也就是事物的本质。一般地，对这种本质的认识体现了人类智力的不断深化，自然科学对自然规律的探索实际上也就是要揭示事物的本质以及事物之间发生作用的内在机理，尽管这种作用在不同外围条件下产生的结果可能完全不同的。例如，对作用力的认识，最早可能仅仅停留下宏观的外力方面，后来才慢慢认识到分子之间的作用力及其形成的磁场；而在同一磁场的作用下，空气浮力或其他外力都可能改变事物之间的作用强度和方向。

然而，现代主流经济学的研究思维已经撇开了对本质的探究，而把核心假设也视为一种仅仅方便推理而可任意规定的假设。例如，在经济学最大化行为理论中，不但作为其核心假设的经济人本身根本上就是非现实的，自利行为也无法通达社会的自然和谐；而且，作为其外围假设的完全信息等条件也往往无法通过人为控制而得到，因而经济学理论的"科学性"也就根本满足不了可还原和可实证这两大要求。一方面，完全理性是经济人这一假设的内核，但理性的内涵（或者说理性追求的目的物）迄今还没有获得共识，又怎能说这个核心假设是现实的呢？当然，现代主流经济学往往基于人的本能而把理性局限在对物质利益的追求上，而把行为中出现的偏差则视为其他条件约束的结果，但这显然不符合社会性具有差异的社会人之现实。另一方面，完全信息是最大化行为的外围假设，正是因为信息的不完全性导致了人的有限理性，以及由此而来的行为偏差或失误；但显然，完全性信息根本不可能得到，从而就无法对最大化这一理论进行检验，当看到反常现象时，我们也就无法判断这是由于信息不完全带来的失误还是非理性人类的正常行为。

而且，自然科学之所以强调理想化抽象，还有这样两方面的原因：（1）各个具体物体因由相似物质所构成而呈现很大的相似特性，从而服从同样的具体定律；（2）物体所处的环境以及相互之间的作用具有很大的稳定性，从而可以将特定物体隔离出来作局部性分析。但显然，经济学所面对的情形却完全不一样：（1）每个具体的行为者的特征往往存在很大的差异，每个人的行为特征也是不同的；（2）每个人所处的环境总是不确定的，而且，无法将其他起作用的因素真正地排除掉。正因为社会现象之间的关系要错综复杂的多，甚至根本不存在某种主要因素，因此，经济学无法像自然科学那样存在理想的实验条件而将影响人的心理等因素撇开。

特别是，经济学根本上是要解决具体的社会问题，而任何因素的稍微差错可能导致完全不同的实践结果，因而过分抽象化会导致经济学的理论与实践之间存在越来越大的脱节。例如，钱颖一就承认，在经济人行为假设的基础之上，经济学家常常会得出出人意表却实际上合乎情理逻辑的结论。正因如此，我们会听到人们惊叹："我怎么没有想到呢？"更为甚者，由于这些起初是研究纯粹的经济行为的经济学视角不断地被延伸到政治学、社会学等学科，研究诸如选举、政体、家庭、婚姻等问题，结果，在这些领域也往往得出与我们日常感受完全相反甚至有悖人伦道德的观点。既然这些结论是出人意表的，当然也就不可能是对人们实际生活的刻画；而之所以分析起来似乎有理，这主要是源于物理或数的逻辑，但这必然无法解释社会现象的真正成因。

正是作为一门致用之学而非逻辑游戏，经济学的研究必须有助于解释乃至改造现实的目的。正是基于这一点，西蒙认为，弗里德曼并"没有像物理学家那样提出非现实假设的权利"，因为伽利略"确实对完全真空下的行为感兴趣，这不是因为世界上不存在任何完全的真空，而是因为真实世界里的某些状况与完全真空足够近似，从而使他的假设富有意义。"① 譬如，现代主流经济学往往将人在社会中相互作用被抽象为"一般均衡"这一概念，而个人选择则被约化为以谋私利为目标的极大化原理；但显然，正是由于"均衡"概念无法描述社会中的相互作用问题，以谋私利为目标的极大化原理根本不足以正确表述人的选择问题。正因为现代主流经济学盲目崇拜抽象约化的方法论，追求建立在不合理假定条件下的逻辑精确，这其实根本是不科学的学科研究方法论，从而就导致经济学从理论上注定会预测失误。卡尔多就指出，"我之所以从根本上反对一般均衡理论，并非由于它是抽象的——所有的理论都是抽象的，而且必需如此，因为没有抽象就没有分析——但它源于错误的抽象，因而歪曲地反映了经济力量运作的本质和形式。"②

---

① 西蒙：《可检验性与近似》，载《经济学的哲学》，丁建峰译，世纪出版集团、上海人民出版社，2007：183-186。

② 博伊兰和奥戈尔曼：《经济学方法论新论》，夏业良主译，北京：经济科学出版社，2002：132。

针对弗里德曼的"假设的现实不相关性"假说，萨缪尔森就驳斥道：不准确的假设在科学上是不可能有价值的。实际上，根据逻辑的原理，正确的前提只能得到正确的结论，但错误的前提却能得到两种结论——正确的或错误的结论；相应地，经济学想要的是正确的结论，因而必须保证假设的合理性。不过，弗里德曼却强调，理论、前提或假设的真实状态对任何实际目的都是无关紧要的，它们最重要的意义在于能够合乎逻辑地推导出成功的结论。这就是工具主义态度，它通过无视理论的真实性而"解决"归纳问题；相应地，工具主义者通过寻求有用的结论而非真实的假设开始他们的分析。为此，萨缪尔森认为，弗里德曼及其工具主义最根本的错误在于，它不仅不认为非现实主义不是一项理论或假说的缺陷，反而把它看作是一种优点，这更是错上加错。同样，豪斯曼也指出，弗里德曼的论证中存在逻辑错误，因为弗里德曼的逻辑前提"好的假说可以提供对于它旨在揭示的那类现象的有效且有意义的推测"，而他的逻辑结论是"检验一个假说是否是好的假说的唯一标准，就是它是否可以提供对于其旨在揭示的那类现象的有效且意义的推测。"① 但显然，从现代主流经济学的逻辑前提所推导出的逻辑结果往往与现实并不相符，其中的关键还在于，"假设的现实不相关性"假说犯了工具主义谬误，它无法揭示事物之间的作用机理。

其实，弗里德曼的"假设的现实不相关性"假说是继承亨普尔和奥本海姆1965年提出的假定－推理或覆盖律模式。根据覆盖律模式，所有真实的科学解释都有共同的逻辑结构：所有的科学解释都至少包括一个一般的规律再加上对有关的起始的或边界的条件的阐述，这规律和阐述就组成了阐释或前提，从这个前提出发我们就可以推论出待做的解释，即关于我们所要解释的事件的阐述，在这个推论过程中我们不需要借助任何其他帮助而只需要推理逻辑。而且，在解释的本质和预言的本质之间有着完美的、逻辑的对称的看法，解释只不过是"倒写的预言"，两者都采用同样的逻辑推理法则。两者的唯一差别在于，解释发生在事件之后，而预言发生在事件之前。其中，对于解释来说，我们是从需要解释的事件出发，找到了至少一条普遍规律和一套起始的条件，这些条件在逻辑上包含了对所要解释的事件的说明。即，用一个特别的原因来作为对一个事件的解释只不过是把所要解释的事件归纳入一般规律或归纳入一套规律。而对于预言来说，我们是从一条一般规律和一套起始条件

---

① 豪斯曼：《为何揭开引擎罩》，载《经济学的哲学》，丁建峰译，世纪出版集团、上海人民出版社，2007：187-192。

出发，从中我们推论出关于一个未知事件的说明，即，预言被典型地用来检验普遍规律是否在事实上得到确认。

然而，尽管可以通过把一般规律运用于对特别的事件的预言来对这个规律进行检验，但在解释中所用到的一般规律并不是通过把个别例子进行归纳一般化而引导出来的对事件的观察结果。正因如此，科学解释的覆盖律模式一直就受到来自各种立场的攻击，甚至这个模式的最有魄力的辩护者亨普尔本人这些年来在这种攻击面前也有些退却。大多数批评家都认为，预言并不一定包含有解释，甚至解释也并不一定包含有预言；因为，预言仅仅要求弄清楚相关的因素，然而对于解释来说，事情就复杂得多了。显然，弗里德曼基于"假设的现实不相关性"假说而得出的论断并不具有学理性，不符合逻辑的一致性要求。西蒙就强调，"假设的非现实性并不是科学理论的优点；它是必要的缺点，是由于科学家的有限计算能力而导致的必要让步；由于近似的连续性，我们才允许这种让步。"①

当然，在博兰看来，学术界对弗里德曼假说的批判搞错了方向。事实上，弗里德曼的"假设的现实不相关性"假说直接否定了假设与论据之间的"传递"性，认为逻辑学只能"传递"已知的真理，而在确定成熟的真实性方面无能为力；相应地，弗里德曼采取了工具主义态度，主要关心从理论推导出结论的效用，而相对不关心理论本身的真实状态，也不在于理论的科学性。但即使如此，豪斯曼也指出，"从标准的工具主义立场来看，理论得出的所有可观察的结果都是重要的。故而弗里德曼的中心论点，即'假设的现实性与对科学理论的评估不相干'，是站不住脚的。因为经济学的若干建设是可检验的，因此，标准的工具主义者不会拒绝这种明显的否证。"② 事实上，尽管弗里德曼提出"真正与理论的'假设'相关的问题，不是这些假设是否在描述上是'现实主义的'，因为它们从来就不是"，但是，他毕竟强调，必须"考察该理论的实际作用"，③ 理论必须要与经验事实保持一致，经受得起经验事实的检验。

可见，尽管现代主流经济学家以物理学等自然科学中非现实的外围假设来为其假设的非现实性辩护，借助最大化假设与真空假设进行类比来为利润最大化辩护，但显

---

① 西蒙：《可检验性与近似》，载《经济学的哲学》，丁建峰译，世纪出版集团、上海人民出版社，2007：183-186。

② 豪斯曼：《为何揭开引擎罩》，载《经济学的哲学》，丁建峰译，世纪出版集团、上海人民出版社，2007：187-192。

③ 弗里德曼：《实证经济学方法论》，载《经济学的哲学》，丁建峰译，世纪出版集团、上海人民出版社，2007：148-182。

然，他们搞错对比研究的基本常识。事实上，真空假设仅仅是物理学中的外围假设，而经济人则是最大化理论的核心假设；因此，如果经济学要模仿自然科学的假设的话，正确的比较应该在最大化假设与万有引力假设之间。① 显然，这两者存在明显的不同：万有引力因被迄今为止的实验所证实而被认为是符合现实的，而最大化假设却与现实越来越相脱节。其实，尽管理论必须建立在抽象的基础之上，但抽象必须有一个度，否则，基于无限制抽象之上的理论也必然会脱离现实。例如，阿莱就强调，"仅仅一般化新古典理论是不够的。强调现实的重要性还要求考虑正确的自然状态。"② 在卢瑟福看来，新老制度主义的形式主义和反形式主义之争，"与其说是理论与描述之争，不如说是在复杂演化系统的分析中采用多大程度的抽象才合适的争论。"③

因此，在经济学中，问题不在于理论是否存在假设，是否抽象化，而关键在于其核心假设是否尽可能地贴近实际。林毅夫就承认，"保留在理论中的假设条件也不能过于偏离现实。过于偏离现实，理论将失掉对现象的解释力。科斯在其经典论文《企业的性质》中，开宗明义地指出前提性假设（Assumptions）应该是'易于处理的'和'现实的'。而科斯本人也正是通过松动'交易费用为零'的假设才做出在新制度经济学上的开创性贡献的。我个人对合作农场中劳动者积极性的研究也是从放弃 Amartya Sen（1966）著名的论文中完全监督的假设，而取得和经验现象一致的合作农场中劳动者积极性较家庭农场中积极性低的理论推论。"④

其实，对经济学假设的分类探究，中国也已有很多学者作了探索性工作。例如，20 世纪 90 年代，李继祥、张方高就将经济学家在其理论分析中所设里的假设分成两类：（1）作为其整个理论学说逻辑推导前提的基础性假设，（2）在其理论分析的具体进程中为说明问题的方便而随时设置的假设，并集中剖析了前一种假设。⑤ 同样，最近李卫华也将经济学研究中的假设分为两类：（1）"技术性"假设，这类假设并不包含思想，只是为了分层次进行逻辑正确的思考而做出的暂时性假设，或者是为了排除次要因素以适度简化现实关系所作的假设；（2）基础性假设，或称之为思想性

---

① 梅基：《假设问题的重新定向》，载《经济学方法论的新趋势》，张大宝等译，北京：经济科学出版社，2000：311-337。
② 阿莱：《产权理论的发展》，载《新制度经济学》，孙经纬译，上海：上海财经大学出版社，1998：53-66。
③ 卢瑟福：《经济学中的制度》，陈刚等译，北京：中国社会科学出版社，1999：10。
④ 林毅夫：《经济学研究方法与中国经济学科发展》，载《经济研究》，第 4 期，2001。
⑤ 李继祥、张方高：《浅论经济学研究中的"假定"》，载《经济科学》，第 3 期，1993。

假设，这类假设包含着经济学的思想及数学推理的结论。李卫华认为，在经济学理论的构建中，思想性假设和技术性假设必须有不同的性质。其中，包含着思想的假设必须尽可能真实，尽管它可能只是反映着真实世界中的某个方面或某个侧面的情况；因为如果思想性假设不真实，理论的思想来源以及数学推理的结论都将不真实，而理论的真实程度又代表着理论正确的程度以及理论的价值。

因此，思想性假设并不是真正意义上的假设，而是理论得以建立的"原料"，而只有技术性假设才是真正意义上的假设。然而，现代经济学的主要思想性假设恰恰不是这样：（1）它们往往是不真实，甚至是"反事实"的，从而不是真正科学意义上的假设，只是借用假设的名义，在全面否定经济社会基本事实的基础上形成数学推理得以进行的条件；（2）虽然现代经济学声称研究人的经济行为以及由人的经济行为所驱动的经济运行，但它的几个主要假设所排除的因素恰恰是现实中影响人的经济行为和经济运行的主要因素；（3）现代经济学的实证分析名不副实，这是因为构筑经济学模型的主要假设条件不可能既符合事实又严格符合数学推理的需要，因此，所有能够严格符合数学推理需要的假设条件只能在背离事实、甚至完全否定事实的基础上虚构出来。①

四、经济学理论的抽象化限度

一般地，对一个开放的理论而言，在理论的构建中必须把握抽象的"度"，否则，科学所需的真实性和普遍性之间就难以相容，而经济学中假设的合理抽象包含两个方面要求。一方面，核心假设需要尽可能地接近事物的本质。例如，劳森的科学惟实论就主张，抽象要能够使我们获得有关经济现象的真实结构或机制的知识，从而避免捍卫正统经济学的众多流派如弗里德曼主义所倡导的虽然方便却是人为的虚构或理想化；而西蒙则提出以"近似的连续性原则"来取代弗里德曼的"非现实性原则"：如果真实世界的情况愈理性类型的假设足够近似，那么这些

① 李卫华：《从假设条件和思维逻辑看现代经济学存在的问题》，载《江苏社会科学》，第2期，2009。

假设的推论也会近似于正确。① 另一方面，即使是其他的外围假设，也不能与核心假设相冲突。显然，这一点在经济学这类社会科学中比物理学这类自然科学中更需要引起重视，因为经济学本质上是要解决具体的社会问题，纯粹的逻辑推理在经济学领域毫无意义。

为此，劳森提出了合理抽象化的两原则：（1）抽象的概念必须与真实的而非某些理想化的虚构有关，因而合理的抽象化要能够探究事实的因果关系而避免理想化的虚构；（2）正确的抽象必须与本质有关而非仅仅涉及最普遍的性质，因为那些普遍性的假设往往不能挖掘到支配可观察到的固定化事实的经济机制和经济结构的最本质特征。显然，根据前一原则，新古典经济学的一般完全竞争、理性预期、交易费用为零等抽象化假定都是不合适的；而根据后一原则，新古典经济学中那些用相对来说无可争议的归纳来描述的经济学公理如最大化的经济人行为实际上是没有任何解释力的。事实上，现代主流经济学的基石——一般均衡——本身就是建立在不现实基础上的高度抽象，尽管这种思维构成了主流经济学分析其他社会经济问题的参照系，但迄今为止还没有人能够揭示出，现实生活中个人的理性行为是如何达到均衡的，是怎样协调的，一般均衡模型的构建者也往往只是设想存在一个上帝般的拍卖人。

就经济学中有关人类行为机理这一核心假设而言，阿马蒂亚·森就指出，"经济学中对行为假设的选择倾向于将我们引向两个不同（有时是冲突）的方向。易处理性要求与真实性要求相冲突，我们在简单性与相关性之间可能具有非常艰难的选择。我们想要足够简单的规范现实，能够在理论与经验分析中很容易地使用它们。但是，我们也想要一个假设结构，它并不与真实世界在根本上不一致，它也不使得简单性采取一种幼稚形式——它不能通过断言在理论化时需要简化或者指向实在论的需要而得到轻易的处理。我们必须面临的选择就是要作出区分性判断，分离出可以在没有很大损失的情况下得以避免的那些复杂性，以及为了我们的分析具有用处而必须摆上桌上的那些复杂性。"②

显然，为了做到这一点，我们必须提防两种倾向：（1）过于抽象，这是现代主流经济学包括新制度经济学所犯的错误，一般认为，现代主流经济学对人性的假设已经犯了"社会化不足"的弊病。所以，阿莱指出，"仅仅一般化新古典理论是不够

---

① 西蒙：《可检验性与近似》，载《经济学的哲学》，丁建峰译，世纪出版集团、上海人民出版社，2007：183-186。

② 阿马蒂亚·森：《后果评价与实践理性》，应奇编译，北京：东方出版社，2006：187。

的。强调现实的重要性还要求考虑正确的自然状态。"① （2）过于具体，这是早期的历史学派甚至早期制度经济学的缺陷，一般认为，这些学派对人性的假设已经犯了"社会化过度"的弊病。正因如此，此类分析往往导致理论的缺乏而是给人以材料堆砌的感觉，斯蒂格勒就强调，"只被运用过一次"的理论根本上就不是一般理论。事实上，正如卢瑟福指出的，新老制度主义的形式主义和反形式主义之争，"与其说是理论与描述之争，不如说是在复杂演化系统的分析中采用多大程度的抽象才合适的争论。"② 那么，如果做到这一点呢？心理学家勒温指出的，"如果人们考虑到单个事件也由规律支配，人们就必须从具体的'纯个案'中，而不是大量历史上已知事件的平均数中得到科学证据。"③

根据笔者的理解，社会科学的理论既不能脱离又不能限于日用人伦，要把逻辑推理建立在人类行为机理的基础之上。正因如此，笔者强调，经济学的抽象不是漫无边际的，抽象的发展是逐渐向具体的个案逼近，理论的抽象也必须基于历史和逻辑的统一；否则，科学所需的真实性和普遍性之间就难以相容，这也正如斯蒂格勒强调的，"只被运用过一次"的理论根本上就不是一般理论。譬如，笔者在《有效劳动价值论》中提出的有效劳动价值理论，就是建立在异质和团队劳动基础上，这是对马克思基于同质和孤立劳动的发展，而这种发展是根基于人类社会的发展方向，从而也就是基于历史发展的抽象。也就是说，社会科学的抽象研究不能基于纯粹静态的假设，J. 内维尔·凯恩斯就批判说，主流经济学"抽象理论的方法几乎完全是推理性的或者假说性的，尽管它最终依赖对事实的观察，但却出于认为对事实的简单化处理……（因而）它们自身总是不完备的，因为我们不能单单依靠它们来理解实际生活中的经济现象"；因此，"为了简单地获得逻辑形式上的完美，而把政治经济学概念狭隘地归于纯理论是一个很大的错误。"④ 事实上，也正如贝内蒂和卡尔特里耶指出的，在主流经济学中，"理性的或抽象的市场经济成了一个完全没有市场经济的基本特征的系统，即没有个体活动的交易和调整，难道这不令人感到吃惊吗？"所以，他们认为，"如果经济理论遭到人们的批评，这并不是因为它的抽象，而因为

① 阿莱：《产权理论的发展》，载《新制度经济学》，孙经纬译，上海：上海财经大学出版社，1998：53-66。

② 卢瑟福：《经济学中的制度》，陈刚等译，北京：中国社会科学出版社，1999：10。

③ 勒温：《拓扑心理学原理》，竺培梁译，浙江：浙江教育出版社，1997：7。

④ J. 内维尔·凯恩斯：《政治经济学的范围与方法》，党国英、刘惠译，北京：华夏出版社，2001：89、91。

它是一种糟糕的抽象。"①

一般地，理论抽象本身需要不断完善，而完善的判断标准就是看它能否适应变化不断的社会环境。西蒙就将"现实的不相关性"假说贴上弗里德曼的"不现实性原理"之标签，而提出用"持续的近似原理"来取代它；根据这一原理，当现实世界的条件与理想类型的假设足够近似时，假设的偏离就会近似地得到纠正。② 其实，经济学的理论向来都是与特定的社会环境相适应的，伟大的经济学家也都热衷于分析具体的经济现象，从而为公共政策提供一些具有积极效果的建议；但不幸的是，自李嘉图起，经济学家就逐渐专注于亚当·斯密理论中的逻辑部分，并产生了脱离现实的抽象化研究。例如，李嘉图本人就宣称，任何对"规律"的偏离都是暂时的例外，并且，基于这种理念，李嘉图想当然地把社会中的交换都抽象为等价交换：商品按照价值出售是永恒的"法则"，而把不完全竞争情况下的交换视为例外，尽管李嘉图意识到了等价交换只有在完全竞争中才可以实现。

特别是，现代主流经济学为了避免自己的抽象范式为历史和实践材料所证伪，变本加厉地为自己的理论设计了特定的"免疫策略"（immunizing strategies）；它保留了抽象的分析原则而将所有现实与理论的差异归咎为约束条件、代理人可获得的有限信息、或是该检验的任何其他特点，并进而发展到用现实是否符合自己的假设前提来判断现实是否出错或者当作例外处理。而且，由于经济现象本身的复杂性以及基于免疫策略的保护带的存在，使得经济学中基于抽象而得出的"坏理论"得以长期存在。例如，就经济学中最大化假说就包含了各种保护带，从而导致人们根本不能证伪这个理论，一旦发现了差错，就往往把这种差错归咎为没有完整地描述经济活动中的真实约束条件。所以，罗森伯格说，"极值理论无所不包的特点使它们在某种程度上比非极值理论更难于被证伪。所有的理论严格地说都不能被证伪，而且无法被实际地证伪，后者常常推翻既定的理论而非辅助性假说。"③

正因如此，任何抽象模型的前提和结论需要进行审慎的检验，正如内维尔·凯恩斯指出的，"产生推理结论的过程影响的性质与价值，什么样的结论被接受，取决

---

① 贝内蒂、卡尔特里耶：《经济学作为一门精确的学科：对一种有害信念的坚持》，载《经济学正在成为硬科学吗》，张增一译，北京：经济科学出版社，2002：284-305。

② Simon H. A., 1979, *Rationality as Process and as Product of Thought*. American Economic Review, 68 (2)：1-18.

③ 罗森伯格：《经济学是什么：如果它不是科学》，载《经济学的哲学》，丁建峰译，世纪出版集团、上海人民出版社，2007：334-352。

于各种条件和限制。如果结论完全是经验性的，那么它总在某种程度上有存在的可能性；观察结论建立在大量事实的基础上，而事实材料的收集受时间和空间的影响，我们的观察结论不能离开时间和空间。在另一方面，如果结论来自演绎推理，那么，在结论赖以成立的假说被证实以及推理条件被肯定之前，结论就不可能是一个真实的存在"。显然，李嘉图的抽象分析就存在很大问题，正如内维尔·凯恩斯指出的，他不但"在阐明其结论中不断需要的解释和证明常常要由读者自己来进行。无论次要假设还是构成推理的主要基础的部分都没有予以清晰说明，并且有时出现从一个假设到另一个假设没有解释的变化"，而且，他"没有充分强调注意时间因素的必要性，而对转型时期的特征似乎毫不重视"；但是，李嘉图却"没有清楚地了解自己的方法的真正意义。在表达观点时，李嘉图少了一种应有的慎重，未能避免错误的概念影响自己的读者"，而且，"李嘉图采用的语气显得对已获结论和普遍有效性的过分自信，但他的说明离实际生活事实太远了。"①

当然，依靠社会中的反常现象来促进对经济学理论的反思要比自然科学中困难得多，人们对这些反常现象也更加熟视无睹。究其原因，在物理学和生物学这类学科中，观察和实验允许人们采用不断修正那些不符合实际的坏的理论或模型，从而"使得通过模型来解释的那些思想客体的本质、机制和运行方式会越来越可靠，越来越'客观'和'真实'；并且，也使人们发现了隐藏在可观察的复杂现象背后的简单现象"；但是，"在经济学中，我们至少在某些方面缺乏由观察与实验（确保真实性）所提供的这类逻辑推理方法和模型化方法（确保内在的一致性）的大力支持。对于我们来说，我们只能在那些我们建立起来的假设中来区分麦粒和麦糠，因此，我们的预测能力相对减小。"② 也就是说，在发现一系列的反例之后，我们不是仅仅依靠实验和统计资料来进行实证研究，而是要重新对经济学理论和模型的建立所基于的假设前提进行审视，这是理论的合理性基础。理论的抽象不是随意的抽象，抽象必须与历史条件的变化相适应，必须能够与人类认知视野的扩展同步，否则人类关于天体的认知仍会停留在地心说的层次上；特别是，理论的构建不仅要把具体事物抽象化，但更重要的是要从具体到抽象再到具体的过程，这才是理论的真正发展。

① J. 内维尔·凯恩斯：《政治经济学的范围与方法》，党国英、刘惠译，北京：华夏出版社，2001：93。

② 朗达内：《科学的多元化：经济学与理论物理学比较》，载《经济学正在成为硬科学吗》，张增一译，北京：经济科学出版社，2002：71-108。

可见，尽管经济学的理论研究首先是建立在抽象的基础之上，但是，抽象不是绝对不变的，而是要随着具体的发展而调整，要反映具体的变化，理论的发展就要不断从抽象向具体深化，从而使得理论也日益接近现实。事实上，内维尔·凯恩斯就把经济学的发展分为两个阶段：抽象阶段和具体阶段，并认为，政治经济学仅就其忽略时间地点和条件这些特殊因素而言是抽象的，而当它关注这些因素时就变得越来越具体了。例如，现实中的经济制度本身就是相互联系的各种因素的复杂结构，一种经济体制总是处于不断变化和演进的过程中：如企业有产生、成长和衰亡，商品的需求和供给在不断变化，人口变化、移民动向、教育以及社会偏好的改变都影响劳动力的供给；那么，要真正研究这个复杂结构，也必须遵从一个从抽象到具体的过程。譬如，在古典主义末期，新兴的新古典经济学为了强调经济学科的理论化发展而采取了抽象化分析，为此，马歇尔就从两个方面作了简化处理：（1）对复杂的相互关系进行分解，把经济学看成是局部均衡分析；（2）对时间作简化处理，把时间分解为一系列的计划期，而这些计划期的划分与所控制的各影响因素的固定度有关。显然，这种分析仅仅给出了一个粗略的认识，但同时也把社会中的问题简单化了。因此，内维尔·凯恩斯强调，"在我们使用抽象方法的其他情况下，静态方法就不是决定性的，只要有可能，静态方法就需要抽象程度较低的方法作补充。"[1] 当然，这也与特定的分析工具和理论水平有关，其实，马歇尔在做上述局部均衡分析的同时也强调，在经济学的更高阶段上，生物学的相似性比机械学的相似性更有意义，当经济学愈来愈复杂时，将更多地显现出有机生命体的意义和增长的意义，而这些方面都留待后人作进一步的探索和发展。正因为一个真正合理的理论抽象应该是尽可能体现现实的抽象，而脱离现实的抽象要么是"象牙塔式"的，要么是一种特殊的理论。韦伯说，"科学思维的过程构造了一个以人为方式抽象出来的非现实的世界，这种人为的抽象根本上没有能力把握真正的生活，却企图用瘦骨嶙峋的手法去捕捉它的血气。"[2]

---

① J. 内维尔·凯恩斯：《政治经济学的范围与方法》，党国英、刘惠译，北京：华夏出版社，2001：3、153、3、153。

② 韦伯：《学术与政治》，冯克利译，北京：生活·读书·新知三联书店，1998：31。

五、尾论

弗里德曼 1953 年的论文正式将逻辑实证主义引入到了经济学的分析中，强调用预测的精确性而非假设的现实性来评估一个理论的有效性，在此之前所有的假设都应该被视为"似乎"正确的。不过，弗里德曼的论文引起了广泛的争论，大多数经济学方法论者都提出了批判。博伊兰和奥戈尔曼写道："这是差不多所有经济学家在他们职业生涯的某个阶段所阅读过的文章。弗里德曼这篇文章的中心信息被大多数实践经济学家所迅速吸收，等于为经济学界提供了一份方法论宣言。它的被接受程度出现出一种令人好奇的难解之谜：在实践经济学家中被当作一种解放的含义而受到欢迎……然而在有关经济学方法论的作者中，弗里德曼的文章仅仅赢得了寥寥无几的热情倾慕者。这篇文章引发了持续不断的批评评价和阐释。"[1]

尽管如此，弗里德曼却选择从不正式回应对他的批判，也从不进一步写方法论方面的文章。相应地，弗里德曼的继承者们也采取了类似的态度，不回应也不参与方法论的讨论，而是继续使用和推崇实证的方法。在弗里德曼及其信徒看来，传统方法论将批判执行了错误的方向：它们试图评价新古典理论的"假设"而不是其预测；相反，弗里德曼及其信徒强调，实证科学的根本目标在于预测能力而非解释能力。尤其是，由于经济现象本身复杂多样，而实验室的可控条件很难符合经济学理论的假设要求，以致经济学理论本身很难基于特定实验而得到证实或证伪。为此，现代主流经济学就只能局限于新古典经济学的理论框架下，而无法随着研究内容的拓展而有实质性的进展。相应地，这就引起我们对假设——推理——结论——检验这种分析路线的反思，对"假设的不相关性"假说的反思。

其实，理论不是不要抽象，假设也不是不要简化，但是，抽象和简化都存在一个限度；并且，一个理论所依据的假设应该随着研究内容的变化以及理论的成熟而与现实逐渐接近，而不是为了追求所谓的普遍性而任意抽象化和简化。阿莱写道："科学的作用就是进行简化和选择：把事实归并为有意义的数据并找出数据

---

[1] 博伊兰和奥戈尔曼：《经济学方法论新论》，夏业良主译，北京：经济科学出版社，2002：14。

之间的重要依存关系。（因为）一堆事实并不构成一门科学"，但"尽管抽象是必要的，我们怎样进行却不是无关紧要的事情。……简化无论如何也不应改变现实的本质"。一般地，"如果简化不会改变现象的实际本质，我们简化现实就没有危险而且能够得到好处"，特别是，"如果一种理论实际上是浓缩的综合现实，它就是非常有用的，因为它以简明而易于利用的形式包含了它要处理的现实现象中大量的各种各样的信息"。①

相反，如果理论被抽象到已经远远脱离了实际，它实质上就被扭曲了。正如费耶阿本德所说，"以贫乏和抽象的概念取代了观念、洞察力、行为、态度和姿态的丰富的复杂性，直至从特殊价值的工作中产生最幼小婴儿的最肤浅的微笑，通过枯燥而抽象的概念假定，在这些幻想之间的'理性'选择已经决定了的事物。"② 此时，理论不但不会提高人的认知，反而会加深人们的无知。特别是，就社会科学而言，社会规律的发现在于能够揭示事物的内在本质，因而理论研究恰恰是要求我们揭示事物的本来面目，按照事物的本来面目——既不是它们的可能面目，也不是大家所认为的那种样子——来认识它们。实际上，如果一种抽象的理论具有很强的解释力，这就不仅仅是因为它的抽象，而是因为它的抽象性抓住了事物的本质。因此，贝内蒂和卡尔特里耶强调，"如果经济理论遭到人们的批评，这并不是因为它的抽象，而因为它是一种糟糕的抽象。"③

一般地，理论和现实本质上不应是对立的：理论来自经验事实，它的合理性也需要经受事实的检验；而当理论与事实不相符时，理论就遇到了危机，从而就面临着发展的内在要求。这意味着，理论发展的基本途径就是对其核心假设不断修正，究其原因，纯粹的逻辑和数学推导仅仅是同义反复，前提假设决定了最终结论。显然，就现代经济学而言，理性行为是经济学的核心假设，它构成了经济人的内涵，因此，经济学的发展也就是要对理性的内涵重新进行反思。其实，自经济学从道德哲学中独立出来开始，在自然主义思维支配下，它就把追求私利的经济人行为视为构建经济理论的核心假设；同时，正是在这一假设基础上，主流经济学建立了基于

---

① 阿莱：《我对研究工作的热情》，载《经济学大师的人生哲学》，侯玲等译，北京：商务印书馆，2001：23-56。

② 费耶阿本德：《告别理性》，陈健等译，江苏：江苏人民出版社，2002：26。

③ 贝内蒂、卡尔特里耶：《经济学作为一门精确的学科：对一种有害信念的坚持》，载《经济学正在成为硬科学吗》，张增一译，北京：经济科学出版社，2002：284-305。

成本—收益的最大化分析范式：努力追求最大化的收益是影响人们行为最重要的动机力量，最大化构成经济行为的本质。

然而，主流经济学所使用的理性概念却内缩于体现人利用物的工具理性这一层次，它比较适合新古典时期理论发展和社会认知的需要；究其原因，新古典经济学的传统领域是稀缺性资源的配置问题，处理的是人与自然之间的关系。不过，随着经济学的研究内容和对象逐渐从稀缺性资源配置的私人领域逐渐转向了涉及人与人互动关系的公共领域，这种体现单向的工具理性的经济人假设与现实就越来越相脱节了。究其原因，在面临人与人之间的互动时，我们再也不能把互动对象视为被动的，而要充分考虑到他我的反应，因而涉及人与人之间关系的理性必然具有社会性而非仅仅体现人类的本能。

当然，经济学之所以会形成如今这种脱离实际的抽象分析思路，主要原因在于主流经济学家认为，与自然科学相比，经济学无法通过实验室进行实验。波普尔就写道："相同的条件只是在一个唯一的时期之内呈现。而且，人工隔离恰好会消除那些在社会学里极为重要的因素"，同时，"它们也绝不可能在完全相同的条件之下重复进行，因为条件已经被它们第一次的完成所改变了"。① 因此，社会经济现象的揭示就往往只能依靠人的抽象思维能力，这也是为什么主流经济学越来越偏向于抽象演绎分析的原因。正是经济学缺乏可控实验这一观点成为当前一些学者任意扭曲分析假设的借口，甚至认为任何经济学的理论都没有好坏之分；结果，在经济学一方面沦为凭借"嘴皮子"的诡辩理论的同时，另一些人则极端地构建象牙塔模型，而这越来越为青年学子所青睐，甚至成为经济学科学化程度的标志。但显然，正是由于夸大了抽象化的意义，导致主流经济学的分析逐渐脱离了现实，反而无法认识和揭示出社会中真正存在的普遍现象。例如，瓦利泽尔就指出，"经济学寻求对所观察的复杂现象给出深刻的解释，但是又不能直接认识到这些现象背后不变的基本规律方面"。② 所以，怀特说，"公式化的意图很好，但公式化应该具体，应该与经济现象相符。"③ 正因如此，笔者强调，当前经济学理论要获得进一步的发展，就必须将抽象的分析思路重新投回到具体中去，演绎的结论必须要接受实践的检验；特别是，

① 波普尔：《历史主义贫困论》，何林等译，北京：中国社会科学出版社，1998：11。
② 瓦利泽尔：《经济学作为一门理想的、普遍的学科》，载《经济学正在成为硬科学吗》，北京：经济科学出版社，2002：109-119。
③ 斯威德伯格：《经济学与社会学》，安佳译，北京：商务印书馆，2003：118。

"经济学也应全面审视一下模型的合乎需要的普遍程度，特别是关于定性的有效普遍模型与经济计量学具体的有效模型之间的衔接。"①

（本文原载《社会科学战线》2010 年第 2 期。）

---

① 瓦利泽尔：《经济学作为一门理想的、普遍的学科》，载《经济学正在成为硬科学吗》，北京：经济科学出版社，2002：109-119。

社会科学研究的困境：
从与自然科学的区别谈起

赵鼎新

【摘要】

社会科学自其诞生以来在思维逻辑和研究方法上一直受到自然科学的思维逻辑和方法的影响。本文指出社会科学和自然科学在逻辑和方法上八个方面的重要区别，并提出这些区别的本源就是人的特性，即人是又有本能，又讲策略，又会运用意识形态和价值来论证自己行为正确性的动物。本文强调对社会科学与自然科学这些区别的忽视是西方社会科学长期以来徘徊不前、步入误区的根本原因。

社会科学家自认为是在做"科学"研究，但他们对社会科学方法的特点和弱点往往不甚了了。在这一点上，不仅中国学者如此，甚至大多数西方学者——甚至不少知名学者的学术训练和知识面也不足以作出提纲挈领的反思。这就给笔者为中国社会科学工作者写几篇关于方法论的文章提供了动机。作为这一系列文章的总纲，本文将从社会科学与自然科学的区别谈起。社会科学自其诞生始终受到自然科学方法的影响。社会科学研究的现状和发展方向存在诸多误区。产生这些误区的重要原因之一，就是我们对社会科学和自然科学的区别认识不清，乃至于对社会科学的特殊性认识不清。

在本文中，社会科学指的是社会学、人类学、历史学、政治学、经济学、心理学等在西方被称之为 social sciences 的学科，而不包括文学、艺术等在西方被称为 humanities 的学科（当然，西方不少人文学科的学者的研究方向已经越来越接近传统的社会科学领域，这又当别论），也不包括教育学、管理学、法学、商学等被称之为是专业学院（professional schools）的应用性学科。

首先对本文中的几个关键概念作简单的说明。什么是科学？在传统科学观的笼罩下，科学往往会和"全面""系统"和"正确"这些词汇联系在一起。当今的官样文章中，我们经常会看到诸如"全面地、正确地、科学地看问题"这类提法。这实际上是对科学的误解。从今天的角度来说，科学其实只是一种片面而深入地看问题的方法。面面俱到的观点一般都不科学，由科学试验得出的结论也并不一定正确。特别是，科学结论都是特定条件下的结论，离开这些条件，科学结论往往就不正确。

这里，我还想说明什么是机制，什么是定律（或者法则），以及两者之间的区别。这在概念上非常重要。中西方大多数社会科学学者，甚至不少优秀学者，对这些概念均不甚了了。注：例如，Elster（1998）就把机制错误地定义为：如果条件 C1，C2，……Cn 成立，关系 E 有时成立。他的文章中提出的有些机制性概念，比如，适应偏好（adaptive preference），其实并不是机制，而是对一类复杂现象的描述。另外，McAdam，Tarrow and Tilly（2001）在他们的书中大力推崇以机制为中心的社会学研究，但是他们却把生殖和媒介（brokerage）等概念也作为机制。在本文中，定律和机制指的都是可以被观察到的，或者是可以通过推理得出的因果关系。定律和机制应当采取同样的定义，那就是：如果条件 C1，C2 … Cn 成立，关系 E 成立。

定律（法则）和机制有什么区别呢？笔者认为，它们的区别只有一点，那就是如果条件 C1，C2，… Cn 能在比较广泛的场合下成立，那么 E 所描述的关系就是一个定理；如果条件 C1，C2，… Cn 只能在非常有限和特殊的条件下成立（比如，在实验室条件下），那么 E 所描述的关系就是一个机制。例如，牛顿第二定律就是一个法则，因为它所刻画的因果关系（$f = ma$）在宏观低速条件下总是成立。而这儿的"宏观低速"指的是物体大于基本粒子，速度低于光速。换一句话说，牛顿第二定律在人能直接感知的世界中总是成立。但是价格规律（price mechanism）却只是一个机制，因为如果要想让价格完全由供需关系决定的话，许多其他条件必须得到满足：例如，人必须是完全理性的，信息必须是充分流畅的，交易必须是没有成本的、等等。而这些条件中的每一条在现实世界中都很难得到完全满足。

一言以蔽之，定律（法则）是广适性的"机制"，机制是理想条件下才能成立的"法则"。

一、经典物理学的胜利

经典物理学（经典力学）是世界上产生的第一个具有现代科学意义的学科，由此而发展起来的一套科学哲学观也在很长时间内决定了大家对科学和科学方法的理解。因此，笔者从经典力学入手来展开本文的分析。

古代社会没有现代意义上的科学，只有哲学。智者对各种自然现象做出判断，并推想其背后的规律，这就构成了自然哲学的基础。例如，古希腊时人们认为万物是由水、火、土、气四个元素组成的。古希伯莱人认为万物都是由上帝创造的。这些都可以被看作是对自然现象的哲学性猜想。17 世纪后，欧洲产生了科学革命。科学革命首先从力学突破，其核心标志是奠定了经典力学基础的牛顿三定律。牛顿三定律的提出使得物理学脱离了哲学，成为真正意义上的现代科学。例如哈雷运用牛顿定律推算出了哈雷彗星的轨道，并且预测了该彗星在 1758 年又会回来。哈雷预测的成功使得先前对哈雷彗星的各种猜测全都过时，同时也清晰地展示了牛顿定理对地球以外的物理现象的解释力。

在科学哲学层面，经典力学给科学发展至少带来了如下影响。第一是控制实验。科学就是一种通过控制实验来找到两个或者两个以上因子之间的确定性关系并将该关系上升为理论的方法。所谓控制实验，就是通过各种方法对其他可变因子全部进行控制，然后考察若干个（通常是两个）未被控制因子之间的关联及其背后原因。在经典力学发展过程中产生的控制实验思想逐渐成为科学的最高境界。

第二是系统思想在科学中的重要地位。在经典力学中，牛顿第二定律（$f = ma$）描述的是力和加速度之间的关系。但是几乎所有的经典力学现象，例如流体力学中的伯努理定律和电力学中的马克斯韦尔方程组，都是牛顿第二定律的特殊表现形式，或者说组成部分。这就是说，牛顿第二定律虽然只是一个机制，但是它在宏观低速世界中具有普适性，或者说它本身构成了一个经典物理学世界，它既是一个机制，又是一个系统（这就是为什么我们把 $f = ma$ 称之为定律，而不是机制）。经典力学的这一性质给了一种强系统思想以很大的市场，即认为某一类自然或社会现象（比如物理现象、化学现象、生物现象、社会现象、等等）所呈现的各种规律的背后总是存在着某种总体性规律。这总体性规律一旦被揭示，原来已知的各种规律就会成为这种总体性规律的具体表现形式或组成部分。注：在今天，不少自然科学家已不再坚持这一观点。但是系统思想已经深入人心。在当今中国，系统思想通过像钱学森这样的工程师和金观涛（1985）这样的社会科学家的不断推广，逐渐成了一个被广泛运用的概念，以至于连"摸着石头过河"式的经济改革都被说成了是一个"系统工程"。经典力学的胜利赋予了系统思想在科学中的长期主导地位。注：需要强调的是，传统思维方式——从中国的天人感应到西方的基督教神学——都带有很强的系统思维倾向。但是系统思想在早期科学实践中的长期主导则主要是得益于经典力学的成功。

第三是演绎（推理）和归纳取得了统一。自古以来，哲学家一直受到如下问题的困扰：通过经验归纳总结出来的"规律"完全可能是错误的，而通过演绎而得出的"规律"却又可能与现实风牛马不相及。但是，在经典力学意义上，牛顿三大定律与我们对绝大多数物理现象的观察完全相符。这就是说，演绎和归纳在经典力学中获取了统一。演绎和归纳的统一为实证主义哲学，即一种认为任何合理的论断都可以通过科学方法（归纳）或者逻辑推理来加以论证的哲学观点，提供了很大的发展。

第四是还原主义（reductionism，也可译为化约主义）成为科学方法的基础。牛顿定律产生后，先前提出的经典力学定律（例如自由落体定律和胡克定律），以及此后提出的经典力学定律（例如伯努理定律和马克斯韦尔方程组）都成了牛顿第二定律的特殊表现形式。这一成功大大增进了人们探究总体性理论（即把他人的理论作为自己理论的组成部分）的欲望，这就是所谓的理论还原主义（theoretical reductionism）。同时，牛顿定律的广适性还给了经验意义上的还原主义（即认为一个复杂的经验现象仅仅是一些简单现象的叠加，对复杂现象的解释也可以通过了解复杂现象中各简单现象的性质和组合来获得）在早期科学哲学中以很大的市场。注：还原论和系统思想也可以说是同一事务的两个方面。一类现象的系统性质越强，其可被还原的程度也就越强。生物现象的可被还原程度要比物理现象差一些（见后文），它的系统性因此也要较物理现象弱一些。因此就有了所谓物理学是化学的基础，化学是生物学的基础，生物学是社会科学的基础这样的提法。也有了核物理学之父卢瑟福（1871—1937）著名的论断：所有的科学或者是物理学，或者只不过是在集邮（All science is either physics or stamp collecting）。

二、生物学的复杂

19世纪后生物学的迅猛发展给了以经典力学为背景的科学观和方法论很大的冲击。与经典力学相比，生物学有以下的特殊性。

首先，生物学中没有像牛顿定律这样的在经典力学意义上能解释一切的法则。生物学的理论核心是进化论，但进化论只是一个覆盖性法则（covering law）。说进化论是一个覆盖性法是因为：生物学中的机制多得难以枚举，但是生物机制与进化论之间并不存在经典力学中其他定律与牛顿定律之间那种确定性的数学转换关系。或者说，每一个生物机制都有着特定的功能，而且这些功能并不是进化论的具体表现形式。但是，生物机制与进化论之间却有着一定关系。那就是，任何生物机制的作用方向都必须与生命体的存在和繁衍方式一致，或者说这些机制的作用方式都必须符合进化论原则。例如，面对食物稀缺，动物世界形成了许多能减低物种种内食物竞争的机制，有些机制能使一个物种的幼虫和成虫吃不同食物，有些机制能促使一个物种在种群密度过高时进行迁徙，有的机制则能使某一物种的个体在完成繁殖任务后马上死亡，以便为子代提供更多的食物和空间，等等。不符合进化原则的生物学机制是很难长久存在的，因为这些机制会把某一物种的演化迅速带入死胡同。总之，进化论就像是一把大伞，把所有的生物学机制全都覆盖了，每个机制可以互不隶属，但是它们都必须符合进化论原则。注：不少哲学家对覆盖性法则的理解与笔者有所不同。具体请见 Hempel（1965）。

第二是还原主义方法在生物学中不再完全适用。生物现象由许多层次的现象组成：基因、细胞、器官、个体、种群、群落、生态系统，每一个层次都有对应的现象和相应的机制，其中有些现象背后的机制是某一层次所特有的，而有些现象的产生原因只能用更低层次的机制，甚至是基因层面的机制来解释。这就是说，还原主义在生物学领域有时有效，有时无效，要看具体问题而言。

例如，先天愚型（即唐氏综合症）这一疾病体现在个体的外表和行为。得了此病的动物两眼分得很开并且有智力障碍。但是它的病因却在染色体（基因）层面上：得了此病的个体的第21对染色体多了一条，因此此病又称之为"21对三体"。这就是说，还原方法在寻找先天愚型病因时是有效的。但是，许多生物学现象却不能还原到更低层次（尤其基因层次）。马尔萨斯方程 $\{Nt = N0\exp[r(t-t0)]\}$ 就是一个例子。其语言表达是：任何一个物种在没有任何条件的限制下，它的种群将以指数增长。生物的生殖方法极其多样，不同生殖方式背后的机制也非常不同。但是，单个种群增长的理想模式却都可以用马尔萨斯方程来表达，这一机制因此产生在种群层面。又例如竞争排斥法则，即两个物种的生态位越相近，它们之间的竞争就越激烈，而竞争则会使这两个物种的生态位趋于分开。这种机制的另一种表述就是任何两个物种不可能长期地占据同一个生态位。这种机制只能在种群关系（即群落）层面上发生作用。

第三是演绎和归纳在生物学中只有实验室意义上的统一。牛顿定律的产生使得演绎和归纳在经典力学意义上获得了统一，生物学却做不到这一点。先前说过，统领生物学的理论是进化论，但是进化论只是一个覆盖性法则，而真正决定生物个体的存活和行为的是许多互相没有紧密关联的生物学机制。为什么说像 21 对三体的病理原因、马尔萨斯方程和竞争排斥法则等生物学规律都只是机制而不是像牛顿定律一样的法则呢？其根本原因就是这些规律或者是其应用范围极其有限（例如，21 对三体的病理原因只能用来解释先天愚型这一现象，而竞争排斥法则只能用来解释两个物种之间的竞争强度和由竞争导致的进化方向），或者是在自然界里不能成立（或者说不能被直接观察到）。例如马尔萨斯方程，我们不能用它来预测任何一个物种的种群增长，因为在自然状态下，当一个种群的密度达到一定程度后，其他因子就会对该种群增长起到越来越大的限制作用。这里，"其他因子"指的不仅仅是在种群密度提高、营养条件下降后有关生殖基因不再能达到最佳表达，而是指一些其他条件，比如种内和种间竞争增加、捕食者增多、病虫害增多，等等。但是在实验室条件下，我们是有可能通过实验来验证生物种群的指数增长这一特性的。如果我们把大肠杆菌接种在培养皿中观察它的增长情况，我们就会发觉大肠杆菌在一定时间内的确呈指数增长。当然，大肠杆菌在培养皿中会逐渐长满，其他因子也会对大肠杆菌的增长起到越来越大的限制作用。马尔萨斯机制在自然条件下因此是观察不到的，或者说至少是不能被稳定地观察到。这一机制的最初获得需要想像和演绎而不仅仅靠经验归纳。但是，一旦提出马尔萨斯机制后，这一机制的运作却能在实验室里被验证。也只有在实验室条件下，这个通过演绎而得来的单种群增长规律与通过对实验结果的归纳而产生的结论达成了统一。生物机制的这一特征给西医药物开发带来很大的困难。在分子生物学领域，在实验室条件下找出一个疾病的机制和相应的有效药物有时并不难，但这个药物可能对病人产生许多副作用（即服用这个药品会改变个体中其他机制的功能）。这就是为什么西药开发都需经过从药物研发、动物活体实验和临床实验等许多阶段，时间极其漫长的原因。

笔者在年轻时不完全明白生物学的这些特点，曾经野心勃勃想在生物学中搞出有广适性，又能真正地对自然状态下的生物种群动态有预测能力的数学模型，因此在研究生阶段学了昆虫生态学。虽然也发表了一些文章，但从方法论角度来说，我当时走的是一条死胡同，因为我完全无法预测诸如降雨、温度、风速等等对昆虫种群动态有重要影响的因子，因此也不可能真正提出对自然状态下的昆虫种群动态有预测能力的数学模型。

虽然生物现象比物理现象要复杂得多，但生物学仍然具有许多自然科学的性质：首先，生物行为都是本能决定的，结构和功能的关系在生物世界因此是高度统一的。老虎的尖爪利齿这些"结构"使它实现成功捕食这一"功能"。任何功能需要都会有相应的结构配置。凡是存在的，都是合理的（有极少数例外，比如盲肠这一结构在人体中基本上失去了其原有的功能）。生物学家因此都是结构功能主义者。

生命现象背后的覆盖性法则（即进化论）以及生命现象结构和功能的统一给了生物世界一个显著的系统特征——即生物世界中的各种局部规律都会遵从这两个总体性规律。

第二，与经典力学一样，生物学能进行控制实验，而控制实验的最大好处就是可以考察若干个未被控制因子之间的关联及其规律。这就给生物学家确切地寻找生命现象背后的各种机制创造了条件。

第三，与经典力学一样，生物学中的主要概念和分类都有很强的本体性。一个概念或分类体系对应于一种实际的存在，有较为清晰的内涵和外延，并且都是可以被证伪的。例如，物种这一概念，它指的是一类外形和基因组成极其相似的生物群体。而检验两个个体是否属于同一物种的标准就是两个个体之间在自然状态下不但能进行交配，而且它们产生的子代也能与同物种个体进行正常交配并产生子代。马和驴之所以不属于同一物种是因为它们产生的子代（骡子）不再能生产子代。

三、社会科学的特殊性

社会科学的研究对象是人，特别是由人组成的社会的运行和变迁规律。人属于灵长目动物，所以我们一般会以为社会科学与生物学有着紧密的联系，生物学是社会科学的基础。不错，人类的确有很强的动物性。灵长目动物的许多习性在人类社会也都有所反映。灵长目动物有很强的地域性，人类也有很强的地域性（小到两个同桌学生在桌上互划"38线"，大到领土之争）；灵长目动物是政治动物（Waal 1989），人类也是；即使是人类的经济行为，它在灵长目动物中也有表现：有些灵长目动物能制作简单工具并进行物物交换。但是人与灵长目动物有个根本性的区别，那就是灵长目动物的个体行为基本上还是由本能决定的，而人是既有本能，又特别讲策略，又会运用意识形态和价值来论证自己行为正确性的动物（以下简称"人的特征"）。本文中"人"是一个泛指，可以是个人，也可以是一个团体，同时也可以是社会科学家。作为社会行动者的个人和团体（例如国家、公司、社会组织、等等）以及作为研究者的社会科学家，他们在性质上有着很大的区别，但这三者有个共同点，那就是他们都在很大程度上受到人的特性的型塑。

在下文中，笔者将阐述人的这——本体性的——特征如何造成了社会科学和自然科学在八个方面的重大区别，使得自然科学方法在社会科学中不再适用，给社会科学研究带来了重大的困难。

为方便阅读，笔者首先对本文的主要论点，即经典力学、生物学和社会科学在八个方面的区别通过一个图表进行了总结（见表1）。从表1可以看出，经典力学和生物学仍然具有许多相似性，并且它们之间的区别也往往是表现在程度上。但是，人的特征给了社会科学一些全新的性质，使之产生了许多与自然科学相比本质上的区别。

表1　社会科学和自然科学的区别

	经典力学	生物学	社会科学
方法论基础	法则	覆盖性法则（加科层化的负反馈机制）	灵活组装的正反馈机制（加其他）
结构功能关系	紧密	紧密	可紧可松

续表

	经典力学	生物学	社会科学
系统性强度	极强	强	弱
	还原论	还原论不再完全适用	还原论适用范围更有限
	演绎和归纳有（宏观低速意义上的）自然统一	演绎和归纳有实验室意义上的统一	演绎和归纳都可以与经验完全背离
	概念有本体意思	概念有本体意思	概念往往没有本体意义，而只有特定问题意识下的意义
科学发展形态	范式转换	范式转换	多元范式下的范式交替

第一，结构与功能之间不再有紧密的联系。

生物现象虽然比物理现象复杂，但生物行为主要是本能性行为（为行文方便，以下用"生物"泛指人类之外的所有生命体，以示区别）。在生物世界中结构和功能是高度统一的。人的特性破坏了在自然世界中广泛存在的结构和功能的统一，因为人作为社会行动者可以创造结构以维持特权，也可以运用理论来论证特权。存在（结构）因此不再等于合理（功能）。这并不是说任何社会存在都没有合理性可言，但是存在和合理的关系变得可紧可松——强权、洗脑和精英联盟可以维系"不合理"的存在，"合理"的存在也总是可以被解读为是特权的需要。我给不合理和合理都打上了引号是因为一旦结构与功能失去了紧密的关系，任何一种对现存社会结构的正面或负面论述都很难完全跳出论证者本身的价值观、企图甚至是潜意识。社会科学家首先要破除结构功能主义的思维，但真正做到这一点的非常之少。社会科学中一个突出的现象就是坚持"冲突论"的学者同时也会显得特别功能主义——他们强烈的价值倾向会使他们在面对与自己价值观和利益相符的事物时马上采取结构功能主义视角。

第二，几乎所有的生物学机制都是负反馈机制。注：如果我们定义一个系统有着信息输入端（A）和信息接受端（B）。所谓的负反馈机制就是当 A 值提高后造成 B 值提高，但是 B 值提高后信息的反馈将导致 A 值减低的一类机制。所谓的正反馈机制就是当 A 值提高造成 B 值提高，而 B 值提高后的信息反馈又将导致 A 值进一步提高的一类机制。

体温升高会流汗，体温降低会发抖。这都是恒温动物为了维持体温而产生的机制。吃饭会导致血糖浓度提高，而血糖浓度提高又会导致体内胰岛素的释放和血糖浓度降低，这样人就不至于在饭后产生糖尿病症状（但是会饭后犯困）。生物要存活就必须在多变的环境中达到自稳定，各种负反馈机制起到的都是这个作用。但是人在社会中所追求的不仅仅是稳定，而且是权力和成功。一个人的权力和成功欲望越大，他改变周边环境乃至世界的可能性也就越大。具有特别强烈的权力和成功欲望的人的追求，于是成为社会变迁的最大的原动力。人的这一特性使得人类社会的发展不再遵从进化论原则。人类社会中的许多重要机制要么是正反馈机制（例如，国际关系中的现实主义观和相应的理论），要么是那些会产生更大范围正反馈效应的负反馈机制（例如，价格规律是个负反馈机制，但是由之而产生的经济周期性危机以及环境危机与市场的关系则是正反馈的）。人类社会中的一些重要负反馈机制都是来自宗教和从左到右的各种非自由主义世俗意识形态，及其与它们相应的制度和组织力量。但是这些意识形态都有一个共同特点：它们都压抑着人的权力和成功欲望的自然表达，因此维系这些意识形态的制度虽然可以压抑大多数人的人性，却不能阻止人性（特别是权力人士的人性）以各种扭曲的方式不断表达。这种状况发展到一定程度后，政治就会变得专制、复杂和丑陋无比。注：从这个意义上来说，哈耶克是对的（Hayek 1944）。

大多数社会科学家和人文学者或者对人类社会的正反馈特点认识不足，或者对人类自我设定的负反馈机制的黑暗性缺乏清晰认识，他们的问题意识、研究方法和论点一次往往都显得天真和简单。人类社会的这一特征要求我们在方法论意义上建立如下观点：（1）文化得以延续必须有各种制度维系，文化不是基因，不具有超越制度的稳定性；（2）人类社会完全不具有生物世界的自稳定性，不但不具有任何乌托邦的可能性，甚至不具有永恒的较为不坏的选择（the lesser evil）（比如有人也许就会以为西方民主体制就是一个永恒的较为不坏的选择）；（3）任何社会意义上的"成功"都是相对的，任何解决问题方法都会给今后带来"麻烦"；（4）非期然后果（unintended consequences）是人类社会发展的主轴。

生物是没有智力的，生物系统却都是有智力的（intelligent）；人是有智力的，人类社会却是没有智力的。注：负反馈机制有自稳定效果，具有负反馈机制的系统又被称之为智力系统。由于正反馈机制不具自稳定性，这样的系统被称之为无智力系统。

第三，前文提到，生命现象背后的进化论原则以及生命现象结构和功能的高度统一给了生物世界显著的系统特征。但是，人的特性破坏了在生物世界中广泛存在的结构和功能的统一；人的特性也造就了大量具有正反馈效应的（或者说是反进化论原则的）社会机制。人类社会因此不具有生物世界中所具有的系统特征，或者说人作为行动者可以把社会的系统特征搞得乱七八糟。

由于社会不是一个系统，历史发展也就不会遵从任何统一的规律。任何系统性的社会理论——无论是结构功能主义、社会达尔文主义、自由主义［特别是福山（Fukuyama 1992）提出的自由主义史观］还是进步主义——无一例外都是对社会本质和历史发展规律的误解。从这个意义上来说，我很同意默顿（Merton 1967）提倡的以中层理论（middle-range theory）为基础的经验研究，以及当今许多社会学和政治学家所提倡的以机制为核心的经验研究。但在后文中我会指出，由于人的特性，中层理论和以机制为核心的理论也走不了多远。系统性理论和中层理论的无能给了虚无主义很大的市场。这就是为什么当今主流历史学家都会认为历史是非发展的、无目的的，每个历史都是自己的历史（Every history is its own history）。而后现代主义者则对人类的认知能力产生了全面怀疑，并以解构和批判既有知识为己任。在后续文章中我会系统地指出，这些历史学家和后现代主义者的观点的产生，背后有着许多重大的历史原因，他们的怀疑和批判也有着从社会到学术多方面的正面意义，但他们却从科学主义的极端走到了虚无主义的极端。

第四，与生物学一样，社会科学的研究对象也有"层次"：基因、个体、群体、地区、国家、国际社会——这仅仅是层次的一种分法。一旦有层次就有还原问题，即是否能够把某一社会现象的产生原因归结于更低层面（比如，个体层面甚至是基因层面）的机制？社会学中的方法论个人主义（相对于方法论集体主义）就是还原主义的一个表现形式。但是，还原论的哲学讨论在社会科学中变得几乎没有意义，因为人的策略和自我辩解能力不但使得还原主义方法的运用更为有限，而且把问题变得非常复杂，复杂到几乎要一事一议（即是否能还原完要看研究对象和问题意识而定）。

例如，有西方学者用生物机制来解释性别不平等这一现象。其中一个解释认为性别不平等是人直立后骨盆变狭窄而产生的副作用。动物四肢着地，骨盆因此松大，能产出很大的子代。因此马、牛、羊、老虎等的幼崽一出生就能行走，即使是猩猩和猴子的子代也是如此。为了"解决"直立起来后骨盆变窄这一问题，人就只能

"早产"，新生婴儿要到一周岁左右才开始牙牙学步。这样，母亲照顾婴儿就变很重要，而女性的这一任务使她们根本不可能在社会中与男性站在同一起跑线上竞争。这一还原性的论点并不是没有道理，但它并不能解释为什么性别关系在现代社会走向了平等？毕竟，现代女性又锻炼身体又推迟生育，骨盆只会变得更紧。

一般来说，经过还原后的理论因为自变量和因变量在性质上差别很大，或者说自变量是"外生变量"，因而产生的解释很有说服力。因此还原理论是许多学者的追求。但是，还原性理论都会遇到一个相同的问题：社会变化要比基因和行为上的变化来得快得多，社会现象的动态性也远远超过生物行为。像抽烟、喝酒、同性恋（对这些行为笔者没有价值评判）等社会行为的背后都有一定的生物学基础，但是决定这类现象在社会中的消长却只能是社会原因。就性别平等来说，它是资本主义社会和民族国家兴起过程中所产生的一个非企及结果，同时也是女性在现代社会中成为社会行动者之后奋斗的结果。

更为复杂的是，即使是针对同一问题，还原论方法也是有时有效，有时行不通，全要看情景而定。例如，关于人口消长背后的原因，社会科学家一般会从社会结构的角度来找答案。一种说法是性别平等的社会出生率低，因为女性一旦有了生育权就会不愿意去生一大堆小孩。也有人认为人口增加与财产继承方式有关。在古代中国，遗产在儿子中平分，而在古代欧洲只有长子才有继承权。婚姻和家庭都需要财产，于是就有人认为性别地位和遗产分配方式是传统中国人口密度较其他地区高的原因。但是，在公元 1500 年前，整个欧亚大陆人口都在较低的水平摆动，而 1500 年后又出现同步性的提高，既然欧亚大陆各个地区的人口动态具有相似性，背后一定有某种总体性规律。麦克尼尔（McNeill 1976）把这一现象还原到流行病的角度进行了解释：欧亚大陆不同人群对本地的流行病带有抗体而对外来的流行病缺乏抗体。流行病通过战争和经商在欧亚大陆来回传播，不断杀死各个群体中的不带抗体的成员（在 14 世纪，欧洲黑死病死亡人口超过总人口的三分之一），因此，在公元 1500 年前后欧亚大陆不同群体对传统的流行病都有了一定免疫力，导致欧亚大陆人口的同时增长。麦克尼尔把古代欧亚大陆人口消长的原因还原到传染病这一层次，比从社会结构角度的解释要有说服力。但是，这一理论却只能解释古代社会的人口消长。现代医学出现后，传染病对人口消长的影响越来越小，而各种社会结构的影响则在加大，还原论解释不再有效。

第五，生物学是"科层科学"（bureaucratic science），而社会科学不是。笔者采用科层科学这一概念，指的是绝大多数生物机制都有特定的作用和作用方式。例如，释放胰岛素减低血糖浓度这一机制只有在人进食血糖浓度提高后才会启动，而且血糖浓度在此时降低的原因也肯定是由于胰岛素的释放导致。生命现象虽然很复杂，背后机制的运作规律却十分机械。某个机制在什么时候起作用，怎么起作用都按部就班，就好比一个运行严密无比的科层组织。但是人的特性把这一切全都打破。

（1）人的行动可以有意识或无意识地改变某些社会机制在社会上的重要性。市场机制在现代社会变得如此重要，就是早期现代欧洲的国家精英与中产阶级共同推动的结果（Polanyi 1957）。计划经济下工人吃大锅饭，干多干少、干好干坏一个样，因此搭便车（free rider problem）就成了约束计划经济效率的一个主要机制。（2）为了达到某种目的，人可以设计机制（即所谓的制度设计）甚至改变策略和组织形态把许多方向相近的机制动员起来为自己服务。例如，为使士兵英勇作战，战争的指挥者都会设计和运用能产生以下三种效果的机制：惩罚、奖励和意识形态激励（Zhao 2015）。（3）一旦当人认识到某机制的作用后，该机制在社会上的重要性和作用方式就会产生重大变化。20世纪初的世界性经济危机使统治者和经济学家都了解了马克思所刻画的周期性经济危机的可怕后果，于是就出现了国家对经济的调控，此后的经济危机就失去了20世纪初的破坏力量。

大量重量级社会科学家提倡以机制为核心的社会科学分析（e.g., Coleman 1990；Elster 1989，1998；Hedstrom and Swedberg 1998；McAdam, Tarrow and Tilly 2001；Stinchombe 1991）。他们的观点在很大程度上等同于先前默顿所提倡的中层理论（Merton 1967）。笔者对他们的观点非常理解。的确，叙事如果没有机制为依托的话，就成了一个毫无规律可言的故事。但是同时必须注意的是，人的特性造成了社会机制不同于生物机制的作用方式，使得所谓以机制为中心的社会解释和中层理论都也走不了多远。具体说，生物学中机制和经验现象的关系在大多数情况下是一对一的，而人的特性致使了机制和经验现象在社会中产生了多对一的关系：对于一个社会现象，我们一般都能找到多个——有些甚至是和经验现象毫无关系的——解释机制（或者说社会现象都是"过度决定"的）。社会科学家自身的价值观和秉性在这时就会起很大的作用。市场经济搞得不好，自由派肯定会去找与垄断和腐败相关的机制，而左派会说这是市场经济的负面后果。只要一个人有逻辑能力，他的故事都会有一定的自恰性。在社会学和政治学中，大量从机制出发的解释所反映的往往是作者的眼睛和机制本身的逻辑，而不是所关心的经验现象背后最为重要的规律。

第六，控制实验在社会科学中的难度大并且意义有限。生物学能作控制实验。如果某一生物现象由单个机制决定，控制实验能直接弄清楚这一机制在机体中的作用。如果一个生物现象由多个机制所决定，控制实验虽然不一定能弄清楚这一机制在机体中的作用，但至少可以弄清楚这一机制在其他条件得到控制下的作用。生物学家做实验前一般会首先提出一个至数个"为什么"问题（例如，为什么饭后人会犯困，为什么人会得糖尿病等等），然后根据已有知识作出一些演绎性的推测。而实验的目的就是在控制条件下通过对实验证据的归纳找出问题背后的机制，并弄清楚这机制的作用过程和方式。因此，如果说经典力学是在低速宏观的自然条件下达到了两个统一，即演绎和归纳的统一，以及"为什么问题"（why question）和"怎么样问题"（how question）的统一，那么生物学方法论在实验室条件下也达到了这两个统一。

许多生物学实验可以做到把研究视野以外的因子全部控制（所谓克隆技术、细胞株培养都是为这一目的），社会科学几乎做不到这一点。当然西方也有社会科学家用实验方法做研究。例如，在研究种族和性别歧视程度时，美国学者的一个常用实验手法是：随机向同类公司发出许多工作申请信。每一封信的写法与申请人的履历都编得几乎相同，有差别的仅仅是名字，而通过名字可以看出申请人的族群和性别。实验背后的逻辑很直接：不同族群和性别的工作申请成功率差别越显著，族群和性别歧视就越严重。注：研究种族歧视的控制试验方法很多，笔者的例子仅仅时一类。感兴趣的读者可以参考 Blank，Dabady and Citro（有关文章）和 Pager，Western and Bonikowski（有关文章）。问题是，这种方法虽然能较好地控制信件内容，甚至在一定程度上控制公司的性质和招聘工作的性质，但是却不能控制各个公司内部存在的许多难以一一识别的差异。更重要的是，在社会科学领域中能够通过实验来解答的问题不仅少之又少，而且能通过控制实验来解答的问题往往只是随处可见和用其他方法也能回答的简单问题或常识性问题。

在常用的社会科学方法中，访谈调查时访谈者的特征（知识面、性格和价值观）、被访谈者的特征以及两者之间的互动方式都得不到有效的控制；参与式观察所能观察到的往往是研究者的感官能够和愿意接受的信号；历史文献方法面对的是一大堆前人带着不同目的而留下的材料；网络方法在取样上有许多方面难以得到有效控制，而且因为其注意力中很少有网络关系的内容，研究结论往往是只见树木不见森林；问卷调查最多只"控制"了问卷设计者注意到的和想控制的"变量"，并且调查结果会显著地受到提问方式的影响；博弈论方法作出的是给定社会机制和前提条件下的演绎，却完全不能保证任何相关社会现象的确是在按演绎逻辑发展。行动者计算机模拟法（agent-based simulation）对环境、社会机制和人的行为模式都作设定，模拟结果基本上只有启发意义。

上述这些社会科学方法中，有的倚重经验归纳，有的倚重逻辑演绎，但都不是自然科学意义上的控制实验。由于实验方法在社会科学中的应用极其有限，在生物学中达到的两个统一，在社会科学就变成了两个分离（演绎和归纳的分离，为什么问题和怎么样问题的分离）。这给社会科学研究带来了重大挑战。

演绎和归纳的分离给了社会科学两个十分常见的逻辑错误。（1）把演绎结论当作经验总结。这一点在经济学中最甚，其次是政治学。例如奥尔森（Olson 1965）的搭便车理论（即"三个和尚没水喝"这一谚语的理论表达），它明明是一个在多种假设条件下可以通过演绎而得出的社会机制，就像马尔萨斯方程是一个在多种假设条件下可以通过演绎而得出的单种群动态模型一样，但奥尔森却煞有其事地把它描述成一个似乎是从经验现象中总结出来的、具有广适性的理论。而他的反对者也煞有其事的通过经验事实试图否定奥尔森的搭便车理论，其中有人还为此拿了诺贝尔经济学奖（Ostrom 1990）。在生物学中，如果有个大学生想写本科毕业论文，声称想通过证据来证明马尔萨斯方程不能预测任何一个种群的动态，指导老师会马上否定这一想法。但是，在生物学中连大学毕业论文都不能作的课题在社会科学中却能拿诺贝尔奖。这类现象比比皆是。（2）对局部经验现象进行演绎。例如，黑格尔根据他非常有限的历史认识就提出了著名的线性史观，而后人则进一步把黑格尔的线性史观演绎成通向历史终结的"康庄大道"。黑格尔和他的追随者只不过是走入了一个任何社会科学家都很难避免的误区：把局部知识当作历史经验，把最为符合自己价值观的"变量"和相应机制当作广义理论，把自己的眼睛当作了世界。

演绎和归纳的分离还使得"理论"在社会科学中严重地丧失了经验意义。在传统的自然科学的意义上，理论指的是数个在逻辑上相互关联的，能用来解释一类经验现象的命题（propositions）。这些命题的核心既可以是法则也可以是机制。牛顿定律是理论，因为它能用来解释几乎所有的经典力学意义上的物理现象，DNA 的双螺旋结构是理论，因为从这一化学结构产生出的化学机制能用来解释许多生物化学现象。即使是马尔萨斯方程，它也可以看作是一个理论，因为它至少能解释在实验室条件下的单个种群的增长模式。但是，演绎和归纳的分离使得绝大多数传统意义上的社会科学理论做不到这一点。

我这里用库冉（Kuran 1995，1997）的"伪造偏好理论"（preference falsification）来说明传统意义上的社会科学理论所面临的困境。库冉把他理论背后的机制做了如下表述：在许多情况下，一个组织中的许多成员早已知道组织内部的问题，但是无人敢说真话却很有人愿意迎合权威。这种现象越严重，该组织背后隐藏的危机就会越大。到一定程度时，如果有人像"皇帝的新装"里那个小孩一样突然站出来指出存在的危机，其他人往往会相机跟上，于是这个在局外人眼里还是一片太平的组织就会突然走向崩溃。库冉的"理论"在逻辑演绎上并没有什么错误，毕竟理论背后的机制只是"皇帝的新装"这一谚语的另一种表达而已。库冉的"理论"也给了我们理解一些经验现象一定的启迪意义。问题是，一旦有人想建立"伪造偏好机制是某一特定组织（比如前苏联或者是安然公司）突然垮台的原因"这样一个经验论点，他在论证自己论点时会遇到难以克服的困难。就前苏联的案例而言，我们不能说"伪造偏好"现象在其中没有起到任何作用，但是，前苏联的垮台是个非常复杂的历史过程，严重的民族问题、僵化的经济体制、衰退的军事实力和戈尔巴乔夫极其天真的性格都起到了更为关键的作用。历史既不可能重复，也不能做实验。通过演绎而建立的"伪造偏好理论"因此而几乎不能解释任何具有一定复杂性的经验现象。

传统意义上的社会科学"理论"和经验事实之间这一难以愈合的分裂导致了许多后果，其中之一就是"理论"这一概念被滥用。既然传统的以法则和机制为基础的理论很难用来一个具体的经验现象，特别是一些极其重要的经验现象，传统的对理论的定义在社会科学中也就失去了权威。这就是为什么在社会科学领域，任何新概念，无论其性质如何，都可能会被标记为"理论"。其中有些概念，比如"它者"（the Other）、治理性（governmentality）、惯习（habitus）、阈态（liminality），等，还有一定的"理论"意义，但是绝大多数概念则是毫无意义可谈。社会科学中大量学者，特别是人类学、文化历史学和定性社会学等专业方向的学者，基本上是以提新概念为己任。垃圾概念于是充斥于各种学术期刊和书籍，而它们的创造者也只能通过似是而非的复杂语言来掩盖演绎能力的缺乏，以及经验感和想象力的苍白。笔者在今后的文章中将专门讨论当传统的从自然科学而来的理论观在社会科学中遇到严重困难时，我们对"理论"这一概念的运用应当作如何限定。

为什么问题和怎么样问题的分离导致了社会科学叙事中出现了"解释派"和"过程派"（"派"应理解成笔者为行文方便而构建的理想状态，不少学者处于这两"派"之间），并由此导致社会科学中结构、机制叙事与时间、情景叙事的严重分离。解释派（以社会学家为主）认为社会科学研究必须通过解释不同案例之间的异同来寻找具有普适意义的机制和规律（Mahoney and Rueschemeyer 2003），否则社会科学家真成了卢瑟福所说的集邮者了。较为强硬的解释派学者甚至认为人的策略和自我价值论证特性是始终存在的、每人都具有的"常量"，因而与所需解释"差异"（variation）无关。Skocpol（1979）的著名论断——"革命是到来的，不是造就的"代表的就是这一观点（该观点因为与事实出入太大，多数学者不再坚持）。在过去的岁月里，以解释为目的的优秀作品虽然不少，但从总体上来说，由于比较案例中有大量的因素不能得到有效控制，也由于机制解释的"多对一"问题，许多名著在经验上甚至逻辑上都是漏洞百出。它们的价值主要在于启发，而不在于解释的准确。而支撑这些名著形成的最为关键因素也不是社会科学方法，而是作者的品味。

对于"过程派"的学者（以历史学家为主）来说，解释派学者从问题的提出开始就已经出了偏差。比如，当提出"为什么古代中国走向了统一，而中世纪欧洲则没有？"这样一个问题时，我们已经假设了这两个地区在绝大多数方面处于相似，因此可以通过比较方法来寻求导致案例之间差异的规律性原因。过程派学者认为这种提问方式本身就已经脱离了历史情景，并认为支撑解释派学者貌似合理的解释背后经常是牵强附会的证据。

过程派学者强调不同的历史有着不同的时间性（temporality）（Abbott 2001）。有的甚至强调每个历史都是独特的历史。他们进而认为社会行动者的行为所造就的转折点和分水岭式的事件才是社会变迁的关键（Abbott 2001；Sewell 2005），并因此注重构建大事表（chronology），试图通过过程回溯（process tracing）来重构研究对象的来龙去脉（Beach and Pedersen 2013）。他们以为一旦知道了来龙去脉，解释派感兴趣的"为什么问题"也就迎刃而解了。过程派学者的优点是情景重构（contextualization），他们的叙事因此往往引人入胜。但是，过程派学者不得不面对如下的困境：既然每个历史都是独特的历史，那么社会科学还有什么意义？过程派学者也不能解决自身的方法论问题：任何一个历史过程都具有（潜在或现实的）无限的信息量，因此对于一个历史过程中的具体问题，学者都可以根据自己的价值观和兴趣作出不同的大事表。例如，在分析中国成功的经济发展这一问题时，经济自由主义者一般会把 1978 年的改革开放和 1992 年的邓小平南巡作为经济成功的两个主要转折点，但是左派却会选择淡化这两个转折点，强调 1949 年中华人民共和国成立的分水岭意义，强调改革开放后 30 年和改革开放前 30 年之间的连续性，甚至强调"文革"对当代经济成功的意义（甘阳 2012）。国内意识形态对立，但是谱系比较简单，再加上国内学者大多学问粗糙，毫无精妙可言，因此在经济发展问题上仅仅出现了两种粗线条的大事表划法和相应的叙事。如果解释中国经济成功的研究在西方成为显学的话，不知会涌现出多少大事表和相应的精细的叙事方式。

第七，社会科学中的许多重要概念、分类和问题意识没有本体性意义。

先前提到，物理和生物学中的重要概念和分类体系都有较强的本体性，或者说每一个概念和分类体系对应的都是外延和内涵较为确定的实体性的存在。人的特性已经把社会搞得复杂无比，而具有人的特性的社会科学家又会把自己的个性和价值观转化成对社会的各种奇奇怪怪的理解，从而导致大多数社会科学概念和分类体系失去了自然科学意义上的本体性。在社会科学中，有些概念（比如弱者的武器、日常抗争、镶嵌、治理性、他者，等等）表达的仅仅是对某类社会现象的理解，并没有明确的组织、制度或行动者与之对应；有些概念（比如阶级、分层）指向不同的人群或团体，但它们却不见得是这些人群的认同感和行动的基础；有些（比如国家、宗教、利益集团、民族）指向的是一类人群或者团体的概念，不但有明确的组织和制度基础，而且可能是该人群的认同感和行动的基础，但这些概念的外延和内涵却很难给出先于经验的明确定义。

由于本体性的模糊，以这三种概念为依托的社会科学研究都带着自己的先天不足。

关于围绕这第一类概念所作的研究，其背后存在的问题，笔者想举斯科特的工作为例。在斯科特提出的概念中，最为著名者当数"日常抗争"（Scott 1985）。但是，该概念反映的只是斯科特的个性——一个极其不愿受到规范约束、孩提时喜欢在课桌下做小动作，却还振振有词的人（笔者对这种个性没有负面评价），完全不是他的田野研究功夫。日常抗争，即人会通过磨洋工、阳奉阴违、逃避等手段来面对自己不愿接受的权威的约束，是个随处可见的现象，完全不需要通过在马来西亚作长达一年多的田野调查来获得。但是，这概念指出了研究社会抗争学者所忽略的一面，给了一大类相似现象一个统一的命名，并通过斯科特高超的写作能力而显示了一定的学术意义。但是，这概念的意义到底有多大？我怀疑。笔者认为，研究社会抗争的学者之所以忽略抗争现象中的"日常抗争"背后是有道理的。日常抗争毕竟只是各种社会抗争形式中表现最微弱的一种形式，对社会变迁也不会发生影响深远的作用。更大的问题是，日常抗争这样的概念一旦取得学术合法性，它带来的只是跟风。顺着斯科特的思路，诸如"in-between forms of resistance"（Turton 1986）、"reformist activism"（Anderson 1994）、"reasonable radicalism"（McCann 1994）、"consentful contention"（Straughn 2005）、"rightful resistance"（O'Brien and Li 2006）等等概念不断被提出。就像是斯科特开了一个利润极高但成本很低的商铺，大家都想加盟，形成了"斯科特连锁店"。总之，第一类概念及其相应经验研究的问题可以用两句话加以总结：原创概念的作品经验部分单薄，全靠一支妙笔生花；原创概念一旦取得合法性后可以被任意发挥，后继工作越发无聊。

关于第二类概念，它的关键问题是：如果这些概念不能成为相应人群的认同感和行动的基础，围绕着此类概念展开的研究工作的理论意义就会十分有限。社会学中的分层研究就有这个问题。注：围绕着阶级这一概念所作的研究要稍好一些，因为这一概念至少在有些国家的历史上曾经是一部分人群的认同感和行动基础。我并不是说这世界没有穷人和富人，没有不同的职业，等等。但是，我们可以根据自己的价值观和喜好从难以数量化的角度（比如收入、权力、艺术品味、饮食品味、体育能力、社交能力……）来看待社会分层，我们也可以对社会的某一个截面作出不同的层次划分。但是，被分在某一个层次的人群一般不会对学者们的分类有很大的认同，也不会形成一种"层级认同感"，更不会以层级为基础成为社会行动者。分层研究因此只有一定的应用性意义：一旦制造出一个"分层体系"后，我们就可以依此为基础来分析其他社会现象，比如社会流动、疾病和犯罪在人群中的分布、种族歧视程度。但是，这些问题都不一定要从分层角度出发才能研究）。注：笔者在前文中提到过的从控制试验角度来研究种族歧视问题就是一个例子。而且，在同样问题意识下，一个学者如果采取不同的分层体系，他的研究结果也会大相径庭。因此通过分层研究获得的结论最多也只是给定条件下的不具重大理论意义的结论。更可悲的是，经济分层好定量，其他性质的分层难定量，分层研究因此主要局限在经济分层方面，并出现了一些"大师"，比如 Dudley Duncan 和 Robert Hauser。但是"大师"的阴影下却是一大批对历史和现实都不甚了了，但工具理性极强的学者。他们坐在电脑面前"按摩数据"（massage data），发表 SSCI 文章，不遗余力地把社会科学推向与历史和现实日益脱离的专业化道路。当然，任何一个议题一旦成为主流，跟风的人的水平还是有高下之分的。比如在分层研究上，有人在取样上更下工夫，有人更会按摩数据，也有人更能采用新的统计方法。这些都是不争的事实。

第三类概念有一定的本体性，但这类概念的外延和内涵很难有先验的明确定义。比如国家（state）这一概念，谁都不会否认中国的人大、政协和国务院属于国家范畴，但是，随着国家组织向下延伸，乡镇、街道一级的国家组织的工作人员的认同感和行为方式往往会更像社会成员。还比如，一些国家部门经常会出于种种考虑与社会组织建立较为稳固的联盟，以扩展影响或反对另一些国家部门的行为和政策。因此，当研究有些问题时，我们会发觉有些国家部门的行为会更像社会行动者。总之，国家和社会之间不存在一个清晰的本体意义上的分野，只存在问题意识下的分野。

如果一个社会科学概念不具备本体性，那么从这概念延伸出来的分类体系也就不具有本体意义。我的一个同事，绝顶聪明。在其成名作中，他把人的认同感（identity）分成了五类，并自认为这是一个重要贡献，但在作品发表之后却很少有人用他的分类体系。他不明白为什么，一度很沮丧。其实，对于认同感的分类办法可以有许多，而每一种都只是研究者为了理解或者解释他的案例而特制的分类系统。一个学者当然希望他所提出的分类有本体性和唯一性，就像化学中的元素周期表，但是社会科学的特点却限定了，他所提出的分类体系往往只有具体问题意识下的意义，或者说是一个为具体问题而提出的特制（ad-hoc）的分类体系。

第八，多元范式下的范式交替时社会科学的发展形态。

库恩认为，范式转换（paradigm shift）是科学突破性发展的核心。注：科学范式就是一套观念体系，以及与之相应的假定、准则、理论和研究方法。范式转移指的是一些会导致新的认知、理论和科学方法的出现的根本性观念的改变（Kuhn 1962）。这一论点在自然科学基本适用。自然科学中，新范式一旦建立，旧的范式与相应理论或者失去价值（例如，一旦知道了光的波粒两相性，"以太"理论就永远过时了），或者其价值将被清楚地锁定在一定范围内（例如，相对论的出现锁定了牛顿力学的应用范围）。这是个不可逆的过程。

但社会科学范式的背后不仅仅是一些客观事实，而且是具有不同意识形态的人看问题的方法，并且每一看法都是误区和事实的混合，非常复杂。因此，一旦一种观念在社会上或者在学术圈盛行时，它都会引发两个导致事物走向反面的机制。（1）

在社会上，一种观念一旦在社会上取得优势，无论是真诚信徒还是机会主义分子都会不遗余力地把这一观念在思想和实践层面做大。其结果就是不断显露和放大这一观念的误区，所带来的负面（甚至是灾害性的）后果反到"证明"了其他观念的"正确"。（2）在学术圈内，某一观念一旦占领了学术市场，无论是它的真诚信徒还是跟风者都会不遗余力地把围绕这一观念的研究做到极致。学术与经验事实的关系越来越不切合，从而为其他观念和理论的兴起铺平了道路。最可悲却几乎不可避免的情景是，主流社会观念和主流学术观念合流，学术降为权力的附庸和帮凶。在历史上，这种情景带来的总是灾难——古今中外，无不如此。但是，由于以上两个机制的约束，人类几乎不可能从中真正吸取教训。

以上两个由人的特性而衍生的机制决定了社会科学的发展路径是多元范式下主流范式的交替（paradigm alternation），而不是范式转移。记得前苏联阵营在 20 世纪 90 年代垮台时，许多人跟我说马克思主义左派理论是回不来了。我当时的回答是："等着吧，它会回来得比你想象得快"。自由主义犯自由主义的错误，左派犯左派的错误，法西斯犯法西斯的错误，科学主义者犯科学主义者的错误，原教旨主义犯原教旨主义的错误。一个观念一旦变得强大并成为从国家到社会的实践，后继者就会放大该观念的误区，再后继者就会排斥这一观念并把另一种观念推向高峰。

学术圈内也是如此：从功能主义理论倒台到新功能主义理论的出现；从文化理论在 60 年代前的盛行到 70 年代后的垮台，到 90 年代后的再度兴起；从 70 年代前各种情感理论的盛行到此后理性选择理论的兴起，再到最近十几年来情感理论的回潮。你方唱罢我登场，其发展轨迹无不遵循着范式交替的逻辑。

四、讨论

读完本文后读者可能会感到沮丧。读者可能会想，如果文中的论点有道理的话，那社会科学这个学问还怎么做？对此，笔者会写一些后继文章作进一步阐明。但是在本篇结语中，笔者想首先谈谈一些基本观点。

首先，笔者的文章不可能解决那些由人的特性而带来的社会科学研究所面临的困境。例如，笔者改变不了社会科学叙事在功能论和冲突论之间摇摆这一现状，也改变不了社会科学叙事在结构、机制叙事以及时间和情景叙事之间摇摆这一现状。

笔者也不能阻止社会科学发展中的范式交替以及与之相应的学术跟风。如果本文的发表能根本地改变这些现象的话，那就证明了本文所阐述的人的特性不具有本体性，或者说本文的主要论点都是错误的。

其次，笔者本人也不能避免那些由人的特性而带来的社会科学研究的弱点。笔者的研究始终受到经验材料的限制，而其中相当多的困难来自给我们直接或者间接提供研究材料的人，这些人也都具有人的特性。与所有的社会科学家一样，笔者也不得不采用那些带着不同缺陷的定性和定量社会科学方法进行研究。

最后，笔者有着自己的价值观和好恶。虽然笔者在做研究时努力把研究和自己的价值观作出割裂，以至于有朋友会取笑我看待社会就像我以前在研究昆虫时看待昆虫世界一样，但笔者的研究激情毕竟来自笔者对许多事情的关心。这些"关心"肯定会对笔者在问题意识的建立、经验材料的取舍，以及研究方法的运用上产生很大的影响。

本文不想给读者带入后现代主义的泥潭，认为在人的特性笼罩下的社会科学研究都只不过是反映了某种价值观和权力的叙事。虽然无法也不可能来改变人的特性，但是我们仍然能够了解人的特性给社会科学研究到底带来了什么样的困难。虽然曾经的社会科学研究都带有社会科学与生俱来的缺陷，但社会科学著作的质量还是有非常明显高下之分的。为什么有些作品会得到广泛的公认成为名著？这背后有意识形态的因素，也有社会科学范式交替过程中学术品味的变化。但另外一个不可忽视的现象是，不少名著作者都有意无意地发挥了所采用的社会科学方法的特长，弥补了所采用方法的弱点，因而为我们呈现了在时过境迁之后仍能品出一定意义的篇章。

笔者在今后的文章中将围绕如下问题展开更为具体的论述：（1）社会科学概念的提出和运用，以及各类概念的意义和局限；（2）不同社会科学方法的认知基础和相应的叙事逻辑，以及每一叙事方法的长处和局限；（3）社会科学经验研究的基础，包括问题的提出、方法的选择、和经验材料的获取；（4）评判社会科学叙事质量的逻辑基础，或曰如何区分对于同一问题的两个不同叙事方式的优劣。

虽然谁都改变不了社会科学研究与生俱来的一些缺陷，我们仍然能通过对这些缺陷的深入了解，然后在认知和方法层面上作出一定程度的弥补，从而改进社会科学的研究和叙事质量。

【参考文献】

［1］甘阳：《新时代的"通三统"——三种传统的融会与中华文明的复兴》，2012。中国儒教网，http://www.chinarujiao.net/w_info.asp?PID=15012。

［2］金观涛：《在历史的表象背后》，成都：四川人民出版社，1985。

［3］Abbott, Andrew. 2001. Time Matters: On Theory and Method. Chicago: University of Chicago Press.

［4］Anderson, Leslie E. 1994. The Political Ecology of the Modern Peasant: Calculation Community. Baltimore: Johns Hopkins University Press.

［5］Beach, Derek, and Rasmus Brun Pedersen. 2013. Process-Tracing Methods: Foundations and Guidelines. Ann Arbor: University of Michigan Press.

［6］Blank, Rebecca, Marilyn Dabady, and Constance Citro, eds. 2004. Measuring Racial Discrimination. Washington, D. C.: National Academies Press.

［7］Coleman, James. S. 1990. Foundations of Social Theory. Cambridge, Mass.: Cambridge University Press.

［8］Elster, Jon. 1989. Nuts and Bolts for the Social Sciences. Cambridge, Mass.: Cambridge University Press.

［9］Elster, Jon. 1998. "A Plea for Mechanism." Pp. 45-73, in Social Mechanisms: An Analytical Approach to Social Theory. Edited by Peter Hedstrom and Richard Swedberg. Cambridge, Mass.: Cambridge University Press.

［10］Fukuyama, Francis. 1992. The End of History and the Last Man. New York: Free Press.

［11］Hayek, Friedrich A. 1944. The Road to Serfdom. Chicago: University of Chicago Press.

［12］Hempel, Carl G. 1965. Aspects of Scientific Explanation and Other Essays in the Philosophy of Science. New York: Free Press.

［13］Hedstrom, Peter, and Richard Swedberg. 1998. Social Mechanisms: An Analytical Approach to Social Theory. Cambridge, Mass.: Cambridge University Press.

［14］Kuhn, Thomas. 1962. The Structure of Scientific Revolutions. Chicago: University of Chicago Press.

［15］Kuran, Timur. 1995. "The Inevitability of Future Revolutionary Surprises." American Journal of Sociology. 100: pp. 1528-1551. 1997. Private Truths, Public Lies: The Social Consequences of Preference Falsification. Cambridge, Mass. : Harvard University Press.

[16] Mahoney, James, and Dietrich Rueschemeyer, eds. 2003. Comparative Historical Analysis in the Social Sciences. Cambridge: Cambridge University Press.

[17] McAdam, Doug, Sidney Tarrow and Charles Tilly. 2001. Dynamics of Contention. Cambridge, Mass. : Cambridge University Press.

[18] McCann, Michael W. 1994. Rights at Work: Pay Equity Reform and the Politics of Legal Mobilization. Chicago: University of Chicago Press.

[19] McNeill, William H. 1976. Plagues and Peoples. Garden City, N. Y. : Anchor Press.

[20] Merton, Robert K. 1967. "On Sociological Theories of the Middle Range." pp. 39-72, in On Theoretical Sociology. New York: Free Press.

[21] O'Brien, Kevin J., and Lianjiang Li. 2006. Rightful Resistance in Rural China. Cambridge, Mass. : Cambridge University Press.

[22] Olson, Mancur. 1965. The Logic of Collective Action. Cambridge: Harvard University Press.

[23] Ostrom, Elinor. 1990. Governing the Commons: The Evolution of Institutions for Collective Action. Cambridge, Mass. : Cambridge University Press.

[24] Pager, Devah, Bruce Western, and Bart Bonikowski. 2009. "Discrimination in a Low Wage Labor Market: A Field Experiment." American Sociological Review 74: pp. 777-799.

[25] Polanyi, Karl. 1957. The Great Transformation. Boston: Beacon Press.

[26] Turton, Andrew 1986. "Patrolling the Middle-ground: Methodological Perspectives on 'Everyday Peasant Resistance'." Pp. 36-49, in Everyday Forms of Peasant Resistance in South-East Asia, edited by James C. Scott and Benjamin J. Tria Kerkvliet. London: Frank Cass.

[27] Scott, James C. 1985. Weapons of the Weak: Everyday Forms of Peasant Resistance. New Haven, CT. : Yale University Press.

[28] Sewell, William H. 2005. Logics of History: Social Theory and Social Transfor-

mation. Chicago: University of Chicago Press.

［29］ Skocpol, Theda. 1979. States and Revolutions: A Comparative Analysis of France, Russia, and China. Cambridge, Mass. : Cambridge University Press.

［30］ Stinchombe, Arthur L. 1991. "The Conditions of Fruitfulness of Theorizing about Mechanism in Social Science." Philosophy of the Social Sciences 21: pp. 367-88.

［31］ Straughn, Jeremy Brooke. 2005. Taking the State at its Word: The Arts of Consentful Contention in the German Democratic Republic. American Journal of Sociology 110: pp. 1598-650.

［32］ Waal, Frans B. M. 1989. Chimpanzee Politics: Power and Sex among Apes. Baltimore: Johns Hopkins University Press.

［33］ Zhao, Dingxin. 2015. The Confucian-Legalist State: A New Theory of Chinese History. Oxford: Oxford University Press.

（本文原摘于《社会学评论》, 2015）

思维规律及其可靠性与实践的关系

李鸿仪①

【摘要】

在科学研究中，一般认为，评判真理的标准是实践。但对于数学等严格的科学来说，人们似乎更看重逻辑证明，这是因为人们相信，实践的范围总是有限的，而逻辑似乎不受此影响。本文从以下三个方面讨论了思维规律及其可靠性与实践的关系。(1) 人的认识过程表明，由于思维的依据即感觉材料的不全面和不客观，如果没有实践的反馈和矫正，人的认识将既不能突破柏拉图的洞穴预言，也无法达到康德的自在之物。(2) 根据恩格斯关于思维规律和客观规律相一致的论述，研究了形式逻辑四大规律所对应的客观规律及其逻辑的可靠性基础，发现从根本上说，形式逻辑源于实践中的客观规律，只是其实践的范围大于一般的实践，所以在四大规律都成立的可行域内，具有高度的可靠性。(3) 由于演绎体系必须从一些无法用逻辑方法证明的出发点出发，如果逻辑的出发点是具有实践基础的公理（例如欧氏几何），除了推导必须在可行域内且足够可靠外，形成的演绎体系的可靠性取决于公理在实践中是否可靠；如果逻辑的出发点含有一些人为的约定（例如非欧几何中的部分公理）或假设（例如各种科学假设），则由此形成的演绎体系的可靠性就取决于逻辑结论或预测在实践中是否有用或可靠的基础之上。根据以上三点可知，从根本上说，评判真理的最终标准仍然是实践，只是由于形式逻辑广泛的实践基础，对一些严格科学，可行域内、推理严格的逻辑结论比一些有限范围内的实践经验更有权威性。对于尚未达到如此严格程度的科学，则逻辑结论仅具有参考作用，最后还是要

---

① 作者简介：李鸿仪（1952— ），祖籍浙江宁波市人，77 级本科，原上海第二工业大学自然科学研究员，研究范围较广，在热力学、数学等方面发表的文章被 SCI 收录，电子邮件 hyli@ sspu.cn；leehyb@ 139.com。

以实践效果而定。例如，对于社会来说，人均寿命的横、纵向比较应该是比较科学的实践标准。当然，如果前提的可靠性足够高，又能做到细分论域使推理保持在可行域内，且推理足够严格，社会科学的严格化也是可能的。

【关键词】 真理标准　思维　思维规律　形式逻辑　可行域

一、引言

最近，关于真理的标准问题再一次被学界所关注。这在本质上是关于思维、思维规律及思维结果的可靠性问题。

对于思维和思维规律，国内外已经有了不少从心理学、哲学、系统工程、人工智能等角度的研究。[1][2][3][4] 至于思维结果的可靠性，一方面哲学家们在不断地质疑，例如古希腊的哲学家柏拉图[5]预言人无法冲破洞穴偏见，德国哲学家休谟和康德则分别持怀疑主义和不可知论[6]；另一方面，不同范式的科学界在进行科学研究时，又使用各自的真理标准，但各种困惑又时时干扰着人们。例如，对于数学家来说，常常无视大型计算机的实践结果，而更愿意相信逻辑证明，而逻辑上的矛盾例如一些悖论则被视为洪水猛兽，甚至引起数学危机感。对于社会科学来说，人们似乎更愿意相信实践效果，对逻辑上的冲突却不很重视，例如，逻辑上互相冲突的学说可以同时获得诺贝尔经济学奖。

本文将从思维、思维规律的产生过程及其和实践的关系，来研究思维规律的实践基础，从而可对真理标准问题给出一些解答。

---

① 王毅：《人类一般思维规律的探索》，载《云南师范大学学报》（哲学社会科学版），2007（3）：81-86。

② 王毅，李为：《论作为思维规律的哲学》，载《求索》，2007（1）：167-169。

③ 戴汝为：《系统科学与思维科学交叉发展的硕果——大成智慧工程》，2002（5）：8-11。

④ 李其维：《"认知革命"与"第二代认知科学"刍议》，载《心理学报》，2008，40（12）：1306-1327。

⑤ 柏拉图：《理想国》，北京：北京大学出版社，2010。

⑥ 康德：《纯粹理性批判》，邓晓芒译，北京：人民出版社，2004（2）：42。

二、实践对思维结果的反馈、矫正作用

任何物种都必须具有生存和延续的竞争性，否则就会被自然选择所淘汰，当然也就不是生命了；当生命生存和延续所赖以的环境变化时，生命必须根据不同的情况做出不同的反应。即使是单细胞生物，也有各种应激反应以趋利避害。人和动物的一部分反应是直接基于感觉的本能反应：各种感觉实际上已经将外部世界作了"主观"的"分类"，凡是有利于生存和延续的事物，引起的是各种"好感"，如"好吃"，"好闻"，"好听"，"好看"，"舒服"等等；凡是不利于生存和延续的事物，引起的则是各种"恶感"，如"难吃"，"难闻"，"难听"，"难看"，"难受"，"可怕"等等；与生存和延续无关的事物，感官则选择感而不觉或干脆毫无感觉。本能反应根据这种"分类"趋"好"避"恶"①，"分类"的正确性则由自然选择保证。

对于主要以本能反应为生存和延续手段的较低等的动物来说，如果环境发生变化，进化的速度必须跟得上环境变化的速度，否则将会灭绝。对一些具有一定智力的动物，其反应还可借助于以往一些无意识（例如歪打正着）或有意识获得的成功的经验②，这就增强了其生存和延续的竞争力。如果在本能和经验中没有现成的反应方式，或虽然有现成的方式但并没有取得满意的效果，智力更高者就会对情况进行分析后再做出新的反应，这个过程就是思维。具有思维能力的物种显然更不易被灭绝。因此，思维本质上是高智力物种的一种提高生存和延续竞争力的手段。

---

① 实际上所根据的是综合的感觉而不一定是某一种感觉。例如，营养成分较高的成熟果子大多具有甜味，而营养成分较低的不成熟的果子大多具有苦味，因此，趋"甜"避"苦"是味觉的大致倾向，在经验不多的儿童身上显得更为明显。但人还有更根本性的"舒服""不舒服"等机体感觉，如果某种具有甜味的食物使人反胃甚至导致呕吐，即引起了"不舒服"的感觉，人以后对这种甜味就会唯恐避之不及。相反的是苦味，儿童通常都不喜欢绿茶的苦味，但对成人来说，通常已经感受过因为绿茶对身体的有益作用而引起的令人舒服的机体感觉，所以就会喜欢茶叶的苦味。与思维的分类不同，不能奢望感官能够精确地进行分类，反例不可避免。例如，吸烟能给人以某种舒服的感觉，但总体来说对健康并不利；再例如，化学方式得到的糖精也能欺骗味觉，而实际上并没有营养，甚至有害。

② 凡是能被驯化的动物都具有该智力。这是因为，对动物来说，被驯化是获得某种奖赏（例如食物）的成功经验，而能被驯化，则意味着动物会利用成功的经验。

　　和其他神经活动相比，思维至少具有如下特点：（1）需要相对较长的时间；（2）思维的对象既包括对客观环境的认识，也包括对自身能力的认识，然后才有可能根据自身需求制定实行目标的计划，这就需要通常称为意识的参与；（3）这些计划通常不唯一，例如，可能有上、中、下策之分，且效果通常有待检验，因此思维者还要有判断计划的优劣并根据其执行过程获得的反馈信息进行调整的能力，这些也都需要意识的参与。

　　这样定义和描述的思维和意识，基本上与日常生活中的思维、意识概念相一致。例如，本能反应通常不需要通过复杂的意识活动，因此往往非常迅速，一些由成功的经验为基础的反应，例如乒乓球员的击球动作也往往来不及仔细考虑而"下意识、不假思索"地进行，而思维往往要分析大量与目标有关的信息，因此需要的时间长得多。例如，由于人类是以人为地构筑社会合作来提高其生存和延续竞争力的，因此其难度比其他动物要高得多，也是任何其他动物都做不到的。例如，如何组织社会合作，如何进行生产，如何合理地分配合作成果，都需要大量的思维活动。一些有效或曾经有效的思维结果的积淀，则形成了包括习俗、宗教、哲学、科学在内的各种文化现象，形成了文明。

　　由此可见，思维的依据即人类从感官或仪器所得到的信息并不全面客观。如前所述，感官并不是纯客观地接受全部的外界信息，而是根据是否对生存和延续有意义而有选择性地吸收，且在吸收过程中加入了"主观"的标签[①]，例如，对于温度为30摄氏度的物体，当手的温度高于30摄氏度时，根据热力学第二定律，热量将从手流向物体，我们的感觉是凉的；当手的温度低于30摄氏度时，热量将从物体流向手，我们的感觉是温暖的。另一方面，正如康德的先念论所强调的那样，没有理由认为信息的加工方式即人类的思维本身也一定可靠。因此，我们不得不对思维结果的可靠性表示质疑。柏拉图的洞穴预言和康德的自在之物不可知论就是在这个背景下提出的。但是，他们都没有看到，人类并非为思维而思维，而总是有某种目的的。因此，如果思维结果确实在某条件下导致了某目标的实现，那么思维结果至少是在该特定条件下对该特定目标是有效的。当然，有效性并不能保证可靠性：有可能我们依据一个并不正确的认识同时采用了并不正确的做法却误打误撞地得到了有效的结果。另一方面，如果人们的实践范围有限，得到的认识也不一定普遍有效，但仍然

---

　　① 如果看不到这一点，可能会基于"感官是客观的"形成各种并不全面的观点。

可能获得有效的实践结果。例如，牛顿定律并不普遍正确，但却在实践中指导我们制造了各种成功的机器。不过，我们既不能无视有效性和可靠性之间的差别，也没有必要过于扩大这种差别。这是因为，歪打正着的小概率事件不会一直发生，所以如果我们的认识是错误的，我们就会经常性地碰壁，从而会不断地调整我们的认识使其越来越趋向于可靠。随着人类实践次数及范围的不断扩大，思维的有效性和可靠性之间的差别最后将可以忽略不计。

对人类来说，借助于语言，这种思维习惯显然是可以研究、学习和传承的。不过，我们未必能够甚至也没有必要排斥某些思维习惯可能源于先天的可能性。例如，很多人不经过任何思维学意义上的训练；也会思维；某些动物可能也有一定的思维能力；发生认识学认为①，儿童对问题的解决，最初是依赖先天图式。然而，即使思维习惯和先天有关，也是自然选择的结果：实践上无效的先天思维习惯将被自然选择淘汰或被后天所纠正。因此，无论思维习惯源于先天或后天，思维习惯的有效性和可靠性最终都由且能由实践效果所保证。

由此可见，如果没有实践的反馈和矫正，人的认识将既不能突破柏拉图的洞穴预言，也无法超越感官的限制而达到康德的自在之物，但由于实践效果的不断反馈和纠正，柏拉图的洞穴预言和康德的不可知论也就自然而然地被推翻了。

三、思维习惯是如何形成的

恩格斯认为："思维规律和自然规律，只要它们被正确地认识，必然是互相一致的。"② 这是因为，一般来说，若思维规律和客观规律一致，思维的效率较高，而对生命来说，没有效率，其生存和延续的竞争力就不高，甚至可能因此死亡。

然而，这儿似乎有一个悖论：我们用思维来发现客观规律，但思维规律又必须与客观规律一致，那么，在人的认识中，究竟是先掌握思维规律还是先掌握客观规律？该问题与先有鸡还是先有蛋是一样的。

蛋鸡悖论实际上并不存在。这是因为，鸡和蛋都是从其他物种逐步进化而来，

---

① 肖晓玛，张翠：《皮亚杰发生认识论述评》，载《昌吉师专学报》，2001（1）：46-50。
② 恩格斯：《自然辩证法》，北京：人民出版社，2015。

如此追溯，一直可以追溯到单细胞生物，而对单细胞生物来说，"鸡"就是"蛋"，"蛋"就是"鸡"。这就启示我们，"人之初"，在人的认识中，思维规律和客观规律是混合在一起的，而后才发生分离。

例如，"红灯停绿灯行"虽然是人为制定的交通规则，但一旦实行了，对路人或司机来说就可以看作是一个必须遵守的客观规律。如果人的思维习惯是"红灯行绿灯停"，若要求不违反交通规则，就每次都要校正，显然效率很低。这时，在经历一次或数次的校正后，人们通常会很快地调整自己的思维习惯使之与客观规律不矛盾。因此，如果我们的思维习惯与客观规律是矛盾的，实践会促使我们不断地修正，由此就产生了各种与客观规律一致的思维习惯。这个过程犹如游泳：人的思维在由客观规律组成的大海中游泳，并从游泳中学会游泳。随着时间的推移，越来越多的客观规律会以经验积累的方式影响人们的思维习惯。例如，根据心理学的首因效应①，人们有时仅仅根据第一印象就能对一个陌生人大致做出判断，反映了与面相有关的经验积累对思维方式的影响。由于思维定势，过于频繁地更换思维习惯不太现实，因此，对于大多数人，通常只有经常出现的规律才会影响其思维方式。例如，水加温到一定程度能烧开是一个很具体的经验，如果没有普遍意义，就不会影响到人们的思维习惯，这是思维习惯与客观规律不一样的地方。但将水加温到一定程度能烧开放到具有一定普遍意义的量变引起质变的背景来看，却是辩证法的一个典型例子，可以看作是一个相对较普遍成立的客观规律的具体表现，因此也可能影响到人们的思维习惯。随着时间的推移，越来越多的经验会影响到人们的思维习惯，游泳技术也越来越完善。有的人甚至学会了多种泳姿，并能克服思维定势，知道根据不同的客观情况采用不同的泳姿，从而可以将更多的客观规律吸收到其思维习惯中，这时，非单一的思维习惯已可看作是思维方法甚至技巧。不过，由于每个人所处的环境不同，接触的东西也不一样，所接触到的具体客观规律不尽相同，因此，每个人的思维方法也都不一样，但其中有一些思维方式能够被公众所认可，这些公认的思维方式反映的是具有普遍意义的客观规律，可以称为思维规律，是应该予以重点研究的。逻辑规律就是其中的一种。

---

① 作者不详，首因效应 http://baike.baidu.com/view/120073.htm.

四、形式逻辑四大规律的来源

（一）形象思维和初步概念的形成

当人们已经获得一些有效的思维规律时，仅仅知其然而不知其所以然是不够的，而必须知道形成这些思维规律的原因，才能达到更高的认识层次，以防止不适当的误用。

众所周知，逻辑思维是以概念为基础的。人们最初得到的是一些具体的概念。因此，首先要研究具体概念的产生。

如果没有形象思维能力，婴儿不可能区别熟人和陌生人。而把人归类成熟人和陌生人，至少必须能够根据形象的特征对形象进行归类和记忆。婴儿的这种形象归类和记忆能力可以用到他周边的一切，从而能从形象的角度认识各种事物。由于事物有多种多样，对于有语言能力的人类来说，为了方便交流，需要对不同的事物有不同的称呼，这就有了初步的具体概念，而每一个具体概念，例如，天、地、人等都有一幅具体的形象与此对应。因此，形象思维是建立概念的基础，是人先学会的，也不排斥是人或动物与生俱有的可能性。

（二）形式逻辑四大规律的来源和可行域的概念

有了初步概念后，人们会研究这些概念所对应的事物及其事物之间的关系。人们发现事物具有一定的稳定性，例如，母亲永远是母亲，太阳虽然也在变化，未来还会熄灭，但它仍然是太阳而不是月亮，于是就有了概念中的同一律。同理，由于各事物之间某些关系具有确定性，例如，甲是乙的儿子这一关系始终不变，于是就有了排中律和矛盾律，这种关系不但是确定的，而且是有充足理由的，例如，甲确实是乙所生的，所以又有了充足理由律。

当客观规律具有不确定性时，若仍能能用确定性的方法来描述不确定性的世界，形式逻辑的四大规律仍然是可以有效的。例如，我们虽然无法确定一个硬币掉下去究竟是正面朝上还是反面朝上，但我们可以很确定地知道任何一面朝上的概率都是0.5。在微观世界，统计规律也具有重要的应用。

　　从上面分析可看出，形式逻辑的四大规律描述的是确定性的或可以用确定性方式描述的客观规律。但四大规律所对应的客观规律并不一定始终符合上述要求。例如，我们很难用充足理由律去推测一个精神病患者的行为；再例如，如果未来某一个人做了换头手术，他的名字也无法和"他们"以前的名字同一起来，即同一律是否仍然适用？父子关系在血缘上是永远不变的，因此可以用矛盾率和排中率加以描述，但是赡养和被赡养的关系却和时间段有关。这在日常生活中很正常，但如果不论时间限制而泛泛而谈，"父养子"和"子养父"就可能以逻辑矛盾的形式出现。即使在同一时间段，某些关系或属性也可能发生变化。例如，某鸟是益鸟只是针对人类来说的，对其他物种，可能不是益鸟。黑格尔对形式逻辑的这些规律也有疑问①，并试图建立起不依赖四大规律的逻辑学，但他的观点在学界一直有争议②。其实，由于形式逻辑是以四大规律为基础的，因此，如果四大规律中的任何一个不成立，形式逻辑就没有可靠性可言，出现各种悖论不足为奇。例如，增强版的说谎者悖论（The strengthened liar paradox）"我说的这句话是谎话"在逻辑上必然可以得出两个互相矛盾的命题③，原因就在于同时出现了互相矛盾的自我肯定和自我否定（句子里的"是"为肯定，"谎"为否定），从而导致矛盾律不再成立，自然会出现悖论。如果希望形式逻辑不发生错误，就必须将其限定在四大规律都能够成立的范围内（以下称为可行域）。各种解悖方案④，无论是 ZF 系统还是罗素的"加限制"（theory limitation of size）或他的类型论，也无论是塔尔斯基的语言分层论还是歌德尔的极限点排除法，或是我国学者蒋星耀⑤和张铁生⑥的方法，其本质都是尽量避免论域偏离可行域。因此，保证在可行域内讨论问题，就可以避免出现悖论。当然，如果前提或推导有误，结果自然不可靠，产生所谓悖

---

　　① ［德］黑格尔：《小逻辑》，贺麟译，北京：商务印书馆，1980（2）。

　　② 马佩：《黑格尔论逻辑学、普通逻辑与辩证逻辑》，载《河南大学学报》（哲学社会科学版），2013（5）：1-6。

　　③ 张建军：《逻辑悖论研究引论》（修订版），北京：人民出版社，2014。

　　④ 杨熙龄：《悖论研究八十年》，载《国外社会科学》，1980（7）：10-17。

　　⑤ 蒋星耀：《关于悖论的统一模式》，载《北方工业大学学报》，2002（1）：87-90。

　　⑥ 张铁生：《从悖论到新奇的真理》，载《晋阳学刊》，2002（3）：52-57。

论也不足为奇。当然，这种悖论与逻辑无关，似可称为伪悖论①。

由此可见，由于形式逻辑的四大规律都源于实践范围十分广阔的客观规律，因此，在四大规律都成立的可行域内，逻辑具有高度的可靠性。

五、演绎、归纳与实践的关系

（一）三种类型的公理

在可行域内，从普遍成立的事实或约定（称为公理）出发，借助于形式逻辑，若推导绝对严格。就可以建立起可靠的理论体系。这是数学等成熟学科的思想方法。

作为演绎出发点的公理可分成三种，第一种是完全建立在实践基础上，并能被实践所广泛检验的客观规律，例如欧几里德几何公理；第二种与实践无关甚至反直觉的人为约定，例如黎曼几何中的部分公理；第三种是应该能建立在实践基础上，但暂时还不能被实践直接检验的客观规律，例如各种科学假设。

（二）公理的不可缺少性

由于形式逻辑本身仅仅反映了最简单但同时也是最普遍的规律，缺少任何一门具体科学所需要的公理，因此，不能奢望单单用形式逻辑可以构筑任何一门具体科学。例如，历史上罗素等人提出的逻辑主义企图用形式逻辑构筑数学②，未能获得成功就是一例。例如，罗素在"数学与形而上学家"一文中声称只要0、数、后继数这三个概念就可以学习全部的算术、代数和微积分等，因此，不少教科书就有用皮亚

---

① 例如，古希腊认为任何数都是有理数这一前提就不可靠，得出所谓根号2悖论就不足为奇。文献［12］则用不小的篇幅介绍了一个空袭警报悖论：二战期间，某国政府宣布下一星期将发布空袭警告并操练防空练习，为了锻炼人们的防空意识，不能让让居民猜出哪一天发警报。有逻辑学家认为最后一天即星期天是不可能发警报的，否则就违反了"不能让居民猜出哪一天发警报"的原则，同理可推出星期六也不能发警报，最后可推出整个星期都不能发警报。但实际上还是在某一天发出了警报。其实，只有到了星期天，才可以确认星期天这一天是不会发生空袭警报的，若将这个结论用到星期六，显然是错误的。既然推导错误，发生所谓悖论也就不奇怪了。

② J R 纽曼主编：《数学的世界I》，王善平，李璐译，北京：高等教育出版社，2015。

诺（Peano）定理证明实际上只能源于经验的"$1+1=2$"①。然而，皮亚诺的语焉不详的后继数概念隐含的定义只能是：比任一个自然数大 1 的自然数，称为该自然数的后继数。显然，这里已经用到了 $1+1=2$，$2+1=3$……这些经验事实，再来证明"$1+1=2$"，实际上陷入了毫无意义的逻辑循环。这说明单单用逻辑是不可能建立具体科学的，这是纯逻辑方式的局限性。

（三）演绎体系和客观规律的关系

从公理出发，从简单到复杂，从一般到具体的演绎方法被广泛使用，其背后的客观规律又是什么？

为了保证结果的可靠性，如果暂时不考虑质子，中子和电子本身的来源，则根据现代科学知识不难得出世界就是由电子，质子和中子构成的。既然该世界都由质子，中子和电子组成，因此，在该世界中，某一事物之所以区别于其他事物，从根本来说在于且仅在各种能量的质子，中子和电子的组成方式（以下称为结构）的不同。为讨论方便，以下将上述结论称为结构定理。②

例如，可以用质子、中子和电子组成的结构来定义化学元素③，用化学元素组成的结构来定义化合物，用化学元素和化合物组成的结构来定义更复杂的事物……

由于整个复杂的世界都是由简单的元素构成的，因此，即使对该世界进行划分，形成各门具体科学，"复杂源于简单"这一根本规律仍然不会发生变化，只是表现方式有所不同。例如，宇宙大爆炸后世界由混沌到具体、由简单到复杂的冷却过程；几何学中由点构成线，再由点、线构成无限多的几何图；由电阻、电容、电感等有限的电子元件组成的无限多的电路图……总之，复杂的世界都由基本的要素（这里的要素可以有层次的不同）构成，这应该就是从简单（基本要素）到复杂的演绎概念体系所对应的客观规律。

---

① Victor J. Katz. A History of Mathematics, an Introduction ［M］. Addison Wesley Publishing Company, 1998.

② 李鸿仪：《科学整合之初探》，载《上海第二工业大学学报》，2012（3）：226-238。

③ 微观结构的形成可以用薛定谔方程来描述，一般宏观结构的形成则可用牛顿力学或相对论来描述，控制论系统例如生命和社会则需要用控制论来描述。

（四） 归纳和抽象

不过，对人的感官来说，如前所述，直接感觉到的都只是复杂世界的一些有选择的、被"主观化了的"具体性质，为了据此寻找复杂世界的起源，寻找各种相近的具体事物的共同特征即归纳法及基于归纳的抽象及其由此形成的抽象概念，是演绎法的前提①。

（五） 体系的可靠性和合理性

由于演绎体系必须从本身无法用逻辑方法证明的公理出发，如果这些出发点是具有实践基础的公理即上述的第一类公理（例如欧氏几何），由此形成的演绎体系的可靠性就建筑在公理在实践中是否可靠的基础之上；如果逻辑的出发点含有一些人为的约定即第二类公理（例如非欧几何中的平行公理）或假设即第三类公理（例如各种科学假设），则由此形成的演绎体系的可靠性就建筑在由此推出的定理在实践中是否有意义或预测能否被实验证实。无论是哪一种情形，最终都由实践所决定。

例如，不以直观为基础、工具性的非欧几何可以有很多种，但由于黎曼几何在实践中被广泛使用，所以得到了更多的关注。

由此可见，不仅仅形式逻辑的四大规律，用形式逻辑构成的概念体系，其是否有意义，最终还是要看其逻辑出发点本身或由此得到的概念体系是否在实践上有意义而定。

无论是演绎还是归纳，得到的概念体系未必一定唯一。有时有多种概念体系可以共存。这样，无论是演绎还是归纳，似乎都像是概念游戏，其后的客观规律究竟是否唯一？甚至是否都一定存在？包括霍金在内的众多科学家都对此提出了疑问。②

其实不同的概念体系对应的客观背景要么互不相同，要么虽然相同，但描述的

---

① 所以，总是先有归纳，才有演绎。若一定要从演绎开始，或许就只能从上帝开始了，无神论者未必感兴趣。

② 霍金：《我们所感知的世界真实吗？》，http://roll.sohu.com/20120605/n344795258.shtml。

视角、深度、全面性或适用范围不尽相同。例如，究竟是地球围着太阳转还是太阳围着地球转？如果从纯数学的角度看，不过是选择哪一个为参照系的问题，似乎均无不可且可以互相变换。但从指导实践的角度，地心说用来指导人们在地球上的活动时较方便，用来指导人们对太空的观察或在在太空中的活动，则显然日心说更方便。如果人的观察或活动范围更广阔，则日心说也不方便，因为太阳也围着银河系的某一个中心旋转，银河系也不是宇宙的中心……虽然对于同一个研究对象可以有多种不同的概念体系，但在同样的适用范围和描述精度下，越是简洁明了的概念体系通常越接近事实。这是因为，对于基于扭曲事实的概念体系或模型，为了得到符合事实本来面目的结果，就必然要人为地做出各种"从歪到正"的转换，从而使得概念体系变得复杂。因此，追求简洁是很多科学家的追求甚至成为一种科学审美观或思维规律，实际是上述事实的一种反映。显然，模型惟实论并没有看到这一点，而认为追求简洁只不过是一种嗜好，所以对因追求简洁而产生的概念体系的客观性表示怀疑，陷入了不必要的悲观。

六、逻辑思维的有效范围

对于人类感官或仪器暂时不可到达的地方，只要有可靠的逻辑，仍然是可以对其进行研究的。该过程类似于试错法：根据某一个来源于归纳结果甚至只是具体世界的蛛丝马迹形成一个假设，然后用可靠的推理获得各种结果，当这些结果全部能被证实时，人类就获得了相应的理论知识。[①]

逻辑推理通常是从可靠的前提出发，经过严格的逻辑推理，得到可靠的结论。上述过程则相反，从可靠性未知的前提出发，经过严格的逻辑推理，得到可靠性未知的结论。即使结论的可靠性能被证实，也由于不能排斥错误的前提推出局部正确的结果的可能性，所以前提的可靠性只是概率性地被增加。因此这样得到的知识仍然是有效知识。但随着实践范围和次数的增加，例如，越来越多结论的可靠性被证实，有效知识也会逐渐接近可靠知识。

---

① 薛定谔方程并不能用演绎的方法严格地推导出来，因此不如将其看作是一个假设。量子化学用它来描述物质的结构，取得了巨大的成功。不过，那时人们根本无法观察到原子的内部结构究竟如何，因此应该可以看作是康德的自在之物，但没有人会怀疑这个自在之物早已被认识。

上述过程说明，借助于逻辑和实证，科学的研究范围是可以大大超过人类感官或仪器可达的地方的，但同时也给出了人类通过思维所能获得的知识的限度：用推理获得各种结果必须是能被证实的。随着仪器的不断发展，人类可观察、实证的范围会越来越大，科学可研究的范围也会越来越大。

对于上述研究范围之外的世界，思维虽然仍然可以腾飞，但除非未来实证的范围可以扩大，否则不会得到确切的结果。

七、结论和讨论：关于真理标准

至此，我们已经可以对真理标准问题作一比较完整的讨论。

（一）适用于严格科学的逻辑标准

对一些严格科学，从可靠的公理出发，在可行域内的形式逻辑往往比一些有限范围内的实践经验更有权威性，因此逻辑性是数学、热力学等已经相对成熟的公理化学科的真理标准。能完全做到这一点，意味着只要一些公理，通过严格的逻辑推理即可建立起可靠的科学体系，其优势是显而易见的。

这一类科学对于逻辑学的可靠性和推理的严格性有着特别严格的要求。由于逻辑也有不可靠的时候（例如在可行域外），大量伪悖论的长期存在以及计算机编程中防不胜防的 bug 则说明了人的严格思维能力实际上十分有限。因此，即使在这一类科学中，完全放弃实践对真理的检验作用并不理智，有些逻辑错误可能因此而长久地流传下去。例如，近十几年来，我国众多学者对数学中占据重要地位的康托（Cantor）用来证明实数不可列的对角线证法提出了质疑。①②③

---

① 何华灿，何智涛：《统一无穷理论》，北京：科学出版社，2001。

② 温邦彦：《什么是康托的不可列集合？———无穷理论的新方案》，载《重庆工学院学报》（自然科学），2009（11）：145-153.

③ 欧阳耿：《罗素悖论与康托在集合论中的两个失误》，载《贵州师范大学学报》（自然科学版），2002（3）：81-84。

（二）其他科学的实践标准

研究对象越复杂，公理的可靠性越难以保证，公理化也就越困难。事实上，大多数自然科学都不能完全做到公理化，而且，第三种公理即科学假设的正确与否，也要用实证方法来检验，所以，实践的重要性不言而喻。

至于社会科学，由于其研究对象更为复杂，要得到绝对可靠的公理比较困难，推理也不一定能保证在可行域内，这时逻辑标准仅具有参考作用，最后还是要以实践效果而定。例如，对于社会发展来说，人均寿命的横、纵向比较应该是比较科学的实践标准。

因此，如果希望社会科学也能用到逻辑标准，就必须做到前提高度可靠和推理严格且始终在可行域内。为此，必须找出各个可行域的界限来对论域进行细分。用这种方法，社会科学也是可以严格化的（另文叙述）。

（三）两种标准的内在联系

由于逻辑本身也源于从实践中得到的客观规律，因此从根本上说，评判真理的最终标准仍然是实践，而逻辑标准，实际上只是实践标准在严格科学中的一种间接应用，之所以具有权威性，也仅仅是因为逻辑规律具有更广泛的实践基础。

总之，实践是检验真理的最终标准。

后　记

在我国的古代格言中，有"工欲善其事，必先利其器"的千古明训，这是说要办好一件事，首先要解决方法的问题。对于建立与发展一门严密的经济科学来说，方法与方法论的重要当然是不言自明的。

然而长期以来，在我国经济学界，不管是理论研究还是应用研究领域，对于方法论的忽略似乎是一个普遍的现象。这也许是由于我国所面临的现实问题过于紧迫，有太多刻不容缓的事情需要拿出解决方案，从而使我们来不及对抽象而又缺乏功利性质的方法论做深入的探讨。在改革开放之后的很长一段时间里，西方主流经济学几乎是我们唯一的理论依据，而对这样的理论，我们基本没有判断能力，是以膜拜的心态作为信仰来全盘接受的。以至于我们不得不在没有独立理论准备的情况下迎接一系列重大挑战，并且经常为解决燃眉之急，匆忙运用我们并不熟悉的理论工具于重大决策之中，而对这些理论工具的假设条件、适用范围及本身的局限却又无暇顾及。这很像是一个没有受过专业训练的士兵，被迫参加一场决定生死的战斗一样，错失良机与频频失误是在所难免的。忽视基础理论研究，让我们不得不付出一系列沉重的代价。

如今，改革进入了深水区，浅水滩上"摸着石头过河"的方法已经难以应对。在充满暗流和漩涡的河流深处，往往石头还没有摸到，大水已经漫过了头顶。中华民族要到达民族复兴的彼岸，眼下首先要解决的是桥梁或船只的问题，这就涉及到设计理念与设计方法的深层次考量，仅靠简单模仿已经远远不能满足发展的需要了。此外，我们曾经奉为金科玉律的主流经济学，在自身的实践中也遇到了巨大的困境。波及全球的金融危机，再一次打破了主流经济学关于市场可以自动趋向于均衡的神话，随后爆发的主权债务危机，对于政府应对危机的方式和政府在经济生活中的职能提出了一系列新的课题。问题的严重性在于，面对这些严重的问题，主流经济学既缺乏有足够说服力的解释，也提不出有效的解决办法，经济学正面临命运攸关的重大挑战。

值得庆幸的是，中国经济学家已经开始意识到经济学基础理论，特别是经济学方法论研究的重要性，本论文集就是对经济学方法论的一次集中探讨。提交论文的作者都是中国经济学界颇具影响力的经济学家，其中不乏中国经济学界的领军人物，论文的内容直击方法论的一些核心问题。更为可喜的是，在本论文集中，已经不再是西方经济学的简单复述和模仿，更多地反映了中国经济学界的独立思考。可以毫不夸张地说，这是中国经济学界走向成熟的重要标志。

在经济学发展的历史上，曾经有过多次关于方法论的重大论战，这些论战主要围绕着六个基本的问题展开：一、何为经济学的基本分析单元？二、经济学是演绎的科学还是归纳的科学？三、经济学是否可以摆脱价值判断？四、假定的有效性检验标准是什么？五、预测与不确定性的关系是什么？六、经济理性是否存在？本论文集的内容，有一部分是对这几个基本问题进一步深入的研究，还有一部分已经超越了原有论争的范畴，比如人文科学与自然科学的区别问题，是从一个更为宏观的视角来审视经济学的科学含义和标准判定。

经济学的历史在某种意义上说是一部重新发现的历史，许多原理不断地被人们当作新的命题提出，尽管它们很可能已经存在于以往的经济学文献中。经济学方法论争的历史似乎也具有这种特征，从亚当·斯密到今天，我们好像还是围绕着一些"古老"的问题展开争论。曾经争论过的问题又不断重新提起，这只能说明，过去的争论并没有解决分歧，经济学家在一些基本理论问题上始终没有取得共识。但这样说并不意味着经济学在原地踏步，因为每一次"旧话重提"，都会给经济学带来新的视角和新的认知，进而促进经济学本身的发展。从这个意义上说，方法论的探讨是经济学发展的重要推动力，出版这本论文集，就是希望通过这种讨论，推动我国经济学基础理论研究的变革与创新，促进中国经济学界独立思考之风气。倘若这种讨论能够成为中国独立经济学流派诞生的契机，则属千秋功业，善莫大焉。

在本书的编辑过程中，黄有光、林毅夫、陈平、田国强、叶航、文贯中、朱富强等老师针对书中观点进行了诸多讨论，茅于轼、张五常、沈华嵩、王曙光、李鸿仪及天则经济研究所余大章等老师提供了很多支持，在此一并表示感谢。

是为后记。

陶永谊